国家社会科学基金重大项目

"改革开放以来中国贫困治理对外话语体系的建构与传播研究"（编号：20&ZD140）的阶段性成果

唐青叶 等 著

POVERTY

GOVERNANCE

COUNTRY CASES

AND

CHINESE DISCOURSE

国别案例
与中国话语

治理

贫困

社会科学文献出版社
SOCIAL SCIENCES ACADEMIC PRESS (CHINA)

内容提要

　　贫困是一个世界性难题，消除贫困是全人类面临的共同使命，因此全球贫困治理需要各个国家自身努力，更离不开国际社会的团结协作。为此，我们基于发达国家、新兴市场国家和发展中国家展开区域国别的贫困治理研究和案例分析，并就中国扶贫五大对外话语体系（符号媒介体系、结构形式体系、语义内容体系、实践语境体系和观念思想体系）进行较为深入的探索。本书由以"改革开放以来中国贫困治理对外话语体系的建构与传播研究"国家社科基金重大项目组成员为主体的中外学者撰写，由总论和三个分论（第一、二、三篇）共四个部分组成。总论简要阐述了全球贫困现状、减贫举措与中国扶贫经验；分论包括发达国家贫困治理及中国扶贫对其影响、新兴市场国家和发展中国家的贫困治理及中国扶贫经验分享、全球贫困治理进程中的中国国际减贫合作及中国扶贫对外话语体系三个部分。本书详尽地阐释了全球贫困治理的历史、现状和发展趋势，也鲜明展示了中国共产党和中国政府秉持的"七个坚持"贫困治理理论，以及中国采用救济式、变革式、开发式、攻坚式、精准式、振兴式等多模态复合扶贫模式于2020年实现了全面消除绝对贫困的伟大壮举。中国的贫困治理理论和实践经验，不仅仅是中国贫困治理的宝贵财富，也得到了国际社会的关注与认同。

　　总论"全球贫困现状、减贫举措与中国扶贫经验"主要以美国、巴西、中国等国家为案例，阐述了新冠疫情下全球贫困治理现状、路径、措施与中国扶贫经验。美国作为最大的发达国家同样面临国内贫困问题，继英国之后，美国 1935 年出台了《社会保障法》，建立了聚焦于特殊困难人群的社会保障体系，《阿巴拉契亚山脉地区发展法案》《美国农村基础设施改革法案》等此后相继出台，这种在救济式基础上对贫困地区进行的开发减贫，被称为"华盛顿共识"，"华盛顿共识"逐步成为全球贫困治理的主流范式，这一范式就是由西方主导的从单模态、多模态救济式减贫向技术、物资、培训相结合的配套服务的多模态开发式减贫转变。高度多元化的美国由于存在贫困治理意识形态之间的博弈，其现实中的一致行动非常困难。为应对新冠疫情，美国国会制定了六项重要法律：《2020 年冠状病毒防备和应对补充拨款法案》《家庭优先冠状病毒应对法案》《冠状病毒援助、救济和经济安全法案》《工资保护计划和医疗保健增强法案》《2021 年度综合拨款法案》《2021 年美国救援计划法案》。但是，美国的资本主义制度造成了贫富悬殊过大，再加上贫困被漠视和常态化，"资本收入"让富人更富，"劫贫济富"的相关政策以及政治与社会潜规则、教育机会不平等等造成了穷人更穷。过去 50 多年来，美国的贫困率一直在 10%～15% 浮动，美国的贫困治理举措收效甚微。

新中国自 1949 年成立以来，国内扶贫历经了变革期、开发期、攻坚期、精准期和振兴期五个阶段，采用了救济式、变革式、开发式、攻坚式、精准式、振兴式等多模态复合扶贫模式，令累计近 8 亿贫困人口 2020 年全部脱贫，取得了举世瞩目的成就，形成了中国共产党和中国政府秉持的"七个坚持"贫困治理理论。在国际减贫合作进程中，一方面作为受援国，在 20 世纪 50 年代，中国多模态开发式地接受了苏联的资金、物资、技术、教育等援助，20 世纪 90 年代以来接受了联合国、世界银行等国际组织提供的经费援助并进行多模态扶贫项目开发。另一方面作为援助国，历经了救济式、救济式与开发式双模态的对外援助复合模式。改革开放前，中国减贫国际合作主要是在和平共处五项原则和中国政府对外经济技术援助八项原则的指导下，采用单模态或多模态救济模式，通过提供无息贷款和无偿援助等方式向朝鲜、越南、阿尔巴尼亚等 66 个亚洲、拉美和南太平洋国家提供援助支持。① 改革开放后，中国深度融入世界减贫事业。1986年，中国首个贫困治理专门机构"国务院贫困地区经济开发领导小组"成立，开始有组织、有计划、规模化地扩大和发展国际社会在扶贫领域的国际合作，积极争取、有效利用和不断拓展外资扶贫项目，譬如与世界银行、国际货币基金组织等机构开展合作的西南扶贫、秦巴山区扶贫、西部扶贫等贫困治理项目；中国减贫国际合作也由过去单纯提供经济援助（救济式）发展为多种形式的互利合作（多模态开发式），原来的"南北合作模式"转变为"南北、南南合作并行模式"，并在以非洲为重点的基础上，拓展了中国-拉美国家、中国-东南亚国家、"一带一路"共建国家扶贫领域的相关合作。当前，中国已与全球不同区域建立了广泛的合作与交流平台，包括中非、中国-东盟、中拉、中阿、中欧等1+N机制建立起来的平台，以及与联合国、世界银行、亚洲开发银行等国际机构合作建立的全球性或区域性交流分享机制。

第一篇：发达国家贫困治理及中国扶贫对其影响，详尽讨论了以英国、美国、法国、韩国、以色列、爱尔兰等为代表的发达资本主义国家的贫困治理情况，并就其贫困治理进行案例分析。发达资本主义国家依然会遇到贫困治理问题，从传统社会过渡到现代社会，经历了单模态、多模态救济式到多模态开发式。18世纪60年代工业革命发生前，人类文明处于农业文明阶段，粮食短缺引起的间歇性饥荒成为贫困最直接的表现形式。以饥荒为特征的贫困决定了单模态救济减贫模式，参与的救济主体主要是宗亲组织、政府等官方主体和民间慈善机构。至20世纪中叶，各主要资本主义国家先后完成两次工业革命，无产阶级贫困化现象也日益突出，这导致了大规模的罢工、工人运动和武装起义，资本主义国家不得不开始重视无产阶级的贫困问题，并采用了社会福利、社会保险等多模态救济模式来减少贫困。现代社会福利制度源于英国1601年颁布的《伊丽莎白济贫法》。19世纪末至20世纪20年代，德国、英国、美国、法国等发达资本主义国家先后建立了社会保

---

① 杨鸿玺、陈开明：《中国对外援助：成就、教训和良性发展》，《国际展望》2010年第1期。

险制度。二战结束后，第三次工业革命推动着高新技术时代的到来，人类社会财富呈指数级增长，人均实际收入大幅提高，发达国家贫困问题虽未完全根除，但贫困的规模和程度远低于发展中国家。20 世纪 50～70 年代，资本主义的发展进入"黄金时代"，在这一时期，发达国家普遍采用多模态开发模式，重视落后地区经济开发，建立健全社会保障制度，打造福利国家，加大教育和职业培训，提升劳动力素质。同时，东、西方两大阵营的对抗贯穿始终，为了在冷战中保持优势，两大阵营在推动内部民众减贫的同时，积极开展对外援助，一定程度上推动了全球减贫的进程。此外，国际机构和地区性组织开始登上全球减贫的舞台，联合国、世界银行等国际机构和亚洲开发银行、非洲开发银行等地区性组织采用救济减贫模式，通过设定发展目标、提供贷款和国际援助等方式参与全球减贫。20 世纪 70 年代之后，随着福利危机的逐渐显现，福利支付危机愈发严重，高福利带来的经济社会发展低效率运行也饱受批评，发达国家开始了新一轮减贫政策调整，譬如推行工作福利制度、发挥慈善机构作用推进扶贫主体多元化，个别国家在救济式、开发式基础上转向精准式减贫，如法国对贫困者在教育领域进行分类精准帮扶等。在国际减贫经验共享方面，我们选取了英国、美国、法国、以色列、爱尔兰等国家在反贫困理念、模式、举措和影响等方面进行论述，并就韩国贫困治理经验对中国乡村振兴在解决相对贫困、乡村发展运行机制等方面予以了深入探索。

第二篇：新兴市场国家和发展中国家的贫困治理及中国扶贫经验分享，深入探索了土耳其、俄罗斯、南非、巴西、印度、阿根廷、巴基斯坦、乌兹别克斯坦、哈萨克斯坦、缅甸、越南等新兴市场国家和发展中国家贫困治理情况，并就中国扶贫经验的国际分享进行了个案分析。无论是发达国家，还是新兴市场国家和发展中国家，其贫困治理初期均采用单模态救济模式，而目前大多在救济式基础上采用多模态开发模式，仅有中国已经采用多模态复合扶贫模式。发达国家拥有较好的经济发展条件，不能达到温饱水平的极端贫困群体占比很小，除美国等国家采用绝对贫困线外，目前大多基于收入中位数或平均数的相对贫困线来界定贫困，其贫困主要来自社会制度不合理、经济结构失衡所导致的社会问题，贫困人口主要分布在城市地区，集中于妇女、儿童、老人、特殊民族等人群，贫困治理主体也由一元化的社会、市场、政府责任治理转向以政府为主导的多元平衡，主要减贫措施包括制定社会福利制度、分类进行针对性的帮扶、加大教育投资和营养干预、提高人力资本水平、强化脱贫能力、完善工作福利制度、消除福利依赖、制定专项区域开发政策等。新兴市场国家中，除中国采用相对贫困标准与多维贫困标准相结合的方法外，大多采用绝对贫困线，将维持个人或家庭成员基本生存所需的食物和非食物消费支出作为基准；其贫困主要源于自然灾害、资源贫乏、伤残疾病、劳动力低下等诸多因素；主要减贫措施包括在确保经济快速增长过程中，发放津贴补助、减免或取消纳税、发放失业救济金等，建立了各具特色的社会保障制度和体系。20 世纪 80 年代以来，中国、印度、巴西等新兴市场国家采用"变革式"减贫，通过进行市场化改革，扩大对外开放，积极吸收外来资金和技术，大力发展外向型经济，推动经济转型升级；再加上国家直接推动扶贫，发挥政府干预作用，缩小收入差距，取得了极大的经济和减贫成效。

与发达国家相比较，发展中国家的贫困人口大多集中在农村，其贫困规模和程度远高于发达国家，因此第三次工业革命以后，发展中国家已经成了全球减贫的主战场。大多数发展中国家推行的贫困治理模式有三种：变革式、救济式和开发式。而巴基斯坦、阿根廷、乌兹别克斯坦等少数国家则借鉴中国扶贫经验，实施了一些精准减贫计划。发展中国家的贫困治理具有如下特征。

其一，大多数发展中国家在独立后采用"变革式"减贫，进行了不同程度的土地改革和土地调整。大多数亚、非等发展中国家通过自己的努力及相互合作，相继实现了政治独立和民族解放，并在此基础上进行了不同程度的土地改革和土地调整，从而追求经济发展和全面复兴。譬如，埃及从1952 年开始进行了三次土改等；巴基斯坦先后三次进行了大规模但并不彻底的土地改革；缅甸于 1988 年 9 月成立"国家恢复法律和秩序委员会"后，采用变革式，积极推行改革开放路线，开始实行更为自由的市场经济体制，制定并实施了包括一体化农村发展计划、边区发展计划和 24 个开发特区计划等一系列的国家发展计划；等等。

其二，发展中国家采用救济式减贫，建立社会救助体系。其既有对发达国家模式的借鉴，也有结合发展中国家实际进行的创新。譬如，东欧以及中亚国家学习发达国家普遍建立了最低收入支持项目及普遍性津贴项目；非洲 2008 年经济危机后社会救助崛起，2009 年非盟签署了社会政策框架；拉美、非洲等国家创新并推广了有条件的现金转移支付项目、社会养老金项目等；[①] 中亚独联体国家和东欧国家在转型中建立了以最低收入支持、家庭和儿童服务及津贴支持、社会养老金、住房津贴、能源补贴、残疾津贴、战争老兵津贴、工作福利和公益岗位等项目为内容的社会救助体系，其中绝大多数项目都是现金救助。

其三，发展中国家采用开发式减贫，推行贫困地区经济开发，注重人力资本投资。发展中国家劳动力资源丰富，但是人力资本水平较低，难以实现自身脱贫。例如，巴基斯坦于 1993 年启动"社会行动计划"（SAP），其中 80% 以上资金用于基础教育和基本医疗，随着财政收入的增加，发展中国家开始围绕失业、教育、医疗、养老等方面建立社保和福利制度，通过现金转移、兜底保障、医疗救助、就业培训等方式进行减贫；哈萨克斯坦采用开发减贫模式，加大力度吸引外来投资，借助国际资金项目发展本国的减贫事业，其中 1993～2013 年吸收来自 122 个国家或地区的直接投资累计达 1712.23 亿美元，占中亚地区吸收外国直接投资总额的 80% 以上。

其四，借鉴中国扶贫经验，发展中国家开始实施精准式减贫。巴基斯坦 2008 年出台的贝娜齐尔收入支持计划（BISP）类似于中国精准扶贫，有近 570 万户家庭受益；2022 年阿根廷政府学习中国的精准式减贫、加大对理工科人才培养的投入，试图从经济增长、国家发展等方面入手，彻底消除阿根

---

① 世界银行将发展中国家的社会救助项目划分为六类：有条件的现金转移支付、无条件的现金转移支付、学校免费就餐项目、无条件的实物救助、公益性岗位、收费减免。

廷贫困的根源。乌兹别克斯坦借鉴中国扶贫经验，成立了经济发展与减贫部以及福利监测与减贫中心，创造性引入"贫困户帮扶花名册"机制，为低收入家庭建档。

发展中国家贫困问题具有地区差异、城乡差异、贫富差异等普遍性特征，除中国等少数新兴市场国家外，大多数国家处在由救济式、变革式减贫模式向多模态开发减贫模式转型的时期。这些国家试图在较短时间内赶上发达国家，其政府往往面临经济快速发展的压力，因而不得不将经济增长放在第一位。在这种情况下，发展中国家为了提高经济竞争力，难以兼顾社会公平，难以为穷人提供更多的福利保障。发展中国家政府的贫困治理理念和行动在很大程度上取决于每个国家各自的实际情况和发展道路。

第三篇：全球贫困治理进程中的中国国际减贫合作及中国扶贫对外话语体系。在全球贫困治理理论和减贫模式背景下，全面深入探讨中国国际减贫合作和中国扶贫对外话语体系。中国扶贫理论是以马克思主义的反贫困理论（变革论）为指导，建立在中国贫困治理以及国际减贫合作实践基础上的马克思主义中国化扶贫理论。国外西方贫困治理理论多脱胎于古典政治经济学框架，从西方经济学理论中分离出贫困理论，它有过几次重大变迁，主要包括马克思主义变革论、管理主义贫困治理理论、社会达尔文主义贫困治理理论、自由主义的能力及权利贫困治理理论等。中外贫困治理理论有其共同点，主要集中在发展趋势上，二者都存在一个范式转换的过程：从微观理论范式到宏观理论范式的转变；从单模态治理范式到多模态治理范式的转变；从经济学等单学科范式到政治学、社会学、管理学等跨学科范式的转变。国内外贫困治理理论的差异主要表现在术语符号、贫困对象、治理模式、理论背景、意识形态等方面。基于全球贫困治理模式考察，首次探索了包括中国在内的国际社会主要以现金物资、工作福利、社会救助、社会保障、经济增长等为载体，依次采用了四大类（单模态救济式、多模态救济式、多模态开发式、多模态复合式）、六小类（救济式、变革式、开发式、攻坚式、精准式、振兴式）减贫模式。

中国是全球贫困治理的参与者、倡导者和贡献者，积极开展国际减贫合作，将贫困治理领域的中国模式、中国经验和中国智慧分享给更多国家或地区，始终致力于同世界各国一起携手推进全球贫困治理进程。改革开放以来，经历了变革期、开发期、攻坚期、精准期和振兴期五个时期，中国有着受援国和援助国双重身份，在国际减贫合作领域取得了巨大的减贫成就。在乡村振兴期，中国将以"构建人类命运共同体"理念为引领，采用多模态复合对外援助模式，坚持"尊重主权"国际减贫原则，坚持"合作共赢"国际减贫方针，坚持"授人以渔"国际减贫方略，坚持"一带一路"国际减贫与发展合作道路，以最终实现全人类共同富裕的伟大目标。在全球贫困治理进程中，相对西方来说，中国扶贫话语仍然处于弱势。中国在对外传播领域投入了大量的资源，但所面临的国际舆论态势仍然相当严峻，还时常处于有理说不出、说了传不开的境地。为了改变这一局面，我们必须广泛开展国际减贫交流合作，深入参与全球贫困治理，争取更多贫困治理领域的话语权，积极探索和践行贫困治理的符号媒介、结构形式、语义内容、实践语境和观念思想五大对外话语体系，建立健全中国扶贫对外话语的全球传播体系。

在新冠疫情严重冲击、全球贫困状况依然严峻、部分国家贫富分化加剧的背景下，我们不仅要促进世界各国人民共同发展，更要在全球贫困治理领域发挥引领作用，把中国行之有效的变革式、开发式、攻坚式、精准式等中国扶贫模式以及"以人民为中心"的共同富裕扶贫理论介绍、分享、推广到全球贫困治理实践中，从而为全球减贫事业贡献中国力量和中国智慧。尽管中国扶贫及其经验的国际分享已有几十年的历程，取得了初步的成效，但仍处于国际合作和国际传播的初步阶段，要进行更深层次的国际合作或国际传播，中国面向海外的区域国别研究则亟待加强。为此，本书以 21 世纪以来主要国家和区域，如北美洲、亚洲、欧洲、非洲、拉美和中亚等代表性国家的贫困治理情况为研究内容，考察其贫困治理历程、现状、效果，并在此基础上开展中外贫困治理对比分析以及中国扶贫对外话语体系研究，从而为中国国际减贫合作提供国情参考。本书在总结提炼中国扶贫理论和实践经验的同时，引导合作国从本国的实际情况出发，在实践中探索中国扶贫模式本土化的实现路径，为讲好中国扶贫故事提供国别区域实情参考，为实现共同富裕以及人类命运共同体建设提供基础研究依据和理论思考。

目　录

总　论

第一篇　发达国家贫困治理及中国扶贫对其影响

第二篇 新兴市场国家和发展中国家的贫困治理及中国扶贫经验分享

第三篇　全球贫困治理进程中的中国国际减贫合作
及中国扶贫对外话语体系

总　论

贫困作为全球性问题，与人类社会发展进程相伴而生。对贫困问题的研究通常呈现三个层次：第一个层次是贫困元问题研究，即探究贫困是什么；第二个层次是贫困发生学研究，即探究贫困如何产生；第三个层次是贫困行动学研究，即探究如何缓解贫困。[①] 本书既涉及建构贫困理论大厦的元问题，也以世界主要国家和区域的贫困治理为案例探究其贫困的根源和治理难题，同时以中国扶贫话语为参照，探索全球贫困治理的中国特色话语体系以及融通中外的贫困治理对外话语体系。贫困作为一个复杂的现象，不仅仅是经济问题，也事关安全、和平、人权，因而摆脱贫困也被认为是国家对其人民所必须承担的、无可推卸的基本责任。而"减贫"也由此成为"国家责任"与"国际责任"。发达国家有责任为发展中国家减贫提供必要的物质援助和经验参照。联合国开发计划署、世界银行、国际货币基金组织等一大批国际机构倡导变革，为贫困国家提供援助。例如，联合国开发计划署作为联合国的下属机构，自 1965 年成立以来便成为全球最大、最权威的多边无偿援助机构，为 170 多个合作国家提供知识、经验和资源，帮助人们创造更加美好的生活。[②]

早期的国际减贫实践过程中，人们将贫困问题归因于落后的产业结构。发达国家之所以发达，是因为它们有先进的资本密集型大工业。而以农业或自然资源产业为主的发展中国家因为刚性结构而贫穷，依靠政府干预来直接动员资源、配置资源，发展现代化大产业，采用单模态救济模式，试图通过社会经济的快速增长、对贫困对象进行救济从而达到减少或减缓贫困的目的，维系社会稳定。随着社会达尔文主义、马歇尔的公民权利理论的兴起和阿马蒂亚·森的权利能力贫困理论的提出，国际社会开始关注人力资源领域，贫困治理从物质脱贫转型为精神脱贫，突破了救济模式，采用多模态开发模式。所谓多模态开发模式，就是指从单纯依靠行政系统向主要依靠经济组织转变，从单纯物资和现金救济向技术、物资、培训相结合配套服务的开

---

① 杨立雄：《相对贫困概念辨析与治理取向》，《广东社会科学》2021 年第 4 期。
② 王鹏：《中国减贫经验的国际比较与启示》，《红旗文稿》2019 年第 4 期。

发式转变。譬如，继英国之后，美国 1935 年颁布了《社会保障法》，逐步出台了旨在反贫扶弱的政策项目，相继建立和健全社会保障体系，至此美国进入了多模态救济模式；1964 年约翰逊政府开启"消除贫困的战争"运动后，美国反贫困政策进行了调整改革，颁布了《地区再开发法》《农村发展法》等重要法规，成立了地区再开发署、乡村发展署等专门机构，负责规划和指导落后地区（美国南部及西南地区，亦称为"阳光地带"）以及乡村的开发工作，贫困治理进入多模态开发式减贫阶段，在开发贫困落后地区的基础上，传统的物资现金福利逐步走向"权利福利""工作福利"。这种由西方主导的多模态开发模式被称为"华盛顿共识"，在少数西方国家及国际组织的大力推动下，这一模式在许多发展中国家上演，逐步成为全球贫困治理的主流范式。遗憾的是，在 20 世纪八九十年代，发展中国家的平均经济增长率甚至要低于六七十年代，发生危机的频率也更高，"华盛顿共识"不仅没能帮助这些发展中国家摆脱贫困，美国、英国等发达国家自己也没能摆脱贫困。联合国千年首脑会议 2000 年 9 月在纽约联合国总部举行，189 个国家共同签署了《联合国千年宣言》，承诺要将全球贫困水平在 2015 年之前降低一半（以 1990 年的水平为标准）。20 多年过去了，很多国家依然饱受贫困困扰，而中国则以"人口""户""村""县"四级贫困维度，实施了救济式、变革式、开发式、攻坚式、精准式和振兴式扶贫，从单模态救济到多模态开发，再到多模态复合模式，走出了一条中国特色的减贫道路，成为世界上减贫成就最为显著的国家，也是率先完成联合国千年发展目标的国家，谱写了人类反贫困史上的辉煌篇章。

在全球贫困治理的实践经验总结中，我们发现可持续脱贫并非仅包含社会救济保障、经济增长等一维或二维概念，而是一个综合复杂的多维模式和要经历从单模态到多模态、从开发到复合不断发展的过程。为了消除贫困，绝大多数国家贫困治理初期往往采用单模态救济模式，即在经济快速增长过程中，用现金或物资救济贫困对象以达到消除贫困的目的。发达国家、新兴市场国家和大多数发展中国家目前采用的是多模态开发模式，即在经济增长的同时，也注重开发自然资源和人力资源，建立健全社会保障制度。全球仅有中国基于"人民至上，共同富裕"理念，目前采用多模态复合扶贫模式，基于贫困人口（穷人）、贫困户、贫困村、贫困县进行四级扶贫，基于乡、村两级振兴，取得了举世瞩目的成就。中国是世界上最大的发展中国家，占世界人口近1/5，新中国成立初期农民在贫困线200元以下的人口，约有75%；到1952年底，全国土地改革基本完成，贫农占92.1%。[①] 改革开放前，新中国在变革式基础上实行的救济式扶贫，即变半封建半殖民为社会主义国家，进行了全国土地改革、农业合作化和人民公社化；同时，从贫困人口、"困难户"或"五保户"等两个维度对农村贫困群体、边远落后地区群体、因灾致贫群体、战争伤残群体实施了救济式扶贫，通过提供物资、现金帮助他们，或减免税照顾，维持基本生活需要。改革开放以来，采用了变革式、开发式、攻坚式、精准式、振兴式五大贫困治理模式，累计近8亿贫困人口于2020年全部脱贫，全面消除了绝对贫困。[②] 改革开放以来，中国扶贫经历了如下五个阶段：①1979~1985年采用变革式扶贫，制定并实施了家庭联产承包责任制、对外经援项目承包责任制等；②1986年国务院成立了贫困地区经济开发领导小组，首次确定了以"县"为扶贫对象进行开发式扶贫；③进入21世纪，国务院扶贫办以贫困村为重点扶贫对象，在全国开展了整村推进攻坚式扶贫工作；④党的十八大以后的精准式扶贫，即小康路上一个都不能掉队，基于"县""村""户""人口"进行四级贫困脱帽；⑤2020年后的振兴式富裕，即采用多模态复合模式，"乡""村"两级振兴，实现全民共同富裕。

与此同时，中国积极参与国际减贫合作，从周边国家到其他发展中国家，从最初的"受援国"跨越到"援助国"，2016年中国国际扶贫中心成立，2018年中国国家国际发展合作署成立，中国参与国际减贫合作更加有序化、组织化和系统化，推动建立了中国-东盟减贫合作、中阿减贫合作、

---

① 史志乐、张琦：《中国共产党领导人民摆脱贫困的百年实践探索》，《中国浦东干部学院学报》2021年第1期。

② 罗杰：《中国日报网评：2020消除绝对贫困 中国方案造福全人类》，中国日报网，2020年1月3日。

中拉减贫合作、中国－非洲减贫合作、南南合作基金等平台。在过去的 70 年里，中国累计向近 170 个国家和国际组织提供援助资金达 4000 多亿元，实施各类援外项目 5000 多个，派遣 60 多万援助人员，为发展中国家培训各类人员 1200 多万人次，为 120 多个发展中国家落实千年发展目标提供了帮助。① 中国在贫困治理领域所取得的巨大成就直接推动了全球贫困治理进程，建立并完善了世界上最大规模的教育、医疗和社会保障体系，创造了贫困治理的中国样本和中国方案，为全球减贫事业做出了重大贡献，为实现可持续发展、推动构建人类命运共同体做出了重大贡献。

所谓中国扶贫对外话语体系，指的是新时代中国面向国际社会的一套贫困治理言说体系，致力于消解西方偏见，彰显中国国家软实力，提升国家话语权。为此，我们试图突破传统意义上的形式、意义两个层面，从符号媒介、结构形式、语义内容、实践语境和观念思想五个方面开展中国扶贫五大对外话语体系的建构研究，这样有利于对外阐释中国贫困治理思想的历史性、时代性与实践性，有助于国际社会广泛开展国际减贫合作，破解全球减贫难题。中国的扶贫伟大成就以及中国扶贫模式、中国特色反贫困理论等一系列成果的国际传播，必将为全球贫困治理提供中国方案、贡献中国智慧，也将会加快中国化和全球化步伐，推动减贫事业以及反贫困理论与实践的创新，助力全球范围内消除贫困，共建人类命运共同体。

---

① 宁甜甜、吴宁：《新中国 70 年扶贫的基本历程、成就与经验》，《云梦学刊》2019 年第 6 期。

第一章
全球贫困现状、减贫举措
与中国扶贫经验

    贫困是全世界各国普遍存在的共性问题和必须共同应对的艰巨挑战，正因如此，"在全世界消除一切形式的贫困"① 成为联合国《2030 年可持续发展议程》17 个可持续发展目标中的首个目标。然而，百年未有之大变局深刻演化，全球贫困治理面临前所未有的挑战。尽管全球贫困治理已经取得了长足的进展，但总体上看，疫情肆虐使更多的人陷入贫困泥沼，导致全球性贫困问题进一步加重（见图 1-1）。在 2023 年 7 月 10~19 日联合国可持续发展高级别论坛上，联合国秘书长古特雷斯在部长级会议开幕式上指出，世界"严重偏离"了在 2030 年的最后期限前实现可持续发展目标的轨道。减少贫困和不平等依然是重点关切，需要强劲的国家承诺和干预措施，全球减贫事业任重道远。

一　全球贫困现状

    贫困问题作为困扰全球的世界难题，严重制约着社会的进步与人类的发

---

    ① 联合国：《变革我们的世界：2030 年可持续发展议程》，外交部网站，2016 年 1 月 13 日。

图1-1 新冠疫情后全球极端贫困发生率预测

注：纵轴为每日生活费不足1.90美元的人口数。
资料来源：《2022年可持续发展目标报告》。

展。在新冠疫情的影响下，甚至面临绝对贫困①人口增加的危机。联合国发布的《2021年可持续发展目标报告》显示，全球在减贫方面出现倒退，2020年全球极端贫困率出现20多年来的首次上升。2020年全球共有1.19亿~1.24亿人重新回到极端贫困状态。以拉丁美洲为例，根据联合国拉丁美洲和加勒比经济委员会（ECLAC）的估算，2020年拉美地区贫困率上升4.4个百分点，达到33.7%，贫困人口增加2870万人；赤贫率上升2.5个百分点，达到13.5%，赤贫人口增加1600万人，近8340万人口面临粮食危机。② 如果现在的趋势得不到改变，2030年全球贫困率预计将为7%,③ 无法达到2030年消除贫困的目标。

---

① 绝对贫困的"绝对"有两个方面的含义：一是指界定贫困的尺度是绝对的，它以维持或满足人的基本需要为参照标准；二是指贫困的程度较深，处于绝对匮乏或剥夺状态。
② ECLAC, "Social Panorama of Latin America 2020", 2021, https://www.cepal.org/en/publications/46688-social-panorama-latin-america-2020. 房连泉：《新冠疫情冲击下拉美国家的社会贫困和不平等：社会结构脆弱性视角》，《拉丁美洲研究》2021年第5期。
③ 参见世界银行PovcalNet数据库。

贫困是一种复杂而综合的社会现象，是一个多维的概念。① 除了收入，还包括许多非货币的维度，如经济、教育、健康等。因此，疫情不但带来了经济贫困，其所造成的健康以及教育贫困，都是贫困的不同内涵和维度。下文就健康贫困、经济贫困、教育贫困从全球贫困现状、国际减贫举措和中国扶贫经验三个方面详尽论述。

（一）健康贫困：营养不良、饥饿、疾病等

贫困是导致粮食不安全和各种形式营养不良的深层结构性因素。② 因此，健康状况在一定程度上反映了贫困状况。2020 年世界饥饿状况急剧恶化，这与新冠疫情大流行影响有关，尽管这一影响还无法全面统计。2020 年有 7.2 亿~8.11 亿人面临饥饿，比 2019 年增加 1.61 亿人。全球有 9.9% 的人口处于营养不良状态，系 2005 年来最高值。③ 新冠疫情的大流行导致了包括儿童在内的大批民众的粮食安全及营养状况出现恶化，主要体现在以下几个方面：第一，疫情引发了严重的经济衰退，危及食物获取。第二，疫情对全球粮食安全造成了长期影响。第三，疫情对多种形式营养不良发生率产生了影响。

联合国于 2020 年发布的报告中特别强调了粮食获取对儿童的负面影响。报告称，疫情导致学校关闭，无法提供餐食，间接影响家庭收入，使贫困和不平等的恶性循环难以消除。④

以美国为例。尽管美国拥有大量的农业耕地和较为繁荣的农场主经济，但是由于新冠疫情，美国"食物无保障"人口可能新增 1700 万，美国民众

---

① 多维贫困是指人的贫困不仅仅指收入贫困，还应该包括诸如可接入基础设施所提供的服务（如自来水、道路、卫生设施）、获得的社会福利及保障等指标，以及对这些福利的主观感受的贫困。

② 联合国粮食及农业组织、国际农业发展基金、联合国儿童基金会、世界粮食计划署、世界卫生组织：《世界粮食安全和营养状况（2021）》，2021。

③ 联合国粮食及农业组织、国际农业发展基金、联合国儿童基金会、世界粮食计划署、世界卫生组织：《世界粮食安全和营养状况（2021）》，2021。

④ United Nations，"Shared Responsibility，Global Solidarity"，Responding to the Socio-economic Impacts of COVID-19，2020.

陷入了健康贫困。根据美国最大饥饿救济组织"喂饱美国"2020年的数据，饥饿的美国人数量将高达5040万，其中1700万为儿童（见图1-2）。美国农业部发布的相关报告也显示，由于新冠疫情的影响，2020年有5400万美国人面临食品短缺问题，其中1800万儿童会缺少甚至失去重要的营养来源。[①]

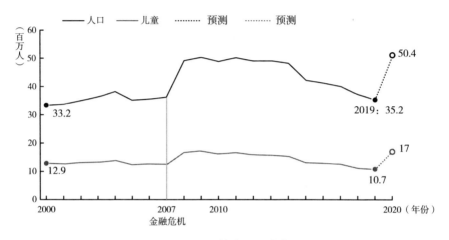

图1-2　美国粮食无保障人口

资料来源：USDA（2000-2019）；Feeding America（2020）。

（二）经济贫困：低收入、可支配收入不足等

经济状况是衡量贫困程度最直接、最现实的标尺。新冠疫情肆虐全球，威胁公共健康，重创世界经济，危及数百万人长期的生计与福祉，为了阻止病毒传播而不得已采取的隔离或封城措施，对已处于下滑通道的经济更是雪上加霜。[②] 新冠疫情对贫困水平的影响直接体现在就业和工资水平的下降。长、短期遏制疫情的情况下，全球将有1.58亿~2.42亿人失业，占总就业量的6%~9.2%。在新冠疫情短期遏制的条件下，失业率是2008~2009年全

① 美国农业部网站，https://www.usda.gov。
② 国际劳工组织：《世界就业和社会展望：2021年趋势》，2021。

球金融危机的 7 倍之多，后者减少了 2200 万个全职工作岗位。疫情影响下，全球的工资收入也将普遍下降，尤其是在美国、欧盟和英国。在全球范围内，预计工资收入下降幅度为 1.2 万亿~1.9 万亿美元（见表 1-1）。国际货币基金组织认为，疫情造成了经济前景的进一步分化。各国经济复苏形势分化加剧，国家间差距扩大。同时，富裕群体和贫困群体的复苏进程出现深度分化，助推全球性贫困和不平等状况的恶化。① 据国际劳工组织发布的《ILO 检测报告》，2021 年全球工作时间将比疫情前水平，即 2019 年第四季度减少 4.3%，相当于 1.25 亿个全职工作岗位。与此同时，发达国家和发展中国家复苏进度不均，这对全球经济整体复苏造成威胁。报告显示，2021 年第三季度，高收入国家总工作时间比 2019 年第四季度减少了 3.6%。相比之下，低收入国家和中低收入国家分别减少了 5.7% 和 7.3%。

表 1-1　疫情对就业和工资收入的影响——与非 COVID-19 基线的偏差

单位：百万人，百万美元

地区	就业人口		工资收入	
	短期遏制疫情	长期遏制疫情	短期遏制疫情	长期遏制疫情
全球	-158.1	-242.1	-1201231	-1832371
亚洲	-109.1	-166.7	-358709	-549900
澳大利亚与新西兰	-0.3	-0.5	-11189	-17042
中亚	-1.9	-3.0	-3419	-5396
东亚（除中国）	-2.2	-3.6	-37751	-59730
中国	-62.9	-95.2	-253503	-385970
东南亚	-11.6	-18.4	-25047	-38986
南亚	-30.0	-45.9	-27606	-42445
太平洋	-0.1	-0.2	-193	-331
G3 国家	-29.1	-44.1	-735301	-1118925
美国	-9.0	-13.5	-402675	-611233
日本	-3.6	-5.5	-60556	-92157
欧盟+美国	-16.5	-25.1	-272070	-415534

资料来源：亚洲开发银行预测。

① 国际货币基金组织：《全球经济展望》，2020。

国际劳工组织发布的《世界就业和社会展望：2021 年趋势》中也阐述了相似的经济困境。从收入方面来看，疫情期间，工作时间骤减造成了失业率陡增、收入降低，极端贫困和中等贫困人口激增。GDP 增长缓慢以及适龄就业人口的激增，使发展中国家的就业机会大大减少，减贫进程受到严重阻碍。从就业形势来看，就业增长过于疲弱，无法为在疫情期间变得不活跃或失业的人以及进入劳动力市场的年轻人群提供足够的就业机会，人们寻找工作的热情也不高，失业人口持续显著增长。与此同时，疫情还加剧了社会不平等现象。低技能工人、妇女、年轻人群、非正式员工及外来务工人员的处境不容乐观。

以巴西为例。作为拉美最大经济体和较具潜力的新兴市场国家之一，巴西在疫情期间经历了社会经济发展与人民生活水平的急剧倒退，贫困状况进一步恶化。巴西瓦加斯基金会巴西经济研究所（FGV Ibre）研究员、经济学家杜克（Duque）的一项研究表明，由于新冠疫情影响，巴西贫困问题加剧，2019 年第一季度贫困人口占比为 25.2%，2021 年 1 月增加到 29.5%。27 个行政单位中，24 个贫困人口比例出现上升。[①] 联合国拉美经委会（ECLAC）发表的拉美社会展望报告显示，2021 年该地区贫困人口总数为 2.01 亿，贫困率从 33% 下降到 32.1%；极端贫困人口增加 500 万人，再次攀升至 8600 万人，倒退 27 年，极端贫困率从 2020 年的 13.1% 增加到 13.8%。[②] 新冠疫情被认为是造成这一时期巴西人口贫困化的最大原因。联合国拉美经委会 2020 年 7 月 15 日的报告对巴西经济做了预测，预计巴西 2020 年经济将衰退 9.1%。国际货币基金组织的报告也给出了同样的预测数据。巴西中央银行则预计巴西 GDP 将下降 6.5%。[③] 疫情导致巴西国内出现大量人员失业，每月失业人口超过 1300 万人，失业率也已经超过 13%，最

① 中华人民共和国商务部网站，http：//br. mofcom. gov. cn/article/jmxw/202108/202108031926 06. shtml。
② 中华人民共和国商务部网站，http：//uy. mofcom. gov. cn/article/jmxw/202201/202201032468 98. shtml。
③ 经济合作与发展组织：《世界经济展望报告》，2020。

高峰时为 14.6%（见图 1-3），有 6000 万人急着领救济，每月 1200 雷亚尔（折合人民币 1467 元）。

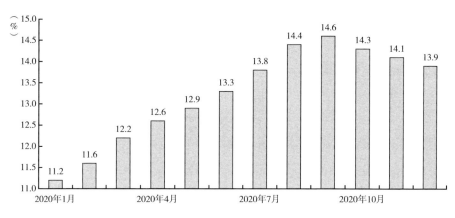

图 1-3　巴西失业率

资料来源：《全球经济指标》（*Trading Economics*）。

（三）教育贫困：学校关闭导致失学或辍学

教育对人类发展至关重要，有助于打破贫困的代际循环。[1] 而新冠疫情肆虐全球，导致了世界各地学校关闭，引发了历史上最大的教育危机。疫情大流行也加剧了教育差距。学校长期关闭造成的学习损失有可能抹去近几十年来取得的进步，尤其是对女孩和年轻妇女而言。仅疫情影响，2021 年就有大约 2380 万名儿童和青年（从学前教育到高等教育）辍学或无法上学。[2]联合国秘书长古特雷斯在为《教育与 2019 冠状病毒病政策简报》的发布所录制的视频致辞中也表示，2019 冠状病毒病大流行导致了有史以来最大规模的教育中断。国际劳工组织和联合国儿童基金会联合发布简报显示，过去四年全球童工人数增加 840 万，总人数现已增至 1.6 亿。受新冠疫情影响，

---

① 联合国开发计划署：《2021 年全球多维贫困指数》，2021。
② 联合国秘书长古特雷斯：《教育与 2019 冠状病毒病政策简报》，2020。

另有数百万儿童面临风险。①

世界粮食计划署在《2020 年学校供餐状况》新冠疫情特别报告中指出，学校关闭导致大多数孩子在学校的学习活动停止，造成教育损失。若错失了儿童发展的重要时期，学习不平等状况将进一步加剧。对学校教育依赖下降，辍学率上升，入学率降低，某些极端贫困国家的学龄儿童可能无法再回到学校。国际货币基金组织在其《全球经济展望》报告中也提到了相似的观点：学习机会显著丧失，对低收入国家儿童未来收入前景产生特别大的不利影响。② 以非洲为例。作为全球教育和经济发展相对落后的地区，非洲面临的形势更为严峻，更多的人将陷入教育贫困。在新冠疫情发生之前，非洲的高等教育就面临资金不足、领导不力和教育质量低下等多重挑战，长期影响着非洲各国发现和解决发展问题的能力。据联合国教科文组织的统计，撒哈拉以南非洲只有 9% 的适龄年轻人能够接受高等教育，同时该地区国家平均的国内研发总支出（GERD）仅占国内生产总值（GDP）的 0.37%，不到全球平均水平（1.7%）的 1/3。新冠疫情凸显了这些挑战，其影响在教育行业中是史无前例的。新冠疫情不同程度地对非洲各个阶段的教育造成了巨大冲击。据不完全统计，新冠疫情造成的学校大规模关闭，导致超过 2.5 亿名非洲学生只能在家学习；此外，失学儿童在家所能接受的教育质量也令人担忧。

二　国际减贫举措

（一）干预食物供应链、改变消费者行为、粮食体系转型等健康减贫举措

为应对饥饿状况急剧恶化，国际社会采用干预食物供应链、改变消费者行为、解决贫困和结构性不平等、粮食体系转型等多种健康减贫举措。2020

---

① 国际劳工组织、联合国儿童基金会：《2016~2020 全球童工趋势》，2021。
② 国际货币基金组织：《全球经济展望》，2020。

年世界饥饿状况急剧恶化，而新冠疫情的冲击是造成这一状况的主要原因。疫情暴露了全球粮食体系中存在的问题，这些都威胁着世界各地人民的生命和生计。为了应对造成饥饿和营养不良的多种不利因素，尽快摆脱健康贫困，联合国粮食及农业组织、世界粮食计划署等多家联合国机构敦促世界各国采取行动：第一，在受冲突影响的地区将人道主义、发展和建设和平的政策相结合；第二，加强粮食体系的气候韧性；第三，加强最弱势群体应对经济不景气的韧性；第四，在食物供应链中采取干预措施，降低营养食物的成本；第五，减少贫困和结构性不平等现象；第六，优化食物环境，改变消费者行为。[①] 报告还指出，粮食体系转型对实现粮食安全、改善营养、确保所有人都能获得健康膳食至关重要。为了成功实现转型，必须制定一套"协调一致的政策和投资组合"（见图1-4），以应对造成饥饿和营养不良的多种不利因素。

（二）短时工作制、就业支持、经济救助等救济减贫举措

随着疫情蔓延，经济贫困问题更为严峻，而采取有效的行动措施有助于减缓其恶化。第一，针对疫情之下疲软的经济复苏，也为了防止经济前景的进一步分化，尽快摆脱贫困的泥沼，各国必须在各个领域开展合作，应对共同的挑战。国际货币基金组织提出，应在国家层面采取谨慎协调的行动，以加强经济复苏，促进可持续、包容性复苏。各个国家应针对危机的不同阶段调整政策，将因地制宜作为各国采取政策行动的总体指导原则。[②] 第二，针对疫情之下严峻的就业形势，国际劳工组织提出了建设性意见：促进基础广泛的经济增长和创造生产性就业；支持家庭收入提升和劳动力市场转型；加强包容的、可持续的和有复原力的经济增长和发展所需的体制基础；利用社会对话制定以人为中心的复苏战略。[③]

[①] 联合国粮食及农业组织、国际农业发展基金、联合国儿童基金会、世界粮食计划署、世界卫生组织：《世界粮食安全和营养状况（2021）》，2021。
[②] 国际货币基金组织：《全球经济展望》，2020。
[③] 国际劳工组织：《世界就业和社会展望：2021年趋势》，2021。

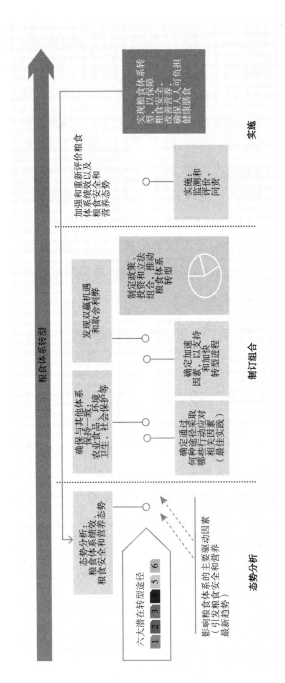

图 1-4　促进粮食体系转型、提高健康膳食经济可负担性的步骤

资料来源：联合国粮食及农业组织、国际农业发展基金、联合国儿童基金会、世界粮食计划署、世界卫生组织：《世界粮食安全和营养状况（2021）》，参见《联合国报告：疫情肆虐一年有余，全球饥饿人数激增》（《北京日报》2021 年 7 月 15 日）。

疫情影响下，许多欧洲国家采用"短时工作制"作为缓解就业压力、度过危机的首选。据德国联邦局公布的一项数据，受疫情影响，大约 75 万家德国企业申请引入"短时工作制"。英国政府也实施了类似就业支持计划，决定为因疫情无法工作的雇员支付八成工资，每月最多可达 2500 英镑。美国则通过了实施经济刺激法案。2020 年，美国颁布《新冠病毒援助、救济和经济安全法案》，安排超过 2 万亿美元财政资金（见图 1-5），部分用于为受疫情冲击的企业家和家庭提供救助。[①] 2021 年，拜登总统签署了近 1.9 万亿美元的经济救助计划，但如此激进的刺激计划在推动美国经济强劲增长的同时，也将导致严重的通货膨胀，影响美国的经济复苏。

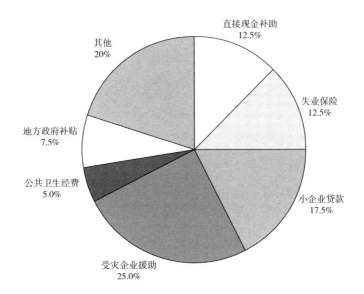

图 1-5　美国超过 2 万亿美元财政资金刺激具体项目的金额占比

（三）在线远程教学、终身学习等教育减贫举措

教育是一项基本人权，是公正、平等和包容性社会的基石，也是可持续

---

① U. S. Senate, "H. R. 748（116）", 2020, https：//www. appropriations. senate. gov/imo/media/ doc/FINAL%20FINAL%20CARES%20ACT. pdf.

发展的主要驱动力。为了防止新冠疫情造成的学习危机演变成一场学习灾难，各国政府和国际社会要加紧采取行动。

联合国发布的《教育与 2019 冠状病毒病政策简报》（Policy Brief：Education during COVID-19 and Beyond）中针对教育贫困问题提出了以下建设性的应对措施。第一，重新开学。在健康风险与儿童教育风险之间取得平衡，让学生尽可能安全地回到学校和学习机构。第二，在资金决策中优先考虑教育，保护并增加教育预算。第三，瞄准最难连通惠及的人群，刻不容缓地设法弥合数字鸿沟。第四，对教育进行重新设计，朝着建立提供优质全民教育的具有前瞻性的系统迈出一大步。投资数字扫盲和相关基础设施，重振终身学习，并加强正规教育和非正规教育之间的联系。

针对疫情，各国政府也纷纷采取涵盖多种教育阶段与类型的教育贫困应对措施。一些国家紧急启动立法程序，制定或者修订相应的专门性法律或法规。如美国国会颁布《新型冠状病毒援助、救济与经济安全法》（Coronavirus Aid，Relief and Economic Security Act，CARES Act）。在疫情初发阶段，中国教育部连续印发了《关于切实做好新型冠状病毒感染的肺炎疫情防控工作的通知》《关于切实做好新型冠状病毒感染的肺炎疫情防控工作应急预案的通知》《关于 2020 年春季学期延期开学的通知》，立即启动教育系统公共卫生类突发事件应急预案，完善应急处理机制，部署各地和有关中小学、高校高度重视疫情防控，切实做好应急预案。各个国家在颁布相关政策法律或者法规之外，在针对疫情导致的停课停学方面也给出了具体的教育教学指导或教育技术支持。在芬兰，政府呼吁学校要为学生提供疫情阶段的教学设备的同时，也要为学生提供多样化的学习计划与安排，例如小学生要求在家里进行在线远程教学等。在法国，为保障教育教学的不间断，法国政府免费为教师和学生提供教与学的互动平台——"在家学"（My class at home）等。① 针对疫情期间的教育危机，非洲各国政府和主要利益攸关方制定了一些措施，促进和保证失学在家儿童的教育的连续

————————

① https：//www.oecd.org/coronavirus/en/policy-response.

性。非洲教育发展协会发布的报告指出，新冠疫情对非洲教育产生了很大的影响。该报告还提出了可供非洲国家采纳或借鉴的措施：第一，在国家层面上制定远程教育推进策略；第二，记录学习者可能遇到的风险并采取矫正措施；第三，向教育部门提供更多的经济援助；第四，为教育部门制定危机处理计划等。①

三　中国扶贫经验

中国一直是世界减贫事业的积极倡导者和有力推动者。中国对世界减贫事业的贡献，体现在中国减贫成绩极大提振了全球减贫的信心，体现在中国减贫经验对世界各国的深远启示，体现在中国积极开展国际减贫合作的实际行动，还体现在中国致力于与各国推动合作共赢、共同发展，努力让各国人民共享发展成果。②

（一）中国扶贫经验的核心要素

中国创造了人类减贫史上的奇迹，其减贫与发展所实施的诸多有效举措可为其他发展中国家提供可资借鉴的宝贵经验。马克思批判古典政治经济学家将贫困产生的根源归因于国家缺乏政治智慧，旗帜鲜明地指出贫困的始源只能从政治国家的本质去探究。③ 参照《人类减贫的中国实践》白皮书，中国扶贫经验表现在六个方面：①坚持以人民为中心；②把减贫摆在治国理政突出位置；③用发展的办法消除贫困；④立足实际推进减贫进程；⑤发挥贫困群众主体作用；⑥汇聚各方力量形成强大合力。概括来说，坚持党对扶贫开发的领导，以经济发展为带动力量、以增强扶贫对象自我发展能力为根本

① 非洲教育发展协会：《新冠肺炎对非洲教育的影响：适应新常态，思考有效的干预措施及挑战》，2020 年 9 月 2 日。
② 《做世界减贫事业的有力推动者（和音）》，《人民日报》2021 年 2 月 28 日。
③ 郑继承：《批判与建构：马克思贫困理论的逻辑理路与辩证图景》，《社会主义研究》2020年第 6 期。

途径，政府主导、社会帮扶与农民主体作用相结合，普惠性政策与特惠性政策相配套，政府、市场、社会互动，专项扶贫、行业扶贫、社会扶贫联动，开发式扶贫与救济式扶贫并重，攻坚式脱贫、精准式扶贫与实施乡村振兴战略相衔接。

改革开放以来，特别是进入新时代以来，中国立足本国国情，把握减贫规律，构建了以人民为中心的政治制度体系、减贫公共政策体系和强大的反贫困执行体系，系统回答了脱贫攻坚的领导力量、战略路径和实施机制等反贫困核心问题，[①] 形成了新时代中国特色反贫困理论体系。中国特色反贫困理论体系是由国家行政力量主导并在农村实践的科学知识体系和话语体系，主要内容可以总结为坚持党的领导、坚持以人民为中心的发展思想、坚持集中力量办大事的政治优势、坚持精准扶贫的基本方略、坚持激发脱贫的内生动力、坚持营造扶危济困的社会氛围、坚持求真务实的作风。这"七个坚持"上升到中国特色反贫困理论范式，即制度范式，是中国扶贫实践重大成就的背后逻辑，也是对国际反贫困理论的重大贡献。

减贫成功不仅取决于政府的高度动员能力，而且有赖于广泛的社会支持和有效的市场机制。中国贫困治理采取复合扶贫模式符合经济发展的普遍性逻辑，按照开发减贫—保障助贫—精准扶贫的政策目标依次推进，利用产业、保障和帮扶等政策工具，既保证了减贫资源的持续供应，又有效扩大了政策的受益群体，减少了社会阻力，最终取得了显著的减贫成效。[②]

（二）新冠疫情下的中国扶贫实践

新冠疫情全球肆虐以始料未及的方式打断了世界经济增长步伐，各国人民陷入种种危机，各国减贫工作也遭遇严重冲击。2020 年是中国脱贫攻坚战最后一年，受疫情影响，如何推进脱贫攻坚工作、如期完成脱贫攻坚目标

---

① 王小林、张晓颖：《中国消除绝对贫困的经验解释与 2020 年后相对贫困治理取向》，《中国农村经济》2021 年第 2 期。

② 郑宇：《贫困治理的渐进平衡模式：基于中国经验的理论建构与检验》，《中国社会科学》2022 年第 2 期。

任务是亟待解决的重要问题。

为了应对疫情对贫困治理的影响，习近平总书记提出了分区分级精准防控等多项措施，并结合疫情情况对原有的扶贫计划进行了相应的调整，以保障精准扶贫的可持续性。① 国务院扶贫开发领导小组发布了《关于做好新冠肺炎疫情防控期间脱贫攻坚工作的通知》（以下简称《通知》），明确 2020 年中央财政专项扶贫资金向受疫情影响较重地区适当倾斜，各省在分配资金时结合实际对受疫情影响较重的市县给予倾斜支持，切实保障好这些地区脱贫攻坚资金需要，尽可能减少疫情对脱贫攻坚工作的影响。② 一方面，政府采取助力贫困户返程返岗、就近就业，保就业稳收入的举措。针对贫困群众外出务工难题，《通知》要求按照"分批有序错峰"的原则，优先组织贫困劳动力返程返岗和外出务工。政府通过扶贫车间、公益岗位等手段，促进贫困人口就近就地就业，保障他们的就业和稳定收入。各地也通过精准施策和有序组织，让贫困劳动力有序返岗就业。另一方面，疫情导致农产品生产及销售受到影响，为了应对这一问题，《通知》明确了做好春耕备耕工作，强调要加强贫困地区农产品产销对接，通过"互联网+"等手段，拓宽销售渠道，积极开展消费扶贫专项行动，以防止农产品积压。此外，为减轻新冠疫情对广大中小微企业、个体工商户造成的冲击和影响，政府推出多项政策，如加大纾困资金支持力度、进一步推进减税降费、灵活精准运用多种金融政策工具、推动缓解成本上涨压力、加强用电保障、支持企业稳岗扩岗、保障中小企业款项支付、着力扩大市场需求、全面压实责任、减免部分企业房租等。③ 消除绝对贫困并不等于消除贫困，这绝不意味着我国农村贫困问题就此瓦解与消亡。④ 2020 年习近平总书记在决战决胜脱贫攻坚座谈会上强调，

① 孙嘉婕、张诗尧：《新冠疫情下的中国精准扶贫研究》，《可持续发展》2022 年第 1 期。
② 《国务院扶贫办 财政部明确疫情防控期间加强财政专项扶贫资金项目管理有关要求》，中国政府网，2020 年 2 月 18 日。
③ 《国务院办公厅关于进一步加大对中小企业纾困帮扶力度的通知》，中国政府网，2021 年 11 月 22 日。
④ 凌经球：《乡村振兴战略背景下中国贫困治理战略转型探析》，《中央民族大学学报（哲学社会科学版）》2019 年第 3 期。

"巩固脱贫成果难度很大""据各地初步摸底，已脱贫人口中有近 200 万人存在返贫风险，边缘人口中还有近 300 万存在致贫风险"。① 2021 年，经过持续奋斗，脱贫攻坚取得了丰硕的成果，脱贫工作进入"后脱贫时代"，但返贫风险依然存在。

中国贫困治理经验的世界意义在国际上已达成了一定共识，但人们对减贫经验的核心要素却存在不同认识，如国家治理模式、政府行政管理体系、市场效率、社会共识、文化传统、国际社会环境等不同要素在其中发挥的作用，以及各要素间的相互影响都有待深入研究。② 各国国情不同，贫困治理路径有其普遍性和特殊性，只有根据自身条件在实践中不断探索，因地制宜，才能找到适合本国国情的贫困治理方案。

四　结语

消除贫困是全人类的共同理想，也是各国推进现代化进程的重要目标。据世界银行发布的 2021 年度报告，新冠疫情大流行造成了严重的健康、经济以及教育贫困，全球性贫困问题进一步加剧，全球极端贫困率将出现 20 年来的首次增长，导致世界人口 1.4% 以上陷入极端贫困，造成发展进程和减贫事业的严重倒退。大量新增穷人将集中在贫困率已经很高的国家，许多中等收入国家将有大量人口掉到极端贫困线（生活费不足 1.90 美元/日）之下。③

中国扶贫加快了全球减贫进程和减贫事业的发展，中国扶贫经验对世界来说具有极其重要的借鉴意义。中国特色扶贫道路和模式为全球减贫提供中国方案，中国建立的解决相对贫困长效机制为发展中国家减贫提供理论借鉴和经验参考，扶贫成果为全球消除贫困提供了强大信心，中国共产党为全球政党治理贫困提供了国际典范。不同国家和地区应共享减贫经验，携手推进国际减贫进程，构建远离贫困的人类命运共同体。

---

① 《习近平出席决战决胜脱贫攻坚座谈会并发表重要讲话》，中国政府网，2020 年 3 月 6 日。
② 《徐秀丽：全球减贫知识供给，中国该占大头》，环球网，2022 年 7 月 21 日。
③ 世界银行：《贫困与共享繁荣 2020：形势逆转》，2020。

第一篇

发达国家贫困治理及中国扶贫
对其影响

贫困治理是全球治理面临的核心问题之一，任何国家在发展过程中都会遇到贫困治理问题，发达国家也不例外。英国是世界上首个迈向现代化的国家，法、德等西欧国家紧随其后，美国后来居上。近年来，英国在脱欧特别是新冠疫情发生以后遭遇了前所未有的严重贫困，不仅仅是经济贫困，同时还有健康以及教育贫困。新冠疫情肆虐全球，已处下滑通道的经济雪上加霜，危及数百万人长期的生计与福祉；世界饥饿状况急剧恶化，大批民众粮食安全及营养状况恶化；世界各地学校长期或短期关闭，引发了历史上最大的教育危机。为应对这一局面，发达国家均采取了许多行之有效的措施，对缓解贫困带来的压力和冲击起到了积极作用，有着可资借鉴的历史经验和教训。在本篇中，我们选取英国、美国、法国、以色列、爱尔兰、韩国等发达国家作为案例，从各国贫困治理的现状、历程、措施、效果着手，进行相关国家中外贫困治理对比分析。

英国 1948 年成立国民救济委员会，开始执行《国民保险法》和《国民救济法》，建立了世界第一个资本主义福利国家。实际上，受管理主义的贫困治理理念影响，早在 1495 年和 1503 年英国就颁布并修订了《反对流浪和乞丐法》，1536 年颁布《亨利济贫法》，1563 年颁布《工匠法》，1572 年在全国征收"济贫税"，1601 年颁布的《济贫法》减轻了对流浪乞讨者的惩罚，代之以分类济贫管理模式，其间建立了慈善救济院、劳动救济所和教养院。① 譬如，根据 1662 年颁布的《定居法》，法官可以在堂区官员的控告下驱逐居留不超过 40 天的移民，并制定了一系列保障措施，如迁出堂区的兜底，迁入堂区房东的担保等。进入 19 世纪，受社会达尔文主义思想影响，有人反对 1834 年颁布的新《济贫法》，认为政府的济贫会影响社会发展的效率与公平。20 世纪以来，源于马歇尔所倡导的公民权利理论和阿马蒂亚·森的"能力贫困论"，突破了救济模式，从多模态救济式转型为开发式贫困治理，建立了"以普遍福利与就业促进为中心"的社会保障制度。目前，英国的社会保障制度将社会保险、社会救助和专项津贴有机整合，强调

---

① 初庆东：《近代早期英国治安法官的济贫实践》，《世界历史》2017 年第 3 期。

福利体系的最终目标是人的发展，为有工作能力的人提供发展机会，为特殊人群提供社会救助。具体分为五大类：老年人、残疾人和幸存者福利；疾病和生育福利；工伤保险；失业保险；家庭津贴。虽然英国的福利制度大大改善了贫困人口的生活，但很难规避利益诱惑产生的道德问题，因此仍存在"福利病"。据英国就业与养老金部2022年3月31日公布的数据，在考虑到住房成本的情况下，英国相对贫困人口约为1333万人，占总人口的20%。针对贫困人口相对集中地区，英国采用多模态开发式减贫，如"教育行动区""医疗行动区"等政策，主要在于促进贫困地区的经济开发和社会进步。

美国19世纪初开始工业化，内战之后步入成熟阶段，完成了从一个农村化的共和国到城市化的国家的转变。第一次世界大战爆发，导致了资本主义大萧条，上百万工人失业，大批农民被迫放弃耕地，工厂商店关门，银行倒闭。罗斯福总统全面推行以政府干预市场，从单模态救济模式转向多模态救济模式，先后推出了包括《社会保障法》等一系列政策，暂时解决或缓解了许多问题。第二次世界大战后美国逐渐进入经济发展的"黄金时期"，贫困问题被重新提起。20世纪60年代初，肯尼迪总统率先提出要采取措施解决美国的贫困及其衍生问题。继任总统约翰逊在1964年1月的国情咨文中提出了"向贫困宣战"，之后成为美国历史上最大规模、最为全面的贫困治理运动，从单模态、多模态救济向技术、物资、培训相结合的配套服务的开发式转变，并先后成立了经济发展管理局（EDA）、乡村发展署（RDA）等，出台了《农民保障法》《农村发展法》《农场就业法案》《阿巴拉契亚山脉地区发展法案》《公共工程与经济发展法案》《美国农村基础设施改革法案》等，[1] 实施了一系列减贫计划，逐步推行了一系列对低于特定年收入金额的贫困者的兜底政策，如社会保障、医疗保险与补助、食品券。但是，美国资本主义制度造成了贫富悬殊过大，再加上贫困被漠视和常态化，"资本收入"让富人更富，"劫贫济富"的相关政策以及政治与社会潜规则、教育机会不平等等造成了穷人更穷。过去50多年来，美国的贫困

---

① 美国农业部网站，https：//www.usda.gov。

率一直在 10%～15%浮动，美国的贫困治理举措收效甚微。

法国 1790 年成立乞讨问题委员会，试图建立救济性工厂，通过工作获得生存的权利，从而减少贫困。但受自由主义思想影响，随着"工作权利"变为"工作自由"，救济性工厂被解散，救济式贫困治理转为多模态开发式，形成了较为完善的社会保障体系。特别是 20 世纪 80 年代以来，法国政府实施了一系列教育精准扶贫政策，促进边远贫困地区的教育发展，扶持弱势群体，促进教育公平，贫困状况有所好转。近些年来，法国政府一直采用变革式减贫，着力于在法律与制度层面改革劳动力市场，但事实证明，每次改革引发的社会抗议甚至比改革前还要严重。受资本主义制度的约束，法国很难摆脱贫困。马克龙直言，"法国的贫困是命运的不平等，你的人生道路基于你的出生家庭、受教育的学校基本上就被锁定了"。法国国家统计与经济研究所（INSEE）2021 年10 月 5 日发布的一份生活水平报告显示，法国贫困线标准为生活水平中位数的60%，疫情前 2019 年法国 920 万人生活在贫困线以下，家庭贫困率为 14.6%。

以色列建国早期，对贫穷人口的救济由地方政府福利局负责，采用单模态救济模式，社会保障体系整体上缺乏资源帮助贫困人口，其社会救济主要通过当地社会工作者提供福利补贴。20 世纪 80 年代以后，随着收入补贴政策的实施，以色列国家保险协会发挥了相关职能作用，采用多模态救济模式，将新实施的收入补贴政策与当地社会工作者提供的紧急情况补助相结合。21世纪初，因为贫困治理由救济式转向开发式，政策变化转向鼓励贫困人口进入劳动力市场，导致福利水平下降和符合条件的人数骤减。近年来进入多模态开发期，地方政府责任增大，贫困治理的公共话语从"增能"转向聚焦于"赋权"。与此同时，以色列政府劳工与社会事务和社会服务部采取了关注贫困的社会工作政策，配合采取对贫困人口提供物质援助的新渠道。

爱尔兰历史上曾经长期遭受殖民统治和外族入侵，法理意义上的现代爱尔兰国家的建立只有 100 年左右的时间。① 爱尔兰在二战以后经济长期不

---

① 爱尔兰 1921 年获得政治上的独立并最终退出英联邦，爱尔兰政府将 2012～2023 年命名为"百年纪念季"（Decade of Centenaries）。

振，是欧洲西北最为贫穷落后的国家。作为一个传统农牧业国家，爱尔兰人当时被称为"欧洲穷小子"，其贫困治理采用救济式减贫。20世纪60年代，爱尔兰政府推行对外开放的经济发展战略，与英国达成自贸协定并共同申请加入欧共体。此后，爱尔兰逐步转型为以IT电子、生物制药、食品加工和金融服务业等为支柱的发达国家，贫困治理也同步转入开发式减贫，然而在爱尔兰相对富裕的经济水平下，弱势群体却遭遇了更多的社会排斥，城市中无家可归的现象日益严峻。随着社会对贫困问题的关注与反贫困意识的提高，爱尔兰政府先后出台了《共享进步：国家反贫困战略》《社会包容国家行动计划2007~2016》《社会包容国家行动计划2015~2017》《社会包容行动指南2020~2025》等，在促进就业与终身职业培训、老年人与残疾人、扶持子女养育与教育发展、注重乡村地区发展、鼓励社会志愿团体参与等方面做出了规划。

20世纪60年代以来，韩国实行了"出口主导型"开发经济战略，特别是"新村运动"，采用开发减贫模式推动了本国经济的飞速发展，在短短几十年里，由世界上贫穷落后的国家一跃成为中等发达国家，缔造了令世界瞩目的"汉江奇迹"和农村开发成功案例。但是，随着经济的日益发展，贫富差距也在加剧，贫困问题严重。1997年经济危机之后，逐渐转换为在开发式基础上的多模态救济模式，建立了较为完善的社会保障制度，形成了强大的社会安全网。新冠疫情初期，韩国政府迅速反应，采取了广泛的不接触式检测病毒、追踪感染者等方式，成功阻碍了疫情在韩国蔓延。但是，随着全球大环境的不可控，疫情在韩国呈现过山车似的扩散。韩国政府在积极应对疫情的同时，也采取了各种救助生活遭受重大损害的老人、儿童、失业者的脱贫政策以及发放紧急灾难救助金，极大地缓解了疫情的冲击。

国际减贫经验共享方面，共分中国扶贫对发达国家的影响以及发达国家贫困治理借鉴两个部分讨论，我们选取了英国、美国、法国、以色列、爱尔兰五个国家，从反贫困理念、模式、举措以及影响等方面进行论述。并就韩国贫困治理经验对中国乡村振兴在解决相对贫困、乡村发展运行机制等方面的启示予以了深入探索。总体而言，除韩国等个别国家外，发达国家贫困治理初期均采用单模态救济模式，目前大多在救济式基础上采用多模态开发模式，治理模式单一且仅仅对资本主义制度进行了改良性的变革。发达国家目前拥有较好的经济发展条件，平均贫困发生率仅有 0.65%，远低于世界平均水平。荷兰、瑞士、德国等国家的绝对贫困已经全部消除；而意大利、美国、加拿大等国家虽然也将绝对贫困发生率控制在 0.6% 以下，但相对贫困发生率则长期处于较高水平。[①] 除美国等国家采用绝对贫困线外，大多数发达国家基于收入中位数或平均数的相对贫困线来界定贫困，其贫困主要来自社会制度不合理、经济结构失衡所导致的社会问题，贫困人口主要分布在城市地区，集中于妇女、儿童、老人、特殊民族等人群，贫困治理主体也由一元化的社会、市场、政府责任治理转向以政府为主导的多元平衡，主要减贫措施包括：制定社会福利制度、对贫困者分类进行针对性的帮扶、加大教育投资和营养干预、提高人力资本水平、强化脱贫能力、完善工作福利制度、消除福利依赖、制定专项区域开发政策等。毋庸置疑，不同于西方发达国家，中国不是管理穷人，而是采用多模态复合模式帮扶贫困人口，从根本上照顾贫困人口，不仅帮助人们摆脱贫困，更向他们展示通向未来的方式，给人们以希望。因此，全球贫困治理需建立融通中外的多模态复合减贫模式和减贫体系。

① 赵迪、罗慧娟：《欧美国家农村相对贫困治理的经验与启示》，《世界农业》2021 年第 9 期。

第二章
英国贫困治理及中国扶贫对其影响

英国的减贫计划起步较早，已经形成了一个相对完整的减贫体系，涉及就业、福利、资本和住房等诸多议题。作为一个传统发达国家和富国，英国很少和"贫困"一词挂钩。但贫困问题依然威胁着英国社会的稳定发展。英国就业与养老金部（Department for Work and Pensions，DWP）2022 年 3 月 31 日公布的数据显示，在考虑到住房成本的情况下，英国相对贫困人口约为 1333 万人，占总人口的 20%。[①] 2022 年 7 月 14 日，英国财政研究所（Institute for Fiscal Studies，IFS）指出，有 3 个孩子及以上的大家庭正面临更加严重的贫困问题，其绝对贫困率从 2013~2014 年的 35% 上升到 2019~2020 年的 38%，几乎倒退至 16 年前的水平。[②] 为了更深入地解决贫困问题，英国政府和各界人士都在不断优化减贫政策。

在实现 2020 年消除绝对贫困的目标后，中国也进入了巩固脱贫成果、防止返贫倒退的阶段。而有些英国媒体经常将中国扶贫与有争议的话题联系在一起，质疑中国扶贫政策。这种认识表明，中国扶贫话语在英国尚未形成

[①] Department for Work and Pensions, "Households below Average Income: For Financial Years Ending 1995 to 2021", https://www.gov.uk/government/statistics/households-below-average-income-for-financial-years-ending-1995-to-2021.

[②] Cribb, J., Waters, T., Wernham, T., and Xu, X., "Living Standards, Poverty and Inequality in the UK: 2022", July 14, 2022, https://ifs.org.uk/publications/16124.

积极反响。因此，中国还需要进一步分析英国的减贫计划，进行思考、评价和建议，以推动中国扶贫经验融入西方发达国家试图建立的普适性减贫思路。

一 英国贫困治理背景

英国很早就意识到了减贫的重要性，并率先发起工业革命，成为世界上第一个现代化国家。随着 1601 年《济贫法》的颁布，英国开始建立现代社会福利制度，并颁布了一系列旨在加强赡养、赔偿、教育、就业保障的法律，开启了大规模的减贫工作。[①] 1948 年依据《贝弗里奇计划》，英国成为第一个宣布建立福利国家的发达资本主义国家。

（一）英国的贫困定义、类型与成因分析

1. 英国对贫困的定义与类型

贫困的本质内涵是一个不断探索、不断丰富的过程。[②] 英国对贫困有着细致的划分。按收入水平可划分为绝对贫困、相对贫困和社会排斥三种类型。[③]

绝对贫困是指缺乏维持贫困人口生存的基本资源，通常用固定标准来衡量，增加居民收入就可以降低绝对贫困率。随着"从摇篮到坟墓"的福利国家建成，英国的贫困率大大降低。虽然人们的收入增加、绝对贫困减少，但如果不能与身边的人保持相同的生活水平，人们就会认为自己仍然处于贫

---

① Yan, K., *Poverty Alleviation in China*（New York and London：Springer – Verlag Berlin An, 2016），134–139.

② 刘宇琼、余少祥：《国外扶贫立法模式评析与中国的路径选择》，《国外社会科学》2020 年第 6 期。

③ Smith, A. M., Galloway, L., Jackman, L., Danson, M., and Whittam, G., "Poverty, Social Exclusion and Enterprise Policy：A Study of UK Policies' Effectiveness over 40 Years", *The International Journal of Entrepreneurship and Innovation*, 20（2），2019：107–118.

困之中。因此，英国政府开始聚焦于相对贫困问题。

当收入和可用资源低于国家人均水平时，相对贫困就会发生。处于相对贫困中的人虽然可以解决温饱问题，但其收入水平不足以达到大部分人口生活的一般标准。伯努瓦·德克尔夫（Benoit Decerf）指出，相对贫困取决于所考量的社会收入标准。[①] 因为相对贫困的测定标准是根据当下的社会经济状况而制定，所以相对贫困的阈值也基于当前的社会整体收入水平。[②] 相对贫困的概念最早由彼得·汤森（Peter Townsend）提出。如果个人、家庭或群体没有途径获取社会普遍接受的生活设施条件，他们就处于贫困之中。汤森的相对贫困理论对这一时期英国贫困治理产生了深远的影响，政府在制定贫困政策时将贫困的概念重新定义为家庭收入低于收入中位数的 60%。[③] 只有当居民收入需求比收入中位数增长更快时，才能减少相对贫困。

社会排斥是指由可用资源不足导致的机会不平等现象。英国政府的定义是：因失业、缺失工作技能、收入低、住房问题、生活地区犯罪率高、健康问题和家庭破碎等综合性因素，造成的个人及地区性贫困。[④] 当人们所拥有的资源严重少于普通个人或家庭所拥有的资源时，就无法正常融入主流社会生活。[⑤] 缺乏社会结构的保护和缓冲，资源上的贫困问题会更加凸显。失业这类社会排斥现象还会拉低社会资本水平，加速技能流失，造成更复杂的发

① Decerf, B. , "Combining Absolute and Relative Poverty: Income Poverty Measurement with Two Poverty Lines", *Social Choice and Welfare*, 56 (2), 2021: 325-362.

② Mansour, J. G. , and Curran, M. A. , "Child Poverty: The United Kingdom Experience", *Academic Pediatrics*, 16 (3), 2016: S76-S82.

③ 徐强强：《英国贫困标准演变及其启示》，《合作经济与科技》2019 年第 16 期。

④ 《英国扶贫有方》，《党建文汇（上半月）》2016 年第 7 期；Chen, X. , "Relative Deprivation and Individual Well-being: Low Status and a Feeling of Relative Deprivation Are Detrimental to Health and Happiness", IZA World of Labor: Evidence-based Policy Making, 2015, 1 - 14; Townsend, P. , *Poverty in the United Kingdom: A Survey of Household Resources and Standards of Living* (Berkeley and Los Angeles: University of California Press, 1979), 413-541.

⑤ Bhalla, A. , and Lapeyre, F. , "Social Exclusion: Towards an Analytical and Operational Framework", *Development and Change*, 28 (3), 1997: 413-433.

展问题。①

按能源标准划分，缺水性贫困是指英国家庭用水支出占可支配收入的3%以上；燃料贫困是指一个家庭供暖需求花费（按照居住性住宅21℃、非居住性建筑18℃的标准）占可支配收入的10%以上。② 按贫困群体划分，可分为儿童贫困、乡村贫困、老年人口贫困、残疾人贫困和狱囚贫困等，英国政府针对不同的贫困人群，制定相应的贫困人口政策。

2. 影响英国贫困的因素

处于贫困或面临贫困风险的人至少会受到以下三种贫困形式的影响：货币贫困、物质剥夺和工作强度极低。人们一次可能遭受不止一个维度的贫困。阿斯玛·泽迪尼（Asma Zedini）指出，贫穷是一个复杂的多层面现象，③ 贫困本身就是一个综合而复杂的社会现象，具有多维性、复合性等特点，④ 要考虑家庭收入、消费支出、居住环境、受教育程度和政治权利。朗特利（Rowntree）将英国贫困的影响因素分为三个层面。⑤ 最高层面是动态的宏观因素，包括就业、薪酬、福利、健康状况、性别等比较稳定的因素和人际关系、区域和贫困缓解政策等比较不稳定的因素，这些因素将随机结合，对个人或家庭造成短暂、反复或持续的贫困。中间层面的因素具有结构性，如福利份额、家庭结构，还包括吸毒、酗酒、无家可归、移民、非法经济等社会问题。比如，与富裕的孩子相比，贫穷的孩子更有可能成为贫穷的成年人。底层因素则是更加个人的、直接的，比如存款收入、信用债权、义务教育、宗教信仰等。致贫因素是多维度、多层次的，而贫困原因的复杂性也往往决定了减贫工作的难度。

---

① Blackburn, R., and Ram, M., "Fix or Fixation? The Contributions and Limitations of Entrepreneurship and Small Firms to Combating Social Exclusion", *Entrepreneurship and Regional Development*, 18 (1), 2006: 73–89.

② 《英国扶贫有方》，《党建文汇（上半月）》2016 年第 7 期。

③ Zedini, A., "Profiling the Fuzzy Latent Structure of Multidimensional Poverty: Toward Valuable Insights for Poverty Policymakers", *Journal of Economic Issues*, 54 (2), 2020: 535–549.

④ 高强、孔祥智：《论相对贫困的内涵、特点难点及应对之策》，《新疆师范大学学报（哲学社会科学版）》2020 年第 3 期。

⑤ The Joseph Rowntree Foundation, "An Anti-Poverty Strategy for the UK", 2015.

（二）英国的贫困治理模式与福利制度

英国没有与中国的"扶贫"完全对应的概念，通常使用"反贫困"（anti-poverty）或"减贫"（poverty reduction）的概念。[①] 英国对贫困的系统治理开始于中世纪[②]，逐步从单模态救济式济贫转变为多模态救济式济贫，再转变为多模态开发式的社会福利减贫。英国的扶贫政策可分为贫困人口政策和贫困地域政策两类。[③] 针对贫困人口的反贫困政策主要包括：建立社会福利制度，提高贫困群体的收入水平。贫困人口政策把焦点集中在贫困个体身上，通过实施个体福利计划提高个体素质，从根本上促进社会公平。但同时也忽略了外部条件对个体的影响，仅考虑个体内部因素。相比之下，贫困地域政策抓住的是贫困的病症，即贫困人口在地域集中产生的社会经济问题。针对贫困人口相对集中地区的反贫困对策，采用开发式减贫，主要在于促进贫困地区的经济开发和社会进步。比如英国"教育行动区""医疗行动区"等政策解决了特定区域内贫困人口的教育、医疗问题。[④]

现代英国福利体系的建设可以视作由绝对贫困治理转向相对贫困治理的过程。20 世纪 70 年代，西方福利社会产生了福利依赖、政府财政危机等问题。同时，经济全球化引发了产业结构、人口结构和阶级结构的变化，中产阶级力量壮大。经济全球化带来了许多未知性，而风险的未知性也带来了机遇。[⑤] 以往的凯恩斯主义和新自由主义无法提供理论支持，而以英国社会学家吉登斯为代表的学者提出了积极福利制度的改革方向，将社会投资理念引入福利体系建设，并对人力资本进行投资，以满足援助者的需求，进一步提

① 刘宇琼、余少祥：《国外扶贫立法模式评析与中国的路径选择》，《国外社会科学》2020 年第 6 期。
② 陈琦、王蓓、彭彤：《构建发展型社会福利：英国相对贫困治理的实践和启示》，《江汉大学学报（社会科学版）》2021 年第 5 期。
③ 袁媛、伍彬：《英国反贫困的地域政策及对中国的规划启示》，《国际城市规划》2012 年第 5 期。
④ 王志章、黄明珠：《英国反贫困的实践路径及经验启示》，《广西社会科学》2017 年第 9 期。
⑤ 翁玉佳：《吉登斯的发展型社会福利思想及对我国的启示》，《劳动保障世界》2018 年第 26 期。

高他们改善和维持良好经济条件的能力，促进机会平等和社会发展。这实现了从传统的剩余型社会福利模式向制度型社会福利模式的转变。①

目前，英国社会保障制度将社会保险、社会救助和专项津贴有机整合在一起，在救济式减贫的基础上建立了系统的多模态开发模式，强调福利体系的最终目标是人的发展，为有工作能力的人提供发展机会，为特殊人群提供社会救助。具体分为五大类：老年人、残疾人和幸存者福利；疾病和生育福利；工伤保险；失业保险；家庭津贴。② 虽然英国福利制度大大改善了贫困人口的生活，但很难规避利益诱惑产生的道德问题，因此仍然存在"福利病"。③

二 英国贫困治理理念、现状及其问题分析

贫困治理是文明社会面临的核心问题之一。任何国家在发展过程中都会遇到贫困问题。贫困治理理念和措施对一个民族会产生重大而广泛的影响。英国是世界上首个迈向现代化的国家。它在由传统社会向现代社会过渡时期，特别是脱欧、新冠疫情发生以后遭遇了前所未有的严重贫困，并为解决这一问题采取了许多行之有效的措施，为缓解贫困带来的压力和冲击起到了积极作用，有着可资借鉴的历史经验和教训。

（一）英国近年来贫困治理的理念

英国贫困问题已经发展成一个多维、动态、复合的概念系统。近年来，英国减贫理念不断受到政治经济危机的冲击，但总体上，英国减贫政策遵循全民分享公平正义和政府计划主导两大原则。

---

① 王磊：《从福利国家到社会投资国家：发展型社会政策生成机理及其运行逻辑》，《东岳论丛》2020 年第 3 期。
② 张璟、许竹青：《扶贫与社会保障制度结合的减贫国际经验启示》，《世界农业》2019 年第 2 期。
③ 王志章、黄明珠：《英国反贫困的实践路径及经验启示》，《广西社会科学》2017 年第 9 期。

1. 全民分享公平正义的原则

全民分享公平正义的原则包括分配平等和机会平等。分配平等指为少数人提供有条件的福利，保证多数人最低限度的权利。但资源类型和数量的分配是很难达到均等的，所以扩大获得机会的平等与加强分配平等同样重要。① 21 世纪以来，在该原则的指导下，英国福利制度提供的教育、医疗和养老金服务适用于所有公民，包括那些无法向该制度支付费用的公民。② 英国的社会福利政策更强调企业和个人的责任，让雇主和民众有更多机会在社会保障制度中发挥积极的作用。它既增加了穷人自助的热情，又是对英国福利国家体系的有益补充。政府制定的一系列带动就业的福利措施，主要目的是使求职者在就业期间能够保护自身基本权益，实现最优就业，尽量实现就业过程中的平等，减少就业歧视。福利和就业并举，旨在降低相对贫困的发生率，进一步促进社会公平。③

2. 政府计划主导的原则

英国的政策通常以计划（program）的形式颁布，虽然没有清晰、明确的相关法律为其提供保障，但英国的计划有着明确的目的性，也为政策实施提供了更多的自由。④ 2018 年以前英国没有官方的贫困线，政府也将贫穷视为一个多面向的问题。因此，政府的模式是确立多种指标，以反映贫穷和社会排斥的多个层面，包括收入、就业、教育、健康、房屋及退休保障等。政府持续加大对公民的保护力度，通过收入再分配，组织实施了各种社会保障措施，对减缓贫困产生了明显效果。与强调参与社会保障的实体多样性的美国、德国和其他国家相比，英国政府承担了国家社会保障体系运行的主要责

---

① Yan, K., *Poverty Alleviation in China*（New York and London: Springer–Verlag Berlin An, 2016), 139.

② Yan, K., *Poverty Alleviation in China*（New York and London: Springer–Verlag Berlin An, 2016), 139.

③ 陈琦、王蓓、彭彤:《构建发展型社会福利：英国相对贫困治理的实践和启示》,《江汉大学学报（社会科学版）》2021 年第 5 期。

④ 王丽珍、张雨露:《信息化视野下教育精准扶贫政策比较研究——以美国与英国为例》,《教育理论与实践》2020 年第 25 期。

任，该体系完全由政府机构和公共雇员运营。[①]

英国政府主导的减贫计划能够在短期内聚集强大的社会力量，高效应对突发状况。比如，2020年3月23日英国首相宣布英国实行全国封锁，为了安顿无家可归的人，政府迅速采取了措施。26日，无家可归部部长卢克·霍尔（Homelessness Minister Luke Hall）写信给英格兰当局，要求它们立刻为难以实施自我隔离的人提供适当的住宿。地方议会安排路易丝·凯西（Dame Louise Casey）对低质量睡眠问题进行审查，努力让"所有人有家可归"（Everyone in）。这些措施表明，有了政治意愿和足够的资金，英国政府就能够非常迅速地为街上的每个人提供住宿。尽管"所有人有家可归"的计划取得了成功，但这项计划并不能真正为无家可归者提供受法律保护的居所。随着隔离政策的解除，政府并未明确表明会继续照顾露宿街头的人，特别是那些没有资格获得福利援助的人（No Recourse to Public Funds，NRPF）。

（二）英国的贫困治理阶段（2010~2022年）

在英国，贫困是一种待解决的社会问题，近年来政府不断设立短期减贫目标，完善福利制度，促进就业，建立贫困退出机制。2010~2022年，英国的贫困治理划分为如下三个阶段。

1. 救济式减贫向开发式减贫的过渡时期（2010~2016年）

2011年，保守党领导的联合政府公布了贫困儿童战略行动计划，标志着英国贫困战略的重心从增加收入转向消除致贫因素，如家庭不和、教育不良、药物滥用和就业无能等。[②] 此后，英国减贫在调整资源分配的基础上，不断开发贫困人口脱贫致富的潜力。这一时期的英国减贫政策呈现为救济和开发并举的减贫机制。

新的贫困救济政策提升了福利分配的公平性，精简了原本细致、复杂的

---

① Yan, K., *Poverty Alleviation in China* (New York and London: Springer - Verlag Berlin An, 2016), 139.

② Mansour, J. G., and Curran, M. A., "Child Poverty: The United Kingdom Experience", *Academic Pediatrics*, 16 (3), 2016: S76-S82.

福利系统，更方便理解和管理，旨在减少福利申请和发放过程中的错误与腐败现象。例如 2013 年起英国逐步推行统一福利救济金（Universal Credit），以单一支付取代六种不同的转移支付。再比如，同年 4 月英国推出个人独立支付（Personal Independence Payment，PIP），帮助长期有健康状况且因此有生活困难的人支付额外的生活费用，此项目用于补贴因健康状况产生的额外开支，规避了申请人利用疾病或残疾本身谋求可支配财富的可能性。次年年初，英国财政大臣乔治·奥斯本（George Osborne）公布的养老金改革措施（2017 年 4 月开始实施）之一就是简化国家养老金，由新的单一层级的养老金替代之前由国家基本退休养老金和第二国家养老金组成的双层体系。改革后，高收入者的养老金减少，低收入人群的养老金增加，在一定程度上缓解了收入分配的不平等。①

除了利用救济金促进分配公平，贫困救济政策也将津贴申请和就业鼓励相挂钩。在这样的机制下，福利申领人要接受特定的就业能力评估和就业积极性测试。例如，已经有工作但收入低的人每月可以申领一次统一福利救济金，作为他们开始有偿工作、增加工作时长的鼓励。但同时申领人必须详细描述他们的求职过程，每周找工作的时间，以及工作经历、健康、家庭等个人情况。正在找工作的人若想申领求职者津贴（Jobseeker's Allowance，JSA），必须证明自己的工作能力和找工作的积极性：是否按预期在一周内至少进行三次求职（或者由于特殊原因只进行了一两次）？采取了哪些措施？是否为获得最佳就业前景而尽力采取行动？

领取津贴前的一系列评估问题不断追问着申请者是否有能力独立创造新的资源和财富，这说明了福利减贫从津贴救济向就业能力开发的转变。就业能够直接影响个体及其家庭经济状况，为个体提供成长和发展的机会，为家庭提供财务保障，是解决相对贫困问题的关键因素。美国学者迈克尔·谢若登（Michael Sherraden）指出，穷人很难走出贫困恶性循环的原因是他们很难积累资产。② 贫困治理应当通过为贫困群体提供一些能够促进资金积累的

---

① 张璟、许竹青：《扶贫与社会保障制度结合的减贫国际经验启示》，《世界农业》2019 年第 2 期。
② 〔美〕迈克尔·谢若登：《资产与穷人——一项新的美国福利政策》，高鉴国译，商务印书馆，2005，第 177~218 页。

方式使其能够积累资产。英国也推出了一系列减贫政策帮助失业和贫困者（见表2-1）。

表 2-1　2010～2016 年英国开发型减贫政策

对象	政策条目	主要内容
重返工作岗位的人	要求就业中心（Jobcentre Plus）增加灵活性以帮助人们重新就业	让就业中心根据对象和其所在地劳动力市场的特点，向其提供相应的支持
长期失业者或残疾人士	实施"工作计划"（Work Programme）	①为那些需要更多帮助来寻找和保持工作的对象提供个性化的服务和支持 ②向服务提供者们支付相应的回报
已经完成"工作计划"但仍然无法就业的人	引入"工作帮"（Help to Work）以支持长期失业者	工作指导员可以转介申请人，使其获得三种不同类型的强化支持： ①获得就业中心工作指导员和对象所在地提供的特别支持，例如培训计划（强制干预办法） ②对象须在 3 个月内每天到就业中心，与工作指导员讨论他们的工作申请（每日求职审查） ③进行长达 6 个月的社区工作实习，以获得工作经验，丰富简历
年轻失业者	通过"青年合同"（Youth Contract）帮助年轻人就业	为 18～24 岁的年轻人提供近 50 万个新的机会，包括实习和志愿服务岗
残疾人	专业就业计划（Work Choice）	帮助和支持残疾人寻找、保持工作

资料来源：根据 "2010 to 2015 Government Policy：Welfare Reform" "2010 to 2015 Government Policy：Employment" "2010 to 2015 Government Policy：Support for Families" "2010 to 2015 Government Policy：Poverty and Social Justice" 整理。

表 2-1 所示的英国减贫政策主要面向尚未找到工作的人，旨在对潜在劳动力进行塑造与发展，这也是人力资源开发的重要任务之一。[①] 相比于物力资源，人力资源更具主动性和变化性，因此开发人力资源对阻断贫困的再次发生具有重要意义。[②] 以上政策有助于提高失业者、有健康状况的人或年

---

① 肖鸣政：《对人力资源开发问题的系统思考》，《中国人力资源开发》1994 年第 6 期。

② 萧鸣政、张睿超：《中国后扶贫时代中的返贫风险控制策略——基于风险源分析与人力资源开发视角》，《中共中央党校（国家行政学院）学报》2021 年第 2 期。

轻人的能力、素质和潜力，为其创造发展条件、增加收入，在改善贫困现状的同时也防止返贫发生。

2. 脱离欧洲福利体系的变革时期（2016～2019年）

2016年6月，脱欧通过英国公投，之后引发了英国政治、经济、社会等多方面的危机。受脱欧公投后英镑贬值和石油价格反弹等因素的影响，英国2017年平均通胀率是2.6%，远高于2016年1%的水平；通胀降低了家庭的实际收入，抑制了私人消费。[①] 虽然没有发生债务危机，但英国政府仍实施紧缩的财政政策，以减少金融风险。一方面，英国的公共福利支出水平并不高。根据2016年发布的数据，英国福利支出占国内生产总值的21.5%，仅略高于经合组织（OECD）国家的平均水平。相比之下，法国为31.5%，丹麦为28.7%。[②] 另一方面，削减公共开支降低了公共服务和居民生活水平。英国财政研究所（British Finance Institute）提醒，随着福利支出的减少，英国贫困儿童的人口会大幅增加。[③] 公共服务需求增加和财政支出削减使得英国医疗体系面临人道主义危机。

脱欧后的英国恢复了经济自治，但在短时间内没有调整减贫方针，而是在经贸领域做好脱欧返英的接续工作，开启全新的贸易合作。英国政府确保能在新的贸易协定中保留出口优势，确保移民系统能为经济发展服务，确保英国渔业能恢复在英国水域的权利。这些措施为处于脱欧政治变局中的英国营造了一个平稳向好的经济环境。在个人层面，公民需要及时登记居住权。随着英国脱欧，英国和欧盟国家之间的自由移动（Free Movement）于2021年1月终止。从2021年6月30日起，欧盟人士及其家属只能通过申请欧盟人士定居计划（EU Settlement Scheme）留在英国。该计划针对的是居住在英国，或会在2020年12月31日前来英国居住的欧盟或欧洲经济区（欧盟国家、冰岛、列支敦士登和挪威）公民及其家庭成员。申请成功之后，欧

---

① 刘明礼、刘兰芬：《试析"脱欧"进程对英国经济的影响》，《经济研究参考》2020年第17期。

② 刘明礼、刘兰芬：《试析"脱欧"进程对英国经济的影响》，《经济研究参考》2020年第17期。

③ "Over 400, 000 More Children Will live in Poverty by 2021 due to Benefit Changes, Finds Report", The Independent, November 2, 2017.

盟人士才能在英国合法工作，在英国享受教育、继续教育福利，免费使用英国 NHS 医疗，享受英国的各种社会福利、保障金等，自由出入境英国。

这一时期政府层面没有对贫困现象做出太多的官方回应，但在改善官方贫困测量方法上有了新进展。英国原来没有官方的贫困衡量标准，历届政府总是很容易就贫困问题进行争论，而不是制定有效的战略来解决贫困问题。2016 年英国成立了一个独立的部门——社会标准委员会，该委员会在 2018 年 9 月提出了衡量英国贫困的新方法，以更好地反映不同家庭的贫困性质，并在政策制定时达成基础共识。

3. 疫情冲击下应激对策时期（2019~2022年）

新冠疫情对英国减贫治理产生了巨大冲击。2019~2020 年，养老金领取者的相对贫困率从 2010 年的 14% 上升至 18%。[①] 2020 年 4 月，英国统一福利救济金的索赔金额急剧增加。列格坦（Legatum）研究所的一项调查发现，到 2020 年冬季，近 70 万人因疫情大流行而陷入贫困，其中包括 12 万名儿童。[②]

在疫情期间，英国政府和社会慈善机构迅速做出了一系列福利调整，以保护贫困人口免受经济下行的影响。2020 年 3 月，社区部长罗伯特·詹里克宣布划拨 320 万英镑的紧急资金，以帮助露宿者实现自我隔离。[③] 2020 年 4 月至 2021 年 3 月，特鲁塞尔信托机构（Trussell Trust）向陷入贫困的人们发放了 250 万应急食品包。[④] 截至 2020 年 5 月 24 日午夜，已有 230 万次申

---

① Department for Work and Pensions, "Households below Average Income: For Financial Years Ending 1995 to 2021", March 31, 2022, https://www.gov.uk/government/statistics/households-below-average-income-for-financial-years-ending-1995-to-2021.

② Butler, P., "Almost 700, 000 Driven into Poverty by Covid Crisis in UK, Study Finds", The Guardian, November 30, 2020, https://www.theguardian.com/society/2020/nov/30/almost-700000-driven-poverty-covid-crisis-uk-study/.

③ Ministry of Housing, Communities, and Local Government and The Rt Hon Robert Jenrick MP, "3. 2 Million Emergency Support for Rough Sleepers during Coronavirus Outbreak", March 17, 2020, https://www.gov.uk/government/news/3-2-million-emergency-support-for-rough-sleepers-during-coronavirus-outbreak.

④ Quaker Social Action, "Poverty in the UK", https://quakersocialaction.org.uk/taking-social-action/poverty-uk-0? gclid=CjwKCAjwi6WSBhA-EiwA6Niok8pIEEYxLM0imp65028Ge2pMFJdRUyva1kzj4-iPimvvKFkD9cd5TBoCSpcQAvD_ BwE.

请向自营职业收入支持计划（Self-Employment Income Support Scheme，SEISS）提出索赔，总价值 68 亿英镑。① 英国前财政大臣苏纳克（Rishi Sunak）宣布暂时将统一福利救济金标准补贴和工作税收减免（Working Tax Credit）增加至每年 1000 英镑，并取消最低收入标准，让所有自营职业者可以申请统一福利救济金，其比例相当于雇员的法定病假工资。② 此外，政府设置了能源价格上限，上调地方住房补贴（Local Housing Allowance）和国家生活工资（National Living Wage），为家庭提供更多的资金支持。政府还降低了酒店和旅游业的增值税税率，减免商业税税率，以帮助企业恢复。

伴随疫情而来的隔离管制使得许多人被迫停工，极大地增加了失业和贫穷的风险。对此，2020 年 3 月英国税务海关总署公布了冠状病毒工作保留计划（Coronavirus Job Retention Scheme，CJRS），在稳定失业率和收入方面发挥了重要作用。截至 2020 年 5 月，这项计划保护了英国 840 万个工作岗位，帮助 100 万家企业获得贷款度过危机，索赔总额达 150 亿英镑，③ 其中休假（Furlough）计划帮助雇主支付了 900 万员工的工资，在疫情最艰难的时期保护了超过 1160 万个工作岗位。④

新冠疫情迫使英国政府仓促采取救济干预行动，维护经济安全和社会稳定。尽管政府投入了大量经济援助，人们还是会发生财务困难。比如，申请统一福利救济金需要等待 5 周，5 周的生存开支需要借钱，这些钱可能需要 15 个月的时间来偿还。而且，疫情期间人们休假时间延长，工作时间减少，收入不确定

---

① "Self-Employment Income Support Scheme Factsheet", https：//assets. publishing. service. gov. uk/government/uploads/system/uploads/attachment_ data/file/888764/Factsheet_ for_ SEISS_ and_ CJRS_ schemes. pdf.

② HM Treasury, The Rt Hon Rishi Sunak MP, and Chancellor Rishi Sunak MP, "The Chancellor Rishi Sunak Provides an Updated Statement on Coronavirus", March 20, 2020, https：//www. gov. uk/ government/speeches/the-chancellor-rishi-sunak-provides-an-updated-statement-on-coronavirus.

③ "Self-Employment Income Support Scheme Factsheet", https：//assets. publishing. service. gov. uk/government/uploads/system/uploads/attachment_ data/file/888764/Factsheet_ for_ SEISS_ and_ CJRS_ schemes. pdf.

④ HM Treasury, and Department for Work and Pensions, "Chancellor Praises Workers as Plan for Jobs Enters Next Stage", September 30, 2021, https：//www. gov. uk/government/news/chancellor-praises-workers-as-plan-for-jobs-enters-next-stage.

性增加，也让情况变得更糟。住房补贴的提升也无法杜绝住房负担重和拖欠债务的状况。工作和养老金部部长（Work and Pensions Secretary）塞雷斯·科菲（Thérèse Coffey）也指出，随着英国解除各项疫情防控限制措施，为了恢复供给、复苏经济，人们必须重新投入工作，让企业获得复工复产所需的人力资源。[1] 国家统计局（Office for National Statistics，ONS）2022年的数据显示，英国有120万个岗位空缺需要填补，比疫情发生前多59%。[2]

随着经济重新开放，英国政府开展了第二阶段的应对工作，制定了一系列有针对性的就业计划，帮助直接受到新冠病毒影响的人重返工作岗位。2020年7月，就业计划正式启动（见表2-2）。

表2-2　就业计划

单位：10亿英镑

类别	条目	金额
津贴	工作保留津贴（Job Retention Bonus）	≤9.4
就业支持	启动计划（Kickstart Scheme）	2.1
	推进求职、技能培训和学徒制（Boosting Worksearch, Skills and Apprenticeships）	1.6
工作保护	降低酒店、住宿和旅游景点的增值税税率（Reduced Rate of VAT for Hospitality, Accommodation and Attractions）	4.1
	就餐即帮忙（Eat Out to Help Out）	0.5
岗位创造	基础设施一揽子计划（Infrastructure package）	5.6
	公共部门和社会住房低碳化（Public Sector and Social Housing Decarbonisation）	1.1
	绿色家园基金（Green Homes Grant）	2.0
	临时削减购房印花税（Stamp Duty Land Tax temporary cut）	3.8
总金额		≤30.2

资料来源："Policy Paper：A Plan for Jobs 2020"，https：//www.gov.uk/government/publications/a-plan-for-jobs-documents/a-plan-for-jobs-2020#fn：13。

---

[1] Department for Work and Pensions, and The Rt Hon Thérèse Coffey MP, "New Jobs Mission to Get 500, 000 into Work", January 27, 2022, https：//www.gov.uk/government/news/new-jobs-mission-to-get-500-000-into-work.

[2] Department for Work and Pensions, and The Rt Hon Thérèse Coffey MP, "New Jobs Mission to Get 500, 000 into Work", January 27, 2022, https：//www.gov.uk/government/news/new-jobs-mission-to-get-500-000-into-work.

在就业计划中，政府首先发放工作保留津贴（Job Retention Bonus）激励雇主为前一阶段休假的员工保留岗位，并将休假计划延长至 2021 年 4 月来确保工作和企业的稳定，以此巩固工作保留计划的成果。

在就业支持方面，政府推出了 20 亿英镑的启动（Kickstart）计划，通过统一福利救济金为 16~24 岁有长期失业风险的年轻人创造数千个新的高质量工作岗位，① 到 2020 年 11 月，启动计划为英国年轻人提供了近 1.97 万份工作。② 还有重启计划（Restart），旨在帮助失业至少 9 个月的统一福利救济金申领人，在当地找工作，重新开始就业。③ 2021 年 2 月，英国为英格兰和苏格兰的求职者提供 6 周的培训（Sector-based Work Academy Programme，SWAP），并将名额由 40000 个增加到 80000 个，进一步推动求职者学习新技能、获得实践工作经验并适应新的工作领域。④ 就业计划还包括一项 2.38 亿英镑的定向支持计划（Job Entry Targeted Support，JETS），在此计划下就业中心的专家们会建议求职者投递一些上升行业，同时对简历和面试进行指导。⑤ 求职支持计划（Job Finding Support，JFS）组建了一个 325 人的求职顾问（Job Search Advisers）团队，为求职者提供从找工作、面试到顺利转行的建议。⑥ 2021 年 2 月，DWP 新增了 10000 名工作教练（Work

---

① "Policy Paper：A Plan for Jobs 2020"，July 8，2020，https：//www.gov.uk/government/publications/a-plan-for-jobs-documents/a-plan-for-jobs-2020#fn：13.

② HM Treasury，"More than 19,000 Jobs Created by Kickstart Scheme so far"，Novermber 12，2020，https：//www.gov.uk/government/news/more-than-19000-jobs-created-by-kickstart-scheme-so-far.

③ Department for Work and Pensions，"Restart Scheme"，April 26，2022，https：//www.gov.uk/government/publications/restart-scheme.

④ Department for Work and Pensions，"Government Commits to 80,000 New SWAPs Opportunities"，February 8，2021，https：//www.gov.uk/government/news/government-commits-to-80-000-new-swaps-opportunities.

⑤ Department for Work and Pensions，and The Rt Hon Thérèse Coffey MP，"JETS Job Scheme Relaunching 100,000 Careers"，May 25，2021，https：//www.gov.uk/government/news/jets-job-scheme-relaunching-100-000-careers.

⑥ Department for Work and Pensions，"JFS：Digital Job Surgeries Launched to Help 160,000 Jobseekers"，February 3，2021，https：//www.gov.uk/government/news/jfs-digital-job-surgeries-launched-to-help-160-000-jobseekers.

Coaches）为求职者提供个性化的帮助，① 到 3 月工作教练新增人数达到 13500 名，② 4 月 DWP 还在全国范围内额外招募了 150 名专门指导青年就业的教练（Youth Employability Coaches），③ 他们和青年中心（Youth Hub）的其他工作教练一起，与学院、慈善机构、地方议会等进行外部合作，为年轻人提供为期 6 个月的密集培训计划，并提供合适的实习、工作机会。此外，政府为了给求职者更多的机会在各种行业学习技能，拨款激励雇主，他们每招收一个学徒，就能获得 2000 英镑。④

就业计划的第三个重要目标是最大限度地保护工作，创造质量高、生产力强的就业岗位，为社会提供所需要的技能培训。政府大力扶持服务行业，2020 年 7 月将酒店、住宿和旅游景点的增值税税率降低至 5%；⑤ 实施就餐即帮忙（Eat Out to Help Out）计划，为食品、非酒精饮料费用提供 50% 的折扣。工作之路运动（Way to Work）也应运而生，旨在鼓励做好工作准备的人停止对统一福利救济金的依赖，投入工作，以填补岗位空缺。⑥ 政府还提供了一个升级版的实习税（Apprenticeship Levy）转移系统，为微小企业提供实习培训资金。⑦

① Department for Work and Pensions, "10, 000 Work Coaches Boost Britain's Jobs Army", February 25, 2021, https：//www.gov.uk/government/news/10-000-work-coaches-boost-britain-s-jobs-army.

② Department for Work and Pensions, "Government Delivers 13, 500 Work Coaches to Boost Britain's Jobs Army", March 29, 2021, https：//www.gov.uk/government/news/government-delivers-13-500-work-coaches-to-boost-britain-s-jobs-army.

③ Department for Work and Pensions, and Mims Davies MP, "Specialist Job Coaches to Help Young People onto the Jobs Ladder", April 8, 2021, https：//www.gov.uk/government/news/specialist-job-coaches-to-help-young-people-onto-the-jobs-ladder.

④ Department for Education, and The Rt Hon Gillian Keegan MP, "Building back Better with Apprenticeships", February 8, 2021, https：//www.gov.uk/government/news/building-back-better-with-apprenticeships.

⑤ HM Revenue & Customs, "VAT: Reduced Rate for Hospitality, Holiday Accommodation and Attractions", December 23, 2022, https：//www.gov.uk/guidance/vat-reduced-rate-for-hospitality-holiday-accommodation-and-attractions.

⑥ Department for Work and Pensions, and The Rt Hon Thérèse Coffey MP, "New Jobs Mission to Get 500, 000 into Work", January 27, 2022, https：//www.gov.uk/government/news/new-jobs-mission-to-get-500-000-into-work.

⑦ HM Revenue & Customs, "HMRC Internal Manual: Apprenticeship Levy Manual", July 25, 2023, https：//www.gov.uk/hmrc-internal-manuals/apprenticeship-levy/alm06000.

2021 年 10 月英国宣布了 5 亿英镑的就业扩张计划（Plans for Jobs Expansion），帮助离开休假计划的工人和 50 岁以上的失业者重返工作岗位，工资最低的人也得到职业发展的帮助。① 面向残疾人，政府在各地的就业中心增加了专门的顾问（Disability Employment Advisor），为残疾人创造就业机会。此外，政府会提供终身技能培训保障，申请者可以在任何阶段通过各种计划来学习就业所需技能。为了实现以就业为导向的经济复苏，新规还要求统一福利救济金的申请者在 3 个月内找到工作，没有付出任何努力的申请者将会受到一定的制裁。英国工作和养老金部对培训与进步倡议（Train and Progress，TaP）进行了修改，统一福利救济金索赔人可以在领取福利金的同时参加长达 12 周的全日制工作培训课程。②

岗位创造方面的计划主要由基础设施建设、绿色经济和房地产市场推动。政府计划在 2020~2022 年为英格兰基础设施建设项目（如重点地区的开发、交通和数字化通信的提升、创新技术中心的建设）提供 9 亿英镑，以推动当地的经济和就业增长。推行社会住房低碳化有利于减轻低收入家庭供暖费用的负担，高达 4000 万英镑的绿色就业挑战基金（Green Jobs Challenge Fund）为英格兰创造 5000 个有助于改善自然环境的"绿色"岗位，比如植树造林、修复生态、清理水道等。稳定繁荣的房地产市场也有利于就业，英格兰和威尔士有 24 万人直接被建筑商和承包商雇佣，整个房地产供应链提供了 50 万~70 万个岗位。③

（三）英国近年来贫困治理的问题分析

尽管英国减贫制度不断完善，但其贫困问题仍未完全解决。虽然英国很

---

① HM Treasury, and Department for Work and Pensions, "£ 500 Million Plan for Jobs Expansion", October 4, 2021, https：//www. gov. uk/government/news/500-million-plan-for-jobs-expansion.

② Department for Work and Pensions, and Mims Davies MP, "Over a Million Jobseekers to Benefit from New Training Opportunities", November 1, 2021, https：//www. gov. uk/government/news/over-a-million-jobseekers-to-benefit-from-new-training-opportunities.

③ HM Treasury, "A Plan for Jobs 2020", July 8, 2020, https：//www. gov. uk/government/publications/a-plan-for-jobs-documents/a-plan-for-jobs-2020#fn：36.

早就成为第一世界发达强国，消除了绝对贫困，但是相对贫困以及特殊群体的贫困依然存在，甚至有恶化的趋势。2020年，英国还因儿童营养贫困接受了来自联合国儿童基金会（UNICEF）的支援。这说明，英国的减贫治理中可能潜藏着复贫返贫的隐患。

1. 贫困率并没有明显下降

2019年1月，英国伦敦国王学院教授帕特里夏·塞恩（Patricia Thane）指出，英国当下的贫困程度和致贫原因与1900年大致相同。[①] 从人口分组来看，养老金领取者的绝对贫困率最低，自2014年以来基本保持不变，但2019~2020年相对贫困率上升至18%。儿童的绝对贫困率最高，为25%。虽然2012~2013年至2016~2017年出现的逐渐下降趋势近年来已经停滞，但儿童绝对贫困比2007~2008年的水平（31%）低了6个百分点。随着时间的推移，没有受抚养子女的工作年龄人群变化较大，绝对贫困率从2007~2008年的18%上升到2012~2013年的20%，又在2019~2020年下降到15%；其相对贫困率已从2011~2012年的20%逐渐下降，2019~2020年为18%，与金融危机前的水平相当，但仍高于20世纪90年代末和21世纪初的16%左右。收入相对较低的家庭在疫情开始时经历了大幅的贫困增长，拖欠住房账单的贫困家庭比例从2018年的15%上升到2020年4~5月的19%。[②]

2. 住房不安全和无家可归现象大大增加

2010年以来英国无家可归者人数上升了60%。[③] 尽管2018~2020年官方统计的露宿街头人数有所下降，但2020年秋季仍有2688人在某个晚上露宿街头，相比2010年仍然上升了52%。2020年7~9月，生活在伦敦街头的

① FBA, P. T., "How Poverty in Modern Britain Echoes the Past", January 11, 2019, https://www.thebritishacademy.ac.uk/blog/how-poverty-modern-britain-echoes-past/.

② Department for Work and Pensions, "Households below Average Income: For Financial Years Ending 1995 to 2021", May 24, 2022, https://www.gov.uk/government/statistics/households-below-average-income-for-financial-years-ending-1995-to-2021.

③ The Comptroller and Auditor General, "Homelessness", September 13, 2017, https://www.nao.org.uk/wp-content/uploads/2017/09/Homelessness.pdf.

人数（412 人）高于疫情前。[1] 特鲁塞尔信托基金提供的紧急食品包裹数量也迅速增加，从 2012～2013 年的 346992 件增加到 2019～2020 年的 190万件。[2]

无家可归的原因可能有两个。一是没有获得足够的租、购房支持。英国住房补贴已经无法为人们提供可观的购、租房援助。当地住房补贴（Local Housing Allowance，LHA）水平决定了人们可以要求的租金补贴，然而 45%的私人租房者都在申请这项补贴，LHA 也被冻结在 2020 年 3 月的水平。随着租金的上涨，补贴水平和租金之间出现了缺口。LHA 现在无法支付英国67%的地区一套普通的一居室住房的费用。[3] 二是没有资格获得租、购房支持。根据 1999 年《移民和庇护法》第 115 条的定义，当一个人受到移民管制时，他们将无法使用公共资金，[4] 无法获得统一福利救济金和法定住房援助。因此，面临失业或工作时间减少的 NRPF 租户不太可能获得政府所需的经济援助从而帮助他们支付房租，可能出现拖欠房租、被迫搬迁、无力负担下一次租金的后果。一旦失去了住所，就会无家可归，因为他们没有资格获得法定的无家可归者援助。这意味着当政府不再因为疫情统一安排酒店住宿时，他们只能流落街头。

3. 最贫困的人口更加贫困

英国利兹大学社会学与社会政策研究专家丹尼尔·埃德米斯顿（Daniel

① Ministry of Housing Communities & Local Government, "Official Statistics: Rough Sleeping Snapshot in England: Autumn 2020", February 25, 2021, https://www.gov.uk/government/statistics/rough-sleeping-snapshot-in-england-autumn-2020/rough-sleeping-snapshot-in-england-autumn-2020.

② Edmiston, D., "The Depth and Profile of UK Poverty Has Changed Considerably-Official Statistics Must Start Capturing this Reality Amidst COVID-19", August 18, 2020, https://blogs.lse.ac.uk/politicsandpolicy/depth-and-profile-of-uk-poverty/.

③ Berry, C., "Universal Credit Alert Briefing", https://england.shelter.org.uk/professional_resources/policy_and_research/policy_library/universal_credit_alert_briefing_may21.

④ NRPF Network, "Immigration Status and Entitlements: How Immigration Status Affects Eligibility for Public Funds and other Services", https://www.nrpfnetwork.org.uk/information-and-resources/rights-and-entitlements/immigration-status-and-entitlements/who-has-no-recourse-to-public-funds#guide-sections.

Edmiston）表示，如果英国政府不出台政策帮扶最低收入者，最底层的人将会面临更深度的贫困。① 危机对生活在贫困线以下的人打击最为严重，它加剧了贫困人口和脱贫人口之间的弹性差距。自 2007 年以来，最贫困人口平均收入经历了大幅下降，接近贫困线的人只经历了适度增长。这些趋势从 2011 年开始尤为明显。

政府的就业激励政策和经济膨胀使得居民就业收入有所增长，但是就业收入的普遍增长对中低收入家庭的积极影响小于高收入家庭。因为中低收入家庭更加依靠福利收入，就业收入占家庭收入的份额比较小。而且，通胀对穷人的打击也更大，不仅因为穷人在食品、能源上的花费占收入比重更大，而且就业收入增长往往是由高薪酬人群的收入增长推动的。尤其是在疫情期间，最贫困的人口更容易遭受收入减少或失业问题。虽然就业率在上升，但就业环境的安全性和个人的薪资水平却没有得到保证和提高。

三 中国扶贫经验对英国贫困治理的影响

从"他者"的视角看，区域国别之间在历史、政治背景以及社会经济条件等方面存在很大差异，但是很多国家和地区都通过不同的发展路径，在其特定的历史时期实现经济的高速发展和减贫。英国作为较早开始关注贫困问题的西方国家，不仅在国内维持着较低的贫困率和贫困发生率，而且率先丰富减贫理论、创新减贫实践，成为国际减贫事业的重要力量。但是西方国家的学者们提出的扶贫理论依然存在较大的局限性，无法继续推进当下的全球减贫事业，尤其是无法解决发展中国家的贫困问题。在 20～21 世纪，东亚国家和地区的发展实践逐渐开始更新、优化国际减贫经验，在不同程度上影响着西方的发展理论和时间框架。② 2019 年 3 月外文出版社出版了《中国扶贫案例故事选编》，从电商扶贫、生态扶贫等多个角度选取了 22 个有代

---

① 陈密容编译《英国对深度贫困人口关注不够》，《中国社会科学报》2022 年 4 月 11 日。
② 李小云、马洁文、唐丽霞、徐秀丽：《关于中国减贫经验国际化的讨论》，《中国农业大学学报（社会科学版）》2016 年第 5 期。

表性的中国扶贫案例。这本书由来自英美等国的外媒记者用英文写作，为国际社会介绍了中国扶贫智慧和中国扶贫方案。

（一）中国扶贫治理经验对英国的影响

改革开放以来，特别是党的十八大以来中国扶贫的成功在英国学界产生了一定的影响。英国学者在认识中国研究贫困问题时不乏提及中国扶贫成果。英国雷丁大学政治与国际关系学博士杰米·穆赫兰认为中国是一个成功的减贫范例。[①] 英国皇家国际问题研究所主席、著名经济学家吉姆·奥尼尔（Jim ONeill）认为中国脱贫成就代表了过去 40 年来世界范围内脱贫领域的最大成功，中国减贫经验值得他国借鉴。[②] 英国政府国际发展部首席经济学家、牛津大学教授斯蒂文·邓表示："中国近二三十年来在减贫方面的纪录令人赞叹。在 20 世纪八九十年代的时候，中国还存在严重的贫困问题。然而，到了 2015 年，中国贫困人口数量已经大大降低，成就是非常明显的。"[③]

在认可中国扶贫成就的基础上，英国学者也对中国扶贫经验进行了总结归纳。英国海外发展研究院资深研究员苏慕亚·查多帕塔耶将中国扶贫成就归因于较快的经济增速和稳定的政治体制。[④] 英国格拉斯哥大学杰出访问教授阿西特·比斯瓦斯（Asit K. Biswas）、跨学科研究学院教授塞西莉亚·托塔哈达（Cecilia Tortajada）认为强大的领导力是中国减贫的要领。[⑤] 英国皇家社会科学院院士罗伯特·沃克（Robert Walker）也表示，顶层的领导力和基层的保障是中国扶贫决策得以落实到位的关键，中国的独特国情有利于集

---

① 《英国学者：中国方案助力非洲减贫》，中国网，2017 年 11 月 7 日。
② 《英国学者：中国减贫是世界脱贫领域取得的最大成功》，参考消息网，2021 年 2 月 25 日。
③ 郑风田：《中国改革开放 40 年的反贫困经验——纪念改革开放 40 周年》，宣讲家网，2018 年 6 月 29 日。
④ 《综合消息：国际社会认为中国减贫事业正"走在正确的道路上"》，新华网，2018 年 3 月 16 日。
⑤ Biswas, A. K., and Tortajada, C., "How China Eradicated Absolute Poverty", China Daily, April 12, 2021, https://www.chinadaily.com.cn/a/202104/12/WS60738cc0a31024ad0bab 4c0c.html.

中力量解决难题。① 牛津大学中国中心主任拉纳·米特（Rana Mitter）教授指出，各国可以借鉴中国经济试验的观念，进行多种发展模式的探索，② 促进减贫。

英国政界对中国扶贫鲜有发声，但也有认可。2015 年，联合国通过可持续发展目标之际，英国官方曾对中国扶贫成果给出肯定。政府官网公开发表了英国教育大臣兼妇女事务大臣贾斯汀·格里宁（Justine Greening）的一篇演讲，称中国成功的经济发展推动了全球生活水平的提高和贫困人口的减少。③ 在中国达成了 2020 年消除绝对贫困的目标之后，英国共产党总书记罗伯特·格里菲思（Robert Griffiths）评论，消除贫困显示着中国共产党的政治决心，这个目标与社会主义制度完全兼容，而资本主义制度则不可避免地会产生不稳定、危机和不平等。④

无论是学界还是政界，英国对中国扶贫的认可度都有所提升。然而，中国扶贫经验尚未在英国减贫的政策制定和观念中产生影响，中国的经验对国际消除贫困发展的影响相对微弱，但是随着各国继续落实联合国《2030 年可持续发展议程》，中国是一个不能被忽视的例子。⑤ 将中国扶贫视为国际减贫的一个成功案例，仅对其他发展中国家适用。

（二）中国扶贫对英国减贫工作的启示

虽然英国连续出台政策，以富济穷，推进收入再分配，活化人力资本，

① 《英国皇家院士盛赞中国扶贫成就 但认为未来仍面临这些挑战！》，《从世界到中国》栏目专访，2021 年 6 月 1 日。

② 康玉斌：《英国学者持续关注中国两会 认为中国扶贫经验为世界提供借鉴》，中国青年网，2020 年 5 月 21 日。

③ Department for International Development, and The Rt Hon Justine Greening, "An End to Poverty: Justine Greening's Speech to the China International Development Research Network", April 25, 2014, https://www.gov.uk/government/speeches/an-end-to-poverty-justine-greenings-speech-to-the-china-international-development-research-network.

④ 孙晓玲：《英国共产党总书记：减贫成就体现中共执政优势》，参考消息网，2021 年 1 月 7 日。

⑤ 《英智库：因地制宜——中国的脱贫经验不应被忽视！》，环球网，2017 年 4 月 27 日。

通过法律保障贫困人口的权利和资源，但是劳而少功，英国仍然存在风险较大的深度贫困问题。与此同时，中国扶贫工作行之有效，其中蕴含的核心理念或许可以帮助英国进一步突破"减贫难"的困境。

1. 联合统一各党派，推行"以国家为主导"的多元化贫困治理

就国家和社会在福利供给中各自承担的责任而言，英国减贫特别关注国家的责任。英国在撒切尔政府拉开多元化的社会福利政策改革序幕后，围绕国家在社会福利供给中的摆位问题，各届政府一直在调整社会福利政策。显然，国家摆位问题成为社会福利政策的中心议题以及难题。① 英国政府、市场、社会（社区）和公民个体在整个福利体系中的角色分配、责任分担以及权力划分不断发生着变化。其社会福利责任的演变逻辑是从一元化的社会责任、市场责任和政府责任治理，到多元化治理，再到政府主导的多元平衡式福利的治理。② 英国学者鲍勃·杰索普（Bob Jessop）也提出，政府应是福利供给的主要机构，是福利的首要责任者。

"政府主导、社会参与、自力更生、开发扶贫和全面协调发展"也一直被认为是中国扶贫工作成功的主要原因。③ 对中国脱贫攻坚的研究基本认为，脱贫攻坚是行政主导下的扶贫。④ 中国的国家话语权在扶贫治理的语境中得到回归和加强，行政力量的干预和主导是实现扶贫目标的有力保证。在国家层面，行政扶贫治理包含党的领导与政府干预两方面，这是由于中国语境之下的政府本身就包含党的力量。⑤ 在市场层面，中国政府引导建立起一个益贫性的市场结构，规避自发市场机制扶贫的不足，激发贫困户的内生发展力。在社会层面，行政力量可以干预贫困者和成功者之间的关系，促成

---

① 刘一飞、文军：《英国社会福利政策的演变及其启示——以国家与社会的关系为分析视角》，《学习与实践》2013 年第 4 期。

② 张金亮、李萍：《责任伦理视域下的英国福利治理逻辑与启示》，《广东社会科学》2019 年第 2 期。

③ 何艳玲、汪广龙：《"政府"在中国：一个比较与反思》，《开放时代》2012 年第 6 期。

④ 许汉泽、李小云：《"行政治理扶贫"与反贫困的中国方案——回应吴新叶教授》，《探索与争鸣》2019 年第 3 期。

⑤ 何艳玲、汪广龙：《"政府"在中国：一个比较与反思》，《开放时代》2012 年第 6 期。

良性的对接，先富带动后富。许多观点倾向于把中国归为"强国家、弱社会"的关系类型，并且暗含着对这种模式的消极看法。① 但是强调国家的主导性，更加符合"攻坚"的现实要求，更有利于集中社会资源和社会力量，促进社会成长。

由此可见，以政府为主导的多元化贫困治理既是英国目前的发展趋势，也是中国完成脱贫攻坚历史任务的重要经验。中国共产党及其组织方式、党和政府内部自上而下的考核监督体系是中国减贫经验的特殊性。然而，由于英国两党有着鲜明的政治战略分歧，政策执行会出现断层或反复的现象。工党在政治主张上偏左，主张改革国家机器、建立福利社会；在经济上主张扩大国营企业及公有制，增加就业，加大公共支出；在社会福利方面主张强化现有福利制度，加大福利供应。而保守党的主要政治倾向偏右，政治上主张限制工会权利，实行自由主义体制，经济上推行货币主义经济政策，减少公共支出，支持私营化。因此在福利供应方面主张压缩福利开支，减少福利供应。② 综上，英国在推行以国家为主导的多元化贫困治理时，更应当注意在各党派之间形成统一的联合策略，强调政治领导力、有效组织和激励的重要性，强调对政府扶贫监督、考核、评价的作用。

2. 激发公民脱贫内生动力，营造扶危济困社会氛围

从减贫的规律来看，脱贫是一个动态过程，低收入农户脱贫后，由于主客观原因可能返贫，甚至落入"贫困文化陷阱"的恶性循环。动态贫困问题的根本原因在于贫困家庭比较脆弱，不具备很强的抵御风险能力。系统性的脱贫成就基于大量的政策支持和投入，脱贫人口的贫困脆弱性仍然很高，脱贫还不够充分，自我减贫意识和能力还不够，一旦所有扶贫政策的支持和投入立即停止，贫困人口可能面临重新陷入贫困的风险。

深化减贫和防止返贫都是中英两国共同面临的任务。在中国的文化里，

---

① 刘一飞、文军：《英国社会福利政策的演变及其启示——以国家与社会的关系为分析视角》，《学习与实践》2013 年第 4 期。
② 黄晓燕：《国家与市场间的徘徊：英国社会福利制度演进中的政治元素》，《社会科学家》2015 年第 2 期。

荣誉和面子可以对成功者产生很大的激励，已经获得财富和权力的人愿意散财或行权回报社会，获得心理满足；同时，贫困者得到了物质满足。这样的机制能够促成社会财富的益贫性流动，避免了对极端富裕和极端贫困的厌恶。这一点打破了西方个人奋斗模式的逻辑，消解了所谓的"贫困文化陷阱"。中国脱贫攻坚将"两不愁三保障"设定为扶贫工作的目标，"不愁"和"保障"体现了大国对个人的关怀，这一方面是摆脱贫困的目标，另一方面也是防止贫困发生的基础。英国政府没有这样的传统和文化，减贫政策不在打造从个人发展到回馈社会以持续鼓励个人发展的动态平衡，而是追求名义上的全民公平，用数字和条款衡量每一个人的福利准入条件。在这样的社会语境中，贫穷是亟待解决的经济问题，这种思维惯性的结果就是，本该提高穷人生活质量的减贫政策反而在限制穷人的生存空间，因为他们生活的地方不需要穷人的存在。2018年，联合国极端贫困与人权问题特别报告员菲利普·奥尔斯顿（Philip Alston），对英国进行了为期12天的访问。奥尔斯顿指出，统一福利救济金的引入及大幅减少重要的社会支持形式，削弱了人们抵御贫困的能力。奥尔斯顿指出，英国人对遭受苦难的人的同情已被一种惩罚性的、刻薄的而且往往冷酷无情的态度所取代。英国政府的政策实际上造成了穷人的痛苦，特别是对于有工作贫困人口、单身母亲、被边缘化的残疾人，以及陷入贫困循环中的贫困儿童。英国民间有很多个体发起的慈善组织，试图为无家可归的人提供医疗、住宿、饮食的便利，但是它们是自发的、分散的、区域性的，无法形成社会协同扶贫的合力。

中国减贫事业受到社会主义核心价值观与传统文化的引导，坚持弘扬和衷共济、团结互助美德，营造全社会扶危济困的浓厚氛围。中国基层党组织的引导也调动了广大贫困群众的积极性、主动性和创造性，旨在激发脱贫内生动力。这启示英国减贫应当充分考虑社会文化的作用，将社会共同善的价值取向与个体权利价值取向相结合，既扶贫也扶志，激发公民脱贫内生动力。

3. 构筑人民本位意识，形成全国性的精准扶贫观和实践行动

中国的精准扶贫就是将基于本国国情的扶贫开发政策精准化，精准识别

和管理贫困人口、精准分配扶贫资源、精准摸清致贫原因。这种模式解决了国家扶贫和在开发资源时力量分散的问题，有利于杜绝扶贫资源重复投入、浪费使用的现象。[①] 精准扶贫、精准脱贫方略也彰显着鲜明的人民本位意识。贫困群众既是脱贫攻坚的对象，更是脱贫致富的主体。一方面，以人为本为贫困人口的精准识别奠定基础，能够维护贫困人口的发展权利。另一方面，以人为本可以从贫困人口的实际生存和发展需要出发进行精准帮扶，提升贫困人口的自我脱贫和自我发展能力，形成脱贫攻坚的内生动力。[②] 自我发展能力不仅可以促进个体的持续社会化，而且可以促进个体的进一步发展，通过提高个体在社会化过程中的能力，改变相对贫困的资源短缺现状。首先，发展自我能力可以提高个人在就业市场上的竞争力，降低工作难度，让穷人拥有更多的工作技能和工作选择。其次，它通过强化贫困者的自我发展能力，潜移默化地改变长期受贫困文化影响的价值观，推动群体变革。

巩固拓展脱贫成果要坚持精准，就需要明确巩固拓展的对象及范围。就地区来看，应以人均可支配收入、人均 GDP 等指标为主要参考，将脱贫人口较多、贫困程度较深的欠发达地区作为巩固拓展脱贫成果的重点区域；就人群来看，应将脱贫人口和低收入边缘人口作为重点巩固对象，实施动态管理，分类采取帮扶措施。在明确巩固拓展对象的基础上，因地因人制宜，根据不同对象的不同自然禀赋、贫困特征、发展基础等，确定具体的扶贫政策、帮扶措施和支持手段，从而提升巩固拓展脱贫成果的针对性和有效性。

英国的减贫政策具有空间局限性与短期性，只对部分地区进行了更新行动，"精准"方面还没有形成全国性的策略。英国的贫困地区政策实践，并没有相关的主流政治和哲学基础，自下而上的工作与统治集团的管理工作在一定程度上不能协调一致。因此，更需要强调发展导向、资源精准配置，从而代替中国经济发展中强有力的政府作用。

[①] 莫光辉：《精准扶贫：中国扶贫开发模式的内生变革与治理突破》，《中国特色社会主义研究》2016 年第 2 期。

[②] 莫光辉：《精准扶贫：中国扶贫开发模式的内生变革与治理突破》，《中国特色社会主义研究》2016 年第 2 期。

四　结语

总体而言，英国减贫政策由救济式向开发式转变，利用福利救济政策改善分配公平并鼓励就业，制定工作促进计划开发人力资源。减贫责任治理也由一元化的社会、市场、政府责任治理转向以政府为主导的多元平衡治理。脱欧给英国带来了较大的经济冲击，在此期间，英国在减贫政策上少有作为，直至 2019 年后疫情侵袭，政府不得不做出一系列应激措施。英国政府和社会慈善机构迅速做出了一系列福利调整，以保护贫困人口免受经济下行影响。伴随疫情而来的隔离管制使得许多人被迫休假停工，极大地增加了陷入贫穷的风险性，因此政府还实施了一系列就业计划帮助英国直接受到新冠病毒影响的人。

虽然英国减贫治理历史悠久，开创了相对完备的福利体系，曾大力推动了国际主流减贫理论的丰富和发展。但是，近年来英国的贫困状况并没有得到显著改善，在减贫事业上停滞不前。政治旋涡、脱离欧盟以及新冠疫情带来了英国经济总体下行、福利紧缩等问题，近年来英国贫困率没有明显的下降，住房不安全和无家可归的现象大大增加，最贫困的人口更加贫困，这意味着英国结构性贫困仍在加剧，也说明其减贫政策可以暂时缓解贫困现象，却并不能适应英国的贫困现状，无法应对长远的结构性贫困。[①]

中国的贫困治理在汲取了众多国际减贫理论思想的基础上，通过实践创新形成了基于自身国情的减贫理论和话语。这既是一个从普遍性到特殊性的知识生产过程，也是新的普遍性知识孕育的过程。[②] 中国减贫实践是人类减贫事业的重要组成部分，从特殊到一般是对全球减贫理论和话语体系做出中国贡献的必经之路，因此，中国减贫理论和话语要将从特殊性中阐发一般性

---

① 吴振磊、刘泽元、王泽润：《中国特色减贫道路的一般框架与经验借鉴》，《中国经济问题》
　2022 年第 1 期。
② 郑宇：《贫困治理的渐进平衡模式：基于中国经验的理论建构与检验》，《中国社会科学》
　2022 年第 2 期。

作为更重要的目的和归宿，不仅要积极总结与研究中国特色减贫道路，还要深入思考中国减贫对国际社会的辐射作用。[①] 中国减贫的成果和经验对发展中国家已经产生了积极影响，这体现了中国在国际减贫事业中的话语权日益加强。而补充和挑战发达国家构建的主流减贫理论，也是建设中国扶贫话语和中国扶贫经验对外传播的重要途径。中国扶贫治理经验对英国的启示就在于，要强调政治领导力、有效组织和激励的重要性；充分考虑社会文化的作用，将社会共同善的价值取向与个体权利价值取向相结合；协调地域发展，精准资源配置。

第三章
美国贫困治理及其若干启示

美国是世界超级大国，也是世界影响力最大的国家，但同样需要应对贫困问题。由于国情的不同，美国的贫困问题与其他国家相比，尤其与中国相比，存在一些明显的差异。例如，根据美国人口普查局的数据，美国的贫困人口可能拥有汽车、空调、有线电视和其他便利设施，给人的第一印象是他们并不贫穷。其实，美国资本主义制度造成贫富悬殊，"资本收入"让富人更富，"劫贫济富"的相关政策以及政治与社会潜规则、教育机会不平等等造成穷人更穷。

一 美国贫困的定义、现状及其治理意识形态之间的博弈

（一）贫困的定义

美国是如何定义贫困的呢？一种方法是由联邦政府按年收入划定贫困线，并据此统计贫困人口。这一做法始于 1959 年，时至今日，一般由美国行政管理和预算局（Office of Management and Budget）制定方针，由美国人口普查局制定具体细则和标准并逐年更新。例如，2020 年，美国人口普查局划定的贫困线（也称"个人贫困线"）为年收入 13465 美元（65 岁以上的一口之家贫困线为 12413 美元），两口之家的贫困线是 17331 美元，家庭

成员增加后的贫困线见表 3-1。家庭内如果有未满 18 周岁的孩子，上述贫困线则略有变化。按照这个标准，2020 年美国的总体贫困率为 11.4%，约3700 万人。

表 3-1　美国以家庭人口数划分的贫困标准

单位：美元

家庭类别	贫困线
三口之家	20244
四口之家	26695
五口之家	32193
六口之家	37027
七口之家	42605
八口之家	47650
九口及以上	57319

资料来源：Shrider, Emily A., Kollar, M., Chen, F., et al., "Income and Poverty in the United States：2020", Washington, DC：U.S. Government Publishing Office, 2021：51。

上述方法存在几个明显的问题。首先，美国的贫困线没有地区差异，而消费水平在美国各地是存在差异的。例如，房租在全美各地差异极大。美国人须臾不可或缺的汽油，各地价格也有所不同。这就意味着如果一个人生活在消费水平更高的大城市，如纽约市，那么他就处于较为不利的境地。其次，美国的贫困线仅基于税前货币收入，不包括非现金福利，如营养援助补充计划（SNAP）、联邦医疗保险（Medicare）、医疗补助（Medicaid）、公共住房、雇主提供的附加福利、税收抵免以及政府为刺激消费而拨付的钱款。在有些学者看来，这些非现金福利和税收抵免已经成为治理贫困的主要手段。[①] 因此，不考虑这些因素，贫困线必然不能反映贫困人口的真实情况，会导致事实上的不公平，因为人们享受这些福利的情况各不相同。但需要指出的是，有些扶贫措施是直接补贴现金的，这些

① Berger, L. M., Cancian, M., and Magnuson, K., "Anti-Poverty Policy Innovations：New Proposals for Addressing Poverty in the United States", *The Russell Sage Foundation Journal of the Social Sciences*, 4（3），2018：3.

措施在划定标准贫困线或者说官方贫困线时纳入了考虑，如贫困家庭临时援助方案、补充保障收入项目等。① 再者，60 多年前，美国政府确定贫困线时，发现饮食支出约占家庭总支出的 1/3。在此基础上，将最低饮食成本乘以三，作为确定贫困线的依据。虽然每年都会考虑通货膨胀因素并对贫困线加以调整，但此思路与方法一直沿袭至今。如今，食物在家庭支出中所占的比重已经大大降低。因此，不少人指出，这个标准早已不符合时代要求了。

为了解决上述问题，从 2010 年开始，美国政府开始制定补充贫困标准。新标准将贫困定义为无法满足食物、住房、服装和水电煤等基本需求。② 家庭收入方面，在之前税前货币收入的基础上，增加了食品券、住房补贴和税收抵免等福利，扣除了医保费用、寻医就诊时的自费部分、个人所得税、子女抚养费、儿童保育费以及社保方面缴纳的税款和工作方面的支出等。此外，清洁用品和个人护理用品的支出、家庭规模和构成、住房状况和住房成本的地区差异也都考虑在内了。单就住房状况而言，将考察对象分为有抵押贷款的房主、无抵押贷款的房主和租房者三大类。这种方法显然比较烦琐，但优点也很明显：反映了时代的变迁，也有助于避免事实上的不公平。例如，根据这个标准，享有食品券和住房补贴的人群中，贫困率有所下降；需要抚养儿童和经常患病的人群中，贫困率则有所上升，意味着这些人可以享有更多的扶助。还有学者认为，由于需要抚养孩子的贫困家庭越来越依赖税收抵免和食品券，因此补充贫困标准不仅能更准确地反映贫困现状，而且可以反映相关扶贫政策的有效性。③ 补充贫困标准虽然没有完全取代联邦政府贫困线（也称"官方贫困标准"），但弥补了几个不足之处，而且非常直观

① Dalaker, J., "The Supplemental Poverty Measure: Its Core Concepts, Development, and Use", Congressional Research Service, No. R45031, 2022: 4.

② Dalaker, J., "The Supplemental Poverty Measure: Its Core Concepts, Development, and Use", Congressional Research Service, No. R45031, 2022: 2.

③ Berger, L. M., Cancian, M., and Magnuson, K., "Anti-Poverty Policy Innovations: New Proposals for Addressing Poverty in the United States", *The Russell Sage Foundation Journal of the Social Sciences*, 4 (3), 2018: 4.

地表明，美国的贫困人口和其他国家的贫困人口一样，最大的问题是生活的基本需求如衣、食、住等得不到满足。

（二）美国的贫困状况

有学者认为，过去几十年来，美国的贫困状况似乎从来没有变过。自20世纪70年代以来，美国的贫困率几乎不变，一直保持在15%上下，换言之，大约每六个美国人中，就有一个人的收入无法满足其基本需求；相比成年人，儿童贫困率更高；相比白人，黑人贫困率更高；年幼的黑人儿童是最为贫困的。[①] 通过查阅美国人口普查局的相关数据，可以看出这种说法大体是没有问题的。过去50多年来，美国的贫困率一直在10%~15%浮动；2019年达到了1959年美国政府开始记录贫困率以来的最低值，为10.5%。[②] 因为疫情的原因，2020年有所上升，为11.4%。从年龄上来说，美国人口普查局按三个年龄段将大众分组：18岁以下的儿童；18~64岁的美国人，他们是美国主要的劳动力人口；65岁及以上的老年人口，他们被定义为老年人口，这是由于长时间以来65岁是美国正式的退休年龄。从数据上看，美国儿童的贫困率，虽然在20世纪60年代从近30%大幅下降至15%左右，但过去40年来，一直在20%上下浮动。美国劳动力人口的贫困率一直维持在10%上下。2007年次贷危机之后，这部分美国人的贫困率有所上升，但幅度不大。美国老年人口的贫困率从20世纪60年代至80年代中期，有很大的改善，从近30%大幅下降至10%左右，然后一直维持在这个比例上下。[③] 2020年，这三个群体的贫困率分别是16.1%、10.4%、9%。[④] 也就是

① Meyers, M. K., "Are We Asking the Right Questions about Poverty in America?", *Social Service Review*, 88（4），2014：728.

② Shrider, E. A., et al., "Income and Poverty in the United States：2020", in U.S. Census Bureau, *Current Population Reports*（Washington, DC：U.S. Government Publishing Office, 2021），13-14.

③ Dalaker, J., "Poverty in the United States in 2020", Congressional Research Service, No. R47030，2022：8.

④ Shrider, E. A., et al., "Income and Poverty in the United States：2020", in U.S. Census Bureau, *Current Population Reports*（Washington, DC：U.S. Government Publishing Office, 2021），15.

说，美国儿童的贫困问题的确更为严重。从族裔来看，2020 年，美国黑人
的贫困率高达 19.5%，拉美裔的贫困率高达 17%，不包括拉美裔的白人贫
困率仅为 8.2%，亚裔更低，为 8.1%。① 可见，上述学者关于不同族裔美国
人的贫困现状的描述也没有什么大问题。

有学者进一步指出，美国的贫困状况几十年不变，美国的扶贫举措收效
甚微，可能是因为人们的着力点有误，即没有找准问题。绝大多数美国人的
收入来自工资，美国的失业率低于大多数欧洲国家，但美国的贫困率却高于
这些国家，这是因为美国政府没有提高美国劳动力人口的工作技能和竞争
力，没有弥补他们因为疾病、家庭责任、失业而减少的收入。② 如何改善贫
困人口的就业能力呢？不少学者认为教育是关键。他们认为，受教育程度较
低的美国人很容易受到冲击：制造业历来是低学历美国男性获得较高薪酬工
作机会的重要领域，但经济结构的变化和全球化趋势使美国人在这个领域的
工作机会大大减少；以技能为导向的技术变革也减少了低学历劳动人口的就
业和工资增长机会。③ 美国人口普查局的相关数据可以佐证这些看法。2020
年，美国受过高等教育的人口中，贫困率为 4%；读过高中，但没有受过高
等教育的人口中，这一比例为 13.2%；没有高中毕业文凭的人口中，这一
比例更是高达 24.7%。从工作情况上来看，在全年全职工作的人口中，贫
困率仅为 1.6%；全年工作，但无法找到全职工作的人口中，贫困率为
11.3%；一年中工作时长不足一星期的人口中，贫困率则高达 28.8%。④ 从
这些数据中可以明显看出，受教育程度和工作机会、工作好坏之间的关系，

---

① Shrider, E. A., et al., "Income and Poverty in the United States：2020", in U. S. Census
  Bureau, *Current Population Reports* (Washington, DC：U. S. Government Publishing Office,
  2021), 15.

② Meyers, M. K., "Are We Asking the Right Questions about Poverty in America?", *Social Service
  Review*, 88 (4), 2014：739-740.

③ Berger, L. M., Cancian, M., and Magnuson, K., "Anti-Poverty Policy Innovations：New
  Proposals for Addressing Poverty in the United States", *The Russell Sage Foundation Journal of the
  Social Sciences*, 4 (3), 2018：5.

④ Shrider, E. A., et al., "Income and Poverty in the United States：2020", in U. S. Census Bureau,
  Current Population Reports (Washington, DC：U. S. Government Publishing Office, 2021), 15.

以及工作状况与贫困之间的关系。

由于工作与贫困之间关系紧密，再加上美国历史上长期以来劳动力比较缺乏，就业比较充分，因此美国人的贫困状况比较独特的地方是，大多数美国贫困个人或家庭能较快地摆脱贫困。2009~2012 年的数据表明，这三年，美国虽然有超过 30% 的人口曾陷入过贫困，但为期较短，仅有不足 3% 的人口在这三年期间一直生活在贫困中。① 受教育程度较低不仅可能导致就业不理想，包括失业和收入较低，还可能导致更高的犯罪率。据统计，美国没有高中学历的黑人男性和白人男性中，分别有 68% 和 28% 的人在 20~34 岁会锒铛入狱。犯罪经历是就业的最大障碍，比未能完成高中学业严重得多。有过犯罪经历的人能否迅速找到工作、能否从事稳定的工作又直接决定他们是否会再度犯罪。② 这些数据与事实指明了受教育程度、犯罪率与贫困率之间的关系。受教育程度也影响着人们的婚姻和家庭生活，进而导致他们脱离或陷入贫困。首先，受教育程度作为择偶标准之一，越来越受重视。结果就是，受教育程度较低的人结合后，与受教育程度高的夫妇之间的差距会拉大。其次，受教育程度较低的人结婚率有所下降，未婚生育很常见，高中以下学历的女性，未婚生育率高达 57%。受过高等教育的女性中，未婚生育率仅为 9%。也就是说，受教育程度较低的女性更容易成为单亲妈妈。更为糟糕的是，这往往不是她们深思熟虑、仔细规划的结果。③

值得一提的是，美国残疾人口的贫困率高达 25%，这自然是比较好理解的。至此，我们可以清楚地看到，在美国，致贫的原因主要有两大类：一类与人们的就业能力和机会密切相关；另一类与人类自然而然的困境相关，

---

① Berger, L. M., Cancian, M., and Magnuson, K., "Anti-Poverty Policy Innovations: New Proposals for Addressing Poverty in the United States", *The Russell Sage Foundation Journal of the Social Sciences*, 4 (3), 2018: 4.

② Berger, L. M., Cancian, M., and Magnuson, K., "Anti-Poverty Policy Innovations: New Proposals for Addressing Poverty in the United States", *The Russell Sage Foundation Journal of the Social Sciences*, 4 (3), 2018: 6-7.

③ Berger, L. M., Cancian, M., and Magnuson, K., "Anti-Poverty Policy Innovations: New Proposals for Addressing Poverty in the United States", *The Russell Sage Foundation Journal of the Social Sciences*, 4 (3), 2018: 7.

如残疾、抚养儿童、年老等。针对第一个原因，美国政府采取的扶贫策略是加强教育、以工代赈，如为儿童改善求学环境，为低学历者提供就业技能培训，为失业者尤其是特定时期的失业者提供工作机会。针对第二个原因，美国政府逐步建立、完善了社会保障网络，以便为确有困难的群众提供生活上的帮助。抛开美国各州政府和民间组织，单就联邦政府而言，扶贫项目就有80多项。美国贫困治理四个具有代表性的项目分别是提供老年和残疾保险的社会保障项目、提供老年医疗保险的医疗保险项目、为贫困人口提供医疗保险的医疗补助项目、为贫困人口提供食物补贴的食品券项目。这四个项目中，前两个参与者需要缴纳税金才能享受相关的福利，是属于保险性质的福利项目；后两个项目的受益者无须做出任何贡献也可以享受相关的福利，是属于救济性质的福利项目。

（三）美国贫困治理意识形态之间的博弈

美国人一般认为，美国经济体制必然会导致贫富不均，他们也能够接受一定程度上的贫富不均。但与此同时，美国人也支持现代福利国家的某些贫困治理举措，上文提及的社会保障项目和医疗保险项目在美国就得到了广泛接受。但就美国政府许多其他的贫困治理项目而言，公众舆论分歧很大。无论是人口还是国土面积，美国都是一个大国；从种族、宗教、语言、经济状况等多方面而言，美国是一个高度多元化的国家。这些因素固然可以提高美国的经济实力，增强其创新能力，但国家庞大、民众高度多元化的现实也使得一致行动非常困难。比如说，政府在社会中究竟应扮演什么角色？有些人对政府极不信任。他们之中，有的人认为政府的贫困治理举措会磨掉老百姓自力更生的传统，养成依赖政府的恶习；有的人则认为政府在效率上比不过民营企业；还有些人认为政府并不代表他们，不能维护他们的利益。直到今天，这种古典的自由主义在美国还很有市场。[①] 正因为如此，美国的保守派对福利制度多持反对意见，最起码，他们反对过于优厚的福利。相比欧洲国

---

① Iceland, J., *Poverty in America*: *A Handbook* (University of California Press, 2013), 220-221.

家，美国更倾向于个人主义：个人和家庭应当自给自足，不能依赖政府；通过努力工作，人们能够满足自己的需要。就退休而言，美国保守派认为，个人和家庭应该依靠自己或工作单位为退休存钱。① 美国前总统布什在位时，就提出应当建立个人养老账户。虽然这个提议最终不了了之，但当时得到了很多人的支持。

当然，保守派的理念不仅仅与退休制度有关，它还体现在美国人社会生活的方方面面，自然也包括与贫困治理、福利等有关的各项政策方面。1994年，共和党发布了保守派代表人物纽特·金里奇（Newt Gingrich）和迪克·阿梅（Dick Armey）执笔的《与美国人民的契约》（*Contract with America*）。这份文件借用了里根的某些政治思想。就福利改革而言，这份文件提议：为了减少未婚生子以及未成年生子，未成年的女性怀孕生子，不得享受福利；因为孩子需要抚养而享受相关福利者，再有生育，不得享受更多福利；削减福利开支，确定严格的两年福利享受上限并附带工作要求（如每月一定工作时长的要求），以便加强国民的责任心。两年后，民主党人、美国总统克林顿在否决了两项福利改革法案后，选择签署了题为《个人责任与工作机会和解法案》（Personal Responsibility and Work Opportunity Reconciliation Act）的福利改革法案。这项法案加强了各州在福利事务中的自主权，削弱了联邦政府的作用；要求领取福利者在领取福利两年后开始工作；享受联邦政府支付的福利，终生加起来不得超过 5 年；鼓励双亲家庭，遏制非婚生子；等等。有学者认为，这些规定中，最值得注意的或许是：援助对象必须在两年内找到工作，以及食品券和医疗补助与现金福利脱钩。② 这样的规定强化了受益者的个人责任，防止人们滥用福利，如将原本购买食品的救济金用来购买毒品。还有人认为，加强各州在福利事务中的自主权，等于在美国 50 个

① Turner, J. A., "Sustaining Social Security in an Era of Population Aging", W. E. Upjohn Institute, 2016: 6.
② Berger, L. M., Cancian, M., and Magnuson, K., "Anti-Poverty Policy Innovations: New Proposals for Addressing Poverty in the United States", *The Russell Sage Foundation Journal of the Social Sciences*, 4 (3), 2018: 2.

州建立起了 *50* 个创新实验室，他们探索中的最佳模式可以被其他各州借鉴。① 这样的改变标志着保守派在一定程度上取得了胜利。

美国有学者高度评价了《贫困家庭临时援助方案》（Temporary Assistance for Needy Families）。在这个方案通过之前，贫困治理通常是现金的方式，这种做法存在负面效果。这个方案通过后，三个良性做法得到了巩固：职业培训，鼓励贫困人口尽力就业，鼓励双亲家庭、鼓励父母通过就业抚养孩子。20 世纪 90 年代，附带工作要求的福利制度有益于就业人口。此前，深度贫困人口，即收入低于贫困线一半的人口，享受了大量福利。但上述方案通过后，深度贫困人口收入增加后，享受的福利相应增加；生活在贫困线上下的人群，享受的福利比过去也有所增多。② 当然，这种做法伤害了没有正式工作的人群，因为上述方案通过后，很多福利他们都不再有资格享受。

2018 年，特朗普总统在国情咨文中表示要帮助美国人摆脱福利，走向劳动力市场，不过他没有说明如何达成这个目标。当然，美国也有很多人认为，政府积极作为，并不意味着养懒汉。例如，他们相信，推行全民医疗不会导致从事低端工作的人群放弃工作，相反这可以把美国建设成一个更加人性化和现代化的社会，可以帮助人们减轻负担。他们提倡团结互助，因为他们知道，在资本主义制度下，有人成功、有人失败是正常的，更何况有些问题的出现并非个人的过错。美国前总统奥巴马在第二次就职演说中表示，无论人们生活中多么负责任，都有可能失去工作、突然病倒或者在自然灾难中失去家园。医疗保险、医疗补助和社会保障不会让美国人变成接受施舍的人，而是让美国人变得强大，让美国变得强大。

但是，即使是对各项福利政策持肯定态度，美国人也非常强调积极工作的重要性。美国前总统克林顿在签署《个人责任与工作机会和解法案》时

---

① Berger, L. M., Cancian, M., and Magnuson, K., "Anti-Poverty Policy Innovations: New Proposals for Addressing Poverty in the United States", *The Russell Sage Foundation Journal of the Social Sciences*, 4 (3), 2018: 2.

② Berger, L. M., Cancian, M., and Magnuson, K., "Anti-Poverty Policy Innovations: New Proposals for Addressing Poverty in the United States", *The Russell Sage Foundation Journal of the Social Sciences*, 4 (3), 2018: 9.

表示，这项法律让数百万美国人有机会走出依赖福利的死循环，重拾工作，而工作会让人生井然有序、有意义、有尊严。2013 年初，奥巴马在其第二次就职演说中表示，一个伟大的国家必须照顾弱势群体，保护人民免受生命中最严重的危险和不幸。但他紧接着说，提倡勤奋工作与个人责任是美国国民性格中永恒不变的要素。如果工作能让人们感到自豪，给予他们独立，美国就会繁荣。应该说，这样的主张符合绝大多数美国人的期待。

二 美国三大贫困治理举措：社会保障、医疗保险与补助、食品券

作为最大的发达国家，美国也同样面临贫困问题。在贫困治理过程中，美国通过救济式和开发式，建立健全了聚焦于特殊困难人群的美国社会保障减贫体系，[①] 主要采取了三种措施：社会保障、医疗保险与补助、食品券。其实，综合来看，主要贫困治理措施指的是福利政策，美国相继出台了涉及退税、援助、救助、教育、培训、医疗等 10 多项贫困治理的福利政策，如劳动所得退税补贴政策（EITC）、儿童税收抵免政策（CTC）、补充营养援助、住房援助、补充保障收入、贫困家庭临时救助、低收入家庭能源援助、工作培训计划、佩尔助学金、启蒙计划、儿童营养计划、妇女婴儿和儿童计划、医疗补助等。

（一）美国政府贫困治理举措：社会保障

美国社会由于个人主义（individualism，实际上应理解为个人自由与自立）盛行，从政府到普通民众，都认为人们应当为自己负责，反对政府干预个人生活，因此除了民间的互助组织和慈善机构，政府层面迟迟未能制定和推行福利制度。20 世纪 30 年代以前，美国基本上只有退伍军人及其家属

---

① 左停、李世雄、武晋：《国际社会保障减贫：模式比较与政策启示》，《国外社会科学》2020 年第 6 期。

可以申请年金，但人们更多地把它看作补偿和报答，而非今天意义上的福利。这种情况直到 20 世纪 30 年代，因为经济大萧条才有所改变。

1929 年 10 月，美国股市崩盘，虽然这并不是美国"大萧条"（1929～1939 年）的唯一原因，但它确实加速了美国经济的崩溃。到 1933 年，美国近一半的银行倒闭，失业人数接近 1500 万，占劳动力人口的 30%。某些城市的失业率高得吓人：到 1933 年，俄亥俄州托莱多市的失业率达到了 80%，马萨诸塞州洛厄尔市的失业率接近 90%。大量人口失业导致千千万万的家庭无以为生，民间慈善机构根本无法满足他们最基本的生存需求。与此同时，人们意识到，人们无法控制的社会、经济因素是某些人致贫的原因。然而，时任美国总统的胡佛对大萧条的广度和深度都毫无准备，此外他的限权政府理念决定了他的应对措施。他不愿意由政府直接援助老百姓，认为这是"施舍"。他呼吁美国各公司不要辞退员工，敦促美国人民勒紧裤带，本着"坚毅的个人主义"精神克艰纾难。虽然胡佛后来也采取了一些措施，但为时已晚，且力度太小，限制太多。随着形势的恶化，美国老百姓对胡佛越来越不满。1933 年初，他作为美国历史上支持率较低的总统之一而离任，罗斯福入主白宫。至此，美国的经济、社会和政治格局完全改变，美国政府终于迈出了直接救助穷人的一步。

罗斯福上台后推行的"新政"包括了一系列的政策。这些政策可以分为两大部分：一部分是在大萧条背景下采取的临时措施，另一部分政策则永久性地改变了美国政治，并沿用至今。前者包括成立工程进度管理局（Works Progress Administration）和民间资源保护队（Civilian Conservation Corps）等机构，以提供紧急和短期政府援助与临时性工作岗位。据统计，工程进度管理局为大约 850 万人提供了就业机会，建成了超过 65 万英里的公路、12.5 万座公共建筑、7.5 万座桥梁和 8000 个公园。民间资源保护队则主要为年轻未婚男子提供保护资源的工作机会，如植树、修建防洪堤坝、扑灭森林火灾以及维护林间道路等。一言以蔽之，这部分政策采取了"以工代赈"策略，它快速有效地改善了当时美国大量贫困人口的生活。

1935 年，美国国会通过了《社会保障法》（Social Security Act），这是所谓"第二次新政"的里程碑式举措，标志着美国政府将重点从经济复苏转向社会福利。针对这个法案，保守派人士担心，美国的贫困人口将长期依赖政府，从而丧失自力更生的优良品质。与此同时，许多自由主义者则认为法案力度不够。为了在这两个阵营之间取得平衡，罗斯福总统要求美国民众以缴税的方式为社会保障项目提供资金支持。这样一来，从理论上来说，美国人是在购买保险，以应对失业和老年生活。例如，美国的用人单位需要以纳税的方式为员工购买失业险。养老保险需要的费用，由用人单位和员工共同以工资税的方式承担。除此之外，《社会保障法》还为工伤事故受害者提供福利，为受赡养的母亲、受抚养的儿童和残疾人提供政府援助。《社会保障法》标志着美国国家治理理念的重大改变，因为它引入了一个概念：公民有权（entitlement）享受某些福利，联邦政府应该承担起保障公民福利的责任。1932 年，美国联邦政府在公共援助中的比例仅为 2.1%；到 1939 年，这一比例已上升到 62.5%。[1]

这里一个非常自然的问题是：如果美国人以缴税的方式为社会保障项目提供资金支持，那么这些项目如何称得上扶贫减贫措施呢？换言之，这仅仅是美国政府强制人们为自己可能的困境，如失业、年老等，提前做好安排而已。我们可以从三个方面理解这个问题。首先，如果没有社会保障项目，很多人尤其是收入较低的人群，可能真的不会为失业、年老等购买保险。也就是说，虽然有政府强制的因素，但社会保障事实上的确防止不少人陷入贫困。其次，社会保障提供的福利，不是按人们缴纳的税金成比例发放的。一名工作较好的美国人，退休后可以有几方面的收入：公司发放的退休金；存款利息或房产租金；从社会保障里领取的福利；等等。但一名工作较差或经常失业的美国人，退休后唯一的收入来源可能就是从社会保障里领取的福利。他缴纳的社会保障税金或许并不多，但他领取的福利与工作较好的美国人相比，差别不会太大。也就是说，社会保障有社会财富二次分配的功能。可以想象，没有社会保障，这样的美国人晚年生活是无法保障的。最后，有

[1] Iceland, J., *Poverty in America: A Handbook* (University of California Press, 2013), 187.

不少人，如残疾人、长期居家未曾工作的人，可以领取社会保障福利或政府援助。事实上，就扶贫减贫而言，美国没有哪项政策或举措可与社会保障福利相比。根据 2021 年 3 月的人口调查数据，社会保障使 2250 万美国人脱贫，虽然这些人大部分是 65 岁及以上的老年人，但仍有 636 万人在 65 岁以下，其中包括近 100 万儿童（见表 3-2）。社会保障对老年妇女和有色人种而言尤为重要，因为他们除了社会保障福利，几乎没有其他收入。①

表 3-2　美国贫困率及社会保障脱贫人口一览

单位：%，人

年龄段	贫困率		因社会保障而脱贫的人口
	不包括社会保障福利	包括社会保障福利	
18 岁以下	17.4	16.1	977000
18~64 岁	13.2	10.4	5383000
65 岁及以上	37.8	9.0	16097000
所有年龄段	18.3	11.4	22457000

美国的社会保障项目自成立以来不断改革。按改革目标和政治理念来分，改革者大体可以分为左、右两派。左派认为应当扩大联邦政府在社会保障方面的作用，给予贫困人口更多的帮助。例如，20 世纪 60 年代，肯尼迪政府倡导了一系列旨在减少贫困和不平等的新政策，并于 1962 年通过了《社会保障法》的公共福利修正案。根据该修正案，各州提供上文述及的、为残疾人等提供的政府援助时，可以获得来自联邦政府的更多支持。换言之，这是美国联邦政府在鼓励各州与其一道，拿出财政资金，帮助社会最底层的困难民众。到了 70 年代末 80 年代初，随着美国经济陷入困境，右派逐渐占得上风。值得一提的是，70 年代初的美国总统尼克松虽然是共和党人，但他加强了社会福利。70 年代末的美国总统卡特虽然是民主党人，但他削

---

① Romig, K., "Social Security Lifts More People above the Poverty Line than Any Other Program", 2023, https：//www.cbpp.org/research/social-security/social-security-lifts-more-people-above-the-poverty-line-than-any-other.

减了社会福利，例如，1980 年他签署的《社会保障法修正案》（Social Security Amendments）严格了家庭领取社会保障福利的上限，并为残疾人参加工作提供激励。1981 年共和党人里根上台后，推动社会保障福利的公平性，以确保确实值得帮扶的人（老年人、儿童、永久性残疾人和其他确实无法工作的人）得到帮助，以纠正养懒汉和小人得利的现象。[1] 1983 年的《社会保障法修正案》则提高了退休年龄：2000～2022 年，退休年龄从 65 岁将逐渐增加到 67 岁。很显然，偏右的保守主义者担心人口老龄化等问题会导致社会保障项目入不敷出，担心福利丰厚导致部分国民懒惰成性。

当今，美国的社会保障项目情况如何呢？2022 年，美国 94% 的劳动力人口纳入了社会保障项目，员工和用人单位各需向社会保障项目缴纳 6.2% 的工资税，个体经营者则需缴纳 12.4% 的工资税。缴税收入的上限是 14.7 万美元，也就是说，单位和个人加起来向社会保障项目缴纳工资税的上限是 18228 美元（147000×12.4%）。1937 年，这个项目刚刚成立时，员工和用人单位各需缴纳 1% 的工资税，纳税收入的上限是 3000 美元，也就是说，当时单位和个人加起来向社会保障项目缴纳工资税的上限是 60 美元（3000×2%）。[2] 按 2022 年美元的估值换算，分别约为 59730 美元和 1195 美元。由此可见，美国政府总体上向福利国家大大靠近了。

2020 年和 2021 年，社会保障项目支付的福利金总数都在 1.1 万亿美元左右。2022 年 4 月，美国大约有 6550 万人收到了总计 1008 亿美元的福利金；平均每人每月福利为 1538 美元。其中，5050 万人（77.0%）为退休工人和他们的家庭成员，920 万人（14.0%）为残疾工人和他们的家庭成员，590 万人（9.0%）为已故工人的家属。[3] 美国人在 62 岁时可以首次领取社会保障项目下的退休工人福利，但这属于提前领取，每月领取的福利有所减少，后期也不会回升至正常水平。历史上美国人一般都是在 65 岁时足额领

① Ferejohn, J. A., "Changes in Welfare Policy in the 1980s", in Alesina, A., and Carliner, G., eds., *Politics and Economics in the Eighties* (Chicago: University of Chicago Press, 1991), 123.

② Huston, B. F., "Social Security Primer", Congressional Research Service, No. R42035, July 2022.

③ Huston, B. F., "Social Security Primer", Congressional Research Service, No. R42035, July 2022.

取上述福利，但从 2022 年开始，退休年龄已经延至 67 岁，① 也就是说，67
岁时美国人才可以全额领取社会保障项目福利。从领取相关福利的人员中，
退休工人所占的比重以及他们领取福利的起始年龄来看，社会保障项目主要
发挥养老保险和残疾保障的作用。上文已经提过，对于工作较好的美国人而
言，来自社会保障项目的福利只是他们老年时收入的一部分，但对于贫困人
口而言，这可能就是他们老年时唯一的收入，基本等同于他们的养老金了。

（二）美国政府贫困治理举措：医疗保险与补助

1. 美国政府的扶贫举措：医疗保险

1963 年 11 月，肯尼迪总统遇刺身亡，副总统约翰逊继任。他上台后，
发动了反贫困战争，将减贫作为其国内事务的核心内容。1964 年 1 月，他
在第一次国情咨文中表示美国贫困的深度和程度（当时将近 20% 的美国人
是穷人）是国家的耻辱。此外，他认为贫困的原因不是穷人个人的道德缺
陷，而是整个社会的失败："我们没有给我们的同胞公平的机会来发展自己
的能力，教育和培训不足，医疗和住房缺乏，他们生活和抚养孩子长大成人
的环境恶劣。"很快，在约翰逊的推动下，美国国会通过了一系列减贫立
法。1964 年，美国国会通过了《经济机会法案》（Economic Opportunity
Act），并于同年 8 月由约翰逊签署成为法律。根据该法案，美国设立了经济
机会办公室（OEO）等机构，为职业培训提供资金，为辍学者创造就业机
会，为贫困家庭的儿童提供早期教育，等等。很明显，这些措施是为了提高
劳动者的就业技能。随后约翰逊于 1965 年 7 月签署了《社会保障法案 1965
年修正案》（Social Security Amendments of 1965），确定了医疗保险计划和医
疗补助计划，使之成为法律。根据这项法律，美国政府制定了为老年人提供
医疗保险和为低收入人群提供医疗补助的两个方案。

约翰逊总统的反贫困战争和罗斯福总统的新政有几个相似之处。首先，
这两位美国总统的举措受到了类似的批评。就约翰逊而言，保守派认为联邦

---

① Huston，B. F.，"Social Security Primer"，Congressional Research Service，No. R42035，July 2022.

资金不应用于帮助穷人,自由派则认为改革不够深入。但值得一提的是,约翰逊总统是将反贫困与反种族主义并列的。1964 年,他在国情咨文中说:"许多美国人生活在希望的边缘,有些人是因为贫困,有些人是由于肤色的原因,有太多的人,这两个原因都有。我们的任务是帮助他们以机会取代绝望。"有学者就曾指出,约翰逊总统的反贫困战争与 1964 年的《民权法案》(Civil Rights Act)是交织在一起的。如果地方政府和民间组织未能消除种族歧视和隔离,约翰逊政府就会扣留联邦政府的相关拨款,以此来施压。[①] 因此,除了保守派和自由派,美国南方对约翰逊总统反贫困战争也有不满,主要是因为这场运动中种族问题的处理方式。其次,他们的减贫扶贫措施都可以分作两个阶段:在第一阶段,他们都希望通过增加就业机会、提升人们的就业技能来帮助贫困人群,其目的是帮助短时间内陷入困境的美国人走出困境,重新自立;在第二阶段,他们都希望能给贫困人口更多直接的帮助,其目的是解决长期存在的、可能使人致贫的问题。从上文可以看出,罗斯福总统已经提出了失业、年老等困境的应对方案,约翰逊总统则将着手解决贫困人口面临的另外两大问题:医疗和食品。

根据 1950 年美国的人口普查数据,1900 年美国的老年人口约为 300 万人,1950 年这一数字已经达到 1200 万。2/3 的老年人年收入低于 1000 美元,只有 1/8 的人有医疗保险。1950~1963 年,美国老年人口从约 1200 万人增长到 1750 万人,在美国人口中的占比从 8.1% 上升到了 9.4%。与此同时,医疗护理成本以每年约 6.7% 的速度增长,数倍于生活成本年增长率,美国老年人口医疗保健的成本迅速超过了他们收入的增长。

为了应对无数美国老年人口(65 岁及以上)没有医疗保险的现实,美国政府根据 1965 年颁布的《社会保障法修正案》制定了《医疗保险方案》并于 1966 年 7 月 1 日生效。该方案包括甲、乙两部分:前者为患者住院及出院后的费用提供保险,后者为医生诊断、治疗以及其他医疗服务的花费提

---

① Bailey, M. J., and Danziger, S., "Legacies of the War on Poverty", in Bailey, M. J., and Danziger, S., eds., *Legacies of the War on Poverty* (New York: Russell Sage Foundation, 2013).

供保险。与社会保障方案一样，甲部分的资金来自员工及其所在单位缴纳的工资税，最低纳税年限为 10 年，方可享受甲部分的福利。乙部分则是自愿的，参与者需要每月缴纳保费。① 需要说明的是，这个方案的参与者是在工作期间缴纳工资税，或者说收入所得税，然后等到 65 岁以后自动享受某些医疗保险福利，它也是老年保障的一部分。因此，所谓的《医疗保险方案》，翻译成《老年人口医疗保险方案》或许更为恰当。至于 65 岁之前，则通常由公司为员工向私营保险公司购买医疗保险。

在过去的 50 多年里，美国的《老年人口医疗保险方案》发生了很大的变化。1972 年，65 岁以下的残疾人以及晚期肾病患者被纳入这一方案，同时引入私营保险公司，由联邦政府将个人应享受的福利划归私营保险公司，再由这些公司为患者提供医疗保险福利。与此同时，由于该方案超支，美国政府也对医疗成本和费用进行了某些限制。随后从 20 世纪 80 年代开始，美国又多次颁布法律，限制这个方案的支出，以避免入不敷出。1997 年《平衡预算法》是此类立法的典型，它主要限制、减缓了医疗费用的增长速度。2010 年，奥巴马医改方案中也有类似的举措。此外，引入的私营保险公司中，有一类被称为"健康维护组织"（Health Maintenance Organization，HMO），它们与某些医院、医生签订协议，为前来就诊的患者提供优惠。这样一来，保险公司有了较为稳定的客户群，医院有了较为稳定的患者群，患者也能享受优惠，三方均能受益，也在一定程度上减轻了《老年人口医疗保险方案》的负担。2003 年，美国国会颁布了一项法律，进一步强化了私营保险公司的作用。

目前，美国的《老年人口医疗保险方案》情况如何呢？首先，这个方案今天分为四部分：甲、乙部分上文已经介绍过，丙部分囊括甲、乙两部分除临终关怀以外所有的服务，只是它是私营保险公司提供的服务，丁部分则为门诊病人提供处方药保险服务。其次，在当今美国，《医疗保险方案》是

---

① Davis, P. A., Binder, C., Hahn, J., et al., "Medicare Primer", Congressional Research Service, No. R40425, 2020.

仅次于社会保障的联邦第二大福利项目。2020 财政年度，该方案总支出约为 8360 亿美元，覆盖约 6300 万人（5400 万老年人和 900 万残疾人），占美国总人口的 1/6 以上，美国几乎所有 65 岁及以上的老年人口都受益于这个项目。那么，这些人可以享受到什么样的福利呢？下文以甲部分为例进行说明。这一部分包括住院患者的住院保险、出院后的护理保险、临终关怀以及符合某些条件后方可享受的居家健康服务。其中，住院保险涵盖的项目有：①床位和食宿；②护理服务；③使用医院设施；④药品、生物制品、用品、器具和设备等；⑤诊断和治疗项目和服务。享受住院保险的福利期从患者住院当天算起，到出院 60 天后结束。出院后 60 天以上再次住院，为新的福利期。在每个福利期内，患者需要承担的费用见表 3-3。

表 3-3　福利期内患者需要承担的费用一览

住院天数	需承担费用（以 2020 年为例）
1~60 天	1408 美元
61~90 天	每天需支付 352 美元
91~150 天	患者一生中可以享用 60 天备用天数。住院超过 91 天后，可以从 60 天备用天数中预支若干天，每天需支付 704 美元。这些天数用完以后，则需支付所有费用
151 天及以上	患者需支付所有费用

资料来源：Davis, P. A., Binder, C., Hahn, J., et al., "Medicare Primer", Congressional Research Service, No. R40425, 2020。

从表 3-3 可以看出，如果患者住院天数较少，且两次住院间隔 60 天以上，可以享受极好的福利：住院期间的床位、食宿、护理、设备使用等仅需支付 1408 美元即可，其余的费用自然是由医疗保险支付。根据美国人口普查局的数据，2020 年美国劳动人口收入的中位数是 41500 美元左右，也就是说，住院不超过 60 天，个人仅需支付不到半个月的中位数工资。与此同时，我们也可以看出，患者若是长期住院，医疗保险是无力支付其所需费用的，因此患者需要自己承担部分或完全的费用。

甲部分提供的第二大服务是出院后的专业护理服务。患者住院 3 天以上、出院后 30 天内可以申请这一服务，时间最长可达 100 天。前 20 天，患者无须承担任何费用；从第 21 天起一直到第 100 天为止，患者每天需支付 176 美元（2020 年数据）；100 天以后，患者需承担所有费用。[①] 可以看出，这个安排和住院保险思路是一致的：所需服务时间较短的话，患者可以享受极好的福利；所需服务时间较长的话，则需要患者自己承担部分或完全的费用。甲部分提供的其他服务如临终关怀、居家保健等基本都是按照这个思路设计的。

《医疗保险方案》的巨额支出来自哪里呢？2019 财政年度，这个项目的总收入将近 8000 亿美元，其中 36% 来自个人及其所在工作单位缴纳的工资税、43% 来自政府收取的一般性税款、15% 来自患者缴纳的保险金。[②] 可以看出，这个方案对美国政府造成了不小的财政压力，这也就可以解释为什么过去 40 多年来，美国政府一直在努力压缩这个项目的开支。

上文讲的社会保障即老年和残疾保险，这里讲的医疗保险即老年医疗保险，也包括部分残疾人的医疗保险。这两个项目都是参与者缴税后才能享受的福利项目，具有社会保险性质。在美国，联邦政府还实施了 80 多个具有救济性质的福利项目，参与者无须做出任何贡献就可以享受。目前，这些项目每年的总开销达到了 1 万亿美元左右。其中，为贫困人口提供医疗补助的《医疗补助方案》，开支就占将近一半。下文我们将介绍分析这个福利项目。

2. 美国政府的扶贫举措：医疗补助

上文提到，美国总统约翰逊于 1965 年签署了《社会保障法案 1965 年修正案》，即人们通称的《医疗保险和医疗补助法案》。据此制定的《医疗补助方案》由政府出资，为低收入人群提供医疗和长期护理等福利。受惠者的经济状况经确认低于一定的水平，即可享受，申请者的资料审查不能延迟，受惠者享受的福利也不能中断。过去数十年来，由于美国私营医疗保险

---

① Davis, P. A., Binder, C., Hahn, J., et al., "Medicare Primer", Congressional Research Service, No. R40425, 2020.

② Davis, P. A., Binder, C., Hahn, J., et al., "Medicare Primer", Congressional Research Service, No. R40425, 2020.

业逐步缩减了面向低收入人群的业务，美国国会和各州议会只得扩大《医疗补助方案》受益人群范围，以惠及更多生活在贫困线以下或接近贫困线的、没有购买医疗保险的美国人。时至今日，这个方案覆盖了各类低收入人群，包括孕妇、失业人群及他们的孩子、虽有工作但收入较低的人群及他们的孩子、残疾人、身心健康有问题的儿童和成年人、生活在贫困线以下的老年人口等。

如同美国所有的公共政策，《医疗补助方案》也受到了左、右两派的批评。偏左的自由派认为，许多穷人被排除在这个方案之外，如无须抚养儿童的成年人一般没有资格享受这个福利。偏右的保守派则担心这个项目的资金来源，并认为这个项目如同其他福利项目一样，会摧毁美国民众自力更生的优良品质。下面以奥巴马执政期间医改相关规定的推行来看这种分歧。

奥巴马出任美国总统期间，立法上最大的成就就是于 2010 年 3 月通过了《平价医疗法案》（Patient Protection and Affordable Care Act，PPACA），简称 ACA，俗称奥巴马医改。这次医改的主要目标是确保没有医保的人能够享受平价医疗保险，已有医保的人享受更多实惠。这个法案中，有关保险范围的核心规定之一是扩大医疗补助的覆盖面：从 2014 年 1 月 1 日起，《医疗补助方案》覆盖的人群，将包括收入不超过美国联邦贫困线（FPL）138%、年龄在 65 岁以下的成年人，而在此之前，年龄在 65 岁以下的成年人，通常只有收入低于美国联邦贫困线才能享受《医疗补助方案》的福利。需要指出的是，奥巴马医改规定的收入门槛是联邦贫困线的 133%，但这条法案同时规定，个人收入的前 5% 不计，因此实际上 65 岁以下的成年人，只要收入不超过联邦贫困线 138% 以上，即可享受相关政策。① 这个法案一旦实施，将会大大扩大《医疗补助方案》的受益人群。奥巴马医改的相关条款还规定，相关规定实施后，头三年新增受益人群的费用全部由美国联邦政府承担，在此之后，新增受益人群的费用，联邦政府将承担 90% 以上。

---

① "Medicaid: A Primer-Key Information on the Nation's Health Coverage Program for Low-Income People", The Kaiser Commission on Medicaid and the Uninsured, 2013.

这条法律惠及民生，且条款对各州极为有利，理应受到各州的热烈欢迎，可事实并非如此。2012 年，美国有 26 个州以及某些个人和商业联合会就奥巴马医改起诉美国政府，其中有关医疗补助扩展条款的情况是，奥巴马医改规定，如果某州拒不执行扩展条款，那么联邦政府将扣留所有用于医疗补助的款项。最后，美国联邦最高法院裁定，如果某州拒不执行扩展条款，联邦政府有权扣留扩展所需的款项，之前拨付的款项仍需拨付。[①]换言之，美国联邦最高法院的判决赋予了各州实施或不实施扩展条款的自由。

在美国联邦最高法院裁决后，美国联邦政府发布了指导意见，取消了之前设定的 2014 年 1 月 1 日这个最后期限，改为由各州自行决定实施医疗补助扩展条款的起始日期。这份指导意见还指出，实施医疗补助扩展条款的州随时可以终止扩展部分。截至 2018 年 11 月，美国仍有 14 个州选择不实施扩展条款，包括美国南方大部分的州，如南卡罗来纳州、北卡罗来纳州、田纳西州、密西西比州、亚拉巴马州、佐治亚州、佛罗里达州等。[②] 奥巴马政府认为，这些州为了自己的政治立场而漠视贫困人口的生命，但这些州表示，它们担心扩展医疗补助会造成浪费、欺诈，会占用其他事项的开支。在大多数州，医疗补助已经是预算中开支最大的项目了，增速也高过收入。北卡罗来纳州州参议员路易斯·佩特（Louis Pate）表示，医疗补助项目占用了过多资金，导致教师无法涨工资，公路无法维护。很显然在他看来，这不是政治问题，而是财政问题。当然，选择实施奥巴马医改医疗补助扩展条款的州还是占大多数的。截至 2018 年 11 月，美国共有 31 个州以及美国首都华盛顿哥伦比亚特区都实施了这一条款，另有 5 个州准备实施。截至 2021年，有将近 1900 万美国人受益于奥巴马医改的医疗补助扩展条款，享受到了医疗保险。

---

① Mitchell, A., and Bencic, S., "Overview of the ACA Medicaid Expansion", Congressional Research Service, 2018.

② Mitchell, A., and Bencic, S., "Overview of the ACA Medicaid Expansion", Congressional Research Service, 2018.

今天，美国的《医疗补助方案》情况如何呢？首先，谁有资格享受这一福利呢？历史上，医疗补助资格仅限于根据"有受抚养子女家庭援助"（Aid to Families with Dependent Children，AFDC）计划获得现金援助的、有受抚养子女的贫困家庭，以及根据补充保障收入（Supplemental Security Income，SSI）计划获得现金援助的贫困老年人、盲人或残疾人。随着时间的推移，医疗补助资格有所放宽，特别是奥巴马医改通过之后，大量 65 岁以下的成年人也可以享受医疗补助福利。需要指出的是，根据不同条件获得资格的人群，享受的福利是不一样的，例如一名原本就有资格享受医疗补助福利的盲人，和一名收入在联邦贫困线 138% 以下、根据奥巴马医改获得资格的人，享受的福利不同。

2017 财政年度，美国大约有 7380 万人受益于《医疗补助方案》。其中，儿童占比 39%，成年人占比 38%，残疾人占比 15%，65 岁及以上的老年人占比 8%。由于残疾人和老年人健康状况问题较多，因此用于支付这两个群体医疗服务的费用占医疗补助总费用的 54%。虽然这些统计数字每年略有变化，各州不尽相同，但大体就是如此。

这些人能享受到什么福利呢？美国的医疗补助主要是提供各种预防性医疗服务、初级医疗服务、急性护理服务以及长期护理服务。有些福利是必须提供的，有些福利则由各州决定是否适用。关于必须提供的福利，美国联邦的法律为各州医疗补助方案提供了两个选项：传统福利方案和替代福利方案（见表 3-4）。

表 3-4 美国《医疗补助方案》：传统福利方案与替代福利方案

传统福利方案	替代福利方案
住院费用	住院费用
早期、定期筛查、诊断和治疗费用（<21 岁）	早期、定期筛查、诊断和治疗费用（<21 岁）
联邦政府认证卫生中心提供的服务	联邦政府认证卫生中心提供的服务
计划生育费用	计划生育费用
紧急性、非紧急性医疗转运费用	紧急性、非紧急性医疗转运费用
妊娠相关费用	产妇和新生儿护理费用
长期护理费用（21 岁以上）	预防性服务费用

续表

传统福利方案	替代福利方案
医生诊疗费用	处方药费用
居家护理费用	康复服务费用
	心理健康以及毒品、酒精、药物滥用治疗费用

资料来源：Mitchell, A., Napili, A., Baumrucker, E. P., et al., "Medicaid: An Overview", Congressional Research Service, No. R43357, 2021: 10。

　　享受医疗补助的贫困人口，只有极少数需要支付少量的费用，例如收入在联邦贫困线 150% 以上的人群，或者虽然残疾，但有工作的那一部分人，需要支付一定额度的医疗补助保险费。那么《医疗补助方案》需要的大量资金从何而来呢？这笔费用由美国联邦政府和各州政府共同承担。联邦政府承担的份额，法定最低值为 50%，法定最高值为 83%。历史上，联邦政府在医疗补助支出中所占的份额平均约为 57%，这意味着各州所占的份额平均约为 43%。人均收入较低的州，支出所占的份额也较低，人均收入较高的州，支出所占的份额相对较高。奥巴马医改扩大了《医疗补助方案》覆盖的人群范围，而新增受益人群的相关费用，绝大部分由联邦政府承担，因此，近年来联邦政府在医疗补助支出中所占的份额有较大增加。2019 财政年度，联邦政府在医疗补助支出中所占的份额平均约为 65%。这一年医疗补助支出总计为 6270 亿美元，其中联邦政府承担的份额总计约为 4050 亿美元，各州承担的份额约为 2220 亿美元。[①] 这一年《医疗补助方案》为大约 7500 万人提供了医疗服务，意味着美国联邦政府和各州政府为每位受益者平均支付了 8360 美元的医疗费用。这些数字是惊人的，因为在 2019 财政年度，美国联邦政府救济贫困人口的总支出大约为 9551 亿美元，上述 4050 亿美元的医疗补助支出就占四成多。

　　医疗补助在扶贫减贫方面的作用如何呢？2017 年，瑞姆勒（Remler）等三位学者在研究中发现，医疗补助是较有效的反贫困方案之一，将因病致

---

① Mitchell, A., Baumrucker, E. P., and Hgberz, E. J., "Medicaid: An Overview", Congressional Research Service, No. R43357, 2021.

贫的贫困人口减少了 3.8%；医疗补助对贫困儿童的影响，比所有非医疗类的、依据个人经济状况补助的其他福利加起来还要大。据估计，儿童贫困率因为医疗补助而减少了 5.3 个百分点；拉美裔和非裔美国人的贫困率，也因为医疗补助分别降低了 6.1 个和 4.9 个百分点。[①] 但除此以外，美国学者在这方面的研究成果寥寥，原因是医疗补助的福利不是以现金的形式发放给受益者，而是以代为支付医疗费用的方式帮助受益者。表面上看，医疗补助并不能降低贫困人口数量，但如果缺少了这项福利，美国的贫困人口将因为医疗开支而更加捉襟见肘是显而易见的。

（三）美国政府贫困治理举措：食品券

美国联邦政府实施的营养补助项目，主要有三个，均由美国农业部负责管理。一是儿童营养项目（Child Nutrition），为来自低收入家庭的儿童提供免费或低价的午餐、早餐以及晚餐。二是妇女与婴幼儿项目（Women, Infants and Children，WIC），为来自低收入家庭的孕妇以及 5 岁以下儿童提供食物。三是营养援助补充计划（Supplemental Nutrition Assistance Program，SNAP），是向贫困人口发放食品券的一个项目，下文将详细介绍。

向贫困人口发放食品券的做法始于 1939 年。当时大萧条仍未结束，人们购买力低下，导致农产品价格大幅下挫且几乎无利可图。结果就是，一方面很多美国人忍饥挨饿，另一方面不少农产品被直接扔掉。为了摆脱这一困境，美国政府向民众发放食品券：老百姓每购买 1 美元的食品券，即可免费获赠 0.5 美元的食品券，前者可以用来购买任意食品，后者则只能购买滞销的某些农产品。[②] 1943 年，因为第二次世界大战，美国的失业情况和农产品滞销都大大改善，因此美国政府停止了发放食品券的做法。

1960 年，肯尼迪在竞选总统期间，目睹了美国某些地区的贫困景象，

① Remler, D. K., Korenman, S. D., and Hyson, R. T., "Estimating the Effects of Health Insurance and other Social Programs on Poverty under the Affordable Care Act", Health Affairs, 36 (10), 2017, https://www.healthaffairs.org/doi/10.1377/hlthaff.2017.0331.

② Gritter, M., The Policy and Politics of Food Stamps and SNAP (New York: Palgrave Macmillan, 2015).

深感震惊。1961 年他上任后，立即重新启动了发放食品券的工作。1964 年 8 月 31 日，约翰逊总统签署了《1964 年食品券法案》，既加大了食品券的发放力度，也使之成为法律。在签字仪式上，约翰逊宣布："食品券计划将是我们抗击贫困最为宝贵的武器之一。"

值得一提的是，在美国，共和党人通常强调自立、自由，反对政府对穷人过多救助，但是食品券方案史上最大规模的扩展，正是在共和党人尼克松出任美国总统期间完成的。1969 年 5 月，尼克松入主白宫后不久，就在给国会的一封信中表示：饥饿和营养不良在美国这样的国家持续存在"是令人难堪、无法容忍的"。他打算一劳永逸地根除美国的饥饿现象。1969 年尼克松上台时，美国有 300 万人领取食品券，到 1974 年他被迫辞职时，领取食品券的美国人达到了 1500 万人，增长了 4 倍。

1990 年，美国以电子福利转账卡（与福利账户挂钩，类似于借记卡）取代纸质食品券，以进一步打击欺诈行为，因为这样一来，电子卡的持有人只能用食品券购买食物，而不能像过去一样，将其非法出售了。随着纸质食品券的取消，2008 年食品券（Food Stamp）更名为营养援助补充计划。

在美国，谁有资格申请领取营养援助补充计划的福利呢？美国联邦政府规定，申请食品券必须以家庭为单位，除此以外还得满足以下几个条件。第一，家庭净收入不得高于美国联邦政府划定的贫困线；如果一个家庭没有老年人或残疾成员，家庭月度总收入不得超过联邦贫困线的 130%。2022 财政年度，美国除阿拉斯加和夏威夷以外的 48 个州以及首都华盛顿哥伦比亚特区规定，三口之家月总收入不超过 2379.6 美元才能申领营养援助补充计划的福利。此外，在 2022 财政年度，根据联邦政府的规定，申领食品券的家庭，流动资产不得超过 2500 美元；如果有家庭成员为老年人或残疾人，流动资产不得超过 3750 美元。这里说的流动资产不包括房屋价值，以及某些其他形式的资产，如为退休、教育而进行的储蓄。[①] 第二，某些家庭成员必

---

① Aussenberg, R. A., and Falk, G., "The Supplemental Nutrition Assistance Program (SNAP): Categorical Eligibility", Congressional Research Service, No. R42054, 2022.

须登记以便寻找工作；若有合适的工作，需要接受；必须接受工作培训。根据 1996 年美国福利制度的改革方案，无须抚养或赡养家庭成员、身体健康的成年人，三年内领取食品券的时长不得超过 3 个月。第三，某些家庭可以享有绝对的资格，即他们无须满足前面两个条件也可以申领食品券。这个一般是针对已经享受了贫困家庭临时援助方案、补充保障收入方案等救济项目的家庭而言的，因为这些家庭在其他救济项目中已经满足了经济条件，因此无须重复审核。值得一提的是，美国政府赋予某些家庭领取食品券的绝对资格的同时，也剥夺了某些特定群体申领食品券的资格，如罢工人员、非美国公民、大学生、在监狱或养老院等机构里生活的人、毒贩等。[①]

通过食品券，美国人可以享受到什么样的福利呢？2018 财政年度，有近 4000 万美国人受益于营养援助补充计划，他们平均每人每月可以领取 127 美元的福利。食品生产行业和零售行业也从中受益，例如，2018 年沃尔玛在美国的销售额约有 4% 来自使用食品券购买的食品。2021 财政年度，美国有约 4150 万人受益于营养援助补充计划，其中超过 2/3 的参与者家中有需要抚养的儿童，约 36% 的参与者家里有残疾人或老年人。以亚拉巴马州为例，2019 财政年度，该州从营养援助补充计划中领取的金额总数约为 10.3 亿美元，人均每月可以免费领取 130 美元左右的食品券。2021 财政年度，该州共有 77 万人受益于营养援助补充计划，约占该州人口的 15%。由于新冠疫情的影响，领取的金额有较大幅度的增长，总数约为 19.7 亿美元，人均每月可以免费领取 210 美元左右的食品券。该州人均每月食品花销多少呢？根据我们查阅到的数据，较低的估计是人均每月 200 美元，较高的估计是人均每月 260 美元。也就是说，在新冠疫情之前，食品券可以冲抵一半以上的食品开销；在新冠疫情下，食品券几乎可以冲抵全部的食品开销。对于有资格领取食品券的居民而言，这无疑大大帮助他们摆脱了饥饿与贫困。

美国联邦政府实施的具有救济性质的福利项目，一共有 80 多个。除了

---

① Aussenberg, R. A., "Supplemental Nutrition Assistance Program (SNAP): A Primer on Eligibility and Benefits", Congressional Research Service, No. R42505, 2014.

上一节和本节介绍分析的医疗补助和营养援助补充计划，其他比较重要的项目还有所得税抵免、贫困家庭临时援助方案（Temporary Assistance for Needy Families，TANF）、补充保障收入（Supplemental Security Income）、住房援助、佩尔助学金项目（Pell Grants）以及各类工作培训项目。美国国税局（Internal Revenue Service，IRS）负责管理两项最为重要的税收抵免方案，分别是所得税抵免（Earned Income Tax Credit，EITC）和儿童税抵免（Child Tax Credit，CTC）。在这两项税收方面，不同人群和家庭应缴纳不同额定量的税款。如果贫困人群或家庭实际缴纳的税款为零或低于额定量，则由联邦政府以现金形式将差额返还给这部分人。[①] 换言之，美国贫困人口从这两项税收方面或多或少地可以获得一些现金补助，因此有人将其称为负所得税。美国卫生与公众服务部负责管理贫困家庭临时援助方案，该方案由美国联邦政府和各州政府联合实施，向遇到临时困难的家庭或个人发放现金，并鼓励他们摆脱福利救济、重返劳动力市场。补充保障收入由美国社会保障管理局负责管理，向 65 岁及以上的老年贫困人口，或 65 岁以下、患有残疾的贫困人口发放现金补助。美国住房和城市发展部负责管理多项住房补助项目，包括租金补贴、公租房等。以上这几个项目基本上都是通过发放现金的方式扶贫。

佩尔助学金由美国教育部负责管理，旨在向低收入家庭的大学生发放助学金。美国劳工部负责实施多项工作培训项目，旨在为美国贫困人口提供职业培训、安家援助和就业服务。这些项目旨在通过提高就业者的劳动技能达到扶贫的目的。

本节所介绍的几个扶贫项目，关乎贫困人口最基本的需求，如饮食、住房、现金补贴、工作技能等。下文，我们将美国联邦政府的扶贫资金分为医疗保健、现金补贴、食物补贴、住房补贴以及教育资助几个类别，来看它们在 2020 财政年度中各自的支出额及比重（见表 3-5）。

---

① Pfeiffer, R. S., *Poverty in the United States: Why It's a Blight on the American Psyche* (BookBaby, 2018), 80.

表 3-5　2020 财政年度支出额及比重

单位：亿美元，%

项目	联邦政府的支出额	所占比重	联邦政府扶贫资金总额
医疗保健	6067	56.3	10780
现金补贴	1588	14.7	
食物补贴	1322	12.3	
住房补贴	611	5.7	
教育资助	540	5	
合计	10128	94	

可以看出，表 3-5 所列的五类支出占联邦政府扶贫资金总额的 94%。其中，每一个类别的支出又集中在一两个项目上。例如，2020 财政年度，医疗补助的支出为 5190 亿美元，占医疗保健的 86%；营养援助补充计划的支出占食物补贴的 60% 左右；补充保障收入、所得税抵免和儿童税抵免等三个项目的支出占现金补贴的 94% 左右。[①] 此外，医疗保健的费用占美国联邦政府扶贫资金总额的一半以上，医疗补助的费用接近扶贫资金的一半。单就扶贫而言，这表明随着人类社会的发展和科学技术的提高，医疗取代了食品、住房等，成了美国扶贫工作的重心。

三　新冠疫情下美国政府的贫困治理举措

美国的贫困率在连续五年下跌后，2020 年再度爬升，从 2019 年的 10.5% 升至 11.4%，贫困人口达到 3720 万，比 2019 年增加了 330 万。很明显，新冠疫情加剧了美国的贫困状况。2020 年春，短短两个月内美国就新增了 2200 万失业人口。新冠疫情之前，美国的失业率为 3.5%；2020 年 4 月，美国的失业率达到了 14.7% 的峰值，为 1948 年美国政府开始统计相关

---

① Landers, P., et al., "Federal Spending on Benefits and Services for People with Low Income：FY2008-FY2020", Congressional Research Service, No. R46986, 2021.

数字以来的月度最高值。① 2020 年第二季度，美国国内生产总值下降了 8.9%，年化率则为 31.4%，为 1947 年美国政府开始统计相关数字以来的最高值。② 2020 年 6 月 8 日，美国国家经济研究局（National Bureau of Economic Research，NBER）宣布，由于 2019 年新冠病毒大流行，美国已于 2020 年 3 月进入衰退期。封城、出游限制、社交隔离，加上人们对于病毒的自然担忧，导致了美国自 20 世纪 30 年代大萧条以来最严重的经济衰退。③

截至 2021 年底，美国因新冠疫情而死亡的人数近 83 万人，成百上千万人的生活被彻底打乱。这些数据背后是普通人真实而又痛苦的经历：家人离世；公司倒闭；排队等待领取食物；等等。④

为了缓解新冠疫情带来的暂时性困难，美国国会制定了六项重要法律，分别是：《2020 年冠状病毒防备和应对补充拨款法案》（Coronavirus Preparedness and Response Supplemental Appropriations Act 2020）、《家庭优先冠状病毒应对法案》（Families First Coronavirus Response Act）、《冠状病毒援助、救济和经济安全法案》（Coronavirus Aid，Relief，and Economic Security Act）、《工资保护计划和医疗保健增强法案》（Paycheck Protection Program and Health Care Enhancement Act）、《2021 年度综合拨款法案》（Consolidated Appropriations Act，2021）以及《2021 年美国救援计划法案》（American Rescue Plan Act of 2021）。其中，前五项法律由美国前总统特朗普于 2020 年 3~12 月签署，最后一项由美国总统拜登于 2021 年 3 月签署。接下来，我们将简要介绍分析其中开支最大的三项法案：《冠状病毒援助、救济和经济安全法案》《2021 年度综合拨款法案》《2021 年美国救援计划法案》，以了解新冠疫情下美国政府的扶贫措施。

---

① Weinstock，L. R.，"COVID−19 and the U. S. Economy"，Congressional Research Service，No. R46606，2021；White House，United States，"Economic Report of the President，ERP"，Council of Economic Advisers，2022.

② "Economic Report of the President，ERP"，Council of Economic Advisers，White House，United States，2022.

③ Weinstock，L. R.，"COVID−19 and the U. S. Economy"，Congressional Research Service，No. R46606，2021.

④ "Budget of the U. S. Government，Fiscal Year 2022"，Office of Management and Budget，White House，United States，2021.

《冠状病毒援助、救济和经济安全法案》是美国历史上规模最大的经济救援方案，总支出超过2.2万亿美元。其中，5000亿美元用于成立面向大型公司的贷款基金，3670亿美元用于小微企业贷款和拨款，3000多亿美元拨付给医疗体系、地方政府以及各航空公司。与扶贫有关的措施则包括：年收入7.5万美元以下的个人，可以获得1200美元的现金补贴；夫妻两人年收入在15万美元以下，则可以领取2400美元；符合儿童税收抵免的儿童，每位可以获得500美元的补贴。年收入在7.5万美元以上的个人，现金补贴则逐步递减。老年人口提前支取退休金时，如果金额在10万美元以下，则此前实施的、扣除10%金额的做法，暂停实施。扩大失业救济金的覆盖范围，休假工人、灵活就业者和自由职业者，每周可以多领取600美元的福利，为期4个月。① 据统计，美国政府通过这个法案直接给国民发放的刺激消费支付款将近2700亿美元。这些补贴绝大多数于2020年4月发放，占美国人当月个人总收入的12%，也是该月个人总收入增长12.2%的主要原因。随后的5月、6月和7月，每周额外600美元的失业救济金对个人总收入的贡献也超过了5%。② 需要注意的是，这里计算的是失业救济金对美国个人总收入的贡献值。单就领取失业救济的人而言，实际贡献值显然要比5%高很多。当然，每人1200美元的现金补贴是一次性的，每周额外600美元的失业救济金到2020年7月底也结束了。但是这些福利对于美国贫困人口度过疫情肆虐最猖獗、失业最严重的那段时期，帮助还是显而易见的。

2020年12月，美国国会批准了《2021年度综合拨款法案》（Consolidated Appropriations Act，2021），总支出约2.3万亿美元，包括2021年前9个月1.4万亿美元的综合支出，以及9000亿美元的新冠疫情专项拨款。根据这个法案，年收入不超过7.5万美元的个人可以一次性收到600美元的补贴，共同申报且年收入不超过15万美元的已婚夫妇可获得1200美元的补贴，16

---

① Sherlock, M. F., et al., "The Coronavirus Aid, Relief, and Economic Security (CARES) Act-Tax Relief for Individuals and Businesses", Congressional Research Service, No. R46279, 2020.

② Weinstock, L. R., "COVID-19 and the U. S. Economy", Congressional Research Service, No. R46606, 2021.

岁及以下的受抚养人也可获得 600 美元的补贴。领取失业救济金的美国人，包括个体经营者和灵活就业人员，每周可以额外领取 300 美元，直至 2021 年 3 月 14 日止。在扶贫方面，这个法案可以看作上一个法案的延续。

拜登总统于 2021 年 1 月上任时，美国正面临新冠发生和经济衰退的双重压力。2021 年 1 月，美国有超过 1000 万人失业，全国失业率为 6.3%，算上找不到全职工作的人，失业率超过 12%。超过 52% 的失业者失业超过 15 周。这是自 20 世纪 30 年代美国"经济大萧条"以来，失业情况最为严重的时期。为了应对新冠疫情、重振美国经济、援助贫困人口，拜登政府推出了不少举措。2021 年 3 月 11 日，拜登上台还不到两个月，就签署了一项总额 1.9 万亿美元的经济刺激法案——《2021 年美国救援计划法案》。根据这项法案，年收入不超过 7.5 万美元的个人，可以一次性收到 1400 美元的补贴，共同申报且年收入不超过 15 万美元的已婚夫妇可获得 2800 美元的补贴，受抚养人无论年龄大小，均可获得 1400 美元的补贴。个人年收入超过 7.5 万美元，补贴逐渐减少。个人收入在 8 万美元以上的个人，则没有补贴。① 研究表明，这项一次性的现金补贴占 2021 年 3 月美国个人总收入的 16% 以上。对于贫困人口而言，这个比例自然要高得多。

此外，《2021 年度综合拨款法案》规定的、每周额外 300 美元的失业救济金，也将发放至 2021 年 9 月 6 日，也就是说，比之前规定的期限延长了近 6 个月。儿童税抵免方面，年收入不超过 7.5 万美元的个人，年收入不超过 15 万美元的夫妇或年收入不超过 11.25 万美元的单亲家庭家长，额度由之前的每年 2000 美元提高到 3600 美元，大龄儿童则提高到 3000 美元。通过上文的介绍分析，我们知道，儿童税收抵免是一种负所得税。无须纳税的贫困家庭，可以获得现金返还。这意味着需要抚养儿童的贫困家庭，从美国政府处领取的补贴比之前增加了 80%。即使收入较高的家庭，也可以享受之前实行的儿童税收抵免。只有个人年收入超过或达到 20 万

---

① Sherlock, M. F., et al., "The American Rescue Plan Act of 2021 (ARPA; H. R. 1319) Title IX Subtitle G‐Tax Provisions Related to Promoting Economic Security", Congressional Research Service, No. R46680, 2021.

美元，夫妻年收入超过 40 万美元，才不再符合享受这项优惠的条件。[①] 这样的规定是相当宽松的，因此拜登政府宣称，这项政策几乎惠及美国所有的工薪家庭。

除了上述措施，《2021 年美国救援计划法案》还提供住房和营养援助，提供幼儿托管、医疗保险等方面的援助，帮助中小学重新开放，加大了工薪家庭所得税抵免的优惠力度，支持遭受重创的小微企业。此外，该法案要求在全美范围内建立社区疫苗接种点等。可以说，这些举措为美国的贫困人口带来了经济、生活、医疗等多方面切实的帮助。无怪乎拜登总统在美国政府2022 财政年度预算方案的开篇词中说，这项法案"为美国人的胳膊带来了疫苗，为美国人的钱包带来了支票"[②]。

新冠病毒大流行，对美国经济的打击是全面而深远的，但它又不同于美国历史上其他的经济危机，因为这一次的失业以及随后的经济困境是疫情防控造成的。因此，美国政府应对新冠疫情时，主要以发放现金补贴的方式来帮助贫困人口渡过难关。美国政府于 2020 年 3 月、12 月以及 2021 年 3 月实施的三轮现金补贴，受益者都是低收入人群，具有扶贫性质。

虽说美国经济目前已经在很大程度上摆脱了疫情的影响，但有学者担心美国经济的变化会导致某些行业永久性改变，从而导致结构性失业。[③] 或许正是出于这样的担忧，拜登政府在《2021 年美国救援计划法案》之外，还提出了两个总费用高达 4 万亿美元的方案：美国就业计划和美国家庭计划。前者着眼于改善、升级公路、铁路、桥梁等交通设施，饮用水、宽带、输电等居民小区设施，目的是创造成百上千万个良好的工作机会，有点以工代赈的意味。后者计划从教育、儿童保育、医疗保健等方面着手，改善美国家庭

① Sherlock, M. F., et al., "The American Rescue Plan Act of 2021 (ARPA; H. R. 1319) Title IX Subtitle G - Tax Provisions Related to Promoting Economic Security", Congressional Research Service, No. R46680, 2021.

② "Budget of the U. S. Government, Fiscal Year 2022", Office of Management and Budget, White House, United States, 2021.

③ Weinstock, L. R., "COVID-19 and the U. S. Economy", Congressional Research Service, No. R46606, 2021.

的生活，有点扩大社会福利的意味。① 这两个方案野心勃勃，不过截至目前，美国国会尚未批准这两个方案。

四 中国扶贫经验对美国贫困治理的影响

回顾美国贫困治理历史，经历了从绝对贫困到相对贫困、从城市到农村贫困治理的过渡。南北战争之后，美国政府开始建立养老金制度，并成立了历史上首个由政府资助的社会福利机构——自由民管理局（The Freedman Bureau）。"大萧条"后，联邦政府成立了经济机会局（OEO），大力发展城市教育，推进城市公共医疗设施建设。通过一系列政策措施，美国贫困发生率从 1960 年的 22.5% 下降到 1973 年的 11.5%，贫困人口从近 4000 万人下降到 2400 万人。随着贫困人口的大幅下降和 20 世纪 80 年代以后福利政策的调整，美国贫困治理工作开始由解决绝对贫困转向解决相对贫困。随着移民涌入和 20 世纪末推行的城市贫困人口疏散政策，大批相对贫困人口涌向农村，造成农村贫困人口的激增。② 因此，当前美国的相对贫困治理重点已经由城市转向农村，不仅需要对减贫理念进行更新，更要对减贫方式和政策进行调整。在此，基于中国扶贫的理论、模式与实践经验，我们就美国从城市向农村转型期的贫困治理提出几点思考与启示。

其一，从管理主义贫困治理、结构性贫困论到增权赋能论，构成了美国等西方传统的福利国家理论。20 世纪 60 年代初美国"向贫困宣战"计划，旨在消除贫困，实现机会平等，将美国建成人人都有机会进入主流社会、分享经济繁荣的"伟大社会"。但是，1973 年，这项计划被共和党总统尼克松宣告终止，共和党总统里根对此的评价是"联邦政府向贫困宣战，贫困则赢了"③。该

---

① "Budget of the U. S. Government, Fiscal Year 2022", Office of Management and Budget, White House, United States, 2021.

② 赵迪、罗慧娟：《欧美国家农村相对贫困治理的经验与启示》，《世界农业》2021 年第 9 期。

③ Reaga, R., "Public Papers of the Presidents of the United States: Ronald Reagan", Government Printing Office, 1990.

计划尽管减少了美国贫困发生率，但在确保贫困人口通过提高社会流动性，共享美国经济繁荣，最终建成"伟大社会"上，还远未达成目标。中国则确立"以人民为中心"的共同富裕作为贫困治理的宗旨，取得了 2020 年全面消除绝对贫困的伟大胜利。倘若借鉴中国的扶贫理念与理论，美国需要更新减贫理论，形成阶段性的贫困治理理念。

其二，1965 年美国出台《阿巴拉契亚山脉地区发展法案》（Appalachian Regional Development Act），并依法成立开发领导机构阿巴拉契亚地区委员会（ARC），美国从救济减贫模式开始转入开发减贫模式。以赫什曼 1958 年提出的增长极理论为指导，阿巴拉契亚山脉地区的开发旨在通过交通和公用设施建设，为落后地区居民提供均等的社会经济发展机会，创造平等的市场竞争环境。阿巴拉契亚地区生活在贫困线以下的家庭在 1960~1980 年减少了一半，并出现了移民回流的可喜现象。① 作为一种扶贫模式，"开发式"最早见于江泽民 1989 年 10 月在井冈山视察时的讲话，"今天我们也要象战争年代一样，自力更生，锐意进取，改单纯救济式的扶贫为新的经济开发式的扶贫，让老区人民和全国人民一道共同富裕起来，使社会主义四化大业早日实现"②。虽然开发减贫模式较早在英美等西方国家实施，取得了一定的减贫成效，但是离消除贫困还很遥远，因为美国的减贫模式单一，且仅仅对资本主义制度进行了改良性的变革。

其三，综观美国等发达国家，其社会福利项目改革一直采用救济式减贫，逐步增强市场理性和积极促进穷人就业，国家通过一系列限制条件来规范、引导福利接受者行为，可以更加有效率地管理穷人，从处罚、监禁转向贫困治理的自我约束。中国不是管理穷人，而是采用多模态复合模式帮扶贫困人口，从根本上照顾贫困人口，不仅帮助人们摆脱贫困，更向他们展示通向未来的方式，给人们以希望。③ 因此，全球贫困治理需建立融通中外的多模态复合减贫模式和减贫体系。

---

① 黄贤全、彭前胜：《美国政府对阿巴拉契亚地区的两次开发》，《西南大学学报（人文社会科学版）》2006 年第 5 期。

② 江泽民：《改单纯救济式的扶贫为经济开发式的扶贫》，《山区开发》1989 年第 4 期。

③ 《中国日报》微博视频号，https://weibo.com/1663072851/K5o9Fvlwc。

五　结语

在美国，贫困人口面临的问题主要是生活中的基本需求，如住房、食物、工作、抚养孩子、寻医问药等得不到满足。为了解决这些问题，美国政府在救济式减贫基础上，通过开发式减贫，实施了三大类福利：物资现金福利、权利福利和工作福利。物资现金福利包括为贫困人口提供食物补助项目、现金补贴项目以及住房补贴等，具有社会救济功能，受惠者多为贫困人口，无须做出任何贡献即可享受相关福利。根据马歇尔公民权利理论，权利福利是指民事、政治和社会权利，其中社会福利的产生可以追溯到《济贫法》产生之前，不同的国家状况决定了不同的社会福利制度模式，如为贫困人口提供医疗保险的医疗补助项目、提供老年和残疾保险的社会保障项目和提供老年医疗保险的医疗保险项目，主要起到了社会保险的作用。工作福利是指帮助贫困人口改善就业技能，从而摆脱贫困，如美国劳工部实施的各类工作技能培训、美国教育部负责的佩尔助学金等。

对于福利制度和扶贫政策，美国左、右两派态度迥异。偏右的保守派认为，个人应当为自己的生活负责，政府不应该过多介入个人生活。因此，总体上来说，他们主张缩减福利，强调自力更生等价值观念，认为福利会滋生懒惰。偏左的自由派则认为，贫困很多时候不是由于懒惰，而是由一些个人力量无法控制的因素导致。现代政府有义务保障贫困人口最基本的生活需求，这样才能把美国建设成一个人性化的社会。关于政府扶贫政策的有效性，美国人争议也比较多，不少人认为美国政府花钱不少，但收效甚微。美国人致贫的原因很多，如酗酒、吸毒、懒惰、入不敷出、超前消费、未婚先孕、锒铛入狱等。因此致贫的人，美国人通常称之为不值得救助的穷人。但美国也有不少人因病致贫或因为自然灾害陷入贫困。此外值得我们注意的是，美国的贫困问题与中产阶级萎缩或扩大息息相关。过去几十年来，薪资较高的蓝领工作岗位很多转移到了其他国家，导致美国中产阶级萎缩，从而导致部分中产阶级人士陷入贫困。这些人都有工作，有的人甚至从事几份工作，但依然会因为收入较低陷入贫困。换言之，在美国有不少贫困人口可以被称为值得救助的穷人。这些值得救助的穷人多数受教育程度较低，因而就业不够理想。数据还表明，在美国受教育程度较低的人群中，犯罪率较高，未婚生子的可能性更高。也就是说，值得救助的穷人和不值得救助的穷人之间并非总是泾渭分明，他们致贫的原因可能是相同的，不同的是他们贫穷的态度和应对方法。

第四章
法国贫困治理及中国扶贫对其影响

作为老牌资本主义国家，法国似乎与"贫困"沾不上边儿。但事实上，法国的贫困现象不容忽视。经济发展的"辉煌三十年"结束后，法国经济结构的转型引发结构性失业。法国失业率从 20 世纪 90 年代初起就长期居高不下，其中 1993～1999 年情况最为糟糕，一直在 10% 上下徘徊，据统计，2014 年贫困线划定为月收入 1008 欧元，当年有 880 万人生活在贫困线以下，贫困率为 14.1%。[①] 自 21 世纪初开始，失业率在短期内曾有明显缓和，但 2008 年全球金融危机爆发后又大幅提升，持续逼近 10%。如今，失业率虽有缓和，但依然没有恢复到 21 世纪初的水平。除高失业率之外，很多人只能签短期合同，临时就业者与未充分就业者众多，反映了法国劳动力市场的不平衡状态，折射出部分民众生计模式不可持续的困难。

就业困难是导致贫困的决定性因素。在经济社会转型中，就业培训、继续教育等是劳动人口维系就业能力的重要保障，而很多人在此方面却得不到有效的社会救济，以至于逐步失去（再）就业能力；还有些人受制于婴幼儿看护、子女教育等问题，不得不离开职场，因为社会的公共服务体系并未有效地排除他们的实际困难。对他们而言，仅仅通过救济式减贫不能彻底解决贫困问题。与此同时，由于就业不稳定、工资收入低等，还有很多人处于

---

① 张金岭：《当代法国社会治理的结构性困局》，《国外社会科学》2018 年第 5 期。

"工作贫困"的状态。

在贫困问题上，让法国社会付出沉重代价的，不是经济投入，而是贫困导致的一系列社会后果，尤其是社会排斥问题，后者加剧了贫困人口在心理层面的失衡感与脆弱性，不利于社会团结的建构。近年来，法国政府一直采用变革式减贫，着力在法律与制度层面上改革劳动力市场，但事实证明，每次改革引发的社会抗议甚至比改革前还要严重。而马克龙总统推行的改革举措具有明显的自由主义倾向，主张权力下放，让企业拥有更多的因地制宜的权力和余地。这样的立法改革有一定的灵活性，却也隐藏着某些弊端。此种机制下，国家作为劳工权益保障者的角色将会减弱，这也是法国民众对马克龙政府劳动法改革持有不同意见的重要原因。

一 法国贫困治理背景

法国是一个比较富裕的国家，但在过去 15 年，贫困问题一直困扰着 14% 左右的人口，比失业问题尤为严重的 20 世纪 90 年代中期还要高，这在一定程度上折射出其社会财富分配差距拉大、社会不公平现象越来越严重。与欧洲其他国家一样，法国采用相对贫困标准，法国贫困线一般按照其生活水平中位数的 60% 来计算。根据法国国家统计与经济研究所（INSEE）公布的统计数据，2019 年，法国有 920 万人处于货币贫困线以下，占总人口的 14.6%。对于独立居住的贫困人口来说，2019 年每个月有 1102 欧元收入，而对于有两个 14 岁以下孩子的家庭来说，他们有 2314 欧元收入可供支配。退休人口的贫困率远低于 2019 年的贫困率，为 9.5%，而失业人口的贫困率很高，是就业人口贫困率（6.8%）的 5 倍以上，达到了 38.9%。18 岁以下孩子的贫困率同样很高，达到 20.2%。单亲家庭的人口贫困率达到32.8%。[①]

法国贫困现象多出现在城市郊区地带，尤以区域性中心城市和北部、南

---

① 法国统计局网站，www.insee.fr。

部地区的城镇居多，这些地方多是移民或传统产业工人聚集之地，也通常是单亲家庭最多的地方。法国的货币贫困率从 1970 年开始测算，1970~1990 年，这个数值以以人口普查为基础的税收调查为依据，而 1996~2004 年，税收调查建立在就业调查基础上，与财政数据匹配。2005 年起，税收和社会收入调查（ERFS）取代了原来的税收调查（ERF）。使用税收和社会收入调查方法以后，不用交税的社会收入部分由国家家庭津贴基金（CNAF）、国家养老保险基金（CNAV）、社会农业互助会（CCMSA）三个部门收集。而在此前的税收调查方法里，社会收入根据年收入按比例预估，再进行全年分配。①

20 世纪 70 年代到 80 年代初期，法国贫困率有所下降，从 1970 年的 18.2% 下降到 1984 年的 14.3%，这主要得益于老年人生活条件的改善。如果按生活水平中位数的 50% 计算贫困线，贫困率从 1970 年的 12% 下降到 1990 年的 7%。贫困人口从 580 万减少到 380 万。这个变化相当可观，意味着这 20 年间，社会不平等状况得到改善：中产阶级收入增加，尽管失业率有所增长，贫困人口的收入也有更大程度的提升。1984~1996 年，因为高失业率的存在，贫困率上升 2 个百分点。1997~2004 年，随着经济形势的好转，贫困人口占总人口的 12.7%，然后这个数值相对稳定地保持到 2008 年。

2008~2018 年，法国受贫困威胁人口占全国总人口的比例从 18.5% 下降到 17.4%，仅降低 1.1 个百分点，是欧洲贫困人口降幅较低的国家之一。而且，按照"货币贫困率"标准，即以"（接受补贴后）收入低于人均中位数 60%"为贫困线标准，2008 年以来，法国贫困人口从总人口的 12.5% 上升到了 13.4%，不降反增，消除贫困还有很长的路要走。

2014~2017 年，法国贫困率相对稳定，2019 年法国因为失业率的明显下降，贫困率比 2018 年还低 0.2 个百分点。2019~2020 年的贫困率是稳定

---

① "La pauvreté remonte lentement depuis 15 an, 5 octobrem 2021", https://www.observationsociete. fr/revenus/pauvrete/evolution_ pauvrete-2/.

的，这个数值的稳定反映了疫情以来法国采取的各项防疫措施较为有效，否则贫困率数值应该会继续增加。法国统计局通过对调查数据的微观模拟法，预估了 2022 年的贫困人口将达到 930 万人。这个数据比 2017 年的贫困人口增加了 40 万人，2017 年法国统计局关于贫困人口的官方统计数据是 890 万人。2017~2020 年，贫困率的数据变化分别是：2017 年 14.1%，2018 年 14.8%，2019 年 14.6%，2020 年 14.6%。贫困率长期增长与人口现象密切相关，尤其是低收入的单亲家庭人口不断增加，是贫困率长期增长的重要因素。收入低的移民到来也是这个阶段法国贫困率增长的重要因素，不过相比移民人口净流入的 20 世纪 70 年代，这个因素的影响已经小了很多。从 2000 年开始，经济增长速度减缓，失业率不断增加，到 2015 年才有好转，贫困率受此影响也不断增加。就业市场结构性恶化（尤其是工作不稳定和工资水平低）尤其给年轻人的生活水平带来深刻影响。

2020 年全球新冠疫情发生以来，法国也出现新的经济衰退，根据法国媒体 2020 年秋季公布的数据，法国 2020 年增加了 100 万贫困人口。法国原有的社会模式和 2020 年、2021 年两年采取的纾困措施缓和了疫情下的矛盾冲突：尽管 2020 年经济增长下行 8%，法国家庭的收入几乎没有下跌，然而法国社会的贫困率依然上涨了，疫情将资源匮乏的年轻人推入极度贫困的境地。而原本那些月收入低于 900 欧元贫困线的人口，即使他们在疫情期间收入还有减少，也不会对法国贫困人口数和贫困率造成影响。[①]除去货币贫困线的计算方法，法国也从生活物资匮乏程度的角度去判定贫困人口，根据法国国家统计与经济研究所（INSEE）的信息，以下 13 种情况[②]里，如果不能完成 5 种，也被判定为物质贫困状态。2019 年，有 13.1% 的物质贫困人口。

（1）能支付房租，有抵押贷款或者有过去 12 个月的水电煤气发票；

（2）房屋有暖气；

---

① 法国统计局网站，www.insee.fr。
② 法国统计局网站，www.insee.fr。

（3）有能力应付计划外开销；

（4）至少 2 天里能吃上肉或其他高蛋白食物；

（5）能外出度假 1 周；

（6）拥有私家车；

（7）能更换破旧家具；

（8）能购买新衣服；

（9）每月至少有 1 次与家人朋友外出聚餐；

（10）拥有至少 2 双鞋；

（11）每周能为自己花一笔小钱；

（12）有周期性的娱乐活动；

（13）家中有个人用途的网络。

法国有"行政贫困"的概念，它以接受最低社会补助为指标，通过这个指标，能及早跟踪贫困的发展。法国目前有 700 万人申领最低社会补助，属于行政贫困人口，他们通过最低生活补助，应对个人生活中各种不稳定状态。积极互助收入津贴（RSA）、残疾人津贴（AAH）、专项团结津贴（ASS）和长者专项津贴（ASPA）都是最低社会补助的组成部分。行政贫困与货币贫困并不完全重合，如果申请一个月或几个月最低社会补助的受益人，在接受补助期间又获得重新就业的机会，那么他的收入就会超过货币贫困线。

法国总人口中有近 15% 的货币贫困人口，如果考虑生活条件标准，又有同等比例的贫困人口。将这两部分贫困人口合并在一起，约有 20% 的贫困人口，而他们的交集只涉及 5% 的贫困人口。这些数据能让我们理解，法国的贫困问题是比较复杂的社会问题，贫困治理的方法不能只从一个角度考虑，而应当作为一个复杂系统整体考虑。①

法国是西方国家中推行计划性和国有化的典型国家。尽管从 20 世纪 80 年代中期开始推进竞争，转向市场调节，但政府仍在经济中起着重要

---

① 法国统计局网站，www.insee.fr。

作用，其经济"自由度"和"开放性"不及其他欧美国家。另外，作为西方最大的单一制国家，法国在贫困治理方面一直推行"全国一盘棋"，强调资源的统一调配，而非如英、美、加拿大、澳大利亚等国那样，每个省（州）甚至每个郡都自行一套，形成了与法国经济体制相适应的社会保障体系："法国式福利"对于保障社会成员生活安定，促进经济发展起着积极作用。

这种政府与民间社会保险"双管齐下"的法国式福利，具有广泛性与多样性，适应了社会保险复杂性的状况。一方面，法国政府通过法律、法令对重要的社会保险方案（CSHEME）进行控制与调节，对基本的社会保险提供补助，并承诺部分保险金（如政府雇员养老金中的一部分）及津贴（如失业金中的一部分）直接通过国家预算支付。另一方面，法国还存在不少诸如互助保险基金会之类的具有相当程度的独立性的民间社会保险机构，如在失业金的发放上，由社会参加者组成的失业保险机构具有相当大的决定权。再加上法国现存 500 多种社会保险方案，适用于不同的社会成员与组织。规模很大的险种如"一般性社会保险"绝大多数工资收入者阶层都参加了，集中了 63%的社会保险积累，同时承担着近 60%的社会保险金支付。许多保险方案规模则很小，专门适用于特定的人、特定的工作环境。一些社会保险方案合并了、消亡了，新的险种又出现了。社会保险方案间起着互补性作用，满足了不同层次人的社会保障需要。

法国的社会保障资金来源于三方面：社会保险积累、税收和政府补助。社会保险积累是社会保障资金的主要部分，1968 年占社会保障资金总额的80%。社会保险积累由雇员和雇主分别提供，依照雇员收入不同存在差异。大部分社会保险积累依法实施，具有强制性，如养老金积累、医疗保险积累等。税收是社会保障资金的第二个来源。从总量水平看，税收资金仅占社会保障资金的很小一部分，社会保障资金的剩余部分由政府补助。现行法国社会保障体系始于 1945 年，多年来围绕社会保障这个中心，形成了包括提供养老、医疗、失业保险和家庭补助四项基本内容的社会保障制度。其中，养老金和医疗费是最主要的两项，占整个社会保障资金支出的 80%。

二 法国贫困治理现状、措施及成效

法国贫困治理走过了半个多世纪，取得了令人瞩目的成绩，创造了社会治理的新模式：通过财富再分配缩小贫富差距、通过城乡高度一体化消除城乡差别和对立、通过社区治理消除贫困社区、通过建立社会保障制度和福利制度构筑社会安全网、通过权力下放化解中央和地方矛盾、建立参与制化解官民之间和劳资之间的矛盾与冲突。但是，金融和经济危机、疫情危机又使法国社会面临贫富差距拉大、治安恶化等新的挑战。

法国朝野普遍认为"扶贫是政府的事""社会公平、平等是天经地义的"。法国政府主要通过救济式减贫，提供"法国式福利"，包括积极互助收入津贴（RSA）、住房津贴（APL）、社会保险或者其他通过财政拨款面向低收入人群的资助等，这样就在很大程度上帮助缩小贫富差距，减轻法国社会的贫困状况，保证了极度贫困人群的生存条件，但这不是预防贫困发生的措施，更不是帮助贫困人口完全脱贫的政策。

（一）形式多样的最低社会保障金

从 20 世纪 70 年代开始，法国的社会救助保障机制不停扩展外延，不仅能为大规模失业兜底，也能帮助因私人生活领域变故而引起的贫困（比如单亲家庭增加的情况）。最重要的机制无疑是 1988 年 12 月 1 日法令颁布的最低社会安置补助金（RMI）。事实上，如果不同种类的最低社会保障金存在，那么没有一项措施可以防止适龄劳动力偷懒不就业或者不充分就业而直接领取失业救济金的情况发生。这项举措在众多慈善组织的推动下，1998 年后，又因全民健康医疗计划（CMU）的创立，得到了进一步推广。

法国有一系列致力于社会公平、打击排斥的社会保障举措，但这些举措的成效也是双重性的。政策设计的初衷是消除大规模失业带来的影响，这些举措与社会保险和就业市场的细分发展形成了有效互动。如果说失业保险在

1984 年时通过团结互助专门补贴（ASS）进行了延展，那么失业津贴里的最低社会安置补助金（RMI）也迅速得到落实。从 2009 年开始配发的最低社会安置补助金（RMI）和积极互助收入津贴（RSA）与失业津贴改革的效果密切相关。这项改革意味着社会保障体系从社会保险转向了社会救助，也就是对全社会面临各种风险（疾病、产假、退休）的个人提供帮助。2008 年开始提高的失业率对应着增长了 30% 的申领积极互助收入津贴（RSA）人数。最低社会安置补助金（RMI）最初为 30 万人设置，目前积极互助收入津贴（RSA）已经覆盖 250 万家庭。然而 25 岁以下年轻人，作为最贫困人口，反而没有享受申领积极互助收入津贴（RSA）的资格。社会希望家庭承担这个年龄段公民的减贫任务，政府通过对家庭收入税收减免等方案来支持贫困家庭的年轻人。[1]

这些社会救助举措基本替代了原来传统的社会保险制度。然而这样的替代，并不能改善一部分贫困人口的生活条件，现行最低社会补助制度提供的补助金不能与行业最低工资（SMIC）的一份工作机会相提并论，最低社会安置补助金（RMI）差不多是重新就业获得行业最低工资（SMIC）的一半。即使在 2012~2017 年奥朗德总统执政期间，积极互助收入津贴（RSA）有所增加，它仍然只达到法国生活水平中位数 60% 对应的贫困线一半左右水平。在社会保险方面，与描述的保险金缴纳的中立度不同，实际给付的保险金与缴纳部分并不对等，还会出现不符合申请社会保险金的人口舞弊申领保险金的情况。最后，这些社会保险政策的调节是由各地方政府掌握的，与中央政府调节社会保障政策并不一致。[2]

在法国建立社会保障制度之后，所有人都以为这样一种财富再分配机制可以有效地保障社会公平，但现实中不同行业部门之间所获得的福利保障差异是很大的。社会保障制度过于碎片化，实际上制造了更加严重、多样的社会不公平。一方面，在这一多样化的制度结构中，人们所追求的往往是对特

---

① Duvoux，N.，"Les politiques de lutte contre la pauvreté"，*Regards croisés sur l'économie*，1，2017：26-34.

② 吴国庆：《法国社会治理模式及其面临的新挑战》，《社会治理》2015 年第 1 期。

定群体之权益与优势的保护，不同的社会保险体系都极力维护本部门的权益，以至于出现部门分化，撕裂了不同行业与社会群体之间的团结。另一方面，诸多具体的福利政策制定了等级量化的评定标准，看似是差异化区别对待以求公平，但事实上制造了很多不公平——那些生活状况接近于某些福利政策的核定标准却又无法享受的群体，感受到的不平等感最为强烈，因为考虑到福利政策所带来的诸多差异，他们事实上成为实际境遇最差的人。然而，法国消除贫困的进展并不乐观。

（二）教育精准扶贫政策

针对贫困群体和贫困地区，法国采用开发式减贫，将"扶贫"与促进就业相挂钩，20 世纪 80 年代以来，法国政府实施了一系列的教育精准扶贫政策，促进边远贫困地区的教育发展，扶持弱势群体，促进教育公平。[①]

（1）开展扶贫计划，确保教育优先发展。2018 年，马克龙政府提出一项"扶贫计划"（Plan Pauvreté），内容涉及在公立学校提供免费早餐、将义务教育年限由 16 岁提高至 18 岁，提供培训和就业机会，帮助学生获得文凭或资格证书，增加青年保障覆盖人数至 20 万人，为离开学校体系而没有能力认证的学生发放津贴并提供培训等。

（2）增加贫困学区教学资源，提倡小班化教学。依托教育改革消除社会不平等现象也是目前法国政府的工作重点。法国政府认为，在义务教育阶段传授并巩固基础知识对学生的未来规划和发展至关重要。然而，目前法国仍有 20% 的学生的基础知识掌握程度较为薄弱，这些学生多来自贫困和移民家庭。法国政府决定通过实施小班化教学来提高教学质量。

（3）提高贫困学区教师待遇。除了保证学生更好地接受教育，教师作为教学活动另一重要主体，也是教育扶贫、反对社会不公的重要角色。其中，增加教师福利就是一个直接、有效的办法。马克龙总统曾在竞选时承

---

① 安镜如、王玉珏、杨进：《法国：消除贫困与社会不平等有赖教育改革》，《世界教育信息》2018 年第 23 期。

诺，每年将会投入 3000 欧元用于强化教育优先区的教师补助，这项资金将于未来进一步落实。

（4）在高等教育阶段，法国高校为贫困家庭的学生提供了很多入学优惠政策。巴黎政治学院从 2001 年开始实行"优先教育公约"计划，对于教育优先区的高中毕业生采取特殊的录取制度，不仅在最终的录取考试中为贫困学生提供绿色通道，还会委托高中教师挑选有潜质的学生进行特别辅导，扩大这些学生的知识面，增加条件困难地区的高中生接受高等教育的机会。

（三）疫情时期的经济提振计划

法国在 2020 年成为确诊新冠病例较多的欧盟国家之一。法国为抗疫而反复实施的封城与宵禁措施导致消费低迷、供应链中断、失业率激增、财政赤字、公共债务等宏观经济指标进一步恶化。新冠疫情冲击下，法国经济经历了第五共和国成立以来最严重的衰退。疫情中法国政府推出一系列救助和复苏措施纾困产业、企业和个人，主要经济措施包括紧急救助、政府担保贷款、定向救助以及"国家复兴计划"。根据法国政府网站公布的经济措施，不难发现，第一波疫情期间，法国政府应对较为迟缓，主要根据经济受损情况"点对点"被动地出台政策，缺少协调一致，基本是"哪一个行业受损严重就针对性进行救助"。到第三季度有序复工复产期间，法国出台的"国家复兴计划"瞄准后疫情时代经济复苏和未来竞争力，进行了主动战略布局。第四季度第二波疫情发生后，又开始出现较被动的情形，开始增加临时性的定向救助。纾困措施在实施对象上不仅包括了对企业、雇员的补贴，兼顾对旅游业、汽车业、文化传媒业、航空业等产业的定向扶持，而且涉及对养老院、青年等困难群体的救助。①

疫情期间法国的经济可谓"悲喜交加"。一方面，法国疫情波折反复，变种病毒层出不穷，经济正常化短期内难以实现，宏观经济尚存很大的下行

---

① 杨成玉：《法国经济：疫情冲击下的严重衰退》，载丁一凡主编《法国发展报告（2021）》，社会科学文献出版社，2021，第 36~48 页。

风险；另一方面，法国政府在疫情中推出了一系列救助和复苏措施，体现了法国经济较强的韧性和修复力，迅速将经济恢复至疫前水平、重振经济成为社会一致期待。

（四）法国减贫政策："预防"与"陪伴"

法国政府网 2021 年公布的国家减贫政策，以消除不平等、提供真实平等机会为宗旨，政府斥资 85 亿欧元，投入"预防"和"陪伴"为关键词的各类扶贫计划。该系列减贫政策包括以下 5 项行动。

（1）人生第一步开始的平等：中止贫困复制。以预防贫困从娃娃抓起的宗旨采取一系列帮助贫困儿童的举措，避免今天的贫困儿童成为明天的贫困成人。该行动预算为 12.4 亿欧元。主要举措包括：创设融合性奖金，鼓励幼托机构接收不同社会阶层的孩童，设立儿童保育金的第三方付款人；为幼托机构培养 60 万师资，辅助儿童在入学前健康成长，帮助他们进行语言学习。

（2）保证儿童日常生活基本权利。该行动目标是到 2022 年，让处于物质贫困状态的孩子比例减半。该行动预算为 2710 万欧元。主要举措包括：所有孩子可以享受均衡饮食，教育优先区域的学校推行免费早餐、便宜午餐以及其他儿童受益的饮食计划。在"首先住房"补贴计划框架内增设特别行动，保障儿童有体面住所，并实施针对马路乞讨儿童的救济金项目，让流浪儿童早日停止乞讨，回归家庭。

（3）面向所有青年的教育培训计划。在反辍学、职业教育改革和职业技能培训方面，增加大笔支出。该行动预算为 43.9 亿欧元。义务教育年限从 16 岁延长到 18 岁，保证青年人都能接受充分教育，更好掌握自己未来的命运。

（4）建立更公平更鼓励就业的社会保障制度。让最低社会救助金体系更简化、更公平，同时也不断鼓励失业者重新返回职场。该行动预算为 49.7 亿欧元。最低社会保障金与全民就业收入体系对接。新体系下，贫困人口均能得到最低社会保障金的救助，不同类别的津贴之间不存在竞争，同时也鼓励失业人员尽快返回职场，为个人和家庭争取更多收入。保证更多公民可以享受全民疾病补充保险（CMU-c），全民疾病补充保险通过补充健康福利项目，覆盖增加的 20 万受益人，另外还有 140 万保险受益人的医疗救治条件得到改善。

（5）就业陪伴的投入。让每位公民通过职业体验自己的社会身份，从而获得社会权利、保障及与就业相关的教育培训。该行动预算为 10.4 亿欧元。主要方案是设立"就业保证"，帮助每年 30 万人加强职业能力，尽快融入职场。在面向最脆弱人群的"通过经济活动进行融入"（IAE）项目框架内，会增加 10 万就业机会。

法国减贫政策是政府主导行为，它是法国失业保险、养老保险等各项社会保障分支项目改革的延续。它旨在打破不公的命运，建立公平机会，政府参与行动，阻断贫困在代际间的传递。然而，法国目前增加的社会保障的投入资金，并不足以消灭社会贫困，很明显的特征就是贫困依然还在家庭里复制。贫困家庭的孩子进入私立或公立学校机构的条件仍十分有限。同样的 4 岁孩子，因为家庭的社会阶层不同，语言教育的差距在 1000 小时左右；刚入学的 6 岁孩子，富裕家庭的孩子会比贫困家庭的孩子多掌握 1000 个单词。目前法国只有 5% 贫困家庭的孩子有机会上托儿所，而富裕家庭能上托儿所的孩子达到 22%。尽管不断采取针对青年人的减贫政策，法国目前仍有 6 万 16~18 岁的年轻人辍学、失业，也不能接受到相应的职业教育。法国国家统计与经济研究所（INSEE）2018 年的数据显示，20.7% 的年轻人处于失业状态。

三 中国扶贫经验对法国的影响

2021 年 2 月 25 日，在中国脱贫攻坚总结表彰大会上，习近平总书记宣布"我国脱贫攻坚战取得了全面胜利，现行标准下 9899 万农村贫困人口全部脱贫，832 个贫困县全部摘帽，12.8 万个贫困村全部出列，区域性整体贫困得到解决，完成了消除绝对贫困的艰巨任务"。摆脱贫困一直是困扰全球发展和治理的突出难题，而在中国共产党的领导下，占世界人口近 1/5 的中国全面消除绝对贫困，提前 10 年实现联合国《2030 年可持续发展议程》减贫目标。

新华社国家高端智库 2021 年 2 月 28 日向全球发布中英文智库报告《中国减贫学——政治经济学视野下的中国减贫理论与实践》，法国作家、中国问题专家索尼娅·布雷斯莱（Sonia Bressler）接受新华社采访时说，她多次来中国考察，注意到中国在 40 多年的改革开放进程中，对世界减贫贡献率超过 70%，中国提前 10 年实现联合国《2030 年可持续发展议程》减贫目标。这些数字令人印象深刻。她认为法国可从中国减贫经验中汲取灵感，中国在以下几方面的减贫措施可以给法国带来启发：解决贫困人口的教育问题，创造性的社会救助机制，国家和地方共同发展的规划。法国可从中国减贫经验中汲取灵感，通过创新理念、发展教育、提高医护条件、改善住房等多种措施，法国才有望扭转贫困问题，中国有很多政策成功的例子值得法国政府借鉴。①

法国开发署署长盛赞中国扶贫成就，指出中国在最近几十年取得了非常大的发展，特别是在扶贫方面，取得惊人的成就。他认为，中国政府制定的在 2020 年全面消除贫困的目标举世瞩目。②《费加罗报》在报道中国减贫政策取得重大成就时也总结：中国大力振兴经济，坚持以经济建设为中心，走开发式扶贫的路径；消除贫困从实际出发、用符合自己国情的贫困治理的组织领导，动员各方面力量参与减贫，凝聚强大的扶贫合力；因地制宜，利用当地资源发展经济；解决贫困人口的教育问题，激发贫困群众内力。这些都是值得法国学习的中国减贫智慧。③

---

① 《多国专家学者谈中国减贫经验给世界的启迪》，新华社，2021 年 3 月 1 日。

② 严玉洁：《法国开发署署长赞中国扶贫成就 重申给予气候和可持续发展方面支持》，中国日报网，2019 年 5 月 29 日。

③ Lutte contre la pauvreté en Chine：des avancées, mais le chemin est encore long, Le Figaro, 31 décembre 2020, International, https：//www.lefigaro.fr/international/lutte-conter-la-pauvrete-en-chine-des-avancees-mais-le-chemin-est-encore-long-20201228.

四 结语

消除贫困与社会不平等有赖教育，改革贫困与社会不平等问题是世界性难题，即使对经济与综合实力强国之一的法国来说也不例外。14.6%的贫困人口比例、2008年经济危机以来不断上升的贫困人口数量、巨大的贫富差距使法国政府越发关注这一社会问题。如何克服经济危机以及后来法国出现的高财政赤字和高公共债务从而促进法国经济的增长，如何通过财富再分配来遏制法国贫富差距的拉大、基尼系数的提高以及贫困人口数量的增加，是摆在法国总统马克龙及其博尔内政府面前的难题。目前，社会政策上奉行左翼价值理念，重视民生教育，维护社会公平正义的博尔内政府应该通过继续改革当代法国社会保障制度和福利制度，减少社会不平等现象，促进社会和谐与公正，应对法国社会治理面临的新挑战。

为弱化疫情冲击，法国政府推出一系列救助和复苏措施，体现了法国经济较强的韧性和修复力，扶贫计划推行也有条不紊，但长期来看，法国还有很多路要走，如提高行政效率、推行退休体制改革、降低失业率、增加全民工作时长。能否从中国减贫智慧中汲取养分，进一步优化法国已经形成的贫困治理经验，是法国继续打击排斥、消除不平等、实现社会公平正义的关键，这个过程中的新经验也值得中国借鉴。

第五章
以色列贫困治理与中国经验的启示

2010 年，以色列作为土耳其之后的第二个中东国家加入被称为"富人俱乐部"的"经济合作与发展组织"（Organization for Economic Co-operation and Development，OECD，以下简称"经合组织"），约 760 万人口人均国内生产总值（Gross Domestic Product，GDP）突破 3 万美元。近年来，以色列宏观经济发展较为稳定，经济增长率保持在 3.5% 以上。2020 年，以色列以现价计算的国内生产总值（GDP）为 4019.54 亿美元，[①] 人均约 4.4 万美元。虽然以色列经济发展已经达到中等发达国家水平，但是经合组织关于以色列的经济调查统计数据表明，以色列社会不平等水平高于大多数发达成员国，最贫困的 20% 家庭收入只占总收入的 6.3%，2018 年基尼系数为 0.35，相对贫困率为 16.9%。[②]

根据以色列议会 1953 年通过并于 1954 年生效的《国家保险法》（National Insurance Law），以色列国家保险协会（National Insurance Institute）负责为以色列居民提供全面系统的社会保障和福利待遇，其资金来源是政府拨款，以及雇主与雇员支付的国家保险费用。以色列国家

---

① 商务部国际贸易经济合作研究院、中国驻以色列国大使馆经济商务处、商务部对外投资和经济合作司：《对外投资合作国别（地区）指南：以色列（2021 年版）》，2021，第 9 页。

② "OECD Economic Surveys：Israel 2020"，OECD iLibrary，https：//www.oecd-ilibrary.org/sites/25623745-en/index.html？itemId＝/content/component/25623745-en#section-d1e1412.

保险协会研究与规划局发布的《贫困与社会差距报告》（Poverty and Social Gaps Report）中关于以色列政府对贫困的官方定义，与大多数西方国家和国际组织类似，认为贫困是一种相对现象，必须根据特定社会的生活水平标准来评估。[①] 具体来说，如果一个家庭的每个标准个人（Standard Person）的可支配收入低于该社会这一收入中位数值的一半，那么这个家庭就被定义为贫困。由于该机构的数据仅来源于以色列中央统计局（Central Bureau of Statistics，CBS）的收入调查，因此其对于贫困的衡量只能基于以色列家庭收入调查的情况。其中，定义标准个人[②]是为了形成一致标准来对不同大小家庭的生活水平进行比较，即将一个家庭的人数可以转换为该家庭的标准个人数量（或标准成人数量）。该标准是基于一个两口之家被赋予 2 个标准个人数值，单人家庭被赋予 1.25 个标准个人数值，即单人家庭的需求不等于两口之家的一半数值。与此类似，一个四口之家的需求（3.2 个标准个人）不是一个两口之家需求的 2 倍，而是 2 个标准个人的 1.6 倍。

以色列对于贫困衡量的方法是基于以下三个原则：一是将家庭净收入作为评估贫困的指标；二是将总人口的净收入中位数作为社会代表性收入；三是将贫困线与家庭大小（标准个人数量）相关联。因此，以色列个人贫困线定义是一个标准个人净收入中位数的 50%，家庭贫困线是其标准个人数量乘以该贫困线数额。根据以色列国家保险协会网站发布的年度调查报告[③]中 1998~2017 年的数据统计，以色列贫困线金额[④]随着经济发展逐年提高，但是家庭贫困率基本保持在 17.5%~20.5%（见图 5-1），特别是在 2000 年经济衰退和 2008 年金融危机后涨幅明显。

[①] https：//www.btl.gov.il/English%20Homepage/Publications/Poverty_ Report/Pages/default.aspx.

[②] "Annual Survey"，https：//www.btl.gov.il/English%20Homepage/Publications/AnnualSurvey/ 2000/Pages/default.aspx.

[③] "Annual Survey - Publications"，https：//www.btl.gov.il/English%20Homepage/Publications/ AnnualSurvey/Pages/default.aspx.

[④] 以色列货币 1 谢克尔约合 0.3 美元。

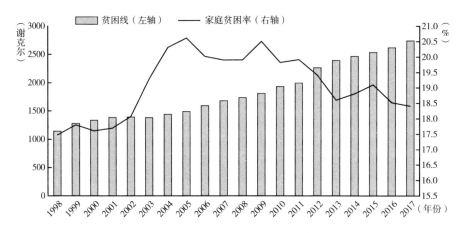

图 5-1　1998~2017 年以色列贫困线与家庭贫困率比较

资料来源：以色列国家保险协会网站，https：//www.btl.gov.il。

一　以色列贫困治理背景

以色列从 1948 年建国就大力吸引世界各地的犹太移民。根据以色列联合分配委员会布鲁克代尔以色列老年和成年人发展研究所 ［Joint（J. D. C.）Israel Brookdale Institute of Gerontology and Adult Human Development in Israel］的报告，1948~1952 年到达以色列的大规模移民使其人口总数翻倍，其中 53% 来自欧洲和美洲地区，47% 来自亚洲、非洲和中东地区。来自不同地区的大量移民在文化、教育和家庭方面存在很大差异，例如 1957 年的数据统计表明，来自亚洲或非洲的 14 岁以上移民中 53% 的女性和 25% 的男性不会读写，而来自欧洲或美洲的移民中这一比例仅为 6.2% 和 2.2%。来自欧洲或美洲的男性移民 4.8% 接受过中等教育，而来自亚洲或非洲的移民这一比例仅为 0.7%。与此同时，亚非裔移民家庭中 22.4% 有四个或更多的孩子，而欧美裔移民中这样的家庭仅有 1.5%。① 由此可见，受教育水平和工作技

---

① Habib, J., Kohn, M., and Lerman, R., "The Effect on Poverty Status in Israel of Considering Wealth and Variability of Income", *The Review of Income and Wealth*, 23 (1), 1977: 17-78.

能加上家庭人数导致移民来源和贫困之间联系紧密。同时，大量移民的到来使得以色列建国初期的食品短缺和外汇匮乏状况雪上加霜。为了确保所有以色列公民获得基本生存所需的物资，以色列政府从 1949 年开始采取经济紧缩和食品配给政策，随后扩展到家具和鞋袜等。以色列借用英国在第二次世界大战时的标准，保证每个公民每天获得 1600 卡路里的热量，每月可以领到价值 6 以色列镑①的食品券，每个家庭每月得到固定数量的鞋袜。1952 年，以色列与联邦德国在卢森堡签署了关于二战屠犹战争赔偿协定，约定联邦德国向以色列赔偿总金额 30 亿马克，1953～1966 年分 14 年偿清。由此，以色列从 1953 年开始取消部分配额限制，直到 1959 年完全取消。1950～1976 年，以色列居民生活水平提高了 3 倍，② 可以与一些西欧国家媲美。与此同时，以色列社会贫富分化和收入差距问题逐渐凸显。

与大多数西方国家类似，以色列对贫困和相关社会问题的关注始于 20 世纪 60 年代末。首次系统化定义和测量贫困也是始于这一时期，出现了两种不同的研究路径。一种是以色列国家保险协会研究与规划局采用的纯经济方法，将家庭收入与需求和家庭人数相关联。另一种是以色列希伯来大学社会工作学院③采用的家庭多维度方法，包括一家之主的教育背景、家庭孩子数量、居住密度等。早期研究采用传统的收入现值分析方法发现，以色列社会贫困广泛程度远比想象的要高很多。1969 年的一项调查发现，如果将贫困线定为可支配收入中位数的 40%，以色列有 11.1% 的贫困家庭；而如果

---

① 1948 年以色列独立后发行的货币，采取固定汇率与英镑等值。1969 年，以色列议会决定使用 "谢克尔" 代替以色列镑。

② Ginor, F., *Socio-Economic Disparities in Israel* (Tel Aviv: University Publishing Projects Ltd., 1979), 57.

③ 以色列·卡茨博士 (Dr. Israel Katz) 于 1962～1968 年担任希伯来大学保罗·贝瓦尔德社会工作学院院长，其间帮助以色列海法大学、特拉维夫大学等高校建立了社会工作学院。他被誉为以色列福利国家建立和发展的几十年中较有影响力的人物之一，此后担任了以色列国家保险协会会长、以色列政府劳工与福利部部长，并参与创建了以色列联合分配委员会布鲁克代尔以色列老年和成年人发展研究所和以色列社会政策研究陶布中心的前身社会政策研究中心。

将贫困线定为可支配收入中位数的 50%，以色列家庭的贫困比例高达
21.5%。[①] 然而 1966~1974 年领取社会福利的家庭比例只占 3%~5%，该结
果否定了当时社会普遍认为贫困家庭主要是经常性接受政府福利的少数
现象。

1971 年，以色列时任总理果尔达·梅厄（Golda Meir，通称"梅厄夫人"）
任命以色列国家保险协会会长以色列·卡茨博士（Dr. Israel Katz）牵头成立的
"儿童和青年贫困问题总理委员会"（Prime Minister's Commission on Children
and Youth in Poverty or Katz Commission，又称"卡茨委员会"）对此进行研
究并提出解决方案。两年后，卡茨委员会组织来自以色列学术机构、社会服
务团体和政府有关部门的 120 位专家提出了一份史无前例的报告，指出来自
中东地区（如也门、伊拉克）和北非地区的犹太移民有四个或更多孩子的
大家庭贫困比例很高，在社会各阶层存在各种各样的歧视情况。[②] 该报告建
议政府给予收入低于维持生计基本需求的家庭补贴，并提出扩大课外学习和
支援落后地区。

1974 年，在总部位于美国的布鲁克代尔基金会（Brookdale Foundation）
资助下，美国犹太联合分配委员会（American Jewish Joint Distribution
Committee，AJDC）与以色列政府合作成立了以色列联合分配委员会布鲁克
代尔以色列老年和成年人发展研究所。1973 年卸任以色列国家保险协会会
长的卡茨博士放弃已当选的以色列议会议员身份，参与创立了该研究所，主
要致力于跨学科社会政策的应用性研究，起初研究重点是以色列社会老龄化
问题，随后扩展到多领域社会问题，如儿童和青年、移民和其他少数群体、
残疾人和弱势群体等。1977 年，卡茨博士开始担任以色列政府劳工和福利
部部长，他在任内出台了以色列国家保险协会补贴金额不受当时快速通货膨

---

① "Summary of the Main Articles", *Social Security* (Hebrew Edition), No. 1, 1971, p. II, http: //
www. jstor. org/stable/23270206. Roter, R., and Shamai, N., "Patterns of Poverty in Israel-
Preliminary Findings", National Insurance Institute, https: //www. jstor. org/stable/i23268386.

② Israeli Prime Minister's Commission for Children and Youth in Distress, "Report of Prime Minister's
Commission for Children and Youth in Distress", Szold National Institute for Research in the
Behavioral Sciences, 1973.

胀影响的机制，推动了以色列议会立法将政府对民众的财政补贴从地方政府福利办公室转移到以色列国家保险协会，以及为养老金领取者提供护理保险的立法。1982 年，卡茨博士卸任部长职务后，以色列时任总理贝京任命他牵头组建"社会服务规划总理工作组"（Prime Minister's Team for Planning Social Services），主要为政府提供创新性的研究和政策建议。此后两年，该工作组在卡茨博士领导下发展成为独立的"社会政策研究中心"（Center for Social Policy Studies），并决定不接受政府任何形式的资助，而由美国犹太联合分配委员会提供长期资金支持。1991 年卡茨博士卸任后，在亨利·陶布（Henry Taub）领导下，该中心于 2003 年获得美国犹太联合分配委员会捐赠而保持永久独立性和长期财务稳定性，并更名为"以色列社会政策研究陶布中心"（Taub Center for Social Policy Studies in Israel，以下简称"陶布中心"）。

根据陶布中心 2019 年年度报告相关研究，我们发现以色列的贫困治理政策，特别是对贫困人口的物质救济，近几十年变化频繁。[①] 以色列建国早期，对贫穷人口的救济由地方政府福利局负责。20 世纪 80 年代，随着收入补贴政策的实施，以色列国家保险协会接手了相关职能。21 世纪初，因为贫困治理由救济式转向开发式，政策变化转向鼓励贫困人口进入劳动力市场，导致福利水平下降和符合条件的人数骤减。然而，以色列贫困家庭比例居高不下，达到 18.4%，大约每五个以色列家庭就有一个是贫困家庭。社会福利系统在经历了近 40 年从地方转向国家之后，地方政府社会服务部门的社会工作者再次起到了重要作用。总体来看，以色列贫困治理可以分为四个时期。①单模态救济期：从 1948 年以色列建国到 20 世纪 70 年代中期，社会保障体系整体上缺乏资源帮助贫困人口，对其社会救济主要通过当地社会工作者提供福利补贴。②多模态救济期：从 20 世纪 70 年代中期到 21 世纪初，责任转移至以色列国家保险协会，特别是通过新实施的收入补贴政策

---

① Gal, J., Krumer-Nevo, M., Madhala, S., and Yanay, G., "Material Assistance to People Living in Poverty: A Historical Survey and Current Trends, A Chapter from the State of the Nation Report 2019", Taub Center for Social Policy Studies in Israel, Internet Edition, Jerusalem, 2019.

与当地社会工作者提供的紧急情况补助相结合。③单模态开发期：21 世纪第一个十年期间，以色列削减了社会保障福利政策，开始注重贫困人口"增能"，努力使其加入劳动力市场，然而正是在这一时期以色列贫困率居高不下，地方政府实施了扩大就业的一揽子救援计划。④多模态开发期：21 世纪第二个十年期间，显著特点是地方政府责任的增大，以及关于贫困治理的公共话语从"增能"转向聚焦于"赋权"。与此同时，以色列政府劳工与社会事务和社会服务部采取了关注贫困的社会工作政策，配合采取对贫困人口提供物质援助的新渠道。

二　以色列贫困治理现状、措施及其成效

（一）以色列贫困治理现状

从 20 世纪 70 年代初，卡茨委员会为以色列建设福利国家定下基调之后，以色列福利政策发展滞后、社会差距扩大和贫困发生率上升。根据以色列海法大学和特拉维夫大学两位学者的研究，20 世纪 80 年代末到 90 年代，以色列贫困率上下浮动较大，从 1989 年的 12.8% 上升到 1994 年的 18%，又回落到 1997 年的 16%。① 此后，如图 5-1 所示，家庭贫困率波动式上涨，2010 年达到近 20%，即以色列每五个家庭就有一个生活在贫困线以下。

以色列政府认识到需要协调各部门从多维度和全面的角度解决贫困问题。时任社会事务和社会服务部长梅尔·科恩（Meir Cohen）于 2013 年 11 月 5 日正式任命以色列拉什基金会（Rashi Foundation）前任理事长、2011 年以色列奖得主埃里·阿拉鲁夫（Eli Alaluf）牵头组建"以色列向贫困宣战委员会"（The Committee for the War Against Poverty in Israel，又称"阿拉鲁夫委员会"，Alaluf Committee）。该委员会成员由来自以色列贫困治理相

---

① Alisa, C., Lewin, H. S., "Who Benefits the Most? The Unequal Allocation of Transfers in the Israeli Welfare State", *Social Science Quarterly*, 83 (2), 2002: 490.

关领域的 50 位专家组成，包括国家和地方政府部门、学术机构、社会组织代表，同时设立了多个不同议题的专门委员会，每个专委会成员 10 人。2014 年 6 月，阿拉鲁夫委员会公开了一份包括社会福利、安全、住房、健康和教育等领域政策的详细建议书，目标是在十年内将以色列的贫困率减少一半，达到经合组织平均水平。该委员会在 2015 年 3 月的报告中指出，一场成功的反贫困战争需要以色列将此定位为最优先的国家目标，需要政府和社会共同有意识地持续努力，只有在 3~5 年把相关建议全面落实，才能实现上述目标。① 2015 年 8 月，以色列政府正式采纳了该委员会的相关建议，着手全面解决贫困问题，提出明确目标，制定具体政策。

（二）以色列贫困治理措施

根据陶布中心发布的 2016 年年度报告相关研究，虽然阿拉鲁夫委员会提出的政策建议约一半在 2015~2016 年部分由以色列政府实施，但主要目标离完全实现还为期尚远。在国家治理体系的建设过程中，以色列治理贫困的模式由传统的救助模式转变为以"增能赋权"为主的开发模式，而救助模式则继续发挥着不可替代的作用。② 增能是指通过各种方式激发或挖掘贫困人口潜能，提高其自身能力，改变其弱势地位。赋权可以保障贫困者享有的政治与公民自由，获得水、食物、通信、能源、住房，满足其基本生活需要的物质条件和医疗卫生、教育等社会权利。完善的社会保障体系是以色列国家治理体系中的一个重要组成部分，其目标是社会保障、社会公平与社会融合。③ 以色列的具体治理措施如下。

1. 就业

以色列立法扩大了单亲家庭、残疾人和个体户获得工作补助（负所得

---

① "Part 1-Plenary Report（Second Version-July 2014）", Report by the Israel Committee for the War against Poverty, March 22, 2015, https：//brookdale-web. s3. amazonaws. com/uploads/2014/07/The-War-against-Poverty. pdf.

② Gal, J., and Madhala-Brik, S., "Implementation of the Elalouf Committee Recommendations, State of the Nation Report：Society, Economy and Policy in Israel 2016", Taub Center for Social Policy Studies in Israel, Jerusalem, 2016：301-310.

③ 邓燕平：《以色列贫困问题的治理路径及其困境》，《阿拉伯世界研究》2021 年第 5 期。

税）的人群资格，增加了职业技能培训和就业困难人群、残疾人就业项目，为父母双方有工作的孩子提供公共补贴的日托中心也有所增加。

2. 福利和社会保障

以色列国家保险协会提供的社会保障有养老、失业、儿童、孤寡以及残疾等多种类型，如基本养老保险和职业养老保险组成的双层养老金计划，大家庭津贴、儿童发展账户以及提供免费教育、医疗保险组成的儿童福利，失业保险，最低工资等。按照世界银行划分绝对贫困的标准，以色列实际上已经基本消除了绝对贫困。[①]

3. 住房

对有资格领取补贴的人，租金补贴每月增加 600～900 谢克尔。然而，为使更多的家庭能够得到租金补助金，委员会建议拓宽适用对象，但尚未取得成果。政府增加了公租房的供应，但仍不足以满足需求，很多家庭仍在等待公租房。委员会建议的"平等社区"计划旨在通过基础设施、投资和其他社区规划来振兴贫困社区，尚未得到实施。

4. 健康

牙科保健补贴覆盖 75 岁以上的老年人和未满 14 岁的孩子，并计划在未来几年延长到 18 岁。因一些地区民众对民营健康服务不满，当地的学生保健服务重新交给以色列卫生部管理。然而，护士和学生数量比例并没有得到改善。同时，其他建议包括建立老年人健康促进和预防中心、降低药品和医疗服务的个人支付比例等正在审议中。

5. 教育

每年增加约 1 亿谢克尔的预算，为社会经济弱势群体服务的学校延长学习时数。然而，对学前教育进行投资的建议没有得到实施。

阿拉鲁夫委员会建议的实施需要每年预算 74 亿谢克尔，但是受 2015 年选举影响，政府几乎没有将其付诸实施，当年相关预算仅增加了 4.34 亿谢克尔。2016 年，预算增加了 19 亿谢克尔，约为建议追加金额的 26%。到

---

① 杨光、温伯友主编《当代西亚非洲国家社会保障制度》，法律出版社，2001，第 60 页。

2017 年底，额外支出预计将达到 40 亿谢克尔，约为建议金额的 54%，增长的大部分用于福利和社会保障，包括儿童发展账户、工作补助（负所得税）和额外增加老年收入补贴等。虽然部分反贫困政策建议开始执行，以色列政府还没有设立专门机构和人员应对贫困问题，使得政府跨部门的协调工作难以进行。

（三）以色列贫困治理成效

近年来，以色列与经合组织其他福利国家类似，贫困治理模式区分传统救济的"社会保障"（如收入补贴、养老金、租金补贴等）和开发式的"社会投资"（如对个人能力和技能的培训等），并更加重视后者。根据陶布中心 2020 年 2 月的统计数据，虽然以色列整体社会福利投入金额低于经合组织其他福利国家，但是在社会投资方面的支出比例已经与瑞典和丹麦不相上下。[①] 2017 年初启动的儿童发展账户项目不直接补贴贫困家庭，而是按月为孩子提供一笔成年后才能提取的储蓄金，但是该项目在降低贫困发生率和促进社会流动性方面的有效性受到一些专家的质疑。因为无论家庭贫富，每个以色列儿童都能得到这笔钱。孩子的父母可以选择资金的投资渠道，包括风险和预期回报较低的银行，或者风险和预期回报较高的公积金。父母也可以通过从政府发放的普遍津贴中自动扣除相应的金额作为配套资金。事实上，在收入最低的 1/5 家庭中只有不到 1/3 的父母会配比投入，而收入最高的 1/5 家庭中有 65% 的父母会选择将钱存入高收益的公积金。因此，富裕家庭孩子比低收入家庭孩子受益更多，这可能会使该项目促进社会流动性的效果有限。此外，儿童日托服务是以色列社会投资福利的另一个重要组成部分，自 2011 年发生社会公正抗议以来，日托服务虽然已经扩大，但是申请资格仅限于有工作的母亲，同时日托中心的供应有限，导致日托的可及性受到限制。

正如阿拉鲁夫委员会报告在分析以色列贫困现状时提出，贫困程度不仅

---

① "Investing in the Future – Israel's Approach to Social Welfare", February, 2020, https://www.taubcenter.org.il/en/research/investing-in-the-future-israels-approach-to-social-welfare/.

取决于贫困家庭的规模即贫困率，而且取决于贫困深度，即贫困居民收入与贫困线的差额。以色列国家保险协会的计算方法是"收入差距比"，即该差额占贫困线的百分比。根据以色列国家保险协会发布的《2017 年贫困与社会差距年度报告》（2017 Poverty and Social Gaps Annual Report），从 1998 ~ 2017 年个人贫困发生率（The Incidence of Poverty among Individuals）与贫困深度（收入差距比）和贫困严重程度指数（FGT Index of the Severity of Poverty）的比较图中可以看出，2015 年以色列政府采纳阿拉鲁夫委员会报告并实施部分建议后，2016 年贫困深度有所下降，但是 2017 年又出现反弹，甚至达到 2011 年以色列社会公正抗议时的程度（见图 5-2）。[①] 由此可见，以色列政府虽然加大了社会投资，推动贫困人口进入劳动力市场自食其力，但是贫困治理政策实施的成效并不尽如人意。

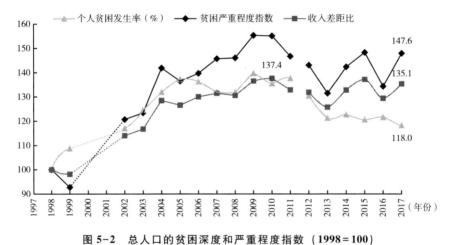

图 5-2　总人口的贫困深度和严重程度指数（1998＝100）

资料来源：以色列国家保险协会网站，https：//www.btl.gov.il。

此外，以色列最大规模反贫困组织"给予"（希伯来语音译为 LATET，英文为 To Give）网站引用的以色列国家保险协会 2018 年数据表明，当年以

---

① "2017 Poverty and Social Gaps Annual Report"，https：//www.btl.gov.il/English%20Homepage/Publications/Poverty_ Report/Pages/oni-2017-e.aspx.

色列贫困率高达 21.2%，贫困儿童约占 29.6%（大约每三个孩子中有一个生活贫困）。[①] 在 2020 年新冠疫情的冲击下，以色列贫困率从 2019 年的 22.4% 上升到 2020 年的 23%。[②] 耶路撒冷希伯来大学社会工作与社会福利学院教授、陶布中心福利政策项目主席约翰·加尔（John Gal）在接受新华社采访时指出，以色列政府采取的政策不足以真正应对贫困问题，在社会福利方面投入比大多数福利国家少，贫困人口得到的补贴不足以跨越贫困线。他还预测 2021 年情况更糟糕，因为受新冠疫情影响，以色列政府在 2020~2021 年重点解决劳动力市场、健康和教育问题，导致贫困治理问题被边缘化，贫困率会继续上升。[③]

三 中国扶贫经验对以色列的影响

西方主流的反贫困理论以"涓滴理论"（Trickle-down Theory，又译作利益均沾论、渗漏理论、滴漏理论）[④] 为代表，是指在经济发展过程中并不给予贫困阶层、弱势群体或贫困地区特别的优待，而是由优先发展起来的群体或地区通过消费、就业等方面惠及贫困阶层或地区，带动其发展和富裕。该理论认为贫困问题的解决主要依赖社会经济发展水平的持续提高，但从上文所述可见，以色列贫困问题并没有随着经济发展自然而然地得到解决。与以色列采用西方发达国家将个人及家庭的收入水平未达到社会平均收入水平的相对贫困作为贫困线的定义不同，中国根据自身国情和

---

① "Poverty in Israel（Poor & Hunger in Israel）- LATET"，https：//www. latet. org. il/en/world-1/articles/poverty-in-israel.

② Online，M.，"About Two Million Israelis Live below the Poverty Line-Report"，Translated by Adler，A.，*The Jerusalem Post*，January 22，2021，https：//www. jpost. com/israel-news/israel-report-about-two-million-people-live-below-the-poverty-line-656317.

③ Setton，K.，"Roundup：1 in 5 Israelis live in poverty：official report"，Xinhua，December 31，2021，https：//english. news. cn/20211231/0cc3a236a39142ab974b1730df9709a1/c. html.

④ MBA 智库百科，https：//wiki. mbalib. com/wiki/% E6% B6% 93% E6% BB% 94% E6% 95% 88% E5% BA% 94。

发展阶段，将消除绝对贫困①即个体基本生存所需的基本物质资料严重缺乏所表现出的食物、住所和衣服等短缺状态作为全面脱贫的底线目标。1986 年中国首次制定贫困标准，采用恩格尔系数法② （Engle's Ratio Method），以每人每日 2100 大卡热量的最低营养需求为基准制定了农村贫困标准。此后，随着经济发展水平的提高，中国先后于 2001 年和 2011 年兼顾非食品需求和适度发展的需要，两次提高了低收入标准。2020 年中国整体消除绝对贫困，但相对贫困仍将长期存在。针对绝对贫困的脱贫攻坚举措逐步调整为针对相对贫困的日常性帮扶措施，并纳入乡村振兴战略架构下统筹安排。

2021 年 2 月 25 日，由国务院扶贫开发领导小组办公室整建制改组的国家乡村振兴局正式挂牌，作为农业农村部代管的国家局统筹全国推进乡村振兴战略的具体工作。国务院扶贫办全国扶贫宣传教育中心原主任、国家乡村振兴局中国扶贫发展中心主任黄承伟博士指出，按照世界银行每人每天 1.9 美元（约合人民币 12.3 元）的国际贫困标准及世界银行发布数据，中国贫困人口从 1981 年末的 8.78 亿人减少到 2013 年末的 2511 万人，累计减少 8.53 亿人，减贫人口占全球减贫总规模的七成以上。中国也成为全球最早实现联合国千年发展目标中减贫目标的发展中国家，对全球减贫的贡献率超七成，为全球减贫事业做出了重大贡献。③ 面对全球贫困治理面临的诸多挑战，不少国家经济增长乏力，发展成果难以惠及穷人，专项反贫困行动缺乏顶层设计等问题极大地阻碍了全球减贫进程。对此，中国的减贫经验以其经过大规模实践证明的科学性、实践性和国际性，给全球贫困治理许多重要启示。2021 年 3 月 9 日，联合国秘书长古特雷斯致函中国国家主席习近平，祝贺中国取得脱贫攻坚全面胜利，他表示"中国取得的非凡成就为整个国

---

① 中国外文出版发行事业局、当代中国与世界研究院、中国翻译研究院：《中国关键词：精准脱贫篇（汉英对照）》，新世界出版社，2021，第 38 页。

② 恩格尔系数法是国际上常用的一种测定贫困线的方法。居民家庭中食物支出占消费总支出的比重，随家庭收入的增加而下降，即恩格尔系数越大就越贫困。

③ 黄承伟：《全球贫困治理中的中国经验及启示》，《今日中国》2018 年 9 月 25 日，http：//www.chinatoday.com.cn/zw2018/rdzt/fp_ 5840/201810/t20181029_ 800145540.html。

际社会带来了希望，提供了激励。这一成就证明，政府的政治承诺和政策稳定性对改善最贫困和最脆弱人群的境况至关重要，创新驱动、绿色、开放的发展模式是重大机遇，将为所有人带来福祉"①。

对于以色列贫困率在经合组织成员国排名中居高不下的原因，长期致力于以色列边远地区青少年教育的拉什基金会时任理事长伊茨科·图尔格曼（Itzik Turgeman）在以色列发行量较大的英文报纸之一《耶路撒冷邮报》（*The Jerusalem Post*）发表的文章指出，虽然以色列社会各界和政府部门近年来广泛关注贫困问题，但是贫困仅仅被视为个人的不幸遭遇，而非以色列社会根深蒂固的不平等问题。② 现有大多数的解决方案是采取补贴、收入或租金支持等方式。然而有权申请者经常无法实现或得到相应支持，这样不仅无法减少贫富差距，反而会加大。一些社会慈善组织在贫困治理方面的活动也只是应对表面问题，无法消除贫困的根本原因。阿拉鲁夫委员会的反贫困报告呼吁国家承担责任，以家庭、社区和基础设施为重点，提出了一个全新的综合解决方案。与派送食品和药品的方式不同，社区层面的工作可以使贫困家庭得到逃出贫困循环的方法，并减少他们对于社会福利系统的依赖。有效解决贫困问题需要政府各部门，如教育、福利、卫生、住房、交通、财政等跨部门协作，采取多学科视角将整个社会视为一个整体，从结构上改变传统做法的同时有针对性地因地制宜采取措施。如果不能同时解决全国性的共同问题，如生活成本、公共交通、教育机会等，即使贫困家庭得到再多的社会福利补贴，也无法彻底脱贫。目前，以色列政府还没有成立一个全国性的反贫困政府机构可以协调有关部门的工作，明确各自分工，推动立法和改革促进社会公平，同时监督相关政策措施的实施成效。

中国在推进减贫脱贫实践中形成了许多重要经验和启示，为全球减贫事

---

① 《联合国秘书长古特雷斯致函习近平 祝贺中国脱贫攻坚取得重大历史性成就》，中国政府网，2021 年 3 月 9 日。

② Turgeman, I., "Innovative Strategies to Reduce Poverty", *The Jerusalem Post*, April 15, 2015, https：//www.jpost.com/Opinion/Innovative-strategies-to-reduce-poverty-398239.

业贡献了中国智慧和中国方案，结合上文分析总结以下三点为以色列贫困治理提供参考借鉴。

第一，中国共产党和中国政府高度重视贫困治理，明确提出目标和时间节点。中国共产党自诞生之日起，就以消除贫困、改善民生、实现共同富裕为使命，谋求通过建立社会主义制度而从根本上消灭贫困问题。20 世纪80 年代，中国共产党提出"三步走"的社会主义现代化建设战略目标。在解决人民温饱问题、人民生活总体上达到小康水平这两个目标基础上，中国共产党提出"两个一百年"奋斗目标。全面建成小康社会，实现第一个百年奋斗目标，一个标志性的指标是农村贫困人口全部脱贫。党的十八大以来，以习近平同志为核心的党中央站在全面建成小康社会、实现中华民族伟大复兴中国梦的战略高度，把脱贫攻坚摆到治国理政突出位置。2015 年发布的《中共中央 国务院关于打赢脱贫攻坚战的决定》明确提出脱贫攻坚总体目标：到 2020 年，稳定实现农村贫困人口不愁吃、不愁穿，义务教育、基本医疗和住房安全有保障；确保中国现行标准下农村贫困人口全部脱贫，消除绝对贫困；确保贫困县全部摘帽，解决区域性整体贫困。

第二，中国动员全党全国全社会力量，打通了精准扶贫"最后一公里"。党的十九大报告提出坚持精准扶贫、精准脱贫，坚持中央统筹、省负总责、市县抓落实的工作机制，强化党政一把手负总责的责任制，坚持大扶贫格局，注重扶贫同扶志扶智相结合，深入实施东西部扶贫协作，重点攻克深度贫困地区脱贫任务。打赢脱贫攻坚战，有着明确的时间节点和攻坚目标。2018 年发布的《中共中央 国务院关于打赢脱贫攻坚战三年行动的指导意见》，对完善顶层设计、强化政策措施、加强统筹协调，推动脱贫攻坚工作更加有效开展做出全面部署，为各地各部门深入推进脱贫攻坚工作提供了基本遵循。为加强脱贫攻坚一线工作力量，中央要求，每个贫困村都要派驻村工作队，每个贫困户都要有帮扶责任人。截至 2019 年4 月，全国累计选派 300 多万名县级及以上机关、国有企事业单位干部参加驻村帮扶，在岗的第一书记 20.6 万人、驻村干部 70 万人。他们积极帮助群众出主意干实事，推动扶贫政策措施落地落实，打通了精准扶贫"最后一公里"。

第三，中国充分发挥政治制度优势，为国际反贫困本土化提供经验借鉴。实现贫困人口如期脱贫，是中国共产党向全国人民做出的郑重承诺。中国共产党的领导是中国脱贫攻坚最大的政治优势。坚持党的领导，发挥社会主义制度可以集中力量办大事的优势，这是中国的最大政治优势。党政军机关、企事业单位开展定点扶贫，是中国特色扶贫开发事业的重要组成部分，也是中国政治优势和制度优势的重要体现。脱贫攻坚不仅是要使贫困人口如期全部脱贫，还要使贫困地区经济社会发展上一个台阶。精准扶贫是中国贫困治理的重大理论创新，是中共中央治国理政新理念新思想新战略的重要组成部分。从政策设计层面来看，精准扶贫有着明确的减贫目标，是问题导向的贫困治理创新，是提高中国减贫成效的策略性选择。作为科学的理论创新，其对国际减贫事业同样具有重要的启示意义。

四　结语

综上所述，以色列自 20 世纪 60 年代末开始关注贫困问题，政府先后组织了"卡茨委员会""特拉伊滕贝格委员会""阿拉鲁夫委员会"针对当时的社会贫困和收入差距问题提出建议方案。与前两个委员会报告建议仅仅应对贫困激发的社会矛盾不同，阿拉鲁夫委员会的报告相对系统全面，并得到以色列政府认可，也安排财政预算部分实施了相关建议，但是在设定目标和时间节点方面比较笼统和模糊，没有阶段性目标和有效的落地方案。以色列在贫困治理实施落地方面缺乏全国统一的领导和协调机构，主要依靠以色列政府福利部门和地方政府社会工作者。虽然以色列非政府组织众多，也有如拉什基金会、"给予"组织等以反贫困为主要目标的社会公益机构和以布鲁克代尔研究所和陶布中心为代表的社会政策研究智库，但是由于其资金来源不同且各自独立，在贫困治理方面以色列政府各部门之间、政府机构与民间组织之间协调不足，存在一些重复投入，难以形成合力。诚然，以色列与中国政治体制和社会制度迥异，可以借鉴中国精准扶贫的理念，因地制宜，发挥犹太民族的聪明才智，探索出一条符合本国国情的扶贫道路。

第六章
中国反贫困经验视角下
爱尔兰的贫困治理

2020 年是中国反贫困史上不同凡响的一年，在现行标准下中国所有的贫困人口成功脱贫，实现了世界反贫困史上的一大奇迹。鉴于中国的反贫困经验已经形成一套日臻完善的反贫困理论体系，并在影响周边发展中国家的反贫困政策和实践中起到重要的作用，更加凸显了中国反贫困政策中的制度优势和有效性，可以为发达国家的反贫困政策带来一些镜鉴。作为以农牧业为主的欧洲小国，爱尔兰在 20 世纪末抓住全球化经济浪潮的机遇，并通过大力吸引外资迅速发展成为欧洲富国。随着社会经济的蓬勃发展，爱尔兰社会的相对贫困问题却日益加剧，如贫富差距扩大、社会排斥现象严重等。爱尔兰政府自 20 世纪末出台一系列全国性的反贫困政策，后续又提出一系列反对贫困与社会排斥的行动计划，而当前仍在实施推进社会包容发展的全面的社会政策，已经形成了较为连续的反贫困政策框架。

一 爱尔兰贫困治理背景

二战以后，爱尔兰经济长期不振，是欧洲西北最为贫穷落后的国家。作为一个传统农牧业国家，爱尔兰人当时被称为"欧洲穷小子"，此时的贫困治理采用救济式减贫。20 世纪 50 年代末，爱尔兰政府推行了对外开放的经济发展战略，爱尔兰与英国达成自贸协定并共同申请加入欧共体。此后爱尔兰逐步转型为以 IT 电子、生物制药、食品加工和金融服务业等为支柱的发达国家，贫困治理也同步转入了开发式减贫。爱尔兰当前实施的全面反贫困政策并非一蹴而就，而是政府在以往反贫困经验的基础上不断调整而形成的。60 年代爱尔兰迎来短暂的经济发展，70 年代的两次石油危机给爱尔兰经济发展带来了不利的影响，80 年代居高不下的失业率与巨额的财政赤字让爱尔兰政府举步维艰。当时的政府通过灵活调整自身的管理角色，开创了"社会伙伴关系"的三方工资协定机制，为稳定劳资关系、提升产业竞争力提供了重要的推动力。80 年代末，爱尔兰开始进入经济发展的快车道，并在 90 年代中期取得让世人瞩目的"凯尔特虎"经济奇迹。然而，社会中的隐形的贫困现象却日益严峻，尤其是集中在妇女、儿童、老年群体中的贫困问题，以及都市中的无家可归和高失业率现象。在这样的社会环境下，爱尔兰政府开始探讨以政府为主导的国家反贫困战略，并不断尝试新的社会合作模式以及福利改革措施，大力推动民间社会组织、慈善机构、社区和志愿组织积极参与国家反贫困政策的协定，将代表失业者和其他弱势群体的组织纳入政府社会政策商议过程之中。与此同时，政府还积极借助欧盟的资助进一步推动国内贫困和社会排斥问题的缓解。

90 年代中期以来，爱尔兰开始进入经济发展的快速通道。1993～1999年，爱尔兰国民生产总值（GNP）的年增长率平均达到 8%，[①] 成为欧洲经济发展赛道上的一匹黑马。然而，在爱尔兰相对富裕的经济水平下，弱势群体却遭遇更多的社会排斥，城市中无家可归的现象日益严峻。随着社会对贫困问题的关注与反贫困意识的提高，爱尔兰政府于 1997 年提出《共享进步：国家反贫困战略》（Sharing in Progress：National Anti-Poverty

---

① Sweeney, P. , *The Celtic Tiger*: *Ireland's Continuing Economic Miracle* （Dublin：Oak Tree Press，1999），17.

Strategy)（以下简称《国家反贫困战略》），计划在十年内将持续贫困人口比例（简称"持续贫困比例"）从 9%～15% 降低至 5%～10%。在这一时期迅猛的经济发展势头下，爱尔兰的反贫困战略顺利达到既定的目标，到 2007 年爱尔兰的持续贫困比例已经降到 5.2%。[①] 政府在政策制定的前期广泛听取贫困群体的呼求，并建立对反贫困政策的三方评估机制，使爱尔兰的反贫困政策形成较为完善的运作体系。此后，爱尔兰政府提出第二阶段的反贫困战略《社会包容国家行动计划 2007～2016》（National Action Plan for Social Inclusion 2007－2016）和更新的《社会包容国家行动计划 2015～2017》。这一时期，爱尔兰政府扩大对贫困内涵的理解，将战略重心扩展到反对社会排斥，主张让更多的社会公民，尤其是儿童、女性、老人和残疾人等弱势群体共享社会经济发展的红利。2020 年 1 月，爱尔兰政府提出第三阶段反贫困政策——《社会包容行动指南 2020～2025》（Roadmap for Social Inclusion 2020－2025）（以下简称《行动指南》），该指南旨在减少持续贫困，减缓社会不公，促进社会包容，增强社会凝聚力。针对具体的反贫困目标，《行动指南》提出到 2025 年将持续贫困比例减少到 2% 及以下的目标，并承诺届时将爱尔兰打造成为欧盟内社会融合度位列前五的国家（见表 6-1、表 6-2）。该文件对贫困与社会排斥做出了新界定，指出仅凭借收入这一项指标并不能反映多维的贫困和社会排斥问题，如教育、住房、工作机遇等要素、特殊群体所面临的贫困风险，同时要注重公民融入正常社会生活的需要。这份《行动指南》共设置 7 项标准、22 项目标、66 项政府承诺，其具体目标主要体现在以下几个方面：明确社会融合目标，加大就业机会，保障就业收入，支持老年群体收入，支持家庭和孩子，支持残疾人，支持社区发展，保障医疗、住房、能源和食物等核心必需品。

① Russel, H., et al., "Monitoring Poverty Trends in Ireland 2004－2007: Key Issues for Children, People of Working Age and Older People", ESRI Research Series, No. 17, 2010.

表 6-1 爱尔兰国家反贫困政策

各个阶段	反贫困政策名称	执行范围描述	整体目标(持续贫困比例)	具体反贫困措施
1997~2007年	《共享进步:国家反贫困战略》	国家战略	从 9%~15% 降低至 5%~10%	就业、福利改善,基于地域的项目
2001~2003年	《国家反贫困和社会排斥行动计划》	欧盟框架		
2002~2007年	《建设包容社会 2002》	欧盟框架	6.2%~2%,或者 0%	福利改善,弱势群体的衡量标准
2003~2005年	《国家反贫困和社会排斥行动计划》	欧盟框架		
2006~2008年	《爱尔兰关于社会保护和社会融合的国家报告 2006~2008》	欧盟框架		
2007~2016年	《社会包容国家行动计划 2007~2016》	国家战略	中期目标 2%~4%	基于生命周期的各项服务和积极参与
2008~2010年	《爱尔兰关于社会保护和社会融合的国家报告 2008~2010》	欧盟框架		
2010~2020年	《国家改革计划 2010》	国家发展计划	就业新增 18.6 万人 0%~4.2%	进入劳动力市场,获得教育和培训
2015~2017年	《社会包容国家行动计划 2015~2017》	欧盟框架	2016 年目标为 4%,2020 年目标为 2%	
2020~2025年	《社会包容行动指南 2020~2025》	国家战略	降低至 2% 及以下,欧盟内社会融合度排名前五的国家	

资料来源：Social Inclusion Division Department of Social Protection, "The Irish Experience of National Poverty Targets: Host Country Report", June 16-17, 2011。

通过梳理爱尔兰反贫困政策可以看出，其反贫困政策关注的重点从一开始反对贫困逐渐转移到更加宽泛的社会问题，如社会排斥和社会融合，这在一定程度上受到当时欧盟社会政策一体化的影响，也体现了爱尔兰政府对国家战略目标和政策重心的转移，从侧面体现出社会问题从绝对贫困向相对贫困阶段的过渡。

表 6-2　爱尔兰反贫困政策的发展历程

第一阶段：1997~2007 年	第二阶段：2007~2016 年	第三阶段：2020 年至今
《共享进步：国家反贫困战略 1997 ~ 2007 》（ Sharing in Progress：National Anti-Poverty Strategy）	《社会包容国家行动计划 2007 ~ 2016》（ National Action Plan for Social Inclusion 2007-2016）《社会包容国家行动计划 2015 ~ 2017》（ National Action Plan for Social Inclusion 2015-2017）	《社会包容行动指南 2020 ~ 2025》（ Roadmap for Social Inclusion 2020-2025）

二　爱尔兰贫困治理现状、减贫政策措施及其成效

总体上来说，爱尔兰在 20 年的反贫困实践中取得一定的成效。然而，由于爱尔兰社会经济发展的起伏波动，尤其是在经历 2008 年全球次贷危机所引发的金融和债务危机后，爱尔兰社会的贫困人口有所增加，这些经济发展的变动引发诸多的社会不稳定因素，后续国家颁布的各项反贫困政策提出的目标也进行了一定的调整。爱尔兰政府逐渐将反贫困行动计划的重心转移到社会融合方面，尤其关注儿童、女性、老人和残疾人等弱势群体的各项需求。此外，爱尔兰政府大力倡导发展社区，鼓励各种社会志愿组织发挥积极能动性，在促进政策咨询和政策实施、促进社会阶层融合方面起到积极的助推作用。

随着 2013 年以来爱尔兰经济发展出现稳步向好的趋势，爱尔兰跨入了欧盟中生活幸福指数较高的国家行列。然而，面对国际社会不可预测的变动性，爱尔兰也经受了各种国际政治、经济发展中"黑天鹅"事件的冲击。在新冠疫情肆虐的三年中，爱尔兰政府首先保持谨慎的流行病防疫的封控措施，并在 2020 年实施《暂时就业工资补贴计划》（Temporary and Employment Wage Subsidy Schemes，WSS），为就业人员提供因疫情影响的工资补贴。自

2020 年底，爱尔兰政府开始为受到疫情影响的产业和家庭提供"疫情失业救济金"（COVID-19 Pandemic Unemployment Payment，PUP），对每周收入低于 200 欧元、200~300 欧元、300~400 欧元、收入为 400 欧元的收入者提供每周 200~350 欧元的分档补贴，不同档次之间各增加 50 欧元。随着新冠疫情的反复和变化，政府逐渐降低补贴额度至每周 150~208 欧元，并于2022 年 3 月终止"疫情失业救济金"。① 此外，政府还对由于新冠隔离和感染的就业者提供每周最高 350 欧元的"新冠疾病加强补贴"（Enhanced Illness Benefit for COVID-19）。② 根据爱尔兰中央统计局（Central Statistics Office，CSO）的相关数据，在 2020 年度得到新冠疫情相关政策扶持的群体中，大部分受益者的贫困风险比例有所降低，例如在职者降低 9.1 个百分点，失业者降低 9.8 个百分点，学生群体降低 11.0 个百分点左右，家庭照料者降低 6.2 个百分点左右，但这些措施在退休群体和长期病患群体中产生的影响不大。③ 根据 2020 年的收入和生活状况调查，目前具有最大的贫困风险的群体是 0~17 岁的儿童群体，以及 50~64 岁的中年群体。④

经过大范围的新冠疫苗接种，爱尔兰政府开始采取西方国家的普遍做法，逐渐放开社会工作与生活场所中的封控措施，并于 2022 年 3 月终止"疫情失业救济金"。目前爱尔兰经济依然处于逐步恢复时期，但整体的经济发展形势较为平稳，通胀率趋于较高的水平，2020 年的国内生产总值依然保持 6.6% 的年增长率，⑤ 2021 年的经济增长表现更佳。由于受到疫情的影响，《行动指南》中很多措施没有得到充分的关注，原定于 2022 年出台

① Department of Social Protection, "COVID-19 Pandemic Unemployment Payment Rates", 23 July 2020, https://www.gov.ie/en/publication/0b0fc-covid-19-pandemic-unemployment-payment-rates/.

② Government of Ireland, "Enhanced Illness Benefit for COVID-19", March 11, 2020, https://www.gov.ie/en/service/df55ae-how-to-apply-for-illness-benefit-for-covid-19-absences/.

③ Central Statistics Office, "Poverty Insights-Income Reference Periods 2018 to 2020", December 17, 2021, https://www.cso.ie/en/releasesandpublications/fp/fp-pi/povertyinsights-incomereferenceperiods2018to2020/.

④ Central Statistics Office, "Survey on Income and Living Conditions（SILC）", https://www.cso.ie/en/statistics/socialconditions/surveyonincomeandlivingconditionssilc/.

⑤ The World Bank, https://data.worldbank.org/country/ireland?view=chart.

的中期报告仍未出台，在这一期间仍有不定期的新冠病毒感染人数出现反弹。作为目前爱尔兰实施的社会政策，《行动指南》涵盖了对贫困和社会排斥的界定，以及对各个群体主要社会需求方面的政策和扶助措施。下文从几个主要方面进行详细梳理。

（一）当前反贫困政策对"贫困"的定义及目标

在制定反贫困政策时，爱尔兰政府以多维的视角来理解贫困，综合考查人们在衣食住行、教育医疗、社会交往和发展机遇方面的匮乏，进一步丰富"贫困"的内涵，体现出以"人"为中心的人文精神。《国家反贫困战略》对贫困的定义为："倘若人们因收入不足，物质、文化、社会资源的匮乏而无法享有爱尔兰社会普遍接受的生活水平，该群体则处于贫困状态。由于收入和社会资源不足，人们在参与正常的社会活动时遭到排斥和边缘化。"[①]爱尔兰政府一向采用的贫困衡量标准是由爱尔兰经济与社会研究所（ESRI）提出的持续贫困标准。[②] 这种衡量方法认定"拥有低于某一确定门槛（低于收入中位数的60%）的收入，且无法获得基本生活服务标准中两项及以上必需物品或服务的人群，即属于贫困人群"[③]。此外，政府于2007年在官方网站公布的11项"贫困指标"，包括两双结实的鞋子、一件防水御寒的外衣、每隔两天享用肉食，保持室内供暖，每年节假日有一次为亲友准备礼物的机会等，[④] 体现了爱尔兰社会政策的人文关怀。

《行动指南》在开篇援引1997年《国家反贫困战略》对"贫困"的定义，转而指出"福利或'幸福'的衡量并不仅仅通过与收入相关的指标

---

① Government of Ireland, "Sharing in Progress: National Anti-Poverty Strategy", Dublin: The Stationery Office, 1997.

② 经济与社会研究所（Economic and Social Research Institute）是爱尔兰权威的独立科研机构，主要涉及人口、经济和社会发展中的各项数据调研。

③ Department of Social Protection, "Poverty Indicators", https://www.gov.ie/en/publication/551c5d-poverty-indicators/.

④ Department of Social Protection, "Poverty Indicators", https://www.gov.ie/en/publication/551c5d-poverty-indicators/.

来体现，教育、健康、就业和社会融合也是构建个人幸福感的重要因素"。爱尔兰的社会政策以公民福祉为中心，将"贫困"的概念进一步扩展为"社会排斥"，并引申出对"社会包容"的官方定义："当人们可以获得充足的收入、资源和服务，使他们能够融入社区，积极参与大部分人认可的社交活动时，（我们）就实现了社会包容。"①这是爱尔兰首次在国家政策中明确"社会包容"的定义，体现了政府对社会包容发展的重视程度，也标志着爱尔兰从过去单纯的反贫困战略过渡到注重贫困治理和社会包容的新阶段。

　　针对整体的奋斗目标，爱尔兰提出到2025年将贫困人口比例降至2%或2%以下的目标，并承诺届时成为欧盟国民生活状况排名前五的国家，明晰了各个衡量指标②所需达到的水平。此外，该文件罗列了国家在减少儿童贫困、促进残疾人就业、改善教育和社会保障住房方面的具体目标。该文件的政策内容可以概括为三大部分：一是明确"社会包容"的定义和整体目标；二是促进就业，保障包括老年人、抚养子女家庭、残疾人等社会群体的利益，支持社区发展；三是确保医疗、住房、能源等公共必需品。文件提出的7项高水平目标可以具体阐释为：让每个人都有通过工作改善生活的机会，确保就业者得到公平的收入和对待，保证养老金不受通胀的影响，减少儿童贫困，确保每个家庭能充分参与社交活动，改善残疾人的社会包容度，赋权社区以缓解社会排斥问题，确保每个人都有机会获得充足的医疗、住房、能源和食物等资源。

　　除了明确提出"社会包容"的定义，《行动指南》还将"缓解贫困和社会排斥""促进社会包容"作为爱尔兰公共政策的核心，制定了整体奋斗目

---

① Government of Ireland, "Roadmap for Social Inclusion 2020 – 2025: Ambition, Goals and Commitments", 2020.

② 包括贫困和社会排斥风险（At Risk of Poverty and Social Exclusion）、收入分配、收入贫困、住房状况、生活水准的社会经济状况（Socio-Economic Aspects of Living Conditions）、社会参与和融合等。该体系和目标值借鉴了欧盟数据统计局（Eurostat）在2018年公布的"欧洲生活状况"（Living Conditions in Europe），https：//ec. europa. eu/eurostat/web/products – statistical–books/–/ks–dz–18–00。

标，提出多项政策承诺，不仅为促进社会包容发展提供一个统筹、高效的政策框架①，还提出中期评审考核和动态调整机制，为探索和完善社会治理模式起到积极的推动作用。此外，《行动指南》的制定是爱尔兰政府在充分进行民意调查和政策咨询的基础上完成的，在政策制定的前期尤其关注身处贫困和遭遇社会排斥群体的需求，这有助社会政策的针对性、可行性和有效性。当前爱尔兰政府实施的《行动指南》聚焦扶持弱势群体，打造社会融合度高、共享覆盖面广的包容社会，是一项全面协调、动态发展的社会发展政策。

（二）当前爱尔兰具体的反贫困政策内容

《行动指南》中针对工作家庭、多子女家庭、残疾人、老年人的政策占据的比重较大，通过社会转移支付等方式，着重强调保障各个群体尤其是弱势群体的社会权益，有利于防止贫困问题的出现，也体现出政策制定者对弱势群体的重点关注。

1. 促进就业与终身职业培训

在促进就业方面，《行动指南》中"走向工作"（Pathways to Work）项目聚焦于帮助长期失业者积极融入劳动力市场，国家公共就业服务中心（The Public Employment Service）② 未来将考虑如何拓展家庭照料者、残疾人、迁徙族群、移民社群、无工作经验的青年、前服刑人员等群体的就业帮扶。此外，《行动指南》还强调要通过改善工作条件、监督雇主依法为雇员缴纳保险、确保合理的最低薪资水平等措施保护就业者的权益。同时，政府通过发放工薪家庭补助（Working Family Payment），重返工作家庭津贴（Back to Work Family Dividend）以及全民儿童补助金（Child Benefit）来保

---

① 该框架包含很多已经施行的社会项目，如《更好的结果，更好的未来》《爱尔兰2040国家战略规划》等，以及部分未来计划推行的项目，如拟定《国家志愿战略》、新的《乡村发展行动计划》等。

② 成立于2012年，主要为失业者提供定制化的就业服务，并对求职者和雇主提供支持。

障就业者的收入。① 政府通过以上举措保障就业群体的社会权益，将社会主体与弱势群体的权益并重，有利于维护整体社会成员的应得利益，促进社会收入状况的改善。但根据目前的实施状况来看，依然有特殊群体遭遇就业困难。尤其是长期失业者、残疾群体、单亲家庭以及少数族裔群体，包括难民等。②

此外，爱尔兰政府十分重视（终身）职业技术培训。针对失业群体、无业青年和辍学者，政府倡导企业为其提供各种技术培训项目和实习机会，以提升这些群体在就业市场的竞争力。《行动指南》指出，爱尔兰政府已经发起一系列技术培训项目，如《扩大学徒和培训行动计划 2016~2020》《国家技术战略 2025——爱尔兰的未来》等。据经济合作与发展组织的调查，爱尔兰有完整的职业教育培训体系（Vocational Education and Training），政府鼓励对获得初中或高中文凭的学生进行继续教育，为在职者或失业者提供接受第二次教育的机会，成为促进该群体再次融入劳动力市场的重要保障。③ 在全社会范围内建立科学、健全的继续教育和培训系统有利于提升社会劳动力的整体素质，促进个体的持续发展和社会阶层流动的畅通，有利于构建包容开放的社会，促进社会的良性运作。

2. 老年人与残疾人

爱尔兰政府在近几年大幅提高养老金的发放标准。根据《行动指南》，1997~2007 年爱尔兰人均养老金从每周 95.23 欧元上升到每周 209.3 欧元，涨幅高达 120%。此外，爱尔兰政府大力改善老年人的医疗和养老服务，如加强对老年疾病的研究和治疗，改善社区照料中心的设施和床位配

---

① Government of Ireland, "Roadmap for Social Inclusion 2020 – 2025: Ambition, Goals and Commitments", 2020.

② Community Work Ireland and EAPN, "Implementing the Roadmap for Social Inclusion: Reducing Poverty and Improving Social Inclusion", Preparatory Workshops Key Messages to the Social Inclusion Forum 2021, 2021.

③ Kis, V., "OECD Reviews of Vocational Education and Training: A Learning for Jobs Review of Ireland", OECD, February, 2010.

备情况。爱尔兰政府在 2013 年发起《国家积极养老战略》（National Positive Ageing Strategy）①，为老年人提供维持身心健康、参与文化事业、社会融入和养老服务咨询等服务。政府不仅重视老年群体的生活保障，更强调其社会融入和良好的生活体验，体现了其社会政策的全面性和先进性。

对于残疾人，爱尔兰政府制定了《国家残障融合战略 2017－2021》（National Disability Inclusion Strategy 2017－2021）②，旨在保障残疾人在就业和社会参与中获得与正常人同等的权益。此外，还有涉及残疾人教育、医疗和交通等一系列优惠福利的政策，这些举措有助于促进残疾人通过就业摆脱贫困，帮助无法就业的残疾人得到充分的社会保障，获得"正常人的社会生活标准"③。通过让老年人和残疾人享受体面、充实的物质和精神生活，体现了促进社会融合和包容发展的政策宗旨。

3. 扶持子女养育与教育发展

目前爱尔兰政府在儿童教育（营养）、儿童医疗和子女津贴等方面已经出台多项优惠政策，如免费的校餐项目、"全国学龄前儿童保育计划"（The Early Childhood Care and Education Universal Pre-School Program）④ 和"全国儿童保育方案"（National Childcare Scheme）⑤ 等，通过为全社会的家庭提供免费或可负担的儿童抚育服务，有针对性地减缓儿童（教育）贫困现象，同时促进家庭女性回归劳动力市场。此外，《行动指南》还计划在未来几年分批次覆盖 6～12 岁儿童的免费全科医疗服务，增加额外的带薪亲

---

① 一项跨部门的老年人社会政策框架，致力于促进老年人身心健康，同时增进家庭、代际、社区和社会融合。

② 一项旨在促进社会包容发展的政策框架。

③ Government of Ireland，"Roadmap for Social Inclusion 2020－2025：Ambition，Goals and Commitments"，2020.

④ 爱尔兰政府在 2017 年推出，是一项针对 3 周岁以上儿童免费提供的一年（38 周）学前教育计划。

⑤ 爱尔兰政府在 2019 年推出的一项政策，主要是为通过官方注册的儿童和托儿机构提供额外资金支持的项目，包括针对 6 月至 3 周岁全体儿童的补助，以及 3～15 周岁儿童（基于收入调查）的补助。

职假①，减少单亲父母在就业（学业）中的不利处境，降低领取单亲家庭津贴（One Parent Family Payment）的儿童年龄门槛等。爱尔兰政府从医疗、照护和发放津贴等方面着手，切实降低儿童哺育给家庭带来的负担。

早在 1997 年《国家反贫困战略》中，政府就将（贫困群体）教育劣势（educational disadvantage）作为首要突破的目标之一。为降低青少年辍学比例，政府制定了到 2007 年提升高中课业完成率至 98% 的目标，同时大力倡导终身学习项目。《行动指南》也充分关注儿童和青少年教育问题，通过统筹和协调框架下各个项目，全面促进儿童的权益保护。《更好的结果，更好的未来：国家儿童和青年政策框架 2014~2020》（Better Outcomes，Brighter Futures：The National Policy Framework for Children and Young People 2014－2020)② 是爱尔兰政府在 2014 年发起的全国性的青年成长和教育项目政策框架，该文件明确提出，到 2020 年底减少 7 万贫困儿童人口（0~17 岁），实现青少年儿童的"积极身心健康""全方位学习和发展潜能""安全不受侵害""经济保障和机遇""联结、尊重和贡献"的重大目标。③ 除了专门分管儿童权益的政府部门，爱尔兰社会还有众多致力于儿童和青少年权益的公益组织，如"成长于爱尔兰"（Growing Up in Ireland)④、"塔尔萨，儿童和家庭部"（Tusla，The Child and Family Agency)⑤ 等，这些机构协同政府相关部门积极地推进青少年的各项福利，促进该群体的健康发展，提高未来社会劳动力的综合素质。

4. 注重乡村地区发展

爱尔兰乡村贫困的主要原因是公共设施、社会服务和就业机会的匮乏，

---

① 2019 年增加 2 周额外的父母带薪假，政府计划在三年内增加至 7 周；加上已有产假，争取将哺育假覆盖生育首年的 38 周。

② 旨在促进 24 岁以下青少年、儿童的各类福祉。

③ Government of Ireland，"Roadmap for Social Inclusion 2020－2025：Ambition，Goals and Commitments"，2020.

④ 由爱尔兰政府资助，经济与社会科研所和都柏林圣三一学院共同开展的全国纵向儿童科研大型项目。

⑤ 成立于 2014 年，曾是独立的合法组织，后来成为致力于儿童和家庭权益保护的国家机关。

因此在解决乡村贫困问题时，政府倾向于采取改善公共服务设施，提供教育和培训机会，促进妇女、儿童和老人等易受排斥的群体积极融入社会的方式。《行动指南》指出，要大力促进乡村地区的基础设施建设和社区发展，其框架下的《爱尔兰 2040 国家战略规划》（Project Ireland 2040）[①] 立足于当地基础设施建设，计划投资 88 亿欧元用于加强乡村社区的建设，其中 10 亿欧元用于"乡村振兴和发展基金"，以促进人口低于 1 万的乡镇实现复兴。[②] 基础设施固然是实现乡镇复兴的重要基石，但提高自主发展能力才是维持乡村地区持续发展的关键。爱尔兰政府在 2017 年提出的《开发潜能：乡村发展行动计划》（Realising Our Rural Potential：Action Plan for Rural Development）[③] 通过创造农村就业岗位、发展海外旅游产业、保障农民权益、支持社区项目等方式，促进乡村释放自身的发展潜力。此外，乡村地区的社会排斥现象也得到爱尔兰社会的广泛关注。非政府组织"爱尔兰乡村联络组织"（Irish Rural Link）[④] 在 2016 年提出一系列促进乡村社会包容的措施，包括"流动餐车"（Meals on Wheels）[⑤]、"乡村交通项目"（Rural Transport Program）、促进居家女性就近就业的"社区就业儿童保育项目"（Community Employment Childcare Scheme）等，极大地促进了乡村社会的融合，提高了乡村社区的自我发展能力。

爱尔兰十分重视农业技术的发展和科技升级，大力发展技术培训和农业科研机构，并促进环境保护和可持续发展。早在 20 世纪八九十年代，爱尔兰政府就积极倡导农业改革和农民教育培训，通过成立农业发展委员会（Council for Development in Agriculture）[⑥]、农业与食品发展管理局（Agriculture and

---

① 聚焦于提高区域联结和区域竞争力，提高环境的可持续性，为未来 20 年大幅增长的人口创造更适宜居住的社会。

② Government of Ireland，"Roadmap for Social Inclusion 2020 - 2025：Ambition, Goals and Commitments"，2020.

③ 爱尔兰政府在 2017 年提出的一项促进乡村地区经济、文化、旅游等可持续发展项目的三年发展计划。

④ 成立于 1991 年，是针对爱尔兰和欧洲乡村发展组织与个人的组织网络。

⑤ 上门送餐服务，通常服务于老弱病残者。

⑥ 成立于 1980 年，是爱尔兰半官方的国家咨询和培训实体。

Food Development Authority）①，设立多个农产品科研中心、农业技校，与商业培训中心（爱尔兰技术网络，Skillnet Ireland）② 合作等形式推广农业技术。政府投入大量农业科研资金，派遣科研人员长期协助农业经营者，规定农场主、青壮年农民必须参与一定学时的技术和教育培训。这些实践创新推动了爱尔兰由传统农业走向科技农业，同时保留优美的乡村生态环境，使爱尔兰成为欧洲乃至世界主要高质量农产品出口国之一。

5. 鼓励社会志愿团体参与

爱尔兰反贫困实践中最为突出的特点就是广泛的社会合作，以民间组织、社会团体和社区志愿组织③为代表的社会部门积极参与国家的反贫困战略，充分地发挥各自的组织和资源优势。爱尔兰的社区志愿组织通过接受国家拨款、收取支付服务费用、接受私人和公共募捐以及商业资助等方式得到了持续的发展。在《行动指南》中，爱尔兰政府进一步支持社区志愿组织的发展，鼓励志愿主义者和社会成员的积极参与。爱尔兰政府不仅通过专门机构 Probal④ 每年拨款 6 亿欧元用来支持社区志愿组织的发展，还通过资助社区互动项目来缓解社会弱势群体的不利处境。其中，"社会融合和社区激活项目"（Social Inclusion and Community Activation Programme 2018－2022）⑤ 由 33 个"地方社区发展委员会"负责管理，并通过当地社区和合作伙伴的一线工作人员深入社区开展活动，以此改善残疾人、单亲家庭、低收入群体、迁徙族裔等边缘群体的生活状况。

---

① 成立于 1988 年，替代了农业所（AFT）和农业发展委员会。
② 1999 年成立的政府支持的商业机构，该机构得到国家培训基金（NTF）、教育与技术部（DES）的资助，一向致力于劳动力培训，提升企业竞争力。
③ 也称社区志愿部门（支柱）（Community and Voluntary Sector/Pillar）：该部门形成于 20 世纪 90 年代初，当时爱尔兰的失业问题尤为严重，爱尔兰政府为解决当时的失业问题，选取一些代表失业群体、女性等边缘群体利益的地方社区组织参与国家政策的讨论，形成了多方合作协商的模式。
④ 前身为地区发展管理局（Area Development Management），由爱尔兰和欧盟协商建立于 1992 年，管理爱尔兰和欧盟对促进社会包容方面的资金，目前代表爱尔兰政府来支持社区和当地机构在社会融合和发展方面的进程。
⑤ 爱尔兰政府资助，地方发展议会负责，通过社区组织互动帮助社会弱势群体的一个社会项目。

爱尔兰政府一向支持社会各部门参与社会经济发展，并通过各部门召开的预算会议、每年度的"社会包容论坛"（Social Inclusion Forum）、"国家经济对话"（National Economic Dialogue）等方式开展与社会志愿部门的社会对话，[①] 为政府和社会组织的合作建立了沟通和协商机制。目前，爱尔兰政府在积极制定新的《国家志愿战略》和五年战略计划《可持续、包容性和赋权社区：支持爱尔兰社区志愿部门战略》，政府还提出促进积极公民身份（Active Citizenship）和志愿工作参与度（Participation in Voluntary Work）的目标，力争达到前者从 13% 提升至 17%，而后者从 29% 提升至 34% 的整体目标。[②] 总体而言，将社区组织纳入社会政策框架能够提升政策制定的针对性，有效提高政策的落实情况。

总体而言，爱尔兰《行动指南》是一项综合性的社会政策框架，它融合物质生活和精神需求两个维度，并针对各个群体提出较为全面的政策措施。该政策的实施过程需要政府和社会各部门的协调配合，而社会组织的积极参与体现了爱尔兰社会成员对社会治理的高度参与。正如《爱尔兰时报》所指出的，由于贫困和社会不公的原因复杂，任何部门都无法依靠单一政策来妥善处理，只有政府和各行为主体共同寻找解决途径才能应对挑战。[③] 此外，该社会政策有明确的监督与反馈机制，除了年度报告、中期考核等方式，定期举办的"社会包容论坛"也成为政策制定者与社会组织代表、政策受益人之间的常规沟通机制。2021 年 4 月在线举办的"社会包容论坛"聚焦"核心必需品""制定新的儿童减贫目标""扩大边缘群体就业机会""倾听边缘群体和社区声音"，[④] 积极地讨论《行动指南》在下一阶段的具

---

① Government of Ireland, "Roadmap for Social Inclusion 2020 – 2025: Ambition, Goals and Commitments", 2020.

② Government of Ireland, "Roadmap for Social Inclusion 2020 – 2025: Ambition, Goals and Commitments", 2020.

③ FitzGerald, J., "There Are no Magic Solutions to the State's Poverty Problems", November 22, 2019, https://www.irishtimes.com/business/economy/there-are-no-magic-solutions-to-the-state-s-poverty-problems-1.4090993.

④ Government of Ireland, "Social Inclusion Forum 2021", April 12, 2021, https://morroweventshub.com/dsp/social-inclusion-forum-2021.

体实施方案。以上特点均体现了爱尔兰反贫困政策的全面性，以及反贫困政策体系中较为完善的运作机制。

（三）爱尔兰减贫措施的成效

由于《行动指南》尚未取得明显的阶段性成果，而且中期评审报告尚未出台，目前无法就其成效进行细致分析，只能针对该项社会政策的成效做出整体的评价。从总体上来说，对比 2020 年的相关数据，爱尔兰在 2021 年的贫困风险比例从 13.2% 降到 11.6%，中等家庭可支配收入从 43915 欧元提升到 46471 欧元；由于政府提供疫情补贴，疫情带来的收入影响比例从 19.9% 降到 11.6%，[①] 可以说 2020 年政府采取的各项扶持措施在一定程度上缓解了社会问题。

针对整体的政策设计而言，爱尔兰反贫困政策中体现出一些创新之处。第一，从人的生命周期视角将社会成员的生命历程划分为各个阶段，设置全面覆盖生命周期的社会保障制度，这种划分方法是"生命历程范式"[②]，而非基于社会阶级或收入情况的传统划分方式，体现了对整个社会成员的一种公正性。第二，采取"社会伙伴关系"模式和社区志愿组织等多元化的反贫困手段，注重提高贫困群体对反贫困政策制定的自主参与度，力求最大限度地发挥社会各部门的功效。

与此同时，爱尔兰的反贫困政策中仍存在一些不足之处。第一，针对整体的目标和定位，《行动指南》的反贫困目标设置具有一定的阶段性，各项政策的实施范围和速度也存在局限性，比如面对严峻的住房危机，政府保障住房的供给数量和速度无法起到立竿见影的效果。此外，将持续贫困比例降到 2%，这一直是历届政府努力达到的反贫困目标。受新冠疫情的长期影

---

① Central Statistics Office, "Survey on Income and Living Conditions (SILC) 2021", May 6, 2022, https://www.cso.ie/en/releasesandpublications/ep/p-silc/surveyonincomeandlivingconditionssilc2021/.

② "生命历程范式"是指西方学界经过一系列的学术演进和发展，提出的根据个人生命历程的变化分为童年、中年、老年三个阶段，相对应的社会福利制度为教育、就业、退休三个阶段，更强调"福利制度和个人之间的互动"，体现了一种动态、发展的福利制度观点。

响，要做到大规模地减少相对贫困人口对政府来说依然充满挑战。① 爱尔兰作为高福利水平的福利国家，该政策的基本定位还停留在依托现有的福利系统，进一步改善社会整体的福利状况的层面，因此不能期望《行动指南》成为爱尔兰贫困问题一劳永逸的解决办法。此外，从具体的政策设计和实施方面而言，爱尔兰的反贫困政策在整体上依然是以救济式、兜底式扶贫为主，贫困群体相对缺乏勤奋脱贫的自主性。第二，爱尔兰《行动指南》中一些政策的细节有待明确。此外，当前的《行动指南》给予收入不足、失业群体的扶持力度不够，缺乏对贫困问题的重要关注，比如全国失业者组织（Irish National Organisation of the Unemployed）提出，在这份文件的重要承诺中涉及性别、年龄、种族、残疾群体等多维的社会排斥问题，却"没有一次提及长期失业者和贫困群体"②，这与解决相对贫困问题、促进社会融合的目标相距较远。第三，各种福利条款和规定条目零散，不易掌握，很多规定死板僵化，如一些严格按照年龄划分的福利政策等。第四，反贫困政策的持续性差，相关项目和负责的部门频繁更替。以上缺陷在很大程度上降低了爱尔兰反贫困政策的实效性。

三　中国扶贫经验对爱尔兰的影响

2020 年中国现行贫困标准下共有 8 亿农村贫困人口摆脱贫困。作为第一个实现联合国 2030 年可持续发展目标的国家，中国使世界上近 1/5 的人口脱离贫困，取得世界反贫困史上的一大奇迹。按照世界银行的国际贫困标准，中国减贫人口占同期全球减贫人口的 70％以上，③ 这极大地促进了全球

---

① McGee, H., "Minister 'Determined' to Reduce Consistent Poverty Rate to Record Low", March 23, 2021, https：//www. irishtimes. com/news/social – affairs/minister – determined – to – reduce – consistent–poverty–rate–to–record–low–1. 4517197.

② Irish National Organisation of the Unemployed, "Roadmap for Social Inclusion 2020 – 2025", February 25, 2020, https：//www. inou. ie/analysis/e – bulletin/2020/09/11/roadmap – for – social–inclusion–20202025/.

③ 《人类减贫的中国实践》白皮书，中国政府网，2021 年 4 月 6 日。

的减贫进程。这一巨大的成就离不开国际组织和反贫困经验的扶持和帮助，而中国也长期致力于针对周边发展中国家反贫困实践的帮扶和经验推广，其系统的反贫困理论体系为其他国家提供诸多值得借鉴之处。

（一）国家反贫困政策的连续性

长期以来，各届中国领导人都非常重视扶贫问题，始终将人民生活水平的提高作为最重要的奋斗目标。一些学者指出，实际上自新中国成立以来70多年所经历的发展历程始终没有脱离缓解贫困的轨道。由于中国共产党始终代表广大人民群众的利益，中国政府多年以来将人民群众的根本利益纳入国家整体的政治议程，这是一种有利于贫困群体的基本条件，而这种政治制度的优越性也充分体现出中国反贫困理论体系的牢固根基。① 此外，中国的反贫困议题一直占据着经济发展政策的中心地位，历届中央政府对反贫困政策的高度关注体现出中国反贫困政策的持续性和连贯性，这些政策将反贫困作为中央各项发展政策的中心，保障了反贫困工作的人力、物力、资源等各方面的充分投入。

另外，由于贫困问题具有长期性和复杂性，无论反贫困实践已经取得何种成效，绝不能丧失对贫困的重要性和长期性的正确认识，而对待贫困问题的多维度、动态性和复杂性也要有全面、长远的规划。爱尔兰政府以多维度视角来考虑贫困和社会排斥问题，不仅关注收入不足，还将医疗、住房、教育、工作机遇、社会融合、自尊和社交等纳入对贫困治理问题的考查范围，旨在建设一个社会融合度较高、较为公正的社会。诚然，这对于丰富贫困治理的内涵，促进反贫困和社会融合是一个进步的表现，但是针对当前反贫困政策的实践而言，倘若在具体减贫措施中不解决贫困和收入不足问题，将重心更多放在提高其他社会服务上，有些舍本逐末，如果不提出解决贫困这一实质性问题的有效措施，其他附加问题也就无法得到根本解决。从中国反贫

---

① 李小云、于乐荣、唐丽霞：《新中国成立后 70 年的反贫困历程及减贫机制》，《中国农村经济》2019 年第 10 期。

困实践的成功经验可以看出，始终将反贫困和增加居民可支配收入置于国家政策的中心，能够促进反贫困实践取得重大的进步。

（二）"精准扶贫"落到实处

进入新时代脱贫攻坚阶段以来，中国反贫困战略中最为鲜明的政策就是"精准扶贫"，其基本要求包括"六个精准"：扶持对象精准、项目安排精准、资金使用精准、措施到户精准、因村派人精准、脱贫成效精准。具体而言，"精准扶贫"要求对各地贫困群体进行精准定位，对于经济有困难的家庭逐一建档立册，比如家中多子女上学、长期病患和缺乏劳动力家庭，以及城市地区一些生活成本较高，或者在住房、教育、交通等方面存在较大困难的群体，针对以上群体要实行精准定位，为其提供最低生活保障，满足贫困群体对于基本生活条件的需要。此外，还要通过动态监测来管理"退贫"机制，防止"返贫"现象。"精准扶贫"的基本方略要求各项政策落实到户、落实到人，并有针对性地提出不同地区、不同家庭脱贫致富的方法，极大地提高了脱贫的精准度，真正做到了"脱真贫"和"真脱贫"，有效地提升了贫困群体的切实利益。综观爱尔兰近年来反贫困政策的演变，虽然其反贫困战略更加关注弱势群体的利益，但整体上仍然采取笼统的福利政策倾斜的方式，或是提供福利政策信息和咨询服务等路径。根据爱尔兰政府相关部门的评估，《国家反贫困战略》在实施过程中采取集中、聚焦（弱势群体）的政策措施，解决了 25 万贫困人口的贫困问题。[①] 虽然当前实施的《行动指南》以保护弱势群体为主要目标，为该群体提供了诸多福利措施，但并未做到按照贫困原因精准到户，缺乏减贫政策的针对性和有效性。爱尔兰这种"群体定位"与"精准定位"隐含的政策精准度有着很大的区别，未来爱尔兰的反贫困政策可能需要更加精细化的政策设计。

[①] Department of Social Protection, "Launch of Combat Poverty Agency Report 'Tackling Poverty & Promoting Social Inclusion: Linking National & Local Structures'", October 7, 2019, https://www.gov.ie/en/speech/0c9a60-launch-of-combat-poverty-agency-report-tackling-poverty-promoting-so/.

（三）立体式贫困治理体系确保政策的落实

为切实落实中央下达的"脱贫攻坚"政策要求，中国各级政府官员实行逐层落实责任制，选拔出一支基层乡镇公务员驻村下乡，确保精准把握贫困地区的贫困现状，并采取第一书记负责制度将反贫困工作落实在乡村一线。他们脚踏实地，坚决执行精准扶贫，全面落实基层群众的各项需求，送资源、技术、致富思想和资金下乡，通过"结对帮扶""因地制宜"等方式为脱贫攻坚和乡村振兴注入新鲜的血液，可以说乡村基层公务员队伍在中国反贫困实践中扮演着极其重要的角色。针对基层反贫困力量而言，爱尔兰政府的反贫困政策也十分注重社区志愿组织的发展，但这种松散的组织力量缺乏与系统性减贫力量的配合，无法达到最优化的减贫效果。因此，在注重社区组织力量的基础上，爱尔兰可以借鉴中国经验中立体式的贫困治理结构，即自上而下的脱贫攻坚责任制以及横向协同参与相结合的机制。[1] 在贫困治理过程中注重各级政府以及减贫机构对于减贫政策的彻底贯彻，并积极发展城乡社区和基层社区工作网，利用社区服务组织和志愿组织开展活动，深入了解需要帮扶的贫困对象及其家庭经济状况。通过各种政府基础部门对政策的落实、社区志愿组织的交流与互动，以具体可行的方式提供救济和帮扶，从而提高社区居民摆脱贫困的效率，提升社会的凝聚力和贫困群体的幸福获得感。

（四）东西协作促进区域协调发展

爱尔兰国内长期存在区域发展不平衡、地域发展差异较大的问题。根据爱尔兰中央统计局的调查，2013～2017 年爱尔兰北部边境地区（与北爱地区接壤）的贫困风险比例一直高于 20%，持续贫困比例从 20.9% 降到 9.4%，但仍属于国内贫困比例最高的地区。西部地区的贫困风险比例一直徘徊在 18% 左右，持续贫困比例在近年来有了较大的改观；处于东南沿海

---

[1]　黄奕杰、汪三贵：《建党百年来中国反贫困斗争的逻辑寻溯与基本经验》，《中国延安干部学院学报》2021 年第 6 期。

地区的都柏林的贫困风险比例一直保持在 10% 左右，持续贫困比例达到 6.4%；中部和中东部、中西部地区的贫困风险比例维持在 15% 左右，持续贫困比例维持在 6% ~ 7.7%。[①] 这说明爱尔兰的经济发展仍然存在区域均衡的问题，这与爱尔兰的地理因素和经济发展模式密切相关。爱尔兰东南部地区人口密集，都市化发展程度较高，很多以高新技术产业为主的跨国公司都在大型城市聚集；而西南部地区人口密集，西部和北部边境地区人口相对稀少，土地贫瘠，尤其是沿海地区由于地形特殊，以渔业和旅游业为主。在宏观的区域发展政策上，爱尔兰可以借鉴中国在促进西部落后地区的经济发展以及协调区域发展方面的经验。20 世纪 80 年代，中央政府就提出针对"三西"地区的脱贫计划，并采取专门的兄弟省市结对帮扶的方式，鼓励沿海地区先发展起来的省市带动西部发展落后的省市，有针对性地对落后地区实行产业引进、劳务培训和各类特色扶贫项目，充分发挥落后地区的劳务资源和自然资源的特长，借助经济发达省市的消费市场带动落后地区的特色经济发展，使二者在经济合作中各取所长，促进区域联系和协调发展。其中较为突出的案例包括西部地区的菌草养殖、西南地区的乡村旅游业等特色经济以及沿海地区对加工产业的劳务培训等扶贫模式。爱尔兰可以借鉴这种模式，通过不同地区之间进行扶贫对接、资源互助，有效促进各地区的优势互补，提高整体区域发展的协调性。这种创新性的合作模式将促进区域之间的协调发展，提高各地区、各种族群体之间的团结和凝聚力，减轻区域发展不平衡现象，共同促进社会包容发展目标的实现。

（五）调动贫困群体的积极性，开拓脱贫新模式

近年来，随着互联网的普及和交通运输业的快速发展，中国农村地区的电商经济开展得如火如荼，为很多农村地区开发本土资源、推广特色农产品开拓了广阔的渠道。各地政府、企业、学校等单位也积极组织、参与

---

① Central Statistics Office, "At Risk of Poverty Rate by Region, 2013 – 2017", "Consistent Poverty Rate by Region, 2013 – 2017", https://www.cso.ie/en/releasesandpublications/ep/p – rsdgi/regionalsdgsireland2017/ph/#indicatorTitle_ 177809.

各种网络扶贫项目，帮助农村地区推广当地的特色产品，这些新的致富方式能够充分发挥贫困个体的自主性，推进灵活就业，促进农村地区的经济发展。此外，短视频、自媒体、直播等新兴职业也吸引了很多贫困地区的青年，不仅能够解决一部分就业问题，还能将本地的特色文化和产品推广至全国，以新颖和多样的方式促进农村地区的社会经济发展，增加农村地区的发展活力。此外，政府为小型企业、个体工商户提供了良好的营商环境，包括国家政策扶持、税收减免、银行贷款优惠等，促进自主脱贫和经济发展模式的创新。整体而言，中国的反贫困政策注重激发贫困地区结合自身优势，通过降低成本、产业升级、自我改良和模式创新等方式提高自身的市场竞争力，促进灵活就业，增加持久收入，减少贫困和返贫的风险。对比之下，爱尔兰政府反贫困政策在实施过程中仍存在贫困群体缺乏自主脱贫的积极性、依赖福利和权益、创新不足等问题，爱尔兰可以借鉴中国反贫困实践中的优良做法，提高贫困群体的内生动力，促进反贫困模式的自主创新。

四　结语

总体来说，爱尔兰《行动指南》以"社会融合"为出发点，旨在促进社会发展的公平正义，缓解社会贫困和排斥问题。这种社会包容视角具有长远的发展眼光，体现了自身一定的优势。然而，面对日益扩大的社会收入差距和社会不公问题，爱尔兰政府应该客观认识自身的局限，积极地学习他国经验，调整反贫困政策。比如，政府应该努力补齐短板，加大地区之间的对口帮扶力度，细化对弱势群体的脱贫方式的设计，注重提高贫困人口的就业能力和素质，同时鼓励贫困群体的自主能动性，充分发挥政府各级官员和社区志愿组织的作用，将政策支持和社区帮扶服务落实到户，从整体上提升反贫困效率，促进社会的包容发展。

第七章
韩国贫困治理及其启示

　　新冠疫情发生之前，韩国的扶贫政策可以分成两部分：1997年经济危机之前的"新村运动"；经济危机之后的贫困救助政策。2019年底突发的疫情改变了人类的生活状态，作为一个新的节点，韩国的贫困救助政策可以分成三部分："新村运动"时期、1997年经济危机之后、新冠疫情时期。1970年由朴正熙政府发起的"新村运动"历经10年，其开发式减贫使韩国农村摆脱了贫困、缩小了与城市居民之间的差距，"新村运动"取得举世瞩目的成就，是世界各国农村扶贫的典范，这种成果一直持续到1997年韩国经济危机爆发，原始的救助形式及开发政策内容已无法满足韩国社会的需求，最低保障制度、医疗保险、失业保险等政策在韩国应运而生，形成了强大的社会安全网。2019年底突如其来的新冠疫情打破了这种宁静，世界流动受限，人与人之间保持着一定的物理距离，失业、病痛的情况增加，社会贫困加剧。由于韩国曾经经历了2015年中东呼吸综合征，在过往应对疫情富有经验，在新冠疫情发生初期韩国政府迅速反应，采取广泛的、不接触式的检测病毒、追踪感染者的方式，在韩国民众的积极配合下，韩国在并未采取封锁措施的情况下成功地阻隔了疫情在韩国的发展，然而由于当时全球疫情的不可控，韩国疫情也呈现过山车似的发展，新冠疫情长期化。韩国政府为了人们的生命安全在积极应对疫情的同时也采取各种脱贫政策救助疫情期间生活遭受重大损害的老人、儿童、失业者。

一　新冠疫情发生前韩国的贫困治理

（一）韩国新村运动的开发式减贫

二战结束后，久经战争摧残的韩国满目疮痍，20 世纪 60 年代开始，韩国为发展经济制定了以出口为导向的"经济发展计划"，短时间内成效斐然，一跃成为"亚洲四小龙"之一。韩国原本是典型的农业国家，如此迅速地步入现代化、工业化国家，导致韩国城乡差距拉大，为了缩小城乡差距，20 世纪 70 年代朴正熙政府采用"开发式"减贫，提出口号为"勤勉、自助、合作"的"新村运动"，全国各地以行政村为单位自发组成了开发委员会，用 10 年的时间改善了农村的生活环境，拓宽了道路，建设了农村的基础设施，同时提倡农民节约粮食，鼓励储蓄，并培养优秀的农村干部，进行精神层面的教育，建立了农村三大教育体系：正规学校农业教育、农村振兴厅四级农业教育和民间组织农业教育。20 世纪 80 年代"新村运动"已经不局限在农村，呈现全国化的特点，工作重心也转移到注重城乡之间的均衡发展。但是到了 1997 年，金融危机席卷韩国，国内外环境的变化导致韩国的"新村运动"面临巨大挑战。

（二）1997年金融危机爆发时期的救济式减贫

20 世纪 70 年代到 90 年代初是韩国经济高速发展的 20 年，伴随经济发展的是就业岗位的增加和底层民众基本工资的提高，在政府主导下，韩国摆脱贫困步入半发达国家的行列。但是到了 1997 年，亚洲金融危机席卷韩国，社会发生巨大变化，经济增长停滞不前，就业低迷，收入两极分化，青年就业难度加大。在单模态救济基础上，最低保障制度、医疗保险、失业保险等政策在韩国应运而生，形成了强大的社会安全网。企业为了减小负担大量采用"非正规职"的聘用形式，打破了以往长久合同的聘用制度，雇佣制度的改变造成年轻人就业压力加大。为了改善就业难问题，韩国政府增加财政预算，直接创造就业岗位，并且为求职者提供免费职业培训机会，鼓励年轻人创业。为了解决就业匹配度问题，韩国政府进行了高校教育改革，提倡校企合作，并在普通高中增加职业教育科目，引导青年人提前做好职业规划。

二　新冠疫情期间韩国的贫困治理

新冠疫情期间，韩国采取救济式减贫举措，主要是出台经济救助政策。紧急灾难救助金，指的是由于新冠疫情造成的经济萎缩，国家及地方自治团体为了刺激经济并保证国民的生计而发放的救助金。韩国政府积极应对新冠病毒扩散对国内经济、社会的影响，五次向全国企业、个人、家庭投入紧急灾难救助金缓解疫情冲击。

人们对史无前例的新冠疫情的恐惧、人员流动受限带来的后果就是民间消费萎缩、雇佣减少、自由营业者及非正式工收入的大幅度降低。김을식 외使用统计厅记录的 Census，抽取标本，对首都圈 8488 个家庭、10000 个家庭成员进行了调研。2019 年末就业者中自新冠疫情发生后受到雇佣冲击的比重为 17.5%，遭受疫情冲击的时间短则 2.8 个月，长则 4.5 个月。新冠疫情之后遭受雇佣冲击的人口约为 83.1%，由于疫情的冲击家庭总收入发生变化的人口占首都圈总人口的 38.4%。收入减少的家庭与新冠疫情发生前收入对比减少了 10.4%。消费支出发生变化的家庭占首都圈总人口的 47.0%，消费支出对比疫情发生前减少了 6.4%。[①] 基于此种状况，韩国政府在抗击疫情的过程中亟须拉动内需以缓解国内经济萎缩的状况，紧急灾难救助金应运而生。2020~2021 年，韩国政府通过五次发放紧急灾难救助金来帮助遭受新冠疫情直接或间接冲击的家庭或者个人。

紧急灾难救助金投入使用有具体措施，如韩国政府分五次发放紧急灾难

---

① 김을식 외:《재난기본소득 정책 효과 분석 연구》,《코로나 19 및 재난지원금의 영향》, 정책연구, 2020: 77. (金乙植等:《灾难基本收入政策效果分析研究》《新冠 19 及灾难救灾款的影响》,《政策研究》, 2020, 第 77 页)。

救助金：第一次投入 1.3 万亿韩元的现金救助了全国 286 万个家庭；第二次投入 7.9 万亿韩元是针对新冠疫情直接受害的企业主及弱势家庭；第三次投入 9.3 万亿韩元用于紧急援助、防疫强化、选择性支援，大约有 580 万人受惠；第四次发放紧急灾难救助金最高额达到 500 万韩元，主要针对在新冠疫情扩散过程中受损的小工商业者、特殊劳动从业者、自由职业者等；第五次投入 11 万亿韩元现金发放的是低收入阶层追加的国民救助金，包括小工商业者希望恢复资金、新冠疫情共赢国民救助金、共赢消费救助金。

1. 第一次发放紧急灾难救助金

由于新冠疫情的全球大流行，全世界的经济遭受重创，弱势群体及以服务为主的行业受损明显。针对新冠疫情扩散造成的全民消费萎缩情况，韩国政府第一次发放紧急灾难救助金支援遭受经济打击的国民。援助的对象包括中产阶级、收入位于后 70% 的全国公民，以家庭为单位领取紧急灾难救助金：4 口之家领取 100 万韩元；3 口之家领取 80 万韩元；2 口之家领取 60 万韩元；1 口之家领取 40 万韩元。第一次共投入 1.3 万亿韩元的现金救助了全国 286 万个家庭。优先以现金的形式支付给领取生计补助者、领取养老金者、残疾人，其他公民可以选择信用卡·借记卡、地区爱心商品券、储值卡中任意一种形式获取救助金。

2. 第二次发放紧急灾难救助金

由于疫情的不可控，新冠疫情在韩国第二次大流行后，韩国国会确定于 2020 年 9 月 22 日开始通过四批次投入 7.9 万亿韩元规模的救助金发放给小工商业者、特殊雇佣者、自由营业者等弱势群体。第二次紧急灾难救助金的投放不同于第一次，是有选择性的救助，韩国第一次紧急灾难救助金面向全体国民投放，第二次紧急灾难救助金是针对新冠疫情直接受害的小企业主及弱势家庭。[①] 新冠疫情再扩散后销售额下降、年卖出额 4 亿韩元以下的普通

---

① 여유진 외：《코로나 19 의 사회·경제적 영향 분석 및 긴급재난지원금의 효과 평가 연구》，《경제·인문사회연구회 협동연구총서》，2020：7.（余裕珍等：《如新冠 19 的社会·经济的影响分析及紧急灾难救济款的效果评价研究》，《经济·人口社会研究会合作研究丛书》，2020，第 7 页。）

业种从事者可得 100 万韩元的救助金；餐饮业等营业时间受限的"聚集性业种"可获得 150 万韩元的救助金；网吧、培训机构、阅览室等"禁止聚集型业种"可获得 200 万韩元支援；由于疫情影响收入减少的特殊雇佣劳动者及自由营业者可以获得 50 万~150 万韩元的救助金；儿童特殊照顾费（包括中学生）每人 15 万韩元；投入 1839 亿韩元的资金为残疾人及基础养老金受惠者等弱势群体提供免费疫苗针剂。①

3. 第三次发放紧急灾难救助金

2020 年 12 月新冠病毒感染人数激增，疫情在韩国第三次大流行，韩国经济再度恶化，小工商业者销售额锐减，需要政府采取选择性支援政策帮助损失严重的自由营业者及小工商业者。新冠疫情第三次大流行后韩国政府为小工商业者及自由营业者发放了第三次救助金，斥资总额 9.3 万亿韩元用于紧急援助、防疫强化、选择性支援，此次救助金大约有 580 万人受惠。②

4. 第四次发放紧急灾难救助金

韩国政府第四次发放紧急灾难救助金最高额达到 500 万韩元，主要针对在新冠疫情扩散过程中受损的小工商业者、特殊劳动从业者、自由职业者等。

5. 第五次发放紧急灾难救助金（低收入阶层追加的国民救助金）

2021 年 7 月 24 日，韩国国会会议通过了再次投入 11 万亿韩元规模救助金的《2021 年第二次追加修订预算案》，救助金的类型为小工商业者希望恢复资金、新冠疫情共赢国民救助金、共赢消费救助金，被救助者可以根据自己的情况申请其中任意一种。这是韩国政府为应对新冠疫情长期化提出的救助政策。一共投入 11 万亿韩元，约 88% 的全国公民人均能获得 25 万韩元的救助金。第五次紧急灾难救助金要求 2021 年 9 月 6 日开始申请，截止日期为 12 月 31 日。可以选择信用卡、借记卡、地区爱心商品券、预付卡中任何

① https：//terms. naver. com/entry. naver？ docId = 6082785&cid = 43667&categoryId = 43667.
② https：//terms. naver. com/entry. naver？ docId = 6194185&cid = 43667&categoryId = 43667，"济州日报"，http：//www. jejunews. com.

一种形式获得救助金。发放的国民救助金可以在传统市场、社区超市、饭店等地方使用，地区爱心商品券可以在加盟店使用。①

三　韩国贫困治理及其对中国乡村振兴的启示

20 世纪 60 年代，韩国政府为了发展经济，采用变革式减贫，制定了以出口为导向的"经济发展计划"，逐步摆脱经济落后的局面，快速崛起的韩国现代工业造就了"汉江奇迹"。然而，随着工业现代化进程的不断推进，韩国工农业开始失调，城乡社会经济发展极不平衡，农村贫困问题加剧。20 世纪 70 年代，韩国政府采用开发式减贫，通过"新村运动"成功扭转了农村地区社会经济落后的局面，实现了农民、农业、农村的现代化转型，缩小了城乡之间的收入差距，实现了区域之间的融合发展，是国际社会公认的农村开发成功案例。② 作为一场运动，韩国的"新村运动"无疑是成功的，而如果把乡村发展作为一项事业，韩国的经验在消除贫困、运行机制等方面存在制度缺陷。尽管如此，处在全面摆脱绝对贫困进入乡村振兴的当下，在解决相对贫困、乡村发展运行机制等方面，我们仍能从正、反两个方面得到一些启示。

（1）以村民、组、村和乡（镇）为多层次主体，倡导"自助、互助和发展"精神，共商共建乡村发展事业。"新村运动"的案例表明，村民积极、独立的自助精神和发展意识，才是推动乡村发展的原生动力。农村振兴本质上就是农民生活方式和生产方式的变革，需要一个长期的过程。我们需要组建乡（镇）、村、组三级开发委员会，组织村民共同商讨和规划乡村发展事业。政府提出原则性指导意见，不包办，不强制执行，鼓励基层实践创造。村民们立足村（组）实际提出设想，召开村民大会进行集体决策，民主、自主决定村组公共事务。

---

① https：//terms. naver. com/entry. naver？ docId = 5940098&cid = 42107&categoryId = 42107.
② 韩道铉、田杨：《韩国新村运动带动乡村振兴及经验启示》，《南京农业大学学报（社会科学版）》2019 年第 4 期。

（2）以乡（镇）、村、组作为公共建设项目的承包主体，指导村组按照市场规律进行运营管理，并加强周密的技术指导和严格的监督管理。既强调村庄内部的合作和共同体精神，又尊重市场规律，建立激励机制，激活竞争意识是韩国"新村运动"的指导理念和根本特征。[①] 农村振兴是一个持续的动态过程，必须唤醒农民的改革意识，乡村之间通过竞争性发展争取政府的梯度型扶持，使得相关政策带来最大效应，项目扶持资金发挥了乘数效应。

（3）以政府为主导，社会力量参与，协同多元主体推动农科教结合。韩国"新村运动"中能够顺利实施农科教结合策略的原因在于韩国政府角色的定位准确，社会多元力量协同推动，实现了优势互补。作为乡村经济社会发展的重要基础和核心要素的"人"，就成为关键点，乡村振兴不仅为了"人"，更是依靠"人"。[②] 政府必须建立一系列比较完善、有效的制度和组织管理体系，以全社会力量支持乡村振兴，充分发挥高校特别是农林院校的科技、人才、成果、信息等资源优势，培养大批农业科技带头人和引领农村发展的旗手，加快农业科技成果转化与推广，鼓励青年农民创新创业，实现农村农业的产业化发展。

（4）以消除相对贫困为目标，探索解决相对贫困问题以及乡村发展的长效机制，为实现共同富裕奠定坚实基础。解决相对贫困，国际上普遍采纳在救济式基础上的多模态开发模式，即在社会救济基础上加大人力资本投资，建立社会保障体系。中国解决相对贫困采用多模态复合减贫模式，更多的是由中国特色社会主义发展道路所决定，其解决机制和进程需要更紧密地与经济社会发展相结合。农村基础设施建设不仅仅是一次性投入，长期维护与保持更加需要一个可持续发展机制。一次性的收入再分配和三次分配化解不平等固然重要，但无法从根本上改变家庭的长期收入状况。实施乡村振兴战略的总要求是"产业兴旺、生态宜居、乡风文明、治理有效和生活富

---

① 韩道铉、田杨：《韩国新村运动带动乡村振兴及经验启示》，《南京农业大学学报（社会科学版）》2019年第4期。

② 黄泰良：《发达国家农科教结合助力乡村振兴的经验与启示——基于韩国新村运动的研究》，《现代化农业》2020年第4期。

裕"，只有让大多数处于相对贫困状态的个人和家庭在当前的乡村振兴中立足与发展，才能实现真正意义上的共同富裕。

四　结语

突如其来的新冠疫情改变了全世界人们的生活方式，国家之间交流减少，人与人之间的距离拉开，经济全球化、贸易全球化的理论被颠覆，全球经济遭受重击，韩国由于经历了 2015 年中东呼吸综合征的经验教训，迅速采取措施防控疫情，在疫情发生初期，韩国利用高科技手段再加上韩国公民的积极配合，发明"免下车"检疫法，有效控制了疫情，成为世界疫情防控的模范生，韩国这种防止疫情扩散的检验法被各国仿效。2022 年 3 月上海疫情蔓延，除了采取常规隔离、诊治等措施，"三天两检""每周一次大筛查"的方式对迅速检出确诊病例并及时转移、隔离，有效控制疫情起到至关重要的作用。韩国是地小物薄的国家，贸易是其经济增长的重要来源之一，新冠疫情发生以来，韩国政府积极控制疫情的扩散，并调控政策关注民生，韩国政府延续原有安全网的同时多次向民众发放紧急灾难救助金，对紧急灾难救助金的效果，不同专家意见各不相同，但总体上，韩国学者认为紧急灾难救助金不同于基础生活保障政策，它具有短时性、无法持久的特点，但是在疫情突发的情况下，紧急灾难救助金却是最有效的扶贫方式。从2020 年 3 月开始到 2021 年 9 月韩国政府以现金及商品券的形式将紧急灾难救助金发放给不同的人群，以缓解贫穷大众的燃眉之急，中国疫情防控采取的是具有中国特色的"动态清零"政策，各省市根据疫情的轻重缓急采取不同的封控政策，封控期间整个城市实施静态管理，势必有人会因为无法工作而失去经济来源，那么类似韩国这种紧急灾难救助形式短时期内就能弥补原有社会安全网的不足。

为了人民的生命安全，中国政府倾尽全力抗击疫情，世界各国都用各自不同的方法抗击疫情，根据病毒的变化不断调整抗击疫情的政策，但是疫情导致经济衰退是不可避免的，这就必然会导致很多民众步入贫困，那么除了传统的救助政策，类似韩国这种紧急灾难救助金政策在灾难暴发时期起到了一定的作用，但是这种扶贫救助政策有其局限性，扶贫不是施舍，仅仅物质援助解决不了贫困的本质问题。从韩国统计厅经济活动人口调查结果可以看出，由于疫情的影响，就业率减少最明显的是酒店及餐饮业、批发零售业、教育服务业，就业率较高的行业有制造业、林业、建筑业、运输业，这一调查结果与中国的情况一致，这就需要相关部门未雨绸缪，在未来可能出现公共卫生危机时提前做好预案，有序组织调整产业形式，优化产业结构，引导餐饮业、批发零售业、教育服务业从线下转到线上，开发智能化数字化模式，并根据情况增加福利以及建筑业、制造业、林业等行业的就业岗位，以解决失业民众再就业问题。无论是政府部门还是企业、个人，都应该适时调整思路、转变思想，以不变应万变，战胜各种突发疫情危机，防止民众返贫。

第二篇
新兴市场国家和发展中国家的贫困治理及中国扶贫经验分享

21世纪是世界经济和科技飞速发展的时代，但困扰世界各国或地区的重要因素依然是贫困问题，这是长期困扰第三世界国家实现经济稳步增长、社会公平正义、人民安居乐业等发展目标的一大难题。在此，我们选取土耳其、俄罗斯、南非、巴西、印度等新兴市场国家以及阿根廷、巴基斯坦、乌兹别克斯坦、哈萨克斯坦、缅甸、越南等发展中国家的贫困治理为案例，从各国贫困治理的现状、模式、对策和效果着手，然后以中国扶贫理念和实践经验为参照，考察其贫困治理历程以及其对第三世界的启示意义。世界上大多数发展中国家更多是依靠非政府组织和市场力量推进扶贫工作，而中国的扶贫始终是在政府强力主导下实施，并且把改革、发展和扶贫有机融合在一起。因此，中国的扶贫工作取得了巨大的成效。①

在新兴市场国家中，除中国采用相对贫困标准与多维贫困标准相结合的方法外，大多采用绝对贫困线，以维持个人或家庭成员基本生存所需的食物和非食物消费支出作为基准。其贫困主要来自自然灾害、资源贫乏、伤残疾病、劳动力低下等诸多因素。总体而言，新兴市场国家贫困治理初期均采用单模态救济模式，目前大多在救济式基础上采用多模态开发模式，仅有中国、越南等极少数国家已经采用多模态复合模式，其主要减贫措施包括：在确保经济快速增长过程中，发放津贴补助、减免或取消纳税、发放失业救济金等，建立健全社会保障制度和体系。

土耳其既是重要的伊斯兰国家，又是北约（NATO）成员国及欧盟（EU）候选国，采用世界银行最新收入标准已经属于较高中等收入国家。截至2020年，土耳其人口中收入最高的20%拥有全国将近一半的可支配收入，较前一年下降了0.8%。土耳其最贫困人口的可支配收入并未减少，相较于上年增加0.2%，为6.1%。2011~2020年最贫困人口的可支配收入基本维持在全国总收入的6.1%左右。10年间在用救济式帮扶低收入人群及社会弱势群体基础上，转向开发式减贫，扶持农林发展，出台了帮扶低收入人群及社会弱势群体的一系列减贫措施，降低了青年失业率以及整体失业率，贫困

---

① 朱冬亮：《反贫穷治理的经验与反思》，《北京日报》2020年3月30日。

治理总体趋势向好发展。为减少贫困，土耳其先后与世界银行、联合国难民署、亚洲投资开发银行等国际组织开展减贫合作，实施有关教育、就业和社会支持等相关项目，促进了土耳其的经济增长，创造了更多就业机会，降低了贫困发生率。

俄罗斯是世界上面积最大的国家，同时也是 GDP 排名前十中财富分配较不均匀的国家之一。普京指出，当今俄罗斯有 2000 万人处在贫困中，并且即使有工作的居民也过着拮据的生活。[①] 在俄罗斯的贫困人口中，多子女家庭、失业者和残疾人所占比例最大，其中有孩子的家庭的贫困问题在俄罗斯尤为突出。据统计数据，俄罗斯 1/4 的儿童生活在贫困中，居住在农村的儿童中有 45% 在低收入家庭中成长。[②] 为了减少贫困，俄罗斯近 20 年来采用救济式和开发式减贫，协调各部门和各方力量通力合作，历经下降期、反复期和新时期三个阶段，贫困治理体系初步形成。首先，基于救济式减贫，在社会层面上完善社会救助体系，与贫困家庭签订"社会契约"（Социальный контракт），建立国家统一社会保障信息系统（ЕГИССО）。其次，基于开发式减贫，在政治层面上政府将减贫作为国家发展目标，并形成了反贫国家项目。最后，在经济层面上制定实施 2024 年前国家战略目标的统一计划，促进经济增长，从根本上缓解贫困问题。俄罗斯人民崇拜苦难，甚至享受苦难，在他们看来，受难者往往是圣人，受难的民族也往往是英雄而神圣的民族。[③] 俄罗斯参与全球贫困治理则立足于邻近的欧亚国家，其对外援助遵循发展援助委员会（DAC）的传统角色，俄罗斯的发展战略指导理念就是经合组织（OECD）的发展合作原则，其财政援助大多是通过欧亚经济共同体、世界银行以及联合国等机构实施。

南非被誉为非洲之王，曾经是非洲较为发达的国家。20 世纪 80 年代中期，经济增长率已经高达 7.8%，位于全球第三。自 1994 年解除种族隔离制

---

① "Послание Президента Федеральному Собранию"，http：//www. kremlin. ru/events/president/news/56957.

② 刘博玲：《俄罗斯贫困问题：现状、特点与治理》，《俄罗斯东欧中亚研究》2020 年第 6 期。

③ 郭小丽：《俄罗斯民族的苦难意识》，《俄罗斯研究》2005 年第 4 期。

度至今，贫困治理一直是南非国家发展的主要目标，曼德拉总统上台以来，为了实现种族平等，提高黑人的社会地位，在救济式基础上采用了变革式、开发式减贫，推出《重建与发展计划》（RDP）、《综合农村发展计划》（CRDP）等一系列减贫政策，这些政策使南非贫困得到部分缓解，缓解了黑人的社会压力，但是大量企业投资基金、人才和技术的流失，直接导致了南非很多著名企业停工停产，甚至大量倒闭歇业，经济发展开始出现停滞和倒退，再加上严重的贫富分化使社会极度割裂，犯罪率一直居高不下，失业率不断走高，直至目前南非贫困问题仍不容乐观。

巴西经济实力居拉美首位，在全球体系中属于一个新兴市场国家，20世纪60年代以后，巴西政府开始实施"发展极"战略，其间连续12年增长率接近或超过7%，创造了举世瞩目的"巴西奇迹"，贫困人口比例出现了明显下降。但是，进入20世纪80年代之后，随着经济增速下滑，积累优先的收入分配政策导致贫富差距加大，据联合国拉美经委会统计，1990年巴西贫困率高达50%以上。2003年卢拉政府推出的"家庭补助金计划"，是当时全球单模态救济模式中规模最大的现金扶贫项目，帮助了全巴西1390万家庭的约4000万人。[①] 此后，巴西历届政府逐步采用了多模态开发模式，实现经济增长的同时，开始实施一系列的反贫困计划和措施，如贫困地区家庭医疗援助计划、保障性住房计划、无贫困计划、最低收入保证计划、"零饥饿"计划等，疫情期间出台了紧急援助计划和雷亚尔计划，建立和健全了一个收入不平等背景下的社会保障减贫体系。

印度目前是全球人口最多、贫困人口最多的新兴市场国家，其贫困治理实践受到国际社会的普遍关注。根据全球知名数据统计库Statista的数据，2022年，印度生活在极端贫困线下的男性约为3800万人，女性约为4500万人，合计约8300万人。按照2022年世界银行重新修正的标准计算，印度极端贫困发生率为13.6%，极端贫困人口不降反增，减贫工作依然任重道

---

① 《世界看中国脱贫丨巴西圣保罗州立大学经济学教授保利诺：中国脱贫模式为人类治理指明新路》，参考消息网，2020年5月27日。

远。1947 年独立后的印度陷入混乱，基本温饱问题难以解决，一度成了"贫困"的代名词。受缪尔达尔思想的影响，印度历届政府都认识到了贫困治理的重要性，1943 年大饥荒时期诞生的公共分配制度（Public Distribution System）是该国有史以来投资规模最大的福利计划，虽然其旨在通过向贫困家庭提供粮食补贴来减少贫困人群的营养不良，但贫困家庭中的孩子仍有一半左右存在发育不良。[①] 1982 年起，成立专司援助贫困地区的农业开发银行，标志着印度由实行单模态救济式转向多模态开发贫困治理。印度 20 世纪五六十年代尝试通过土地改革治理贫困但成果有限，10 年前的一项调查显示，约 55% 的印度农业人口没有土地。"六五计划"时期，甘地总理提出"向贫困进军"计划，该计划大多数措施在 20 世纪 90 年代的经济改革中得以延续。过去 10 年，莫迪政府采用多模态开发模式，建立了以创造就业岗位为核心任务的印度社会保障体系，实施了各种减贫举措，如 PM-KISAN 计划、圣雄甘地全国农村就业保障法案、普惠金融计划、粮食补贴计划、创业印度计划、国家营养计划、健康保障计划、清洁印度计划等。联合国开发计划署《2022 年全球多维贫困指数》显示，印度从 2005 年开始的 15 年里累计脱贫人数达 4.15 亿，贫困率从 2005~2006 财年的 55.1% 降至 2019~2021 财年的 16.4%，这是巨大成就和历史性变迁，但依然面临艰巨挑战。

发展中国家目前贫困问题存在地区差异、城乡差异、贫富差异等普遍性特征，除中国等少数新兴市场国家外，大多数国家处在由救济式、变革式向多模态开发减贫模式转型期。因为这些国家试图在较短时间内赶上发达国家，其政府往往面临经济快速增长的压力，因而不得不将经济增长放在第一位。在这种情况下，发展中国家为了提高经济竞争力，难以兼顾社会公平，难以为穷人提供更多的福利保障。由此可知，发展中国家政府的贫困治理理念和行动在很大程度上取决于每个国家各自的实际情况和发展道路。

"返贫"阿根廷的减贫之路，具有鲜明的特点。1914 年以前，阿根廷连

---

① Panda, B. K., Mohanty, S. K., and Nayak, I., "Malnutrition and Poverty in India: Does the Use of Public Distribution System Matter?", *BMC Nutrition*, 6 (1), 2020: 122-128.

续 43 年经济增长率高于 6%，20 世纪初被称为"世界粮仓"，曾经是世界排名前 10 的强国。但百年过去，阿根廷倒退回一个发展中国家，2019 年与 2020 年的贫困率高达 40.9% 与 40.6%，其中极端贫困率更是超过了 10%。鉴于"贫困"的概念涉及食品、健康、教育与就业等多重因素，因此涉及的政府部门也并非独一的。阿根廷政府开始通过"生产与劳工部""卫生与社会发展部""国家社会安全管理中心"等特定机构来负责"减贫"工作，采用救济式、开发式减贫，颁布了关于就业、转移支付、税收以及健康饮食、看护照顾、教育等一系列"减贫"政策，试图从就业、医疗、发展与社会保险等方面尽可能地保障人民的生活水平，并以此降低民众的贫困率。2022 年 2 月阿根廷总统费尔南德斯访华，与习近平主席就如何增强中阿两国之间的扶贫合作展开了深入的交流。回国之后，阿根廷政府据悉将学习中国的"精准扶贫"，并加大对理工科人才培养的投入，试图从经济增长、国家发展等多方面入手，彻底消除阿根廷贫困的根源。阿根廷的扶贫经验教训对我国乃至全球贫困治理有一定的启示：在从人均收入的层面达到了彻底消除贫困的目标后，如何防止返贫？如何共同富裕？除去单纯的收入脱贫，如何从更为广阔的层面，比如人类发展、终身教育、医疗保障与陪伴养护等方面进一步提高相关指数，则是发展中国家乃至国际社会贫困治理进程中面临的一道道坎。

巴基斯坦多年来已是中国的全天候战略合作伙伴，俗称"巴铁"。自 1947 年脱离英国殖民统治开始独立时起，贫困就一直是巴基斯坦的代名词。早在建国初期的 1952~1961 年，由农业、教育和卫生等多个部门联合实施了耗资 1 亿美元的乡村援助计划，侧重聚焦农村发展来减贫，包括增设医疗卫生中心、学校以及供水和净水基础设施等。但是，由于该计划没有明确要为贫困民众服务，最终未能达到预期的减贫效果。1959 年、1972 年、1977 年巴基斯坦先后进行了三次大规模但并不彻底的土地改革，导致土地分配不均现象仍然十分严重。巴基斯坦历届政府都比较重视社会福利建设，截至目前，建立了较为全面的社会保障体系，如 1980 年《天课与欧舍尔法案》颁布后正式实施、1992 年成立了巴基斯坦基金委员会（PBM）、2008 年出台的贝娜齐尔收入支持计划（BISP）、2019 年的 Ehsaas 减贫方案等。其中在确定贫困和弱势人群方面，BISP 与中国精准扶贫类似。中巴减贫合作，主要体现在如下三个方面。①巴基斯坦积极借鉴中国扶贫经验，不断创造条件，积极主动吸引外商投资，助力国民经济发展。中国已连续 8 年成为巴基斯坦第一大投资来源国，为巴基斯坦带来了 254 万亿美元的直接投资。目前，中巴经济走廊的 20 多个项目已基本完成，预计到 2030 年将有另外 63 个项目竣工。②依托"中巴经济走廊"一阶段和二阶段项目，巴基斯坦与中国在能源和交通基础设施建设方面取得了重大的成效，极大地促进了巴基斯坦经济增长和当地人民收入水平的提升。2021 年巴基斯坦国家安全顾问莫伊德·尤素福（Moeed Yusuf）表示，中巴经济走廊为巴基斯坦的能源、基础设施、贸易等领域带来了重大的变革。③中巴双方共同努力，开展农业合作减贫。在杂交水稻种植和贸易方面，巴基斯坦和中国已经逐渐形成了互补合作的模式：中国的杂交水稻种子出口到巴基斯坦种植，产出的稻米返销到中国。此外，除了杂交水稻，巴基斯坦与中国在杂交麦子、棉花育种、农机及农业信息技术等领域的合作逐步拓宽，双边农业合作不断纵深发展，前景十分广阔。

乌兹别克斯坦 2020 年官方首次将减贫问题在国家层面公开化，总统米尔济约耶夫在议会发言中指出，乌兹别克斯坦全国共有约 500 万贫困人口，减贫事业任重道远。这标志着乌兹别克斯坦进入多模态开发减贫模式，开始大刀阔斧解决贫困问题，从小规模试点到成立若干新机制，精准制定减贫专项计划。乌兹别克斯坦政府积极借鉴国际社会特别是中国的扶贫经验。新成立经济发展与减贫部以及福利监测与减贫中心，创造性引入"贫困户帮扶花名册"机制，为低收入家庭建档。同时，在加强医疗卫生体系、完善社会保障体系和支持实体经济三个重点领域采取很多举措。2020~2021 年，乌兹别克斯坦共有近 60 万家庭被列为贫困户，在采取一系列就业帮扶措施后，56.5 万个家庭成功出列。根据乌兹别克斯坦 2022~2026 年发展战略，计划到 2026 年底将贫困人口减少一半。为实现该目标，必须确保宏观经济稳定和经济高速增长。同时，这也将为乌兹别克斯坦在 2030 年迈入中等收入国家之列奠定基础。

哈萨克斯坦等独立国家联合体（简称"独联体"）国家，独立初期采用变革式减贫。哈萨克斯坦经历了独立初期、2015 年前后、新冠疫情后出现的三次贫困化浪潮。与其他独联体国家一样，独立之初的哈萨克斯坦亦在休克疗法、通货膨胀、生产力组织不力等多重危机下陷入返贫浪潮。此后，随着能源经济的大力发展，哈萨克斯坦逐步摆脱了经济崩溃的噩梦，一度成为中亚地区最大的经济体和贫困率最低的国家。2014 年全球原油市场崩盘和 2015 年国际金融危机，以俄罗斯为首的独联体国家遭遇经济衰退、货币贬值、通货膨胀等一系列冲击，陷入"能源魔咒"的哈萨克斯坦从此经济一路下滑。2015 年，哈萨克斯坦货币贬值三成以上，通货膨胀超两位数，再次陷入返贫浪潮。2020 年新冠疫情导致贫困人口数量急剧攀升，哈萨克斯坦的贫困率由 2019 年的 4.3%上涨至 2020 年的 14%。在独立 30 多年的贫困治理过程中，哈萨克斯坦设立了劳动和社会保障部，颁发了扶弱济困的相关法律法规如《养老金法》《社会法典》等，出台了多子女家庭补贴、社会保障政策包等相关政策，逐步建立了较为广泛和全面的社会保障体系。

缅甸 19 世纪以来经济发展缓慢，人民生活贫困。1962 年奈温政府上台后推行计划经济，对银行、运输、贸易、外国公司和绝大多数工业企业实行国有化，但由于低效率和管理问题，1962~1971 年工业年均只增长 2.8%，再加上除了接受少量的中国、日本援助，外部经济援助已基本断绝，从而成为全球较不发达国家之一。1972 年是贫困治理的一个重要转折点，这一年缅甸放宽了对接受双边和多边援助的限制，扩大主要生产部门，鼓励私营部门。具体措施包括：提高农产品的收购价，把工作效率与奖金挂钩，放宽财政管理，实行对国有企业管理的合理化。上述一系列措施计划用 20 年时间分五个"四年计划"去实现，经济状况逐步好转，贫困程度得到改善。1988 年 9 月，缅甸恢复法律和秩序委员会后，先后采用变革式、开发式减贫，可分为两个阶段：变革减贫期（1988~2005 年）；开发减贫期（2005 年至今）。变革减贫期间，缅甸迅速调整经济政策，积极推行改革开放路线，开始实行更为自由的市场经济体制，成立了外资委员会，颁布了《外国投资法》，推动了一系列国家发展计划，主要包括三大内容：一体化农村发展计划、边区发展计划和 24 个开发特区计划。开发减贫期间，缅甸开始关注民生领域，通过了新的《投资法》，制定了《缅甸可持续发展计划（2018~2030）》，实施了新阶段减贫计划（包括提高民众个人收入、降低通货膨胀率、发展小额私人贷款、促进农村发展和保护环境等八项具体内容）和新的国家教育战略计划。

越南是亚洲的一个社会主义国家，位于东南亚的中南半岛东南端，是以京族为主体的多民族国家，2022年有9847万人口。968年成为独立的封建国家，1884年沦为法国保护国，1945年9月2日宣布独立。同年9月法国再次入侵，越南进行了艰苦的抗法战争，1954年7月越南北方获得解放，南方仍由法国（后成立由美国扶持的南越政权）统治。1961年起越南开始进行抗美救国战争，1975年5月南方全部解放，1976年4月选出统一的国会，7月宣布全国统一，定国名为越南社会主义共和国。越南统一后，其军队历经越战锤炼，接受了中国大量无偿援助和苏联援助的装备及缴获的美制武器。① 自1986年进行革新开放后，越南经历了两个贫困治理阶段。①灭饥减贫阶段：在变革式基础上采取开发式扶贫，即变革式与开发式的复合模式，出台了一系列扶贫政策和措施，如1988年的土地改革、消除饥饿和减贫计划以及为农民培训谋生技能、设立扶贫基金会、发放扶贫贷款、提高人民的社会福利使之与经济发展的水平相符合等。②多维贫困治理阶段：采用了开发式与救济式的复合模式，制定了国家目标减贫计划（NTPPR）、可持续扶贫国家目标计划（2021~2025年）等，以"贫困县、贫困乡、贫困户和贫困人口"为减贫目标，贫困率每年逐步下降。越南政府在贫困治理实践中也取得了举世瞩目的成就，成为世界上发展中国家扶贫发展的典范，赢得了世界各国的一致赞许。

在中国扶贫经验分享与借鉴方面，着重探索了土耳其、俄罗斯、南非、巴西、印度、阿根廷、巴基斯坦、乌兹别克斯坦、哈萨克斯坦、缅甸、越南等国家对中国扶贫经验的借鉴及减贫合作。中国扶贫经验对土耳其、俄罗斯

---

① 《越南国家概况》，中华人民共和国外交部网站，https://www.mfa.gov.cn/web/gjhdq_676201/gj_676203/yz_676205/1206_677292/1206x0_677294/。

等新兴市场国家的示范作用与影响比较大，社会各界对此高度关注，表示要向中国"取经"，大多数媒体和政府均予以报道、发声和评论，学界一些专家和学者也对中国扶贫展开了较为深入的研究。中国扶贫经验对阿根廷、巴基斯坦、乌兹别克斯坦、哈萨克斯坦、缅甸、越南等发展中国家的贫困治理起到了重要的带头和有益的借鉴作用，并与相关国家开展了减贫合作。譬如，阿根廷政府拟将学习中国的"精准扶贫"经验，加大对理工科人才培养的投入，试图从经济基本面和国家发展的基本面入手，彻底消除阿根廷贫困的根源；中巴开展减贫合作项目，如中巴经济走廊、瓜达尔港等；中国同柬埔寨、老挝、缅甸、泰国、越南等国家致力于澜湄合作；越南借鉴中国扶贫经验，以农村为起点进行土地改革，实施变革式与开发式、开发式与救济式复合模式，与中国等国家共建"两廊一圈""一带一路"等。

第八章
土耳其贫困治理及中国扶贫对其影响

　　土耳其，坐落于古丝绸之路最西端，同时又是"一带一路"共建国家之一，其独特的地理位置和深厚的历史文化沉淀使其在国际社会有着超乎其自身体量的影响力，但依然存在贫困问题。土耳其在贫困治理领域，特别是在降低失业率、扶持农林发展和对低收入人群及社会弱势群体的帮扶等方面出台了一系列减贫措施。在此，我们运用该国本土语言文献材料，根据国际权威组织及该国统计局数据整理分析其经济水平、收入水平以及生活水平现状，梳理了该国近年来的贫困治理背景、减贫政策与措施，并与中国扶贫展开了对比分析。中国经历改革开放以来 40 余年的艰苦奋战，在 2021 年宣告脱贫攻坚战取得全面胜利，提前 10 年完成联合国《2030 年可持续发展议程》的减贫目标，获得贫困治理措施及其成效的全球赞誉。这一扶贫成就与经验同样在土耳其受到了广泛关注，本章最后以土耳其本国社会各界人士的"他者"眼光探讨在贫困治理方面中国扶贫经验对土耳其的影响。

一　土耳其贫困治理背景

（一）土耳其经济状况与生活水平

　　土耳其既是重要的伊斯兰国家，又是北约（NATO）成员国及欧盟

（EU）候选国，同时也是经济合作与发展组织（OECD）创始成员国及二十
国集团（G20）的成员国。土耳其拥有雄厚的工业基础，现为世界第 19 大
经济体，亦是全球发展较快的国家之一。采用世界银行最新收入标准，土耳
其已经属于较高中等收入国家。土耳其经济在 2021 年增长 11%，是 G20 国
家中增长最快的，这得益于土耳其新冠疫情防控相关措施的逐渐放松。尽管
土耳其从 9 月开始降息支持了需求，但也放大了宏观金融的不稳定，再加上
乌克兰和俄罗斯战争的溢出效应，使其 2022 年的经济增速降至 1.4%。土耳
其统计局 2022 年 2 月 28 日公布的数据显示，2021 年第四季度土耳其国内生
产总值实现 9.1% 的增长，全年经济增速则达到 11%。根据生产法按当前价
格核算的土耳其 2021 年国内生产总值（GDP）超过 7.2 万亿里拉，约合
5190 亿美元。土耳其第一、二、三产业产值分别占 GDP 的 6.6%、27.8% 和
54.6%，继续呈现服务业占主体地位的经济结构。土耳其近几十年的经济发
展取得了显著进步，人均国民收入有大幅提高。然而，根据 2022 年的数据，
自 2015~2020 年，土耳其的人均 GDP 有所下降，2019~2020 年下降尤为明
显（见表 8-1）。

表 8-1　2012~2020 年土耳其人均 GDP

单位：美元

年份	人均 GDP
2012	11795.6
2013	12614.8
2014	12158.0
2015	11006.3
2016	10894.6
2017	10589.7
2018	9454.3
2019	9121.5
2020	8536.4

资料来源：World Bank，"Turkey"，https：//data.worldbank.org/country/turkey。

尽管土耳其在经济方面整体情况较好，该国也具有一定的发展优势，但在 2015~2020 年土耳其人均 GDP 有所下滑，而这与该国的贫困率又相契合，因此人均 GDP 的下降对该国减贫也产生了一定的影响。目前，鉴于土耳其与俄罗斯和乌克兰有着密切的经济联系，这场俄乌战争预计将破坏土耳其的能源和农业贸易、游客入境以及海外建设活动。基本大宗商品进口价格飙升将直接影响家庭和工业，并对经常账户余额和通胀产生不利影响。土耳其低收入家庭受到的影响尤其严重，因为他们在食品和住房上的支出几乎是最富裕家庭预算的 2 倍。不断上涨的能源和食品价格通胀将对穷人造成最大伤害，危及新冠疫情后由就业推动的贫困逐步复苏。

2002~2017 年，土耳其经济高速增长，使该国跻身中上收入国家行列。但过去 10 年，随着改革势头减弱，生产率增长放缓，土耳其努力转向通过信贷繁荣和需求刺激来支持增长，却加剧了内部和外部的脆弱性。自 2018 年 8 月以来，宏观金融不稳定加剧了高私营部门债务、由短期资产组合流动融资的持续经常账户赤字、高通胀和高失业率。此外，土耳其经济的高能源和碳强度使其容易受到全球能源供应和价格波动的影响，并在全球和区域脱碳政策的背景下对土耳其出口商构成挑战。

土耳其经济在 2018 年下半年经历了汇率危机，导致 2019 年增长表现疲弱。到 2020 年初，经济在第二季度受到新冠疫情的打击后开始复苏。然而，土耳其是 2020 年少数几个增长表现积极的国家之一（1.8%），这是由于政府进行了大规模信贷推动。随着放松防疫政策，以及当局放松货币政策，土耳其在 2021 年加快增长，达到二十国集团国家中最高的增长率（11%）。然而，货币刺激也导致宏观金融状况恶化。里拉贬值至历史新低，通货膨胀率上升至历史新高。里拉兑美元汇率在 2021 年 12 月 20 日达到 18.00 里拉的峰值，而通货膨胀率在 2022 年 3 月达到 61.1%。由于中央银行动用外汇储备来支持里拉，并通过降低税率和燃料补贴来抑制通货膨胀的影响，外部风险和财政政策缓冲恶化。

（二）土耳其贫困标准与现状

土耳其地处欧亚大陆之间，位于地中海东北部，与亚、欧 8 个国家相邻，国土面积达 78 万平方公里。2021 年土耳其人口超过 8468 万人，据土耳其统计局（Türkiye istatistik Kurumu）发布的《家庭人口登记系统 2021 年统计结果》报告称，2021 年土耳其人口比 2020 年增长 1065911 人，年增长率为 12.7‰。根据 2002 年土耳其全国普查，农村人口占比为 24%，农村贫困人口发生率为 34.5%，高于全国 27% 的贫困人口发生率水平，也就是说土耳其贫困农村甚于城市。土耳其人口收入分布总体而言较为稳定。截至 2020 年，土耳其人口中收入最高的 20% 拥有全国将近一半的可支配收入，较上年下降了 0.8%。土耳其最贫困人口的可支配收入并未减少，相较上年增加 0.2%，为 6.1%。2011~2020 年，最贫困人口的可支配收入基本维持在全国总收入的 6.1% 左右。

1. 衡量贫困标准

衡量贫困通常使用贫困人口数量和贫困发生率两个指标，都是在特定标准下识别出贫困人口。对于大多数发展中国家而言，通常使用收入贫困指标。但在收入指标不能全面反映贫困群体的总体需求或该指标对贫困群体不敏感时，又采用多维度贫困指标或发达国家采用的相对贫困指标。目前发展中国家普遍接受世界银行（World Bank Group）确定的按消费支出计算的国际贫困标准，而发达国家普遍采用收入中位数比例标准。

国际贫困标准按价格基期不同，数值也有所不同。以国际极端贫困标准为例，世界银行在《1990 年世界发展报告》中采用了按 1985 年价格计算的标准，为每人每天 1.01 美元，这就是全球熟知的"1 天 1 美元"标准。世界银行后来更新了价格基期年份，按 1993 年价格为 1.08 美元，按 2005 年价格为 1.25 美元，按 2011 年价格为 1.9 美元，年份不同，标准的数值不同，但其仍为"1 天 1 美元"标准。世界各地生活成本的差异不断变化，必须定期更新全球贫困线以反映这些变化。新的全球贫困线使用最新的价格数据，更准确地描绘了世界各地基本食品、衣服和住房需求的成本。国际贫困线反映了当地每日最低营养、衣服和住所必需的收入或消费成本。根据低收入国家的国家贫困线计算每天 1.90 美元（2011 年购买力平价，下同）是最低标准，生活在该贫困线以下的人被认为是"极端贫困人口"，而根据中低收入国家和中高收入国家的收入和消费水平计算的国际贫困线分别为 3.20 美元和 5.50 美元。每天 1.9 美元的标准被广泛采用，也称为"一般标准"，目的是在减贫过程中瞄准最贫困的群体；每天 3.2 美元的标准也成为适度贫困线（moderate poverty line），[①] 每天 5.5 美元的标准用得较少。

在世界银行的贫困标准划分以外，尚有经济合作与发展组织（OECD）成员国家自己的界定标准，即按照家庭可支配收入低于所有家庭可支配收入中位数的 50% 确定其家庭处于贫困状态。可支配家庭收入按当期收入减去公共账户支出计算，如社会保障、保险和税收。根据经合组织标准，使用家庭成员的数量来平衡家庭收入。这种界定很明显是把收入最低的四分位家庭所占比例作为贫困发生率，而且这种贫困永远存在，其目的是促进更多低收入家庭向中产阶级转移。

2.土耳其贫困现状

在衡量土耳其贫困现状时，按国际贫困标准每人每天 1.9 美元，2019 年土耳其的贫困率为 0.05%，但按每天 3.2 美元标准时，土耳其适度贫困人口数量随着贫困标准的提高其敏感度也大幅提高（见表 8-2）。

表 8-2　土耳其人口及不同基准贫困发生率

单位：万人，%

年份	人口	每天 1.9 美元标准贫困发生率	每天 3.2 美元标准贫困发生率
2012	7465	0.01	0.61
2013	7593	0.03	0.55

① United Nations Economic and Social Commission for Asia and the Pacific（ESCAP），"Economic and Social Survey of Asia and the Pacific 2019"，April 4，2019，https：//www.unescap.org/publications/economic-and-social-survey-asia-and-pacific-2019-ambitions-beyond-growth.

续表

年份	人口	每天 1.9 美元标准贫困发生率	每天 3.2 美元标准贫困发生率
2014	7723	0.02	0.40
2015	7853	0.06	0.50
2016	7982	0.03	0.34
2017	8110	0.02	0.27
2018	8232	0.01	0.24
2019	8343	0.05	0.43

资料来源：World Bank，"Regional Aggregation using 2011 PPP and ＄1.9/day Poverty Line"，http：//iresearch. worldbank. org/PovcalNet/povDuplicateWB. aspx。

由表 8-2 可以看出，土耳其自 2012 年以来，人口不断增长，从 2012 年的 7465 万人增长到 2019 年的 8343 万人。而在贫困率方面，以每天 3.2 美元标准，土耳其的贫困率从 2012 年的 0.61% 下降到 2014 年的 0.40%，但是在 2015 年又略有上升至 0.50%。2018 年继续下降至 0.24%，但在 2019 年，又略有上涨至 0.43%。总体来说，土耳其 2012～2019 年的贫困率呈波动趋势。

3. 土耳其多维度贫困情况

贫困的多维度性提示我们，除收入以外，基础设施与社会服务的提供是以人为中心的减贫所必须关注的指标。本部分介绍与土耳其多维度贫困相关的指标。世界银行的多维贫困标准（MPM）旨在评估对贫困的更广泛理解，它考虑了福祉的多个维度，而不仅仅是货币贫困，还包括教育、健康、社会关系等多个维度的贫困。这些在世界各地的住户调查中通常可以得到，作为货币贫困维度之外的额外维度。世界银行的措施受到了其他重要多维指标的启发和指导，特别是由联合国开发计划署和牛津大学开发的多维贫困指数（MPI）。MPM 和 MPI 在一个重要方面有所不同：MPM 包括货币贫困维度，以家庭收入或人均消费低于每天 1.9 美元（国际贫困线，2011 年购买力平价）来衡量。表 8-3 是 2022 年土耳其多维度贫困率。

表 8-3　2022 年土耳其多维度贫困率（占人口比例）

单位：%

经济体	调查组织名称	福利类型	财务贫困	未获得高中及以上文凭比例	未入学高中及以上比例	电力资源短缺率	清洁卫生资源短缺率	饮用水资源短缺率	多维贫困总比例
土耳其	HICES	C	0.4	3.3	3.0	0.0	5.3	0.1	0.6

二　土耳其贫困治理现状、措施及其成效

（一）土耳其贫困治理现状

一般来说，衡量一个国家减贫成就可以通过两个方面来反映：一是以一段时期内贫困人口绝对量的减少或贫困人口比例减少的百分点来反映总量的变化；二是以该段时间内的年均变化率来反映减贫的快慢程度。根据世界银行的数据，土耳其 2012～2018 年以 3.2 美元为衡量标准的多维贫困率从 17.7%下降到 14.4%（见图 8-1）。2018 年的多维贫困率与 2011 年相比，减贫幅度达到 4.2 个百分点（见表 8-4）。

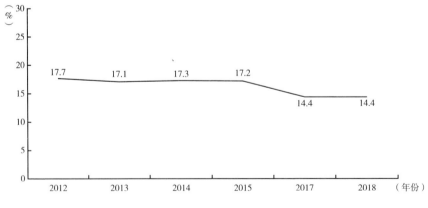

图 8-1　2012～2018 年土耳其多维贫困率

资料来源：OECD，"Poverty Rate"，https：//data.oecd.org/inequality/poverty-gap.htm。

表8-4　2011年和2018年土耳其多维贫困率及减贫幅度

2018年贫困率(%)	2011年贫困率(%)	减贫幅度(个百分点)
14.4	18.6	4.2

虽然土耳其在2011~2018年多维贫困率有所下降，但在疫情席卷全球的背景下，土耳其的经济也面临极大的考验。根据世界银行发布的《土耳其经济监测报告2022》（Turkish Economic Monitoring 2022），由于国内外需求拉动加上普及疫苗接种活动，2021年土耳其经济回暖。但2022年土耳其国内宏观经济和金融也面临诸多挑战，经济增长速度可能会趋缓。该国货币政策变化频繁，尤其是自2021年9月以来出台的一系列利率下调政策，导致土耳其里拉汇率跌至历史最低位，而通货膨胀率飙升至历史新高。尽管2021年出口量剧增，但贫困家庭实际收入受上述挑战的影响而有所减少。新冠疫情使土耳其收入问题更加严重，并在一定程度上给减贫带来更大的挑战。虽然疫情相关财政支持措施缓和了形势，但贫困率依旧上升。尽管收入支持以及消费习惯的调整会弱化贫困率造成的影响，但据估算，土耳其消费价格每上涨1%，贫困人口就会增加2%。官方统计数据显示，土耳其年度通货膨胀率已从2021年1月的15%上升至2022年1月的48.7%，因此2021年土耳其贫困率可能依旧居高不下。持续居高的通胀率将是土耳其中期宏观经济面临的主要挑战。土耳其政府尽管采取了多项特殊措施稳定里拉汇率，但对通货膨胀也无能为力，导致财政状况愈发吃紧。该报告强调，土耳其需要实现货币政策正常化，制定可持续性的财政优先战略，并且满足疫情相关医疗体系和社会保障的迫切需求；为弱势家庭和企业提供精准公共资金调动；竭力扩大税基，创造收益。[①]目前，土耳其减贫面临的挑战主要来自如下几个方面。

---

① Ceren, A., and Erdem, T., "Türkiye'de Yoksulluk ve Sosyal Yardim Uygulamala RI", *Mersin Üniversitesi Sosyal Bilimler Enstitüsü Dergisi*, 2, 2018: 6-24.

第一，土耳其平均每户可支配年收入在各地区分布不均衡。土耳其统计局于 2020 年展开的生活状况调查在 2021 年公布结果。该调查结合家庭人数和结构的具体情况，将每户收入数据转化为每户可支配收入数据。2021 年土耳其平均每户可支配年收入为 37400 里拉。其中，最富裕省份伊斯坦布尔拥有 51765 里拉的每户可支配年收入，紧接着是伊兹密尔与安卡拉，分别为 47595 里拉和 46516 里拉，而全国年收入最低的为东部四个省份（凡、穆什、比特利斯、哈卡里），仅为 18278 里拉。

第二，土耳其收入不均衡。国际上衡量一个国家的收入平等程度通常采用基尼系数（在 0 和 1 之间的比例）。基尼系数是综合考察居民内部收入分配差异状况的一个重要指标。按照联合国有关组织规定：低于 0.2（或百分制的 20 分，下同）为收入绝对平均，0.2~0.3 代表收入比较平均，0.3~0.4 表示收入相对合理，0.4~0.5 代表收入差距较大，0.5 以上表明收入差距悬殊。如表 8-5 所示，土耳其 2012~2019 年的基尼系数始终维持在 0.4 以上、0.5 以下，贫富差距较大。

表 8-5　2012~2019 年土耳其基尼系数

年份	基尼系数
2012	0.402
2013	0.402
2014	0.412
2015	0.429
2016	0.419
2017	0.414
2018	0.419
2019	0.419

第三，失业问题。就业对结束贫困恶性循环至关重要，是减贫工作中"授人以渔"的重要一环。土耳其作为一个中等收入国家，每年有近 100 万人进入劳动力市场。该国一直在努力降低失业率，提高整体劳动力参与率，这比欧盟 64% 的平均水平低近 20 个百分点。2012~2019 年，土耳其

的青年失业率、整体失业率逐年增长，在 2020 年新冠疫情的影响下更是如此。

其一，青年失业率。青年失业是未来减贫的第一挑战，青年人就业不充分将会在未来的家庭收入增加中产生极大困难。联合国秘书长在 2019 年报告中指出"青年失业的可能性是成年人的 3 倍"[1]，这种状况令人担忧。土耳其青年失业率在 2012~2020 年一直呈增长趋势（见表 8-6），由 2012 年的 14.59% 增加到 2020 年的 22.47%，增幅达到 7.88 个百分点，青年失业率逐年增长必然会为土耳其长期的贫困治理带来挑战。

表 8-6　2012~2020 年土耳其青年失业率

单位：%

	2012 年	2013 年	2014 年	2015 年	2016 年	2017 年	2018 年	2019 年	2020 年
青年失业率	14.59	15.63	16.60	16.47	17.18	17.89	17.50	22.29	22.47

资料来源：OECD,"Youth Unemployment Rate", https://data.oecd.org/unemp/youth-unemployment-rate.htm。

其二，整体失业率。土耳其国民整体失业率在 2012~2020 年呈上升趋势（见表 8-7），高失业率是危及人民生活水平提高和未来减贫的一大障碍，其对土耳其减贫将构成直接挑战。

表 8-7　2012~2020 年土耳其整体失业率

单位：%

	2012 年	2013 年	2014 年	2015 年	2016 年	2017 年	2018 年	2019 年	2020 年
整体失业率	8.43	9.05	9.88	10.33	10.91	10.93	10.89	13.74	13.14

资料来源：OECD,"Youth Unemployment Rate", https://data.oecd.org/unemp/youth-unemployment-rate.htm。

[1]　联合国经济及社会理事会：《特刊：实现可持续发展目标进展情况》，https://documents-dds-ny.un.org/doc/UNDOC/GEN/N19/134/94/PDF/N1913494.pdf? OpenElement。

总之，土耳其在 2002 年之后经济发展势头迅猛，但在近年来人均 GDP 逐年下降且人口不断增长，同时该国国内家庭平均可支配年收入分布不均，分布特点为自西部向东部递减。而基尼系数在 0.42 左右波动，总体来说贫富差距较大，加之青年人失业率和整体失业率上升，为土耳其的"脱贫斗争"带来挑战，需要积极应对。

（二）土耳其贫困治理措施及成效

土耳其贫困治理措施及成效分为两个部分，一是土耳其国内贫困治理措施及成效，二是该国与国际组织的减贫合作及成效。下文我们进行详尽的探讨。

1. 土耳其国内贫困治理措施及成效

土耳其在采用救济式帮扶低收入人群及社会弱势群体基础上，转向开发式减贫，扶持农林发展，降低青年失业率以及整体失业率，贫困治理总体趋势向好发展，但在 2020～2022 年，新冠疫情发生，再加上俄乌战争负面影响的外溢以及里拉汇率暴跌，土耳其贫困治理必然面临更严峻的挑战。

（1）帮扶低收入人群及社会弱势群体

作为反贫困斗争框架下最为重要的手段，土耳其社会福利领域也出现了令人瞩目的进展。土耳其的贫困治理主体主要来自三个方面：土耳其家庭与社会服务部（ASPB）、市政范围内的社会补助及社会组织。

①家庭与社会服务部。2011 年土耳其家庭与社会服务部成立，并开始在社会福利和团结基金会（SYDV）的赞助下开展活动。该部门的成立不仅避免了福利的重复发放，也为享受社会福利的人员建立了比较完善的数据库。[①] 该部门在社会帮扶工作方面分为长期性和临时性两部分。其中，长期性的社会帮扶面向孤儿、丧偶妇女以及军人家庭及其子女提供教育、医疗、

[①] 《世界经济 52：土耳其的脱贫斗争》，土耳其 TRT 电视台，2017 年 12 月 25 日，https：//www.trt.net.tr/chinese/zhuan-ti-jie-mu/2017/12/25/shi-jie-jing-ji-52-tu-er-qi-de-tuo-pin-dou-zheng-875496。

生育等福利；临时性的社会帮扶则对有相应需求的人群提供应急性援助，包括水、燃料、居所、教育、医疗、伤残照看、服装、育儿、一次性帮扶以及就业福利。[①] 表 8-8 展示了 2016 年土耳其家庭与社会服务部所提供的各项福利开销。

表 8-8　2016 年土耳其家庭与社会服务部社会帮扶数据

项目	社会帮扶数据
社会帮扶占 GDP 比重	1.45%
社会帮扶家庭数目	3154069 个
长期性帮扶家庭数目	2342946 个
临时性帮扶家庭数目	2046888 个
社会福利和团结基金会发放帮扶性资金	5018086885 里拉
2022 年老年及残障人士补助金帮扶人数	1292355 人
2022 年老年及残障人士补助金发放总金额	4763796699 里拉
政府承担医保保费获益人数	6683106 人
社保扶持金额	7002820942 里拉
根据当前购买力平价,个人每日支出 215 美元以下人口比例(2015 年)	0.06%
根据当前购买力平价,个人每日支出 430 美元以下人口比例(2015 年)	1.58%
社会福利和团结基金数量	1000 只
社会福利和团结基金会工作人员数量	9058 人
社会福利和团结基金会督查人员数量	3839 人
社会帮扶总支出	32000000000 里拉

资料来源：土耳其家庭与社会服务部（ASPB），"2016 yılı faaliyet raporu"，2016。

截至 2016 年，土耳其社会帮扶及团结基金会在 81 个省份、919 个县、1000 个下属机构拥有 9058 名员工。土耳其家庭与社会服务部共提供 320 亿里拉的补助，为将近 2342946 个家庭提供长期性帮扶，2046888 个家庭受益于临时性帮扶。在第 2022 号法令的支持下，共发放给 1292355 人 4763796699 里拉

[①]　Ceren, A., and Erdem, T., "TÜRK İYE'DE YOKSULLUK VE SOSYAL YARDIM UYGULAMA LARI", *Mersin Üniversitesi Sosyal Bilimler Enstitüsü Dergisi*, 2，2018：6-24.

的老年及残障人士补助金。① 土耳其统计局 2017 年数据显示，自千禧年以来，土耳其政府在社会保障福利方面的开销逐年上升，由 2000 年的 135 亿里拉增加到 2015 年的 279.7 亿里拉，该数据在 2016 年更是达到了 320 亿里拉。社会保障的几个主要组成部分为医保、残障补贴、退休金、丧偶/孤儿补贴、家庭/儿童补贴、失业补贴、社会排斥补贴，共支出 3289 亿里拉，占社会保障支出的 98.3%。2016 年的数据显示，养老金在社保众多福利中占比重最大，共支出 1621 亿里拉，而医疗与健康福利开销总量排在第二，为913 亿里拉。② 土耳其有不同种类的社保补助金，其中大部分养老金、退休金以及残疾补助金的受益人士为男性。此外，领取丧偶补助金的女性以及孤儿补贴金的受益人数量也在 2015 年增加 2101 人。2016 年社会保障福利中，共有 7494000 名男性和 5094000 名女性，合计 1258.8 万人受益。

②市政范围内的社会补助。根据土耳其相关法律，该国各市政府有针对社会弱势群体制定相应的保护和帮扶政策的义务。例如，2004 年颁布的第 5216 号市管理政策条款第 24 条 J 项明确提出，政府需对老年、残障、居无定所、低收入等社会弱势人群提供帮助。③ 次年提出的第 5393 号法令则更为具体。④ 该法令第 14 条再次强调了弱势群体帮扶工作对市政工作的重要性，并提出建立食物银行等社会帮扶，除安排临时性住宿之外，还需为贫困人口提供持续谋生途径，例如提供职业技能学习活动等扶贫工作具体要求。

社会总开销包括基建、交通以及科研。由表 8-9 可以看出，虽然2012~2016 年社会总开销比例有所上升，但从 2016 年的数据来看，总体水

---

① Türkiye Cumhurbaşkanlığı Mevzuat Bilgi Sistemi（土耳其总统府司法信息查询系统），"65 Yaşınnı Dolmuş Muhtaç, Güçsüz ve Kimsesiz Türk Vatandaşlarına Aylık Bağması Hakkında Kanun"，https：//mevzuat. gov. tr/MevzuatMetin/1. 5. 2022. pdf.

② TÜİK, "Sosyal koruma istatistikleri"，2017.

③ Türkiye Cumhurbaşkanlığı Mevzuat Bilgi Sistemi（土耳其总统府司法信息查询系统），"Büyükşehir Belediyesi Kanunu"，https：//mevzuat. gov. tr/mevzuatmetin/1. 5. 5216. pdf.

④ Türkiye Cumhurbaşkanlığı Mevzuat Bilgi Sistemi（土耳其总统府司法信息查询系统），"Büyükşehir Belediyesi Kanunu"，https：//mevzuat. gov. tr/mevzuatmetin/1. 5. 5393. pdf.

平依然较低。对财政耗资巨大的市政公共福利而言，政府开支尤其是在第6360 号法令增加了 14 个市政机构后，并未明显上升，这一点说明了社会扶贫福利的缩水。[①]

表 8-9　2012~2016 年土耳其市政福利开销分布及占 GDP 份额

单位：%

开销项目	2012 年	2013 年	2014 年	2015 年	2016 年
福利开销占比					
医疗	1.1	1.1	1.1	1.2	1.2
教育	0.3	0.3	0.3	0.4	0.4
社会保障及社会帮扶	1.5	1.5	1.7	1.8	1.8
社会总开销	3.0	2.9	3.2	3.4	3.4
其他	94.1	94.3	93.7	93.2	93.2
市政总开销	100.0	100.0	100.0	100.0	100.0
占 GDP 比重					
医疗	0.03	0.03	0.03	0.04	0.04
教育	0.01	0.01	0.01	0.01	0.01
社会保障及社会帮扶	0.05	0.05	0.05	0.06	0.06
社会总开销	0.09	0.10	0.10	0.11	0.12
其他	2.91	3.22	3.00	3.05	3.43
市政总开销	2.99	3.31	3.09	3.16	3.55

③社会组织的贡献。截至 2018 年，土耳其内政部报告显示，土耳其有59762 人为 113158 个活动的组织工作，其中 41547 人为带薪工作，18215 人为志愿者。图 8-2 显示了社会组织在土耳其各领域的分布。其中，人道主义援助协会 5557 个，占 4.91%；35393 个行业团结促进协会（31.28%）；22889 个体育协会（20.23%）；18227 个宗教服务协会（16.11%）；6059 个

① Türkiye Cumhurbaşkanlığı Mevzuat Bilgi Sistemi（土耳其总统府司法信息查询系统），"On Dört İde Büyükşehir Belediyesi Ve Yirmi Yedi İlçe Kurulması İle Bazı Kanun Ve Kanun Hükmünde Kararnamelerde Değişik Yapılmasına Dair Kanun"，https：//mevzuat.gov.tr/mevzuat? Mevzuat No=6360&MevzuatTur=1&MevzuatTertip=5.

教育与研究协会（5.35%）；5642个文化艺术与旅游协会（4.99%）。这些社会组织除对残疾人和儿童等社会弱势群体进行人道主义援助以外，还可在各领域开展工作，包括卫生、自然环境等，同样对社会发展和长期的扶贫工作做出了贡献，其潜力巨大。

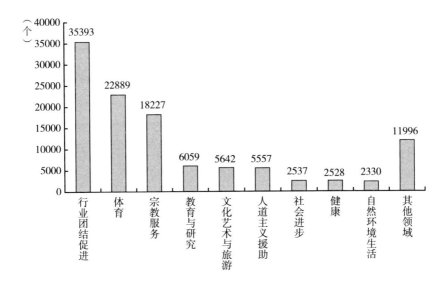

图8-2　社会组织在土耳其各领域的分布

（2）扶持农林发展

在扶持农林发展方面，土耳其农林部门产值持续增长。土耳其农林部部长帕克麦迪利称，2018~2020年，土耳其农业和林业部门产值呈持续增长态势，2018年增长2.1%，2019年增长3.7%，2020年增长4.8%，取得如此成就得益于土耳其近年来对农业发展的大力支持。据悉，三年来，土耳其政府在农业方面的支持资金提高至240亿里拉（约合人民币183亿元），在农业领域为10.4万人提供就业机会，开发220万公顷的土地用于农业生产，同时加大农产品检查数量（从2017年的100万次增加到2020年的140万次），以此提高农产品质量，促进农业发展，减少农村贫困。土耳其总统埃尔多安表示，将通过提高谷物收购价格增加农民的农业收入，缩小农民债务危机，满足农民粮食需求，保障国家粮食安全，促进土耳其农业农村的可持续发展。①

（3）降低失业率

土耳其政府通过建立就业中心、免费职业培训，在降低青年及总体失业率方面有所作为，但效果不佳。第一年有程度较小的短期改善，但是三年后培训过的人员就业优势会消失。

①降低总体失业率。为了改善就业前景，降低失业率、帮助新进入劳动力市场的人群和失业者就业，土耳其国家职业介绍局（ISKUR）在 2011~2012 年扩大了免费职业培训项目。培训课程覆盖土耳其全境 81 个省，涉及领域广泛，包括服务、机械和计算机。这些课程由私人和公共机构提供，一般每天 6 小时，为期 3 个月。参与者每天可获得 15 里拉（约 10 美元）的小额津贴。入学的先决条件包括至少 15 岁并受过小学教育。

世界银行的研究人员与土耳其政府合作，评估了该职业培训计划在实施 1~3 年之后的成效及影响。结果显示，接受培训之后的第一年，与参加培训对照组 29% 的正式就业率相比，参加培训课程的人的正式就业率增加了 3 个百分点。到第三年，两组中大约 66% 的人在培训结束后的某个时间点都拥有了一份正式的工作，即参与过培训的人员就业优势消失。总的来说，职业培训并没有提高人们三年后的就业机会，尽管第一年有程度较小的短期改善。私营机构提供的培训，尤其是面临更多竞争的私营机构，比政府提供的培训有更大的影响。②

②降低青年失业率。在针对青年失业率的举措方面，根据土耳其国家青年就业战略文件，土耳其的目标是到 2023 年将青年失业率从 2020 年的 22.47% 降至 17.80%。该文件涵盖的期限至 2023 年底，由公共机构、学院

① 中国国际扶贫中心：《中外减贫信息摘要》2021 年第 20 期，https：//rscn. iprcc. org. cn/dp/api/files/1623373919_ 839_ %E3%80%8A%E4%B8%AD%E5%A4%96%E5%87%8F%E8%B4%AB%E4%BF%A1%E6%81%AF%E6%91%98%E8%A6%81%E3%80%8B2021%E5%B9%B4%E7%AC%AC20%E6%9C%9F-%E4%B8%AD%E6%96%87%E7%89%88. pdf。

② Ceren, A., and Erdem, T., "Türk İye'de Yoksulluk ve Sosyal Yardım Uygulamal Ari", *Mersin Üniversitesi Sosyal Bilimler Enstitüsü Dergisi*, 2, 2018：6-24.

和非政府组织编写。在 15~24 岁年龄组中，未接受教育、就业或培训（啃老族）的比例在上年新冠病毒大流行期间上升到 28.3%。该文件包括 109 项措施，确定了到 2023 年的目标是将比例降至 20%。据预测，土耳其青年就业率将从 2020 年的 39.1% 上升到同期的 46%。在这方面，就业中心将提供培训和心理支持。土耳其武装部队还将为应征入伍的男子提供职业培训。鼓励事业单位在软件开发、网络安全、工业数字化转型等领域开展新项目。民航总局将提供免费的在线培训。经济合作与发展组织数据（截至 2022 年 4 月）显示，土耳其青年失业率为 19.1%，相比上年有所下降。① 尽管青年就业有所恢复，但仍有 20.1% 的青年处于失业状态。贫困率虽然会因就业恢复而下降，但会因高物价而上升，因此土耳其"脱贫斗争"依旧充满挑战。

综上所述，土耳其 2012~2018 年（该国贫困率最新数据截至 2018 年）贫困率呈下降趋势，比较 2018 年与 2011 年，贫困率降低了 4.2 个百分点，总体趋势向好发展，但在 2020~2022 年，新冠疫情肆虐、俄乌战争负面影响的外溢以及里拉汇率暴跌，使土耳其经济如逆水行舟，贫困治理也必然面临更严峻的挑战。在过去 10 年的"脱贫斗争"中，该国不仅提供培训以提高就业率，同时扶持农林业发展，并对低收入人群及社会弱势群体进行了帮扶。

2. 与国际组织的减贫合作及成效

土耳其为减少贫困，与国际组织的合作如下。

第一，国家伙伴关系框架是土耳其与世界银行达成的一项协议，旨在根据第 11 个国家发展规划实现增长、包容和可持续性。土耳其议会大会已将此作为第十项发展计划的一部分加以实施。

第二，联合国难民署承诺提供 23929195 欧元使土耳其的难民和寻求庇护者获得保护和服务。世界银行正与土耳其难民基金（FRİT）合作，通过

---

① OECD, "Youth Unemployment Rate", https：//data.oecd.org/unemp/youth - unemployment - rate.htm.

实施有关教育、就业和社会支持的项目，帮助减少难民涌入土耳其造成经济破坏。

第三，亚洲投资开发银行（简称"亚投行"）2019 年投资 5 亿美元支持土耳其的城市和能源基础设施，改善贫困人口生活状况。作为亚投行在土耳其的首个城市项目，这笔投资将大大改善土耳其医疗卫生、教育和社会公共服务，提高土耳其贫困人口的就业能力，创造更多的就业机会和工作岗位，降低土耳其的贫困发生率，并促进其经济增长。[①]

三 中国扶贫经验对土耳其贫困治理的影响

2021 年 2 月 25 日习近平主席向世界庄严宣告：中国脱贫攻坚战取得了全面胜利，现行标准下 9899 万农村贫困人口全部脱贫，832 个贫困县全部摘帽，12.8 万个贫困村全部出列，区域性整体贫困得到解决，完成了消除绝对贫困的艰巨任务。该项成就引起国外媒体的广泛关注，各媒体在报道中普遍认为中国为全球减贫事业做出了重大贡献，创造了消除贫困的中国样本，为全球消除贫困做出了示范。土耳其社会各界对此高度关注，多家媒体、学者发表评论予以称赞。

中国驻土耳其大使刘少宾 2021 年 3 月 24 日在土耳其影响力较大报刊之一的《民族报》（*Milliyet*）发表署名文章。刘少宾在文中介绍了中国扶贫成功经验，以新疆为例介绍了一系列脱贫攻坚的显著成果，并强调中国秉持"大道不孤，天下一家"胸怀，积极开展国际减贫合作，履行减贫国际责任，为发展中国家提供力所能及的帮助，做世界减贫事业的有力推动者。土耳其海峡大学亚太问题专家阿尔塔伊·阿特利（Altay Atlı）指出，消除贫困是中国最大成功之一，其他国家也可以借鉴这种经验，使之适应自己的情

---

① 中国国际扶贫中心：《中外减贫信息摘要》2019 年第 36 期，https://ccprr.bnu.edu.cn/zwjpxx/gnjpxx/88542.html。

况。① 土耳其学者凯斯金对中国十多年来发生的变化发出赞叹，认为中国扶贫工作应成为世界学习的榜样，发达国家也应该同中国一道，为在世界范围内消除贫困共同努力。因为我们是一个命运共同体，在同一个地球上生活，从全球发展角度看，消除贫困具有重要意义。②

土耳其阿纳多卢通讯社（Anadolu Ajansı）发文称赞说，一个超 14 亿人口的大国，创造了减贫治理的中国样本，为全球消除贫困做出了示范。该报道还特别提到，巴基斯坦总理伊姆兰·汗在伊斯坦布尔的一个庆祝活动上表示，希望学习中国的发展模式，以加快该国的经济增长并消除贫困。土耳其主流媒体《光明报》（Aydınlık）出版了名为《为千年贫困画上句号》（Bir Yıllık Yoksulluğa Noktayı Koydu）的专刊，详细介绍了中国为世界减贫事业提供的"中国智慧"和"中国方案"。专刊共 40 页、19 篇文章，配有近百张照片，图文并茂，内容包括中国减贫成就及其世界意义、产业扶贫、东西部协作扶贫、科技扶贫、教育扶贫等五个方面，详细介绍了中国的减贫经验。专刊援引联合国开发计划署官员对中国脱贫攻坚的评价，称这是"史无前例的尝试"。专刊详细介绍了中国贫困地区如何利用电商等互联网科技开展脱贫攻坚，以及纵横密布的中国铁路网等基础设施如何在扶贫方面发挥重要作用。此外，专刊还重点关注了中国新疆、西藏等地的扶贫情况，《克孜勒苏柯尔克孜：以前的硬核桃这样被"打破"了》《教育达到史上最高水平：新疆五年内新增 200 万个就业岗位》《西藏居民接待游客》等文章从不同侧面介绍了这些地区的减贫情况。专刊通过翔实的数据、生动的故事和案例向该报的土耳其及全球读者介绍中国减贫事业的发展和成就。

土耳其爱国党主席佩林切克（Doğu Perinçek）认为，中国减贫事业创造了奇迹。中国共产党领导中国人民实现全面消除绝对贫困给人留下深刻印

---

① 《世界看中国贫困 | 土耳其海峡大学亚太问题专家阿特利：消除贫困是中国最大成功之一》，新华社客户端，2020 年 5 月 23 日。

② 闫伟：《土耳其学者：中国的扶贫工作应成为世界学习的榜样》，中央广电总台国际在线，2021 年 3 月 14 日。

象，"这是人类伟大的历史成就"①。他认为中国在消除贫困方面取得了非凡的成功。这是中国特色社会主义的成功。中国在减贫方面的成就正在成为世界上所有贫困人口的希望。中国在扶贫方面的成功，让在非洲、亚洲、拉丁美洲、欧洲和北美的贫困人口对未来抱有希望。中国政府始终将改善贫困人口的生活条件作为首要任务，投入巨大，坚定消除贫困。中国在脱贫方面的成功令人振奋，这也是人类的希望。②

土耳其土中商业促进友好协会主席阿德南·阿克佛拉特（Adnan Akfirat）说："中国脱贫攻坚战取得全面胜利。中国新疆地区近年来发生的巨大变化，就很具说服力。"阿德南每年差不多有一半时间在中国度过。在多次旅行中，他见证了天山南北农牧民生活的变化。他表示，中国西部地区受自然条件等限制，发展相对滞后。中国坚持以人民为中心的发展思想，促进全体人民共同富裕。近年来，新疆各族人民的生活水平都有了很大提高。"十三五"期间，新疆地区生产总值年均增长 6.1%。他说，和田的沙漠治理饲草料基地，给他留下了尤为深刻的印象。在当地党委和政府的领导下，农牧民把一座座沙丘变成了 5 万亩饲草料基地。大片大片的苜蓿、蛋白桑不仅给特色养殖业提供了丰富饲料，为贫困户提供了稳定就业岗位，帮助不少农牧民摘掉了"贫困户"的帽子，更起到防风固沙作用，改变了"沙进人退"状况。一位村民说："我们从贫穷沙漠村庄，变成如今的幸福村、致富村，应归功于中国共产党的扶贫政策。"这话让他印象深刻。他还注意到中国非常注重扶贫和扶志、扶智相结合，重视教育扶贫。"社区为妇女群体组织技能培训班，妇女掌握职业技能后实现就业，进而带动家庭脱贫致富。政府还通过结对帮扶形式，在帮助贫困人口脱贫致富的同时，增进各民族之间的交流。我切实感受到中国政府在民生改善方面投入的力度。"他认为消除贫困是全世界面临的一大难题，新冠疫情加剧了问题的严峻性。中国的扶贫

---

① 《中国减贫事业历史性成就带给世界重要启示——多国人士高度评价〈人类减贫的中国实践〉白皮书》，新华网，2021 年 4 月 7 日。

② 《全球连线｜"中共伟大实践给其他国家带来启迪"——访土耳其爱国党主席佩林切克》，新华网，2021 年 6 月 21 日。

工作没有因为疫情而停顿。"中国完成了消除绝对贫困的艰巨任务，这是一个奇迹般的成就！"阿德南认为，中国减贫经验向世界展示了中国共产党的执政能力和中国特色社会主义制度的优势，为后疫情时代全球经济复苏和社会稳定贡献了中国智慧。①

土耳其海峡大学亚太问题专家阿特利说："消除贫困一直是中国取得的最大成功之一，其他国家也可以借鉴这种经验，使之适应自己的情况。"减少贫困人口是一个持续的过程，多年来给数亿中国公民带来积极影响。阿特利指出，中国可以将减贫经验分享给其他感兴趣的国家，并教他们如何减少贫困。但他强调，每个国家大环境不同，且都有其特殊性，在借鉴中国经验的同时，要用适合自己的方式来解决贫困问题。他表示，土耳其也为消除贫困奋斗了数十年，并且正在尝试实施一项包容性的经济发展计划，将社会的所有组成部分融合在一起。

四　结语

土耳其作为坐落在欧亚大陆交汇处的中等强国，在 2002～2017 年经济发展势头强劲，但在其进行"脱贫斗争"的数十年间，国内改革势头减弱，人均 GDP 呈逐年下降之势，失业率不断上升，为该国 10 年来的"脱贫斗争"带来挑战。

在贫困治理方面，土耳其采取诸如提高就业率、扶持农林业发展和提高社会弱势群体的福利等措施，并与国际组织积极合作，2012～2018 年贫困率有所下降，获得了令人瞩目的成绩。尽管该国在经济发展方面势头强劲，亦有经济复苏之势，但当下也面临贫困率上升、就业率下降、收入不均等现实情况，加上新冠疫情和俄乌战争的负面影响，该国减贫道路无疑面临不可避免的挑战。中国脱贫攻坚的优秀答卷对土耳其产生了一定的影响，引起该国媒体、学者等社会各界人士的关注和赞许。

---

① 王传宝：《这是一个奇迹般的成就》，《人民日报》2021 年 3 月 15 日。

第九章
俄罗斯贫困治理
及中国扶贫经验对其影响

当前俄罗斯社会面临的贫困问题是制约该国发展的主要因素之一，贫困治理作为俄罗斯国家政策的重要战略任务，在俄罗斯国家发展规划的官方文件中反复体现。2018 年 5 月俄罗斯总统普京颁布总统令，提出到 2024 年将该国贫困人口减半的战略目标，[1] 然而新冠疫情、2022 年 2 月爆发的俄乌冲突以及随即而来的西方国家对俄全方位制裁，使得实现该目标的期限被延长，到 2030 年将贫困率减半的目标已经基本确定（与 2017 年的 12.9% 相比）。[2] 与此同时，中国在贫困治理方面取得了举世瞩目的成就，引起了俄罗斯社会各界的广泛关注，中国扶贫经验对俄传播成效也就成为学界亟待考察的一个研究议题。在此，我们将分析俄罗斯当前的贫困治理现状，考察俄罗斯政府的主要贫困治理举措，最后从中国扶贫经验对俄罗斯社会各界的影响、俄罗斯可借鉴的中国扶贫经验两个角度开展了讨论，以期厘定俄罗斯社会贫困问题的基本特征、中国扶贫经验在俄传播现状及用于该国扶贫治理的可行性。

---

[1] О национальных целях и стратегических задачах развития Российской Федерации на период до 2024 года，http://www.kremlin.ru/events/president/news/57425.

[2] О национальных целях развития Российской Федерации на период до 2030 года，http://www.kremlin.ru/acts/bank/45726.

一　俄罗斯贫困治理现状

（一）俄罗斯政府对贫困的衡量标准

俄罗斯联邦的基本贫困线是按照上年第四季度的人均最低生活水平和该国人口基数确定，[①] 俄罗斯联邦国家统计局每季度通报该国和各地区的贫困线。贫困率被认为是该国现金收入低于贫困线的人口占总人口的比例。在此，全国贫困率按季度确定，各地区的贫困率按年度确定。俄罗斯将最低生活标准作为制定基本贫困线的依据，两者基本等同。[②] 最低生活标准是指"消费篮子总值"，可理解为维持居民健康及生命活动的最低限度食品、非食物产品、服务和必需费用。该项数值是根据俄罗斯国家统计局每季度发布的食品、非食品商品和服务的消费者价格水平决定的。

俄罗斯联邦整体人口的人均和主要社会人口群体的最低生活标准（即贫困线）通过将基本贫困线值乘以报告季度或年份的消费价格指数来确定。关于贫困人口及其生活质量和水平特征，俄罗斯联邦国家统计局根据不同地区、人群特征、社会群体和家庭情况提供分组数据。2021 年之后，俄罗斯采用了新的程序来确定最低生活标准和基本贫困线，衡量贫困指标与之前标准略有不同，但该指标体现国家整体贫困状况的特征未发生重大变化，仍是衡量该国贫困治理情况的核心标准。

（二）俄罗斯贫困治理效果的历时变化

根据俄罗斯联邦国家统计局官方网站提供的数据[③]，本章将俄罗斯贫困治理效果的历时变化分为以下三个阶段（见图 9-1）。

[①] Постановление Правительства Российской Федерации от 26 ноября 2021 г. № 2049-Ф3 , http：//publication. pravo. gov. ru/Document/View/0001202111270008？ysclid=13dsep6hcz.

[②] Федеральный закон от 24 октября 1997 г. № 134-Ф3《О прожиточном минимуме в Российской Федерации》, http：//pravo. gov. ru/proxy/ips/？docbody=&nd=102049769 &ysclid=13dsg227vr.

[③] Численность населения с денежными доходами ниже границы бедности и дефицит денежного дохода , https：//rosstat. gov. ru/folder/13723.

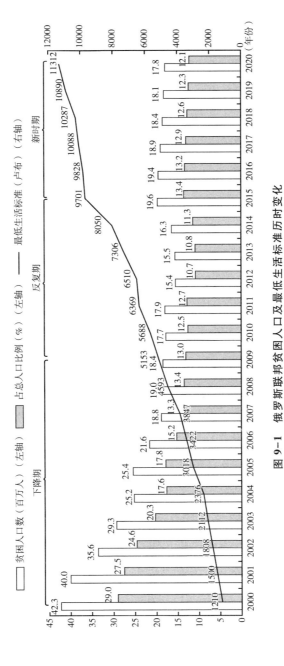

图9-1 俄罗斯联邦贫困人口及最低生活标准历时变化

资料来源：Численность населения с денежными доходами ниже границы бедности и дефицит денежного дохода , https : // rosstat. gov. ru/ folder/ 13723。

第一阶段，下降期（2000~2009 年）。21 世纪之初该国贫困率保持了较高水平，2000 年该国 1/3 人口（4230 万人，占比 29.0%）人均收入低于国家贫困线，即最低生活水平。2000~2009 年，在俄罗斯联邦政府的努力下，全国贫困人口数量逐年下降，从 4230 万人降到 1840 万人的历史低位，占总人口的比例从 29.0% 降到 13.0%，最低生活标准增长了 3 倍多（1210 卢布到 5153 卢布）。

第二阶段，反复期（2010~2015 年）。2009 年全球金融危机之后的 9 年经济动荡、2014 年克里米亚事件以及随后的美国欧盟对俄制裁，导致俄罗斯经济发展面临较为困难的局面，贫困人口数量（贫困率）从 2009 年的 1840 万人（占比 13.0%）下降到历史低点 2012 年的 1540 万人（占比 10.7%）之后，2015 年又上升到 1960 万人（占比 13.4%），但在此期间最低生活标准依然稳步增长（从 5688 卢布到 9701 卢布）。

第三阶段，新时期（2016~2020 年）。在经济恢复和国家扶贫措施影响下，贫困人口开始逐渐下降，到 2018 年俄罗斯的贫困人口数量（1840 万人，占比 12.6%），已经基本下降到 2009 年的规模（1840 万人，占比 13.0%）。2018~2020 年，贫困人口数量逐年缓慢减少，但总体变化不大，从 1840 万人下降到 1780 万人，占比从 12.6% 降到 12.1%。因此，2018 年也就成为 2024 年将贫困人口减半的国家目标的基线年（2018 年 5 月 7 日第 204 号俄罗斯联邦总统令）。根据总统令中所述的国家目标，到 2024 年贫困率降到约 6%，如果成功实现这一目标，这将是俄罗斯贫困率的历史最低值。然而，新冠疫情以及 2022 年 2 月爆发的俄乌冲突导致实现该目标的期限延长。

根据世界银行 2015 年发布的贫困标准，居民每日生活费低于 1.9 美元被视为极端贫困，随后三个递增指标分别为低于 3.2 美元/日、5.5 美元/日和 10 美元/日。根据此项指标，结合俄罗斯联邦国家统计局网站发布的数据，[1] 在此考察 2010~2020 年俄罗斯的贫困状况作为参考（见图 9-2）。

---

① Доля населения, имеющего доходы ниже границы бедности, установленной на международном уровне с учетом паритета покупательной способности , https：//rosstat. gov. ru/folder/13723.

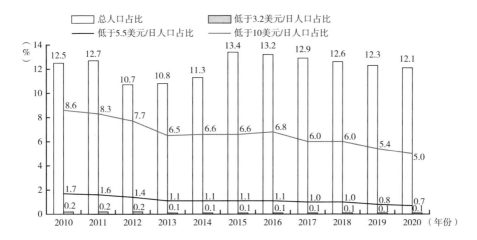

图 9-2　俄罗斯不同收入贫困人口占比历时变化

资料来源：Доля населения，имеющего доходы ниже границы бедности，установленной на международном уровне с учетом паритета покупательной способности，https：//rosstat. gov. ru/folder/13723。

（三）俄罗斯贫困人群现状分析

第一，有工作的贫困人群。俄罗斯存在相当规模的有工作贫困人群，包括工资低于最低生活水平的劳动者和工资无法维持家庭人均最低生活水平的劳动者。根据俄罗斯联邦国家统计局数据，[①] 2005 年该类人群几乎占全部贫困人口的 1/3（24.4%），直到 2015 年还保持在 10% 左右的水平，但这一比例在 2019 年减少至 2005 年的约 1/7（3.3%）。目前此类人群主要为一人工作供给全家生活的工作人群，俄罗斯科学院社会科学研究中心的研究表明，多子女家庭中的工作人群承受了较大的贫困压力，例如在 2019 年，为了确保家庭人均不低于贫困线，在拥有 3 个孩子的家中工作的人必须保证工资超过 47000 卢布，高于个人最低生活标准的 4 倍，就俄罗斯当前的平均工资水

---

① Росстат：Распределение малоимущего населения по основным социально－экономическим группам，https：//www. gks. ru/folder/13397。

平来看，2 个或更多孩子的家庭难以维持最低生活标准，低于贫困线的风险较大（见图 9-3）。

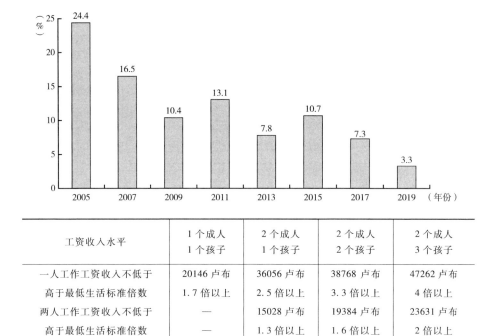

工资收入水平	1 个成人 1 个孩子	2 个成人 1 个孩子	2 个成人 2 个孩子	2 个成人 3 个孩子
一人工作工资收入不低于	20146 卢布	36056 卢布	38768 卢布	47262 卢布
高于最低生活标准倍数	1.7 倍以上	2.5 倍以上	3.3 倍以上	4 倍以上
两人工作工资收入不低于	—	15028 卢布	19384 卢布	23631 卢布
高于最低生活标准倍数	—	1.3 倍以上	1.6 倍以上	2 倍以上

图 9-3　有工作贫困人群占比变化及最低收入标准

资料来源：Оценка ИСЭПН ФНИСЦ РАН на основе данных Росстата и Минтруда России о величине прожиточного минимума；Величина прожиточного минимума по основным социально-демографическим группам населения，https：//www.gks.ru/folder/13397；Величина прожиточного минимума в целом по РФ за Ⅳ квартал не влияет на объем мер социальной поддержки，https：//rosmintrud.ru/social/living-standard/45。

　　第二，就业不稳定人群。国际劳工组织将就业不稳定确定为当代就业的全球威胁之一。失业问题正逐渐退居幕后，而不稳定就业正成为当今全球劳动力市场的主要挑战和威胁。可以说，就业不稳定导致的贫困并不限于失业，正规经济中的非正规就业、非正规生产中的弱势就业、无社会保障低工资就业等问题使得该类人群的贫困风险明显较高。俄罗斯科学院社会科学研究中心的研究表明，俄罗斯就业不稳定可能涵盖了 60% 以上的就业人群，体现为非正式就业（无就业合同）、不稳定就业条件、非正式支付工资（部分或全部）、不符合正常工作时间、雇主任意增减工资或工作时间等。在工资低于适龄劳动人口最低生活水平（贫困线）的就业人群中，就业不稳定人群占比 7.9%，稳定就业人群占比 3.3%；工资低于人均平均收入但高于最低生活水平（贫困线）的就业人群中，就业不稳定人群占比 11.6%，稳定就业人群占比 6.9%。[①] 与此同时，在俄罗斯，拥有职业教育和资格证书并不能避免就业者陷入贫困，居住地的具体劳动力市场情况可能决定了资质较高的就业者被迫从事工资较低的工作，根据俄罗斯科学院社会科学研究中心的估计，在具有中等职业教育和更高学历的俄罗斯从业者中，大约有一半人从事过低于其教育水平的工作，大量从业者工资普遍较低。

第三，有子女家庭。根据俄罗斯联邦国家统计局的数据，2019 年俄罗斯超过 82% 的贫困人口是有子女家庭，近 1/4 的儿童生活在收入低于最低生活水平的家庭中，最低生活标准低于 12000 卢布，与 2018 年相比，儿童贫困率从 22.9% 上升到 23.6%，生活在贫困家庭的 18 岁以下人口占比 27%，约是所有贫困人口平均人口占比（12.3%）的 2 倍。多子女家庭中儿童的最高贫困率为 48.3%，年轻家庭中的贫困儿童比例也很高（32.5%），而农村地区儿童的贫困率达到了 44.5%。有孩子的家庭（25.4%）比没有孩子的家庭（14.9%）贫困率更高，而单亲家庭或多成员家庭的贫困率更高，超过 33.4%。[②] 可以看出，目前俄罗斯每四个孩子中就有一个在贫困线以下，1/3 的儿童在年轻家庭中生活贫困，部分边远地区的儿童贫困率达到 50%，这个数据让人感到担忧。在 2020 年疫情发生之前，贫困线以下的有子女家

---

① На основе данных 27 волны РМЭЗ:《Российский мониторинг экономического положения и здоровья населения НИУ ВШЭ（RLMS HSE）》, проводимый Национальным исследовательским университетом "Высшая школа экономики" и ООО《Демоскоп》при участии Центра народонаселения Университета Северной Каролины в Чапел Хилле и Института социологии Федерального научно-исследовательского социологического центра РАН, http://www.cpc.unc.edu/projects/rlms и http://www.hse.ru/rlms.

② Распределение численности малоимущих домашних хозяйств в зависимости от размера и наличия детей, https://www.gks.ru/folder/13723.

庭比例就有所增加，近期内这种情况不会有明显好转，有可能会持续恶化，这也是近年来俄罗斯生育率降低和人口基数减少的原因之一。俄罗斯联邦国家统计局最近一次（2018 年）对不同类型有子女家庭的贫困率统计数据见图 9-4。

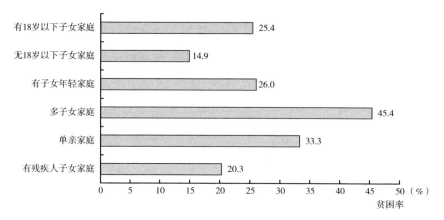

图 9-4　2018 年俄罗斯不同类型有子女家庭的贫困率统计

资料来源：Выборочное наблюдение доходов населения и участия в социальных программах в 2018 г, https：//gks. ru/free_ doc/new_ site/vndn-2018/index. htm。

第四，残疾人。根据俄罗斯联邦国家统计局的数据，残疾人是俄罗斯较脆弱的贫困人群之一，在生活物资和医疗保障方面，尤其需要国家的财政支持才能保证其基本就医和生活水平。残疾人家庭的贫困率与俄罗斯家庭整体贫困率基本持平，2018~2020 年为 6%~8%。对于有残疾儿童的家庭来说，生活水平处于贫困线以下更为普遍，2018~2020 年为 19%~21%。① 从 2018 年残疾人家庭的医疗开支占家庭总开支情况来看，对于这类弱势人群来说，最为重要的是能够满足其医疗护理需求、接受医疗康复训练和就诊服务，但由于各种原因，许多残疾人无法得到或者难以获得此类保障，存在就诊困难和医

---

① Выборочное наблюдение доходов населения и участия в социальных программах в 2018 г, https： // gks. ru/free_ doc/new_ site/vndn－2018/index. html. Доля малоимущих домашних хозяйств, в общей численности домашних хозяйств, https：//www. gks. ru/folder/13807.

疗开支难以负担等问题。在贫困的背景下，有残疾人家庭或由残疾人组成的家庭，由于各种损伤和残疾的特殊需要而产生较高的生活费用，有残疾人的家庭的医疗支出比例（10.3%~11.6%）明显高于普通家庭（3.7%）（见图9-5）。

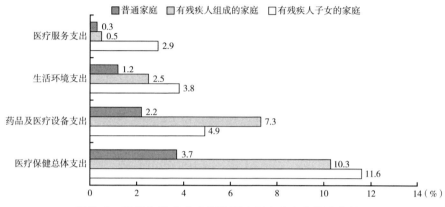

图 9-5　2018 年残疾人家庭的医疗开支占家庭总开支情况

资 料 来 源：Выборочное наблюдение доходов населения и участия в социальных программах в 2018 г，https：// gks. ru/free _ doc/new _ site/vndn－2018/index. html；Доля малоимущих домашних хозяйств，в общей численности домашних хозяйств，https：// www. gks. ru/folder/13807。

第五，老年人群体。老年人贫困与有工作人群贫困一样，是俄罗斯社会贫困的显著特点。为了满足不工作养老金领取者的基本经济保障，俄罗斯养老金社会保障已经达到养老金领取者当地的最低生活标准，也就是说，这种措施实际上就是为了让养老金领取者免于陷入贫困。在过去的两年里，俄罗斯超过工作年龄的公民人数从 2020 年的 3660 万下降到 2022 年的 3500 万，但在之前三年各项数据一直在增长，下降是由于退休年龄的提高和新冠疫情大流行增加了老年人的死亡率。也就是说，很多达到退休年龄的老年人仍在为生计继续工作，国家发放的养老金往往无法支撑其正常生活，有报道称，几乎 1/5 的老年人没有足够的钱买食物。[①] 截至 2021 年 1 月 1 日，俄罗斯的

① Пенсионная реформа，бедность и ковид，https：//tochno. st/materials/pensionnaya－reforma－ bednost－i－kovid－kak－ izmenilas－zhizn－pozhilykh－lyudey－v－rossii－issledovanie－esli－byt－ tochnym.

平均养老金为 16790 卢布。2020 年俄罗斯的平均养老金增加了 6%。然而这仍然只占该国平均工资的 30%。从俄罗斯联邦国家统计局发布的 2018 年俄罗斯全国仅凭养老金生活的家庭财务状况（见图 9-6），可以清晰地看出老年人贫困已成为俄罗斯重要的社会问题。

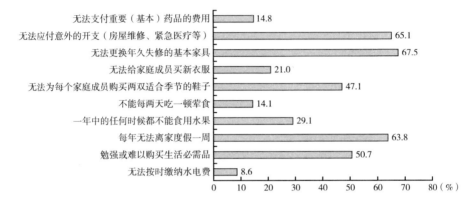

图 9-6　2018 年俄罗斯全国仅凭养老金生活的家庭财务状况统计

资料来源：Пенсионная реформа, бедность и ковид, https://tochno.st/materials/pensionnaya-reforma-bednost-i-kovid-kak-izmenilas-zhizn-pozhilykh-lyudey-v-rossii-issledovanie-esli-byt-tochnym。

二　俄罗斯政府当前的贫困治理措施

俄罗斯政府在当前贫困治理采用多模态救济减贫基础上，实施开发式扶贫。一方面，制定国家减贫目标，形成反贫困国家项目，创造可持续发展的宏观环境，提高居民收入，从根本上缓解贫困问题。2018 年 5 月普京签署总统令，规划了 2024 年前俄罗斯联邦战略发展任务和目标，其中 9 项目标之一是，2024 年将贫困人口减少一半。在实际操作中，俄罗斯政府制定了 13 个国家项目，出台了一系列刺激实体经济投资的措施，并将减贫成绩与官员绩效挂钩。[1] 另一方面，与贫困家庭签订"社会契约"，完善社会保障

---

① 刘博玲：《俄罗斯贫困问题：现状、特点与治理》，《俄罗斯东欧中亚研究》2020 年第 6 期。

体系。在帮扶贫困人口和家庭方面，俄罗斯采取了如下措施。

第一，帮扶有子女贫困家庭。主要措施：通过国家财政拨款直接发放津贴补助。根据俄罗斯政府发布的相关法案和命令，在《国家扶持有子女家庭补充措施》联邦法框架内，从 2007 年 1 月 1 日起为孕产妇及家庭办理领取财政补贴证书，截至 2021 年 1 月 1 日已发放证书 10870882 个，已向 6535894 名（占比 60.12%）产妇（家庭）发放抚恤金。[①] 根据《执行俄罗斯联邦人口政策的措施》法令，截至 2021 年 1 月 1 日已向约 1071.1 万名儿童每月发放现金补贴，2020 年 570.9 万个家庭收到该项补贴。为了执行 2020 年 1 月 15 日俄罗斯联邦总统在俄罗斯联邦议会的讲话，在"公民社会支持"修正案框架内（2021 年 10 月 30 日）为多子女贫困家庭提供生育补助，子女出生后每月提供现金补贴至 3 周岁，截至 2020 年已向 991.9 万个贫困家庭每月提供现金补贴。根据《提高远东地区生育率》相关法令，2019 年 1 月 1 日起为产妇第一胎生产时提供一次性国家补贴，二胎出生时继续领取补贴。根据 2020 年 3 月 20 日俄罗斯联邦总统令，从该年 1 月 1 日起对《关于国家对有孩子的家庭的额外支持措施》法令补充新支持措施，为收入低于该地区人均最低生活标准的 3~7 岁儿童（家庭）提供每月最低生活标准的 50% 份额补贴，截至 2021 年 1 月 1 日已支付 3622244 个有 4657424 个孩子的贫困家庭。除此之外，还包括减免或取消相关纳税、帮扶解决家庭住房问题等具体措施。例如，取消多子女低收入家庭汽车交通税、减免征收土地税、仅征收多子女家庭中一个家庭成员的财产税等。根据《关于支持年轻家庭的额外措施》法律草案，在改善住房条件方面，将会对多子女年轻家庭（夫妻一人 35 岁以下）提供无息定向贷款，用于购置（建造）住房，还款期最长为 25 年；根据购置（建造）住房贷款协议（合同），为多子女家庭提供购房优惠利率；在子女出生时获得住房补贴，用于支付购房本金债务和贷款利息等。

① Постановление Правительства Российской Федерации от 30.10.2021 г. № 1886, http://government.ru/docs/all/137394.

第二，扶持老年人及残疾人家庭。根据 2016 年 2 月 5 日颁布的《到 2025 年俄罗斯联邦老年公民行动战略》，采取了一系列措施帮扶老年人及残疾人。首先，引入了老年人和残疾人长期护理保障体系，在 18 个地区试点实施了老年人和残疾人长期护理保障社会服务措施，包括阿尔泰边疆区、堪察加边疆区、斯塔夫罗波尔县、鞑靼斯坦共和国、莫尔多维亚共和国、布里亚特共和国、伏尔加格勒地区、克麦罗沃地区－库兹巴斯、基洛夫州、科斯特罗马州、诺夫哥罗德地区、梁赞地区、沃罗涅日地区、图拉地区、新西伯利亚州、坦波夫地区、秋明州以及莫斯科市。2020 年底，这些地区 113.6 万超过工作年龄的老年人和需要社会服务的残疾人得到了相关服务。其次，引入私人医疗机构为 65 岁及以上老人提供医疗和社会服务。2020 年启动试点项目，让私人医疗组织参与向 65 岁及以上公民和生活在农村地区的人提供医疗和社会服务。私人医疗组织服务的支付费用通过国家预算和补贴形式支出，由俄罗斯联邦政府承担。在此框架内，12 个地区 37 个私人医疗组织参与了这项服务，截至 2020 年底，超过 3.1 万公民在试点项目框架内获得了医疗和社会帮扶。

第三，帮扶失业人群并促进就业。根据俄罗斯联邦相关法令，针对有工作贫困人群和失业贫困人群，出台了一系列措施进行针对性帮扶。[1] 首先，向失业公民支付社会失业救济金，2021 年最高失业救济金通常按照地区最低生活标准的 67% 发放。2021 年 12 月通过了《俄罗斯联邦最低工资法》，其中规定从 2021 年开始确保最低工资标准不低于健全人口最低生活标准。其次，2022 年俄罗斯政府决定采取以下措施促进就业，①各州相关国家机关为以下人群安置临时工作：14～18 岁的未成年人（课余时间）、找工作遇到困难的失业公民、已完成中高等教育并获得资质证书的 18～25 岁失业公民等。②为失业公民启动创业活动提供援助，已完成职业培训、按照既定程序被确认为失业、经就业服务机构推荐可接受进一步职业培训的公

---

[1] Постановление Правительства Российской Федерации от 22.09.2021 г. № 1603, http://government.ru/docs/all/136732.

民，可领取国家提供的一次性就业补助；国家机构、法人实体及私营企业为失业公民提供职业培训和补充职业教育，为失业人员提供心理咨询服务等。①

第四，稳定基础工资和社会保障水平。根据 2018 年 9 月颁布的《实现 2024 年前俄罗斯联邦国家发展目标的统一计划》，俄罗斯政府采取了以下措施以确保居民实际收入不再下降，并保证养老金的增长速度高于通货膨胀。其一，根据上一年第二季度的劳动力居民的最低生活标准确定最低工资水平。联邦平均最低工资不应低于最低生活标准。其二，保证医生、教师、研究人员等编制内人员的工资维持在目前水平以上，根据不同职业类别，为平均劳动收入的 100%~200%。其三，公职人员工资将每年进行指数化调整，根据通货膨胀率和物价指数自动调整工资、银行利息、养老金及各种生活补贴额度。其四，确保养老金的年增长率超过上一年的通货膨胀率，社会福利和补助金根据通货膨胀率和物价指数动态调整。②

第五，新冠疫情期间切实保护贫困人群。2020~2021 年随着新冠疫情的大流行，俄罗斯政府采取了多项保护贫困人群的措施：立法保证最低劳动报酬和最低退休金不低于贫困线；以 2% 的优惠利率（央行基准利率当时为 4.25%）向停产企业提供贷款，供发放法定最低月薪（12130 卢布）；失业救济金从 8000 卢布提高到 12130 卢布；2020 年给每名 15 岁以下儿童发放 1 万卢布补助，对照料儿童的父母，补助提高 1 倍；居民购房抵押贷款优惠利率延长到 2021 年底；2020 年底给每个 7 岁以下儿童发放 5000 卢布新年补助；从 2020 年 9 月起为 1~4 年级小学生每天提供一次免费热餐，为 81 万名中小学班主任每月增加 5000 卢布的班主任津贴；2021 年起退休金增长 6.3%，高于通胀率（4%），每名贫困者月收入增加 100 卢布；2021 年 2 月

---

① Постановление Правительства Российской Федерации от 16.03.2022 г. № 376, http://government.ru/docs/all/139875.

② Единый план по достижению национальных целей развития России на период до 2024 года, https://www.rbc.ru/economics/08/05/2019/5cd2f77c9a794768881ddad1.

1 日起，对核事故受害者、苏联英雄和俄罗斯英雄、伤残人士、工伤者和有儿童的家庭的社会补助提高 4.9%。

在贫困治理中，俄罗斯采用救济式、开发式减贫，注重建立健全改善贫困的长效机制，包括相关法律法规的制定和组织机构的健全，出台了一系列减贫战略和国家计划，积极推行贫困治理相关的社会政策，将调节收入分配、加强对弱势群体的社会救助、促进就业、提高劳动者素质等作为重中之重，并致力于重塑社会价值观，鼓励人们通过自身努力来改善贫困状况。俄罗斯参与全球贫困治理则立足于邻近的欧亚国家，其对外援助遵循的是发展援助委员会（DAC）的传统角色，俄罗斯的发展战略指导理念就是经合组织（OECD）的发展合作原则，其财政援助大多是通过欧亚经济共同体、世界银行以及联合国等机构实施。

三　中国扶贫经验对俄罗斯贫困治理的影响

（一）中国扶贫经验对俄罗斯政府及社会各界的影响

俄罗斯政府及民众高度肯定中国扶贫所取得的成就，社会各界人士赞叹不已，表示要向中国"取经"，学界都正在研究如何将中国的扶贫治理经验用于俄罗斯扶贫治理的各项工作中，具体表现如下。

首先，俄罗斯政府对中国扶贫所取得的成就高度肯定。例如，2021 年 1 月 27 日俄罗斯总统普京在世界经济论坛"达沃斯议程"视频对话会上表示，全球化和国内增长帮助发展中国家实现经济腾飞，中国的扶贫成就尤其突出，帮助 10 多亿人摆脱了贫困，同时低收入人群从 1990 年的 11 亿人减少到近年来的少于 3 亿人，令亿万人成功脱贫，堪称"绝对的成功"。① 又如，2021 年 2 月在克里姆林宫的例行记者会上，俄罗斯总统发言人德米特

---

① Путин сопоставил итоги борьбы с бедностью в России и Китае, https://regnum.ru/news/3174777.html.

里·佩斯科夫（Антон Котяков）高度赞扬了中国在消除贫困方面取得的成功，同时他也表示，中国是一个人口众多的大国，取得这样的成功表明中国正在稳步发展，尽管面临重重考验和困难，但发展不断深化，而贫困治理也是俄罗斯国家规划的优先事项。① 俄罗斯政府也可借鉴中国做法来对抗贫困，对此劳动和社会保障部部长安东·科佳科夫（Антон Котяков）曾表示，政府将为某些类别的公民提供点对点支持，并努力确保经济增长。② 据审计署资料，国家项目、联邦项目和国家计划中有 992 项活动旨在增加实际收入和减少贫困，2019~2024 年，用于这些活动的资金总额将达到 15.3 万亿卢布（约合人民币 1.3 万亿元）。③

　　其次，俄罗斯主流媒体对中国扶贫所取得的成就以正面报道为主。例如，塔斯社在报道中指出，中国取得了消除绝对贫困战争的全面胜利。④ 俄新社的报道中指出，按照世界银行国际贫困标准，中国减贫人口占同期全球减贫人口的 70% 以上。中国完成了消除绝对贫困的艰巨任务，创造了又一个彪炳史册的人间奇迹。⑤ 国际文传电讯社指出，在现行标准下中国 9899 万农村贫困人口全部脱贫，832 个贫困县全部摘帽，12.8 万个贫困村全部出列，区域性整体贫困得到解决，完成了消除绝对贫困的艰巨任务，中国政府发起的脱贫攻坚战取得了全面胜利。在过去 70 多年有 8.5 亿人摆脱了贫困。⑥ 俄罗斯卫星通讯社列举了中国脱贫攻坚中取得的重大历史性成就：农村贫困人口全部脱贫，为实现全面建成小康社会目标任务做出了关键性贡

① В Кремле оценили успехи Китая в борьбе с нищетой. ［EB/OL］ https：//ria.ru/20210225/kitay-1598901178.html?

② https：//sotszashita.ru/articles/social/anton-kotyakov-nash-klyuchevoy-i-neizmennyy-prioritet-eto-rost-blagosostoyaniya-i-kachestva-zhizni-g/? ysclid=m3wan521gu443838897.

③ https：//www.vedomosti.ru/economics/articles/2020/12/25/852424-tseli-po-rostu-dohodov? ysclid=m3wao9vvb3695550062.

④ Порог бедности: как Китаю удалось избавить от нищеты 800 млн жителей, https：//tass.ru/opinions/10790289? ysclid=l3awib3ifk.

⑤ Как Китаю удалось вывести сотни миллионов человек из бедности, https：//ria.ru/20201215/kitay-1589393380.html?

⑥ CGTN: Адресные меры-китайский путь к искоренению бедности, https：//www.interfax.ru/pressreleases/753533.

献；脱贫地区经济社会发展大踏步赶上来，整体面貌发生历史性巨变；脱贫群众精神风貌焕然一新，增添了自立自强的信心和勇气；党群干群关系明显改善，党在农村的执政基础更加牢固；创造了减贫治理的中国样本，为全球减贫事业做出了重大贡献。①

最后，俄罗斯社会各界人士表示要向中国"取经"。例如，俄罗斯经济学家、新社会研究所所长瓦西里·科尔塔绍夫（Василий Колташов）相信，中国在消除贫困方面采用的方法具有普遍性，适合俄罗斯。② 俄罗斯金砖国家研究委员会主任瓦列里娅·戈尔巴乔娃（Валерия Горбачёва）认为，中国只用了 40 年时间就消除了贫困，这对该国及其政府来说是一个绝对的胜利。她指出，当中国 1978 年开始实施改革开放政策时，大部分人口在贫困线以下，而今中国已经成为世界上经济和技术较先进的国家之一，是第一个消除贫困的国家。俄中友好、和平与发展委员会主任尤里·塔夫罗夫斯基（Юрий Тавровский）表示，《人类减贫的中国实践》白皮书及其外文版的出版重要而及时，他认为世界上还没有哪个国家能成功地完全消除绝对贫困，虽然全世界的贫困率都在缓慢上升而不是下降，但中国在短短 7 年内就成功地使最后 9900 万人摆脱了贫困，另一个"中国奇迹"能否在俄罗斯复制？如果设定一个目标并朝着这个目标稳步前进是有可能的。③ 俄罗斯亚洲工业家与企业家联盟主席维塔利·曼克维奇（Виталий Манкевич）表示，中国在基础设施建设、通过优惠贷款利率和政府支持措施鼓励国有企业进行投资等方面的经验对俄罗斯极有现实意义。④

---

① Китай победил абсолютную бедность，https：//sputnik. by/20210225/Kitay－pobedil－absolyutnuyu-bednost－－1047005215. html?

② Китай победил бедность. Чему у него может научиться Россия，https：//www. kp. ru/daily/27244/4373186/? ysclid=l3ay45hdyw.

③ Путин объявил о борьбе с бедностью. Сможет ли Россия повторить опыт Китая? https：//antifashist. com/item/putin-obyavil－o－borbe－s－bednostyu－smozhet－li－rossiya－povtorit－opyt－kitaya. html.

④ По китайскому рецепту бедность в России можно ликвидировать за два года，https：//www. tks. ru/politics/2021/04/ 09/0003/ print.

（二）俄罗斯可借鉴中国扶贫经验

贫困治理是当前俄罗斯社会较紧迫的问题之一，考验着俄罗斯国家治理的能力，关乎俄罗斯政治社会的稳定和经济的发展。同时，也应该注意到俄罗斯文化的特殊性以及由此产生的贫困观：崇拜苦难，享受苦难。[①] 在此，我们认为俄罗斯可借鉴中国扶贫经验，具体包含以下三点。

第一，加大开发减贫力度，更加完善的基础设施建设，有利于从根本上消除贫困。俄罗斯与中国社会贫困人群的基本结构相似，社会最脆弱的人群是农村居民和多子女家庭。俄罗斯政府针对农村贫困人群的扶贫措施以发放社会性福利津贴和救济金为主，此类方法虽然简单易行，但存在破坏整个社会保障和供需体系的风险。而我国政府在此问题上采取了更加深思熟虑的做法，决定不仅仅发放资金补助支持低收入家庭，而是把重点放在基础设施建设上来，通过改善道路交通、通信电力、社会福利、医疗卫生、学历教育和文化服务基础设施，从根本上改变地区贫困状况。

第二，加大救济减贫投入，系统性帮扶贫困家庭，建立完善的社会福利与保障体系。以家庭帮扶为例，在俄罗斯每增加一个孩子，该家庭就会有退回到贫困线的风险，俄罗斯政府对此采取的是为孕产妇、儿童发放福利津贴的方法扶贫，效果不甚理想；而我国在直接提供资金支持基础上，有更为完善的社会福利和保障体系，如新生儿的夫妇的带薪孕产假、夫妻双方生育保险制度（生育医疗费用和生育津贴）、社会保险扶贫政策、贫困家庭精准扶贫政策、教育惠民政策资助和教育精准扶贫等，这些政策从设计理念和系统完备度来说更为优越，旨在系统性帮扶贫困家庭，以确保坚决守住扶贫成果，避免发生被帮扶人群规模性返贫现象。

第三，适时采用精准扶贫，从志气、智能、资金等方面帮扶贫困人口，建立完善的贫困治理机制。当前俄罗斯有工作贫困人群和就业不稳定人群已经成为贫困高危群体，国家主要通过立法保障最低工资标准、失业人员临时

---

① 郭小丽：《俄罗斯民族的苦难意识》，《俄罗斯研究》2005 年第 4 期。

安置和发放失业补助等方式进行帮扶。相对而言，我国促进就业与提高收入的举措更为系统化，习近平总书记在党的十九大报告中指出，做好就业扶贫工作、促进农村贫困劳动力就业，是打赢脱贫攻坚战的重大措施。2021年5月人社部等五部门印发了《关于切实加强就业帮扶巩固拓展脱贫攻坚成果助力乡村振兴的指导意见》，提出了健全脱贫人口、农村低收入人口就业帮扶领导体制、工作体系和帮扶机制，继续推进"三业一岗"就业帮扶模式。全国各地各部门积极推动就业扶贫，构建就业扶贫政策体系，推动外出务工和就地就近就业，并强化服务、培训和维权等支持，与此同时，对贫困劳动力优先组织外出、优先留用稳岗、优先转岗安置，实施扶贫车间吸纳、公益性岗位安置等举措。

四　结语

本章首先从贫困衡量标准、贫困治理效果以及贫困人群现状分析考察了俄罗斯当前的贫困治理现状，随后考察了俄罗斯政府的主要贫困治理举措，最后从中国扶贫经验对俄罗斯社会各界的影响、俄罗斯可借鉴的中国扶贫经验两个角度开展了讨论。总体来说，虽然俄罗斯政府一直将扶贫问题作为该国政策制定的首要任务之一，但俄罗斯社会当前面临的贫困治理问题依然任重道远，存在很多系统性和根本性的社会问题亟待解决，而在俄乌冲突和西方国家全方位制裁影响下，俄罗斯贫困治理状况很难在近年内有明显改观。俄罗斯政府及社会各界对中国扶贫的重大成绩是予以高度肯定的，考虑到两国贫困人群结构存在很多相似之处，俄罗斯政府借鉴中国经验改变目前俄罗斯社会的贫困现状，可以说是一条可行且务实的道路。

第十章
南非贫困治理及中国扶贫经验对其影响

被誉为非洲之王的南非，曾经是非洲较为发达的国家，在 20 世纪 80 年代中期经济增长率已经高达 7.8%，位于世界第三。但是，自 1994 年解除种族隔离制度至今，特别是在南非首任黑人总统的治理下，经济逐步坍塌，从富强走向了贫穷。其实，贫困治理一直是南非国家发展的主要目标，曼德拉总统上台以来，为了实现种族平等，提高黑人的社会地位，在救济式基础上采用了变革式、开发式减贫，推出《重建与发展计划》（RDP）、《综合农村发展计划》（CRDP）等一系列减贫政策，这些政策使南非贫困得到部分缓解，缓解了黑人的社会压力，但是大量企业投资基金、人才和技术的流失，直接导致了南非很多著名企业停工停产，甚至大量倒闭歇业，经济发展开始出现停滞和倒退，再加上严重的贫富分化使社会极度割裂，犯罪率一直居高不下，失业率不断走高，直至目前南非贫困问题仍不容乐观。世界银行 2020 年发表的报告显示，南非自 1994 年以来在减贫领域取得了进展，但 2011 年后南非贫困率逆转上升，大约 55.5%（3030 万）人口生活在南非国家贫困线之下，25%（1380 万）人口正经历粮食危机。南非基尼指数为 0.63，且一直呈上升趋势，少数高收入群体和多数长期贫困群体共存，中等收入群体相对较小。① 而且受新冠疫情影响，预计南非极端贫困人口将大幅增加，进一步加剧南非收入不平等与贫困现象。

一　南非贫困问题研究综述

南非是全球中高收入水平国家，但同时也是收入差距较大的国家之一，其国内长期存在的贫困现象一直受到学界关注。有学者对其贫困的起因进行了分析，认为最主要的因素是种族隔离制度遗留的土地所有权问题与种族收入差异。Aliber 从历史角度分析认为，殖民主义和种族隔离造成的土地剥夺和移徙劳动是南非贫困现象的直接原因，农村地区的居民因为没有土地和其他资源而无法获得发展，种族隔离制度解除后南非政府虽然投入大量资源支持减贫政策，但因执行不足导致未能带动明显的就业改善。② Woolard 则认为种族、性别和地域是南非贫困与不平等的深层原因，经济增长的下滑进一步导致了贫困现象的加剧，家庭收入少、工资差距大、就业机会少是南非贫困治理必须解决的问题。③ Davids 和 Gouws 从个人因素、结构因素、宿命因素三方面量化分析了南非本土居民对贫困原因的看法，认为种族隔离制度造成了南非政治和经济产品方面的不平等，穷人（主要是黑人）将贫穷原因归咎于种族隔离制度，而非穷人（白人）则将贫穷原因归结于个人因素，这显示了南非社会的差异与分裂。④ Mbuli 认为，南非种族隔离制度解除后因为城市层面执行不足、资产再分配缓慢、中小企业发展缺乏、艾滋等传染病感染率高以及政府公共腐败等因素导致南非贫困

---

① World Bank, "Poverty & Equity Brief: South Africa", April, 2023, https://databank. worldbank. org/data/download/poverty/987B9C90-CB9F-4D93-AE8C-750588BF00QA/current/ Global_ POVEQ_ ZAF. pdf.

② Aliber, M., "Chronic Poverty in South Africa: Incidence, Causes and Policies", *World Development*, 31 (3), 2003: 473-490.

③ Woolard, I., "An overview of Poverty and Inequality in South Africa", Human Sciences Research Council Library, No. 2166, 2002.

④ Davids, Y. D., and Gouws, A., "Monitoring Perceptions of the Causes of Poverty in South Africa", *Social Indicators Research*, 110 (3), 2013: 1201-1220.

治理收效甚微。[1]

也有学者对南非贫困对社会各方面的影响进行了评估，并试图从多角度提出改善南非贫困状况的建议。Machethe 统计了南非农村地区居民收入状况，认为南非贫困问题主要集中在农村地区，南非可以借鉴其他国家经验通过提高农业生产率和农村收入来减轻贫困状况，政府应加大农村地区的投资与农业服务。[2] Saayman 等构建了南非旅游行业与贫困状况的量化模型，结论是南非旅游业的增长不会给贫困人口带来显著益处，但旅游对南非整体经济增长有效，政府应该改善旅游行业的资金流动模式以惠及贫困人口。[3] Berg 统计了南非学生考试分数与贫困状况的联系，认为南非学校未能克服经济因素导致的人们受教育的差异，学校门槛效应阻碍了不同收入阶层背景学生的公正教育机会，富裕学校的考试分数相对较高，由此不同学校的教育结果很可能继续转化为劳动力市场的巨大不平等，减贫政策应改善贫困学校的教育资源转化能力。[4] 除此之外，诸多学者分别从农业、能源以及性别等角度对南非贫困问题进行了讨论。[5]

整体而言，不同学者从多角度对南非贫困现象进行了研究，但南非受独特的种族隔离历史、种族收入分化、当代政府问题以及全球经济波动等多方面因素影响，贫困问题呈现庞大且复杂的特征。因此，多数学者从单一角度

---

[1] Mbuli, B. N., "Poverty Reduction Strategies in South Africa", PhD diss., University of South Africa, 2008.

[2] Machethe, C. L., "Agriculture and Poverty in South Africa: Can Agriculture Reduce Poverty", Overcoming Underdevelopment Conference, No. 28, 2004.

[3] Saayman, M., Rossouw, R., and Krugell, W., "The Impact of Tourism on Poverty in South Africa", *Development Southern Africa*, 29 (3), 2012: 462−487.

[4] Berg, S. V. D., "How Effective Are Poor Schools? Poverty and Educational Outcomes in South Africa", *Studies in Educational Evaluation*, 34 (3), 2008: 145−154.

[5] Rose, D., and Charlton, K. E., "Prevalence of Household Food Poverty in South Africa: Results from a Large, Nationally Representative Survey", *Public Health Nutrition*, 5 (3), 2002: 383−389. Ismail, Z., and Khembo, P., "Determinants of Energy Poverty in South Africa", *Journal of Energy in Southern Africa*, 26 (3), 2015: 66−78. Rogan, M., "Gender and Multidimensional Poverty in South Africa: Applying the Global Multidimensional Poverty Index (MPI)", *Social Indicators Research*, 126 (3), 2016: 987−1006.

和领域对南非贫困问题进行研究，但同时也导致对南非贫困问题缺乏系统性的研究，或者说现在仍未能提炼出南非贫困现象的整体结构。也正是因为南非贫困问题的复杂性，南非政府在贫困治理中不仅缺乏贫困治理理论的支撑，造成减贫政策的系统规划与具体路径不明，也同样受限于历史遗留问题与全球政治经济形势，南非政府在执行减贫政策时多有掣肘，形成目前经济改革进度缓慢、贫困治理难有成效的局面。

二 南非贫困治理历程与政策框架

南非贫困治理始于种族隔离制度的解除，当今社会保障制度已经基本建立，老年人、伤残人员、儿童等无就业能力者得到了政府的救助，全民实现了免费医疗和义务教育。[①] 1994 年南非举行首次不分种族的大选后，曼德拉领导的非国大（南非非洲人国民大会）联合南非工会大会、南非共产党共同推出《重建与发展计划》（RDP），该计划指出贫困是南非人民最大的负担，并将减少南非贫困列为南非新政府的主要目标。随后南非历届政府均将减少贫困作为国家发展方向，在救济式基础上采用了变革式、开发式减贫，相继出台《新增长路径》（NGP）、《2030 年国家发展计划》（NDP）等宏观政策框架，以及《增长、就业和再分配战略》（GEAR）、《扩展公共工程计划》（EPWP）、《综合农村发展计划》（CRDP）等具体措施推动贫困治理。

（一）采用变革式减贫，种族隔离解除：《重建与发展计划》

《重建与发展计划》是 1994 年南非解除种族隔离制度后推出的首个国家发展计划，聚焦于解决种族隔离下的社会资源和收入分配不平等问题。彼时南非国内生产总值与人均生产总值分别为 1398 亿美元和 3445 美元，均位

---

① 章康华：《南非社会转型期的减贫战略与我国现阶段扶贫开发之比较》，《老区建设》2014年第 9 期。

于中高收入国家水平。但当时南非贫富分化严重，地区发展极度不平衡，至少有 1800 万人生活在最低生活水平以下，其中农村地区贫困率约为 72%。[①]因此，新成立的南非政府致力于改善原种族隔离制度下的不公平社会分配体系，让全体南非人民共享集中在少数群体的经济发展成果。《重建与发展计划》也将南非贫困的根源归结为种族隔离制度，指出"贫困是南非人民最大负担，是种族隔离制度及其商业、工业严重扭曲发展的结果，南非有能力为所有公民提供食物、住房、教育和医疗保健服务，然而种族隔离和经济剥削在我们中间造成了不必要的严重不平等，释放现有资源用于重建和发展将是重建过程中的一项重大挑战"[②]。

在具体减贫措施上，《重建与发展计划》将消除贫困和收入剥削作为南非民主政府的首要任务，并号召政府从土地改革、住房和服务、水和卫生、能源和电气化、电信、运输、环境、营养、卫生保健、社会保障和社会福利等各方面满足南非人口的基本需求。其中土地改革是南非贫困治理的重要方向，种族隔离制度时期的南非《黑土地法》《集团区域法》等规定有色人种无权购买经济发达地区的土地，导致大量黑人拥挤在贫困的黑人"保留地"和乡镇地区，无法共享经济发展成果与保障基本生活水平。《重建与发展计划》通过政府购买、强制返还、财政补偿、开发空置土地等一系列措施促进了南非土地再分配，为农民等贫困人口提供住宅和生产用地，由此提高居民收入并促进经济发展。

从结果来看，《重建与发展计划》的实施是相对成功的，作为南非历史上跨时代意义的国家发展框架，《重建与发展计划》不仅落实大量具体项目让南非贫困人口获得基本保障，也改革了南非在长期种族隔离下的社会分配体系，使黑人等有色群体能够更为公平地参与经济建设并享受发展成果。在实施后的五年时间，南非建造了超过 110 万套符合政府补贴条件的廉价住房，为近 490 万人提供了干净自来水，约有 175 万户家庭接入了国家电网，

---

① May, J., "Poverty and Inequality in South Africa", *Indicator South Africa*, 15 (2), 1998: 53-58.

② 纳尔逊·曼德拉基金会网站关于南非种族隔离的档案，https://omalley.nelsonmandela.org/omalley/index.php/site/q/03lv02039/04lv02103/05lv02120/06lv02126.htm。

其中农村家庭用电比例从 12% 增长到 42%，为 500 万人提供了初级医疗保健设施等。[①] 但受到 20 世纪末全球经济衰退影响加上南非原有资本外流、新政府执政能力欠佳、内部腐败等问题交织，导致南非政府无力推动各类改革计划落实，《重建与发展计划》逐渐脱离实际，仅存有代表政府工作方向的象征意义。

（二）传统救济式减贫，积极应对危机：《新增长路径》

2008 年全球金融危机爆发，国际经济大幅动荡，南非发展也受此影响陷入衰退，国内经济秩序陷入混乱。[②] 在此背景下，南非政府关于国家发展的方向与议程发生转变，由聚焦于消除种族隔离时期的不平等制度，逐渐转变为增加公共投资以促进居民就业和经济发展。2010 年 11 月，南非政府出台《新增长路径》，为未来南非经济基础调整做了框架规划，官方对该计划的解释称："人们日益达成的共识是，创造体面的工作、减少不平等和战胜贫穷是建立在调整南非经济基础上新的增长路径，由此也将改善南非的劳动力就业和经济增长率，南非人需要艰难选择和共同决心来实现经济增长的转型。""全球经济危机意味着南非必须重新思考贸易和投资的历史模式，为发展中经济体开辟了新政策空间和超越传统的方案，政府在加速社会和经济发展方面发挥着极其重要的作用，包括通过有效的市场监管。"[③]

《新增长路径》认为，创造就业机会是消除贫困、减少不平等和解决农村欠发达问题的核心，而创造就业的关键驱动力是增加对基础设施的投资。该框架将南非未来经济发展分为三个时期：在短期，通过直接就业计划、针对性补贴和扩张性宏观经济来加速创造就业机会；在中期，支持农业、轻工业和服务业等大量吸收劳动力的产业以创造大规模就业机会，政府优先安排就

① Lodge, T., *Politics in South Africa: From Mandela to Mbeki* (Cape Town: David Philip Ltd, 2002), 54-69.

② Rena, R., and Msoni, M., "Global Financial Crises and Its Impact on the South African Economy: A Further Update", *Journal of Economics*, 5 (1), 2014: 17-25.

③ 南非政府网，https://www.gov.za/sites/default/files/NGP% 20Framework% 20for% 20public% 20release% 20FINAL_ 1.pdf。

业的私人投资活动，并增加基础设施投资，对生产和创新活动提供补贴；在长期，政府加大对知识和资本密集型行业的支持，以此保持充分就业和竞争力。从规划内容上可以看出，《新增长路径》进一步提升了南非政府对国内经济的主导作用，强调政府投资有义务和能力解决居民就业与贫困问题，主张采取扩张性的财政政策刺激经济重新增长。《新增长路径》对未来南非就业和贫困治理制定了详细而具体的目标。在基础设施方面，南非政府通过公共投资在能源、交通、水、住房、通信等基础设施领域创造了 25 万个就业机会；在主要经济产业方面，为农业小规模种植者提供 30 万个就业机会，农业加工业提供了 14.5 万个就业岗位，改善 66 万个农业工人的生活条件。采矿业增加 14 万个就业岗位，制造业提供 35 万个就业岗位，服务业和商业服务业提供 25 万个就业岗位；在新兴产业方面，通过科技创新与绿色经济提供 30 万个就业岗位；在社会资本和公共服务方面，在卫生、教育和警务领域提供 10 万个就业岗位；在空间开发方面，加大农村地区公共基础设施和住房改善，显著提升 50 万户家庭的生活水平。

这些详细而具体的规划在一定程度上限制了实施灵活性，且扩张性财政政策也加大了南非政府的资金压力，在内部政治腐败与外部全球经济危机的多重因素影响下，《新增长路径》的实施并不顺利，甚至难以发挥对南非经济增长的正面作用。自 2010 年《新增长路径》实施后，南非经济进入新一轮衰退期，国内生产总值由 2011 年的 4146 亿美元下降到 2016 年的 2963 亿美元。计划就业岗位增长目标也未能实现，2016 年南非经济发展部部长易卜拉欣·帕特尔（Ebrahim Patel）表示，自《新增长路径》实施以来仅创造了 190 万个工作岗位，是 500 万个既定目标的 38%。[1] 南非贫困状况也进一步恶化，贫困人口比例从 2011 年的 53.2% 上升至 2015 年 55.5%，超过 3040 万南非人生活在贫困中，其中多数为儿童、黑人、女性、农村人口等群体。[2]

---

[1] 南非议会网站，https：//pmg.org.za/committee-meeting/23618/。

[2] 南非统计局网站，https：//www.statssa.gov.za/? p = 10334。

（三）实施开发式减贫，争议中前行:《2030年国家发展计划》

南非政府于 2012 年 9 月出台《2030 年国家发展计划》，该计划是南非至 2030 年的长期发展规划，主要目标为消除贫困和减少不平等。与《新增长路径》强调政府作用和就业目标不同，《2030 年国家发展计划》在视角上更为宏观广泛，除了设定"到 2030 年消除所有家庭贫困"等减贫目标，还突出了南非在国家认同、种族平等、公民发展、国际责任等方面的发展方向，如计划称"种族隔离的遗产继续决定着绝大多数人的生存机会，巨大的挑战只能通过国家治理的提升来应对""南非必须将政治解放转化为所有人的经济福祉""机会不是由出生决定的，而是由能力、教育和努力工作决定的"，这也意味着《2030 年国家发展计划》更像是对 1994 年《重建与发展计划》的继承，有着更多的政治号召与社会凝聚作用。

《2030 年国家发展计划》是一个综合全面的政府规划，南非前总统祖马解释称，该计划基于南非国家计划委员会对南非"贫困和不平等"问题的诊断报告，即阻碍南非消除贫困和减少不平等的原因有九个方面：一是就业人员少；二是黑人教育质量差；三是基础设施不完善；四是空间分化阻断包容性发展；五是资源密集型经济不可持续；六是公共卫生系统无法满足需求；七是公共服务质量差；八是腐败程度高；九是南非依然是一个分裂的社会。[①] 为了解决这些问题，《2030 年国家发展计划》详细分析南非国内就业、教育、基础设施、卫生、农村、安全以及国际关系等 13 个领域的现状与发展前景，以五年为周期制定了详细的计划目标，并由总统设立总统府规划、监督和评估部（DPME）对实施情况进行监测和评估。

2017 年 9 月，《2030 年国家发展计划》第一个五年计划完成，南非总统府规划、监督和评估部部长兼国家计划委员会主席杰夫·拉德贝（Jeff

---

① Zuma, J., "Address by President Jacob Zuma on the Occasion of the Handover of the National Development Plan during the Joint Sitting of the National Assembly and the National Council of Provinces", https: //www. thepresidency. gov. za/address - president - jacob - zuma - occasion - handover-national-development-plan-during-joint-sitting, 2024-8-26.

Radebe）表示，《2030 年国家发展计划》在五年内取得了积极成果，主要包括：交付住房 33.1 万套、3.05 万户家庭获得供水服务、112 万户家庭获得卫生设施、72.4 万户家庭接入电网、预期寿命增加 6 岁等。这些成果未获得南非社会的普遍认同，甚至部分成果与原定计划相去甚远，尤其是南非整体经济与就业状况仍未好转。2017 年南非国内生产总值为 3496 亿美元，相比 2012 年计划实施时的 3963 亿美元下降了 11.8%，整体失业率上升至 27.7%，其中青年失业率由 51.39% 上升至 38.6%。[①]

南非政府在《2030 年国家发展计划》制定之初对其抱有较大期望，且在政策执行上历经两任总统，先后出台多个配套政策与新设政府机构支持，具有较好政策延续性。但其实行结果却不尽如人意，甚至加重了南非贫困问题。有学者认为，市场导向的土地政策和虚弱的官僚机构是南非政府实施《2030 年国家发展计划》创造就业和消除贫困目标的主要障碍，南非政府应采取市场主导措施并建设更有能力的官僚机构来实现发展目标，[②] 而《2030 年国家发展计划》的执行效果受到南非执政党非国大内部分歧、各政府部门之间协调机制不足的制约。[③]

三 南非贫困治理面临的主要问题

在政策制定上，南非一直将贫困治理作为政府工作的首要任务，从 1994 年种族隔离制度解除后的第一份国家发展规划《重建与发展计划》到长期发展愿景《2030 年国家发展计划》，均对贫困治理制定了详细的目标。但是从现实发展上看，南非的贫困治理效果却与目标相反，国内贫困率和失业率居高不下，且国家整体经济也遭受持续衰退。这种现象的背后反映了南

---

① 南非统计局网站，https：//www. statssa. gov. za/？p=10658。

② Moyo, T., and Mamobolo, M., "From the RDP to the NDP: A Critical Appraisal of the Developmental State, Land Reform, and Rural Development in South Africa", *Politikon*, 43（3），2016：325-343.

③ Vinothan, N., and Maré, A., "Implementing the National Development Plan? Lessons from Co-ordinating Grand Economic Policies in South Africa", *Politikon*, 42（3），2015：407-427.

非贫困治理的复杂性，不仅有殖民时期种族隔离制度的遗留问题，愈演愈烈的意识形态之间的博弈以及非可持续的经济结构等因素也阻碍着南非贫困治理状况的改善。

（一）历史遗留土地问题导致贫富差距长期存在

南非种族隔离历史遗留的土地问题是其贫困现状的直接影响因素。1652年，第一批荷兰东印度公司船员踏上南非土地，其后300年，欧洲殖民者陆续实施了针对黑人民众的歧视性统治，建立了种族隔离制度，强制黑白人种隔离发展，剥夺了黑人许多合法权益，其中就包括土地所有权。南非联邦建立后，政府于1913年颁布《土著土地法》（Natives Land Act），将仅占全国国土面积7.3%的土地划定为黑人"保留地"[①]，同时禁止黑人在保留地范围之外购买、租赁和使用土地，瓦解了黑人原住民的传统财富积累方式。黑人无法通过土地这一重要生产要素去经营矿产、农场等获取财富，只能被迫沦为白人的劳工，获取低廉的薪资。黑人与白人种族间出现巨大的贫富分化。1991年，在南非共和国总统德克勒克、南非非洲人国民大会副主席曼德拉以及因卡塔自由党领导人布特莱齐谈判下，南非议会通过《废除基于种族的土地措施法》（Abolition of Racially Based Land Measures Act），就此废除了《土著土地法》（Natives Land Act）、《土著信托和土地法》（Native Trust and Land Act）、《群体区域法》（Group Areas Act）等限制黑人获取和使用南非土地的法案。

1994年，南非种族隔离制度结束，非国大政府上台执政。当时，占南非总人口77%的黑人仅拥有全国4%的土地。黑人人均占有耕地仅0.1公顷，而白人人均占有耕地约1.3公顷。[②] 政府出台了以《重建与发展计划》（Reconstruction and Development Programme）为核心的一系列改革政策，致力解决种族隔离制度遗留的黑人贫困等社会发展问题，其中尤为突出的是在

---

① E. M. Letsoaloa and M. J. J. Thupana, "The repeal of the land acts: the challenge of land reform policies in South Africa", *Social Dynamics*, 39 (2), 2013: 298-307.

② 蔡淳：《南非土地改革将是一场大考南非》，《经济日报》2018年8月10日。

长期限制黑人拥有土地的历史环境下，南非土地所有权在白人和黑人之间极度不均，以"分土地，均财富"为目标的土地改革成为南非的首要议题。[①]1998 年，南非修改了《提供土地和援助法》（Provision of Land and Assistance Act），确立"自愿买卖"原则，由政府出资，帮助黑人弱势群体从市场上购买土地。遗憾的是，南非种族隔离制度虽然以相对平稳的方式解除，人数绝对占优的黑人群体通过全民大选取得了国家政权，并废除了种族不平等的各项法案，但黑人执政后的南非政府没有办法直接从白人群体中获得土地。《重建与发展计划》（Reconstruction and Development Programme）、《土地政策白皮书》（White Paper On South African Land Policy）、《新增长路径》（New Growth Path）等官方政策中虽然提出要对土地进行公平地"再分配"，甚至规定了具体的再分配时间和数额，但在具体的实施过程中屡屡受挫。主要原因在于南非解除种族隔离的过程带有一定妥协色彩，是各党派、社会组织以及国际力量等协商调和的结果，并没有完成对国家资源的再分配，实际上仍然承认白人群体自种族隔离时期延续至今的土地所有权和相应财富。南非政府需要按照种族平等原则，通过市场化的方式向白人购买土地，然后再分配给需要土地的南非国民。[②]但拥有土地转让意愿的白人并不多，截至2022 年，仅占总人口 7.3%的白人仍然拥有南非 78%的私人农田，超过南非国家总面积的 50%。[③]这意味着矿产、农场、城区房产等资源仍然为少数白人把控，广大的黑人群体难以享受国家经济发展带来的福利。

（二）意识形态之间的博弈导致政府推行减贫政策力不从心

在种族隔离制度解除后，南非社会的意识形态博弈日益激化，直接影响减贫政策的施行。在多党制下，代表各自意识形态的政治派别有着不同的利

① Kloppers, H. J., and Pienaar, G. J., "The Historical Context of Land Reform in South Africa and Early Policies", *Potchefstroom Electronic Law Journal*, 17（2），2014：676-706.

② Hall, R., "Land Reform in South Africa", *Review of African Political Economy*, 27（84），2000：273-286.

③ The Conversation, "Land Reform in South Africa：5 Myths about Farming Debunked", https：//theconversation. com/land-reform-in-south-africa-5-myths-about-farming-debunked-195045.

益目标与政策主张，在不同地区的影响力也有差异。这导致执政党出台的全国性减贫政策与举措，在部门与地区施行时往往困难重重，无法有效落实。南非的历史背景为其意识形态的多样性提供了深厚的社会土壤，复杂的历史演变、独特的地理位置以及多元的文化交融，共同促成了其意识形态的多样性。

随着非国大在南非执政影响力的下降，南非意识形态之间的博弈日益激烈，再加上南非主要反对党民主联盟与经济自由斗士党的意识形态冲突尤为严重，均有自己的减贫政策，并且在减贫目标与实施方式上大相径庭，这进一步造成非国大长期推行的减贫政策难以落实。崇尚自由主义的民主联盟，受西方思想影响，主张个人权利与私有制，控制着南非第二大经济地区西开普省。该党施行的减贫理念强调政治与社会制度的完善，在实施措施上相对温和，总结为"打破贫困循环"，包括：①捍卫宪法权益，防止以权力滥用和腐败窃取穷人的资源；②优先发展教育，将教育作为摆脱贫困的首选方式；③增加社会补助，建立社会补助安全网，减轻极端贫困；④保持宏观经济平衡，确保政府借款与支出平衡；⑤创造就业机会，改进劳动法，促进年轻人就业。[①] 与之相比，经济自由斗士党在意识形态上偏向马克思列宁主义与泛非主义，批评非国大的温和改革以及民主联盟的亲商政策。该党的减贫理念相对更为激进，提倡对南非经济体制进行更为彻底的改革，号召通过革命方式强制分配土地，并强调政府与国有企业在经济中的作用，具体体现为"七个不可谈判的支柱"，包括：①对南非土地无偿征用并平均再分配；②将矿山、银行和其他战略性经济部门无偿国有化；③建设国家，提高政府能力；④施行免费优质教育、医疗保健、住房和卫生设施；⑤大力发展工业，创造就业机会，制定最低工资标准，缩小贫富差距；⑥大规模发展非洲经济，促进整个非洲大陆走向和解与正义；⑦建设开放、负责、廉洁的政府和社会。[②]

---

① 民主联盟网站，https：//www.dabhisho.org.za/2010/10/29/message-from-the-leader-poverty-can-be-beaten/。

② 南非政治网，https：//www.politicsweb.co.za/politics/the-seven-nonnegotiable-pillars-of-the-eff--julius。

整体来看，在非国大逐渐式微的趋势下，南非意识形态呈现越发复杂的情况，在 2019 年参与议会选举的政党破纪录地达到 48 个。[①] 这种多元化的意识形态分歧使减贫政策在实际执行中难以连贯，进而削弱了政策有效性。一方面，这些政党背后代表着不同的意识形态与执政理念，对于南非贫困问题的根因理解与解决思路也完全不同，有着各自的减贫方针与实施措施，以及不同的支持群体与覆盖地区，因此难以形成全国性的一致减贫行动。另一方面，意识形态分歧也导致执政党派更迭越发频繁，进一步增加了减贫政策施行的不稳定性，这不仅造成行政成本与公共资源的浪费，也降低了普通民众对减贫政策的信任与参与意愿，从而削弱减贫措施的执行力度，并减缓了本国的减贫进程。

（三）经济发展不平衡加大减贫政策施行难度

贫困治理既是政治问题也是经济问题，南非经济发展的衰退与失衡是贫困问题难以有效解决的重要原因。首先，经济下滑加剧了贫困。南非曾经依靠丰富的矿产资源和发达的制造业取得了较好的经济发展，但种族隔离解除后大批白人群体的撤离以及全球经济危机的冲击，导致其经济增速不断下滑。国内生产总值由 1994 年的 1398 亿美元下降至 2002 年的 1155 亿美元。2002 年后，南非经济虽然有较大幅度增长，但主要受益于全球经济增长带来的出口贸易回暖，且南非经济增长速度明显低于全球经济。[②] 2010 年后，南非经济再次大幅衰退，国内生产总值由 4174 亿美元下降至 2015 年的 3467 亿美元，极端贫困率由 16.6% 上升至 18.9%。[③] 在整体经济衰退的形势下，

---

① Reuters, "The Main Political Parties in South Africa's Election", https: //www. reuters. com/ article/world/the-main-political-parties-in-south-africas-election-idUSKCN1S60E6/.

② Industrial Development Corporation of South Africa Limited, "South African Economy: Overview of Key Trends since 1994", https: //www. idc. co. za/wp – content/uploads/2018/11/IDC – RI – publication-Overview-of-key-trends-in-SA-economy-since-1994. pdf.

③ World Bank, "Poverty & Equity Brief Sub-Saharan Africa South Africa", https: //databank. worldbank. org/data/download/poverty/33EF03BB-9722-4AE2-ABC7-AA2972D68AFE/Global_ POVEQ_ ZAF. pdf.

贫困问题更加突出，南非政府难以拿出足够资金推行各项贫困治理政策，尤其是在土地改革与社会保障支出方面进展缓慢，南非贫困现象不降反升。

南非不平衡的产业结构导致经济发展无法惠及普通民众。目前南非资源密集型产业和资本密集型产业（如矿业、金融业和高端服务业）占据了经济的主导地位。这些产业往往集中在少数城市和富裕地区，劳动密集型和小微企业的发展却相对滞后。这种产业结构不仅使大部分经济收益流向了大企业和精英阶层，未能有效转化为更多的就业机会和更大的收入增长。而社会弱势群体集中的贫困地区，过于依赖外部经济环境的平衡，抗风险能力较弱。以矿业为例，自殖民时期开始黄金便作为南非最重要的经济收入来源[1]，但是 2008 年全球经济危机后国际对大宗商品需求大幅减少，加之南非国内不断爆发的矿产业丑闻与罢工事件，导致南非采矿业"几乎崩溃"。2019 年，南非矿产相关产业对国内生产总值的贡献率仅为 13%。这直接导致了就业岗位与工人收入的大幅下降。[2] 更为严重的是，南非的产业结构正朝向不利于增加就业和减少贫困的趋势发展。能够带动大量就业的第一、第二产业占 GDP 的比重持续下降，分别由 1994 年的 15.4% 和 21.8% 下降至 2017 年的 8% 和 20.4%，而金融、保险、房地产等资本密集型的第三产业则从在此期间从 59.5% 上升至 68.9%，成为南非国内生产总值的主要贡献来源。[3] 这种不平衡的产业结构还导致南非经济呈现"见顶不见底"的特征，即经济增长主要集中在少数行业，绝大部分行业群体难以分享到经济发展的红利，难以获得稳定的工作机会和收入，还面临生活成本上升、社会流动性受限等一系列挑战。

此外，地区经济发展不平衡是南非贫困治理政策难以落实的重要原因。

---

① 姆贝基、肖宏宇：《南非后种族隔离时代的统治阶级与南非的不发达》，《西亚非洲》2008年第 4 期。

② Makgetla, N. S., "Mining and Minerals in South Africa", The Oxford Handbook of the South African Economy, 2021.

③ Quantec, "Quantec Standardised Industry: The Contribution to GDP by Industry from 1994 to 2017", https://www.quantec.co.za/post/3472/contribution - to - gdp - by - industry - south - africa/.

南非经济活动主要集中在少数发达的都市区域，这些城市拥有较为完善的基础设施、金融服务和市场网络，吸引了大部分的投资和发展资源。然而，广大乡村地区和内陆城镇因基础设施落后、资金短缺和政策支持不足而经济发展长期滞后。例如根据南非统计局 2017 年数据，仅占南非国土面积 1.5% 的豪登省依托金融和贸易产业贡献了超过 34% 的国内生产总值，人均国内生产总值达 11.1 万南非兰特，而东开普省、林波波省人均 GDP 为 5.5 万南非兰特左右，仅有豪登省的一半，居民面临更高的失业率、更低的收入水平和更差的公共服务，贫困问题也更加突出。[①] 这种地区经济发展的不平衡增加了南非政府进行贫困治理的难度，使各项减贫措施在执行过程中往往事倍功半。一方面，贫困问题的区域集中化和复杂化，使南非政府在制定和实施减贫政策时面临资源分配方面的巨大挑战，经济欠发达地区通常缺乏必要的基础设施，如交通网络、教育和医疗设施等，使政府减贫政策施行需要投入额外时间和成本。另一方面，减贫政策难以获得持续的社会支持，经济发达地区居民和政治团体可能不愿意看到公共资源更多地向落后地区倾斜，担心这会影响其自身利益和经济发展速度，容易引发地区之间的对立情绪和利益冲突。此外，欠发达地区可能会形成对政府减贫政策的依赖，导致减贫政策的可持续性有限，难以从根源上解决贫困问题。

四　中国扶贫经验对南非贫困治理的启示

中国在 2020 年赢得了脱贫攻坚战的全面胜利，使近 8 亿贫困人口摆脱贫困，提前 10 年实现联合国《2030 年可持续发展议程》的减贫目标，对世界减贫贡献率超过 70%，对国际减贫事业做出巨大贡献。中国脱贫理念和方法根植于中华民族的优秀传统文化，依靠中国特色社会主义制度优越性，发挥数代中国人民的勤劳努力，具有原创性、独特性、自主性的特点。与此

---

① Statistics South Africa, "Four Facts about Our Provincial Economies", https：//www. statssa. gov. za/？ p＝12056.

同时，全球各国正在逐渐构建更加紧密的命运共同体，中国减贫成就不是局限在中国域内的单独现象，它更是全人类消灭贫困的伟大壮举和重要示范，具有国际性、普适性、可借鉴性的意义。

南非减贫的当务之急仍是促就业、提收入、缩差距，这与中国 2001～2012 年减贫阶段性任务有相似之处，但在减贫措施上截然不同。中国注重通过经济增长，而南非采取的产业扶贫等造血式扶贫模式并未得到政府的政策支持，其减贫路径主要是针对贫困家庭的社会保障扶贫，效果欠佳，因此基于中国减贫的成功经验，两国农业减贫有极大的合作空间。①

中国与非洲历来是风雨同舟的命运共同体，中国和南非更是"同志加兄弟"的全面战略伙伴关系，减贫作为中国与南非社会发展共同面对的重要课题，双方也在贫困治理领域开展了大量合作，依托中非合作论坛、金砖国家、中南高级别人文交流机制等平台开展中国-南非科技减贫人才培训班、中国减贫经验研修班、中非合作论坛减贫与发展分论坛等学习中国减贫经验活动，以及大量农业、科技、医药等领域具体的减贫项目。南非前总统莫特兰蒂在出席中国驻南非使馆举办的活动时表示，中国共产党是中华民族真正的先锋队，中国共产党坚持推进马克思主义中国化，是利用理论解决社会问题的典范，其经验值得南非等非洲国家学习借鉴。② 南非国际关系与合作部副部长坎迪思·马什戈·德拉米尼（Candith Mashego-Dlamini）、南非执政党非国大西开普议员哈立德·赛义德（Khalid Said）、南非大学姆贝基非洲领导力研究院高级研究员谭哲理（Thabo Mbeki）、南非独立传媒外事主编香农·易卜拉欣（Shannon Ibrahim）等官员、学者、媒体人员多次公开呼吁，应积极学习中国的贫困治理经验以助力南非实现减贫发展。同时，中国与南非在历史发展、政治制度、社会结构、经济基础等方面存在诸多差异，中国脱贫攻坚经验与南非减贫实践相结合，不仅符合中南合作的现实要求，

---

① 何蕾、辛岭、胡志全：《减贫：南非农业的使命——来自中国的经验借鉴》，《世界农业》2019 年第 12 期。
② 田士达：《南非前总统莫特兰蒂：中国历史性地解决绝对贫困问题》，《经济日报》2021 年 7 月 10 日。

对分析中国脱贫攻坚背后蕴含的理论基础与文化因素、找准中国贫困治理经验走向全球的机制路径具有十分重要的作用。

以人民为中心的治国理念，是全面脱贫能够实现的根本保证。贫困问题本质上是对人民的根本态度问题，以人民为中心是扶贫减贫的根本动力。[①]中国能够实现全面脱贫，根本在于中国政府真正把人民放在心上，真正把人民利益放在第一位，将贫困治理作为定国安邦的重要任务，从国家层面统一部署减贫工作，汇聚各方力量形成强大的减贫合力，以此才能让消除贫困成为全社会的共识，使中国人民上下一心，坚决打赢脱贫攻坚战。南非作为"彩虹之国"，多元化是其国家的重要组成基础，也形成了相对缺少统一的领导与管理机制。虽然南非政府有意改善社会贫困问题，但由于国家内部的群体差异、党派竞争、外部干涉以及殖民历史遗留问题的内耗，南非政府的稳定性与凝聚力相对不足，工作重心难以放在减贫等真正为人民服务的议程之上，减贫事业往往浮于表面。对于南非来说，减贫的同时也需要解决地区发展差异、群体文化认同、党派理念冲突等深层次问题，重塑南非国家意识与社会团结，使政府增强自身凝聚力与权威性，才能真正将减贫事业作为国家发展任务，让消灭贫困成为南非社会共识。

基层是中国减贫事业的基础，也是南非减贫政策执行的薄弱点。中国拥有覆盖全部贫困人口的基层组织，它是中国减贫事业能够有效推进的必要基础，广大基层干部也在脱贫攻坚中深入了解所辖区域内贫困人口的实际情况，因地制宜地提出减贫方法，使"精准扶贫"能够触及每个贫困群众，国家层面提出的减贫政策能够得到坚决执行，以此促进中国贫困人口不断减少直至完全脱贫。而南非的基层治理则相对薄弱，中央政府和地方政府之间的联系相对宽松，不同省市有着各自支持的党派，缺少统一管理与协调的全国性基层组织，由此导致即使中央政府出台支持贫困治理的国家政策，但在实施过程中缺少执行具体行动的基层组织，难以将国家政策真正惠及实际的

---

① 中华人民共和国国务院新闻办公室：《人类减贫的中国实践》白皮书，2021 年 4 月 6 日，http：//www.scio.gov.cn/zfbps/32832/Document/1701632/1701632.htm。

贫困人口。因此，基层治理是减贫事业的首要基础，也是检验减贫成果的试金石，南非政府仅推行国家层面的减贫政策是远远不够的，只有不断加强基层组织建设，才能有力保障减贫政策的顺利执行，促进贫困人口真正实现脱贫。

经济发展是解决贫困问题的根本途径，近年南非经济发展的相对停滞也为贫困治理带来许多阻碍。自改革开放以来，中国经济增长迅速，不仅经济总量持续增长，人均收入水平和居民消费能力也不断上升，而且经济结构不断优化，尤其是国有经济发展壮大，在中国经济发展中起到主导作用。这使得中国政府能够协调和带动更多资源去开展减贫工作，使经济发展的成果收益向贫困群体倾斜。南非近年经济发展相对停滞，一方面经济增长自 2011 年以来经历了持续衰退，人均 GDP 也大幅下滑，南非国内的贫困问题更加严峻。另一方面南非经济结构不平衡，矿产、金融、贸易等支柱产业掌握在少数资本集团手中，政府与集体能够调动与分配的资源较少，缺少足够的资金去进行贫困地区的改善。减贫是政府主导的社会资源再分配活动，不仅需要持续的经济增长促使贫困问题的整体向好，也需要政府能够协调足够的社会资源向贫困群体倾斜，使贫困群体享受到经济发展带来的收益，形成长期稳定的减贫机制。

五　结语

从结果来看，南非的贫困治理未能达到预期效果，南非仍然存在普遍的贫困现象，同时也存在贫富分化、高失业率以及地区发展不平衡等问题。自种族隔离制度解除以来，非国大与历届政府均将贫困治理作为首要目标，但受各类因素阻碍而无法有效推行，其中既包括种族隔离时期遗留的土地所有权问题、愈演愈烈的党派竞争与官方腐败问题，同时产业结构不合理、地区发展不平衡、文化教育水平有待提高等一系列问题增加了贫困治理的复杂性。贫困问题是南非社会状况的缩影，所代表的是国家重建、民族重构以及经济重整必须突破的瓶颈。南非政府虽然历来重视救济式与变革式减贫，但是在各方约束下无力进行大规模的调整与改革，以致贫困问题长期存在并受全球经济波动影响逐渐放大。对于南非政府来说，如何应对贫困问题背后的种族矛盾与党派冲突，重塑南非国家意识与社会团结，顺应经济发展趋势并引导产业基础转变，提升黑人文化教育素质是解决国内长期贫困问题的关键。

第十一章
巴西贫困治理及中巴贫困治理对比

位于南美洲东南部的巴西，经济实力居拉美首位。然而作为发展中国家，巴西经济建设与社会发展不协调，区域差异明显，贫困问题较为严重。尽管巴西在减少绝对贫困方面已取得进展，但仍处于收入分配不均和高贫困率的脆弱困境。近几十年来，巴西面临的最大挑战一直是缓解贫困边缘化，这关系着无法享受最低公民权利的一大部分人群。贫困问题十分复杂，且长期以来未得到解决。社会不公平率依旧很高，巴西对教育方面的总体投资当然也不足。巴西政府如何解决贫困问题以及决定采用哪些脱贫计划是分析其贫困进程的重要部分。对于巴西这个拥有近 2 亿人口的发展中国家，其扶贫计划近些年来随着政党统治不断变化。在新千年，工党实施的扶贫计划真正地影响了巴西社会整体，对历史具有重要意义。2003～2011 年，巴西脱贫贡献率占据了拉美和加勒比地区的 45%。2013 年，1/4 的拉美人口（来自该地区 18 个国家的约 1.29 亿人）受到了巴西"家庭补助金计划"（Bolsa Família）和墨西哥"机会计划"（Oportunidades Program）等政府扶贫计划的资助。[1] 当时拉美地区最普遍的扶贫模式就是救济模式，其经济政策是收入转移。

---

[1] Casal Jr., M., "Brasil ajuda o mundo a reduzir a miséria", IPEA, Desafios do Desenvolvimento. Ed. 77 (2013), February 18, 2022, https：//www. ipea. gov. br/ desafios/index. php? option = com_ content&view = article&id = 2946；catid = 28&Itemid = 23.

为分析主要的扶贫计划，认识贫困这一问题本身十分重要。本章从家庭出发，假设贫困倾向于代际再生产，影响着个人生命各个阶段的发展可能性为前提，则该策略从为贫困家庭提供最低生活保障开始，将他们置于社会保护网络，组成该网络的扶贫计划侧重于立即克服贫困。① 中国的贫困问题与巴西一样严重，两国都存在城乡在收入和住房、电力、卫生、食物和衣服等基本需求方面的不平等问题。然而，不同的是中国是作为一个人口近巴西 8 倍的国家而成功脱贫。在本章中，历史背景和扶贫叙述将成为了解工党和博尔索纳罗执政期间扶贫计划的基础。目的是了解为什么巴西财富集中、政府资源匮乏以及缺乏对医疗教育的投资是造成社会不平等和贫困问题反复出现的主要原因。此外，本章还将对中巴两国扶贫计划进行简单比较。

一 巴西贫困治理背景

20 世纪初，由于战争和奴隶制废除等历史原因，巴西城市开始出现贫民窟。1940 年，巴西里约热内卢建设了一批"工人公园"以安置贫民窟居民，但是由于缺少公共设施、交通不便、就业机会匮乏、房屋质量过差等，许多家庭迁入后又自行搬出并新建贫民窟。为了减少流入城市谋生的农民，控制贫民窟规模，巴西早在 1954 年开始就立法推广农业保险，并注重法律的贯彻落实和不断更新。20 世纪 50 年代开始，巴西经历了快速经济增长和大规模城市化进程，是"拉美模式"繁荣的代表。但是，过快的城市化带来经济发展的同时，也造成了贫富差距悬殊，两极极度分化，贫困问题十分严重。1966 年颁布《保险法》，是巴西私营保险公司的萌芽；1967 年在亚马孙玛瑙斯地区建立自由贸易区，吸引国内外企业对亚马孙河流域地区进行投资建设；1968 年，里约成立"都市区社会利益住房协调"机构，旨在彻

① Pates, C. A. , Beatriz, M. , and Nogueira, B. , "Os programas de combate a pobreza no Brasil e a perspectiva de gênero no período 2000 – 2003: avanços e possibilidades", UnidadMujer y Desarrollo, No. 63, Santiago de Chile, CEPAL, 2005.

底清除里约贫民窟。进入 20 世纪 70 年代，巴西经济开始腾飞，政府根据当时国际流行的"涓滴理论"制定反贫困战略，不给予贫困人群特别优待，而是寄希望于优先发展起来的"发展极"，通过消费和提供就业促进贫困地区的经济发展，[①] 因地制宜地进行开发式扶贫。主要指由主导部门和有创新能力的企业在某些特定地区或大城市聚集发展形成经济活动中心，并对周围地区产生吸引和辐射带动作用，通过"涓滴效应"推动其他部门和地区的经济增长，以经济增长方式促使贫困人口自下而上地分享经济增长成果，缓解区域性贫困状况。

进入 20 世纪 80 年代，虽然"新"城市人口有机会繁荣并开始有工资，但大多数农村家庭仍处于自给自足经济，他们只会为自己的消费而生产，仍然不属于整体经济的一部分。1980 年政府推出"一家一块地"政策，该政策鼓励贫民自建房，完善基础设施，规范土地所有权，在一定程度上将贫民窟合法化。20 世纪 90 年代初，巴西政治和经济方面正经历一个特殊时期。政府分裂，通货膨胀率极高。民众极为不满，并敦促政府立即采取行动。1994 年，巴西建立了一种新货币——雷亚尔（R$）——兑美元的半固定平价汇率。[②] 到 1995 年，受收入分配大幅上涨的影响，绝对贫困率降低。此后，在进行"雷亚尔计划"的同时，采用变革式减贫模式开启了以土地改革为核心的全面社会领域改革，增加了农民获取土地、贷款和知识等生产性资产的机会，将公共土地安置给 46.5 万名无地农户，并出台了一系列政策缓解农村地区的贫困。

进入 21 世纪以来，巴西政府在开发式扶贫的基础上完善了社会保障体系。巴西政府 2003 年出台了针对农业保险的法律以及一系列补充法案，保障范围涵盖财产安全、人身安全、农作物安全、牲畜安全等四个方面，切实保障了农民利益。针对城市贫困问题，巴西政府相继出台了"家庭资助计

---

① 李凤梅：《拉美贫民窟问题分析及其警示》，《人民论坛》2014 年第 11 期。

② Bacha, E. L., "Brazil's Plano Real: A View from the Inside", in Krishna, D. A., ed., *Development Economics and Structuralist Macroeconomics: Essays in Honor of Lance Taylor* (Cheltenham: Edward Elgar, 2003), 8.

划""零饥饿计划""促进就业计划和增加收入计划""第一次就业计划"
"家庭医疗保健计划"等。21 世纪初，巴西贫困率不断降低。然而，人口增
长和城市地区人口的进一步集中给贫困率带来了变化。主要结果是农村贫困
率相对下降，而城市贫困率上升。[①] 从图 11-1 中可以看到巴西 1976~2014
年人均月收入的演变。人均月收入从约 600 雷亚尔上升到近 1200 雷亚尔，
几乎翻了一番。

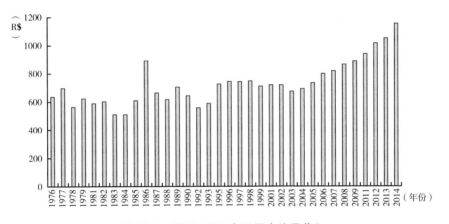

图 11-1　1976~2014 年巴西人均月收入

资料来源：IpeaData，2022，http：//www.ipeadata.gov.br/。

　　尽管有了一定进展，但收入增长并不代表贫困率的直接下降。事实上，
贫困仍然是巴西社会的主要问题之一，这与绝大多数人口的工资不足和教育
水平低密切相关，尤其是城市地区。

二　巴西贫困治理历程、扶贫措施与效果

　　巴西自 1960 年以来实施了一系列贫困治理计划，经历了政策导向的转
变，从开始时的"发展极"策略——希望在落后地区建立"发展极"带动

---

① Rocha，S.，"Renda e Pobreza no Brasil"，*Revista Brasileira de Estudos de População* 10 （1/2），
2014.

区域脱贫，并通过"涓滴效应"惠及穷人，到后来的收入再分配改革，试图通过增加对穷人的直接援助及就业、教育、医疗等社会政策缩小贫富差距，改变社会不公状况。巴西在贫困治理方面立足实现"包容性发展"的发展观，注重政策的合法性和顶层设计，突出政策目标的集中性并强调社会参与，从卡多佐的"雷亚尔计划"到卢拉的"零饥饿计划"再到罗塞夫的"无贫困计划"，巴西的扶贫减贫政策呈现不断深化与务实的特点。[①] 在此，我们基于开发期（1967~2002 年）、零饥饿期（2003~2010 年）、无贫困期（2011~2019 年）和新冠疫情期（2020~2022 年）阐述巴西四个时间段的扶贫计划、措施与效果。

（一）开发期贫困治理

巴西以土地高度集中而闻名于世。据巴西殖民和土地局统计，1995~1996 年占地 1000 公顷以上的农户占巴西农户总数的 1%，他们控制了巴西45% 的土地。[②] 土地高度集中，经营粗放，导致巴西农业生产率低下，不仅阻碍了农业的发展，而且使无地农和小农的生活更加艰难。为缓解土地集中引起的冲突，1964 年政府颁布了《土地法》并建立了专门机构——巴西土地改革委员会，1967 年对土地占有状况进行了调查，1970 年土改委员会被解散，代之以国家垦殖与土改委员会，因为政府决定把移民作为解决土地问题的主要办法。《土地法》颁布后，政府利用公共土地以及从大庄园主那里收购的土地安置了 55 万无地农户。但是，由于被安置的农户既缺乏资金，又缺乏最基本的基础设施和社会生存条件，结果分得土地的农户不久又放弃土地，重新沦为无地农。[③]

受"涓滴理论"影响，巴西制定了"发展极"战略，1967 年在亚马孙玛瑙斯地区建立自由贸易区，巴西贫困治理由传统的救济式扶贫开始转入开

---

① 张庆：《巴西不断深化与务实的减贫之路——从"雷亚尔计划"到"零饥饿计划"再到"无贫困计划"》，《西南科技大学学报（哲学社会科学版）》2014 年第 3 期。
② 巴西地理统计局 1995~1996 年农牧业统计。
③ 尚玥佟：《巴西贫困与反贫困政策研究》，《拉丁美洲研究》2001 年第 3 期。

发式扶贫，主要措施有如下三条。①迁都巴西利亚，巴西的原首都里约热内卢是远离全国地理中心的滨海城市，其各项辐射力并不能达到中西部和其他边远地区，而巴西利亚位于巴西中央高原，地理位置比较居中，可以有效发挥首都的政治、经济、文化和交通的中心作用，迁都巴西利亚有效缓解了区域贫富差距，带动了中西部落后地区的经济社会发展。②1974 年后，巴西政府又在亚马孙地区相继建立了 17 个规模不等的发展极，初步形成辐射整个区域经济开发的发展极网络。③实施全国一体化计划，将欠发达的中西部地区、东北部河谷地区以及亚马孙地区纳入全国交通网络，修建公路干线，为区域经济发展创造了便利前提条件，同时特别注重农业开发，改变原有农业生产布局，建立具有国际竞争力的农业生产部门。"发展极"战略的推进，对巴西经济增长和减少贫困都发挥了积极作用，创造了大量就业机会，带动了农村地区剩余劳动力的转移，为贫困落后地区的人们提供了发展机遇。

1993 年末，卡多佐政府颁布了自 1985 年萨尔内文人政府恢复执政以来的第七个以恢复和稳定经济、反通货膨胀为主要奋斗目标的经济计划——"雷亚尔计划"，并划分为平衡财政收支、实施"实际价值单位"（URV）和更换货币三个阶段予以实施。"雷亚尔计划"将本币直接与美元挂钩，提高了人民对本币的预期信用值，成功地控制了通货膨胀率。针对贫困人口，开发了多种专门致力于解除极端贫困的计划项目，制定"促进就业计划和增加收入计划"，推出"巴西行动计划"，建立完善"直接收入转移支付计划"。在医疗卫生领域，政府实施了"扶持普通药物计划""建立基础药房计划"，"家庭医生计划"在全国 3230 个城市实施，为 3800 万人提供医疗服务，开展全国免疫运动，有效降低了婴儿死亡率。在教育领域，先后实行"全国学生午餐计划""全国教材计划""最低收入保障计划""远距离教学计划"并开发基础教育与教学改进基金项目（Maintenance and Development Fund for Primary Education and Valorization of Teaching, FUNDEF）。经合组织的一项调查表明，基础教育与教学改进基金项目（FUNDEF）有助于推进学校发展、提升学生学习效果，包括增加教师的工资、入学率和考试成绩。

巴西在变革式扶贫的基础上，采用了开发式扶贫，进行了农村土地改革，推进了"发展极"战略，实施了"雷亚尔计划"。这样，有效控制了通货膨胀，减缓了贫困程度。但是，随着"雷亚尔计划"的推进，币值被高估，为买卖货币交易者提供了牟利机会，导致了大量外资逃离，引发了1999 年的巴西货币危机，巴西经济再次陷入了动荡和低迷，两极分化继续呈现恶化趋势。

（二）零饥饿期贫困治理

2003 年卢拉执政之后，在经济领域基本上继承了卡多佐政府的宏观政策，但同时更加注重社会发展领域的问题。针对占巴西 30% 人口的贫困、饥饿等社会问题，卢拉政府提出了"零饥饿计划"，试图解决巴西贫困人口的温饱问题。该计划包括各种配套行动，以政府在未来 4 年任期内在巴西消除饥饿为目的，实现在 4 年内不需要其他人施舍，所有人都能得到安全足够的食品的目标。[1] 在一揽子"零饥饿计划"政策中，最具特色和远见的当属"有条件现金转移支付"政策（Conditional Cash Transfer，CCT），其核心是"以金钱换行动"，即政府和贫困家庭订立"社会契约"，政府放弃传统的食品补贴等形式，转而直接发放现金。关于政府将收入转移作为扶贫措施的政策存在多种争议。虽然一些学者将其辩护为减少贫困的基本经济政策，但其他人则声称其效率低下。批评者声称的最常见原因是：首先，转移给家庭少量资源并不能解决主要问题；其次，扶贫计划管理不善会使这些家庭出现腐败现象；最后，一旦大量家庭适应了接受政府的援助和支持，就会好吃懒做，而不是去积极寻找工作。为防止这种情况发生，应对贫困人群实施教育和创收方面的长期配套政策。否则，家庭返贫率仍会居高不下。[2]

---

[1] 丁玉灵主编《世界发展调研：经济与社会》，经济管理出版社，2004，第 221 页。

[2] Marinho, E., Linhares, F., and Campelo, G., "Os Programas de Transferências de Renda do Governo Impactam a Pobreza no Brasil?" [The Income Transfer Programs Impact Poverty in Brazil?] RBE, Rio de Janeiro, 2011.

作为一揽子"零饥饿计划"政策的核心,"家庭补助金计划"的目的是为贫困家庭提供获取收入和社会权利的机会,以使他们摆脱痛苦和饥饿。理论上,它还支持目标人群所受卫生服务和教育机会。巴西在进行扶贫的过程中,要求要想获得"家庭补助金计划",儿童就学率要保持到85%以上、16岁和17岁的少年上学出勤率达到75%以上、7岁以下儿童定期到卫生所检查、怀孕妇女接受产期保健,这样才能领取救助金。政府给符合条件的家庭每月定期往固定的银行卡打救助金,这种方式把社会救助金直接发到救助对象手中,避免了中间环节的层层挪用、地方官员贪污的可能性,2009年后扩大了家庭救助金的发放范围,约占巴西全国人口的26%,并且持续加大对该项目的资金投入力度。

在教育、培训和就业辅导方面,卢拉政府开始实行"第一次就业计划",对有创业计划的人群提供信贷优惠,对没有完成学业的、找到工作的年轻人进行免费职业培训。"国家识字计划"则为贫困儿童和成人提供免费基础教育,实施全国性助学补助金计划,开展成人扫盲活动和全国工人职业培训计划,并将该计划与"最低收入保障计划"和"零饥饿计划"相挂钩,起到一定程度的连带激励作用。自2000年以来,巴西联邦政府一直有意增加普通高等教育的入学人数。为了使提高高等教育入学水平的计划得以实现,巴西设立了"高等教育学生基金"(FIES),并以1999年临时措施第1827号(Provisional Measure No.1827)取代教育信贷(Educational Credit 1976)。这一计划的主要目的在于资助非免费机构的贫困本科学生。

在医疗和住房方面,卢拉政府开展贫困地区"家庭医疗援助计划",组织医疗援助队,定期到贫困地区走访贫困家庭,了解其健康状况、开展保健教育,进行健康卫生知识宣讲活动,并对重症患者进行治疗;国家开启"保障性住房计划"和"国家住房计划",尽管巴西经济迅速发展,但随着大量劳动力涌入城市,城市中恶劣的住房环境和有限的住房资源,则又进一步加剧了巴西的贫困问题,贫困窟也带来了严重的社会问题,因此政府向贫困阶层提供住房,开始兴建经济适用房,为生活在最低工资水平线之下的贫困家庭和收入较低的中低收入家庭提供住房保障。

各国家和国际实证研究都认为，经济增长通过两条主要途径减贫：一是增加就业岗位；二是增加劳动者的实际工资。[①] 然而，根据 Gafar 的说法，即使经济增长是必要的措施，但如果财富集中在少数人手中，这种措施仍是不够的；否则，尽管人均国内生产总值有所增长，但贫困率仍可能会只增不减。事实上，经济增长所带来机会的影响本质上是集中的，掌握现代技术的高质量劳动力得到任用，而穷人的工作机会更少。因此，必须考虑社会不平等的原因，降低绝对贫困率并为穷人提供升职和参与劳动力市场的机会。[②]

（三）无贫困期贫困治理

罗塞夫在执政期间启动了"无贫困计划"（Brasil Sem Miséria），旨在鼓励收入分配增长，减少不平等性，促进社会包容，帮助巴西的绝对贫困人口摆脱贫困。该计划分为三个主要分支：一是"收入保障"，保证立即脱贫所需货币转移；二是"生产性包容"，为城乡目标人群提供资格、职业和收入机会；三是提供和增加服务供给的"公共服务获取"。具体措施是 2011~2014 年每年拿出 200 亿雷亚尔来资助 1600 万生活在绝对贫困线以下、人均每月收入低于 70 雷亚尔的人口，该措施取得了显著成效，在 2014 年，巴西基尼系数、贫困率下降到历史最低。

该计划的主要内容是寻找尚未加入社会计划独家登记系统的极端贫困家庭。巴西创建了一个社会计划独家登记系统（Cadastro Único para programas sociais），救济金可通过该系统直接分发到贫困人口的借记卡或信用卡上，优先发放给女性持卡者——这使女性赋权在公共和私人场所成为可能。该系

① Marinho, E., Linhares, F., and Campelo, G., "Os Programas de Transferências de Renda do Governo Impactam a Pobreza no Brasil?" (The Income Transfer Programs Impact Poverty in Brazil?) RBE, Rio de Janeiro, 2011.

② Gafar, J., "Growth, Inequality and Poverty in Selected Caribbean and Latin America countries, with Emphasis on Guyana", *Journal of Latin America Studies*, 30 (3), 1998: 598.

统的所有注册会员不仅收到了转移性收入，还可以参加职业课程培训、技术援助服务、获取水资源、享用低电费等。尽管部分民众对基本公共服务表现出很大的不满，这些年来该状况已有所改善，然而改善的速度并没有与人口增长和经济发展同步。现代城市地区的供水、供电、基本卫生和垃圾收集普遍发生了变化，而贫困地区和农村地区仍然缺乏这些基础设施。[①] 贫困人口和非贫困人口之间的生活条件差异也由此造成了。

在教育扶贫上，巴西注重文盲率的大幅下降和入学率的升高。2005 年，根据第 11096 号法律，启动了"全民大学计划"（University for All Program），该项目向私立高等教育机构提供全额和部分奖学金，确保年轻人，尤其是家庭条件欠佳的学生接受高等教育，从而改变其在劳动力市场地位；2007 年，巴西启动了"青少年全覆盖项目"（ProJovem），该项目是针对最大范围青年群体的计划，针对不同青年面临的困境，制定了不同执行方案，通过财政援助等方式吸引未完成基础教育的青年重新进入教育系统，提升青年在劳动力市场的竞争力。2008 年，巴西为保障残障人士教育权推出"全纳教育"（Educacao inclusiva），旨在让残疾儿童和青少年同样能够在普通学校接受教育，并为其提供专业的特殊教学。2011 年，联邦政府启动了"全国技术教育和就业项目"（Pronatec）。这一项目旨在扩大开放专业教育的范围，但优先考虑让公立学校的学生、工人和有条件现金援助计划的受益者接受教育。[②] 同年，巴西还推出"千名女性计划"（Thousand Women Brazil Project for Education of Training of Disadvantaged Women），该计划主要通过为女性提供职业教育与培训来帮助女性获得进入劳动力市场的基本技能，从而提高女性地位，消除极端贫困。2014 年，巴西批准了"2014~2024 年国家教育计划"（The National Education Plan for 2014~2024），提出

① IPEA，"Duas décadas de desigualdade e pobreza no Brasil medidas pela Pnad/IBGE"（Two decades of inequality and poverty in Brazil measured by Pnad/IBGE）*Comunicados do IPEA*，No 159，2013.

② 唐智彬、胡媚：《教育权利与个人能力的双重发展：巴西教育扶贫透视》，《河北师范大学学报（教育科学版）》2019 年第 6 期。

到 2024 年其国内生产总值中用于支持教育的比例不应低于 10%，希望通过教育发展减少贫困人口，实现社会进步。在图 11-2 中，我们可以看到 1981~2014 年巴西 15~17 岁人群的文盲率情况。

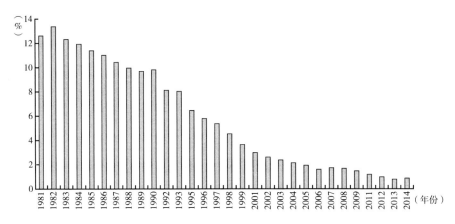

图 11-2   1981~2014 年巴西 15~17 岁人群文盲率

资料来源：IpeaData，2022，http：//www.ipeadata.gov.br/。

根据图 11-2，1981 年巴西文盲率约为 13%，这意味着这些人不具备读写条件，也就是这群人没有机会通过高技术工作获得合理的工资。幸运的是，这种情况在近些年来发生了变化，2014 年文盲率不到 2%。尽管进步令人欣慰，但贫困依然存在。

教育资源仍然不足，公立学校管理普遍失灵。社区贫困问题和政府对公立学校缺乏相应支持导致了长期的教育问题，造成了孩子们学习条件低下的结果。所幸，巴西的私立学校为孩子们的教育发展做了更好的准备。[1] 因此，尽管多年来巴西的教育普遍有所改善，但贫困人口和非贫困人口在教育方面存在巨大差距，这是收入不平等的持续存在造成的。

人们越来越多地将自己作为人力资本来投资。这种对教育和培训的投资直接影响到经济增长。教育的主要目标是：发展能力、增长知识，从而提高

---

[1] Rocha, S., "Renda e Pobreza no Brasil", *Revista Brasileira de Estudos de População*, 2014：20.

生产力；获得认知技能；增加其收入份额，提高社会地位。此外，知识的集中会自动对该地区产生积极的外部影响。[1] 为了实现这一点，人们必须认识到接受教育的紧迫性，如果公民没有经济条件支持自己这样做，政府应给予支持。

扶贫项目应该考虑三个主要方面：由于贫困家庭的弱势处境，"收入转移支付计划"对减少绝对贫困至关重要；主要是有能力减少收入不平等和绝对贫困的教育措施；关注有孩子的家庭，以帮助父母为孩子提供一个有教育和医疗保障的生长环境。[2]

一个相关的发现是，政府对贫困人口的收入转移对降低贫困率并没有显著影响，贫困率仍几乎保持不变。[3] 尽管收入转移是解决极端贫困问题的基本措施，但目前政策尚不完善。在获得政府资助一段时间后，民众必须接受进一步的指导和培训，以养成独自创收能力，不再依赖政府的收入转移援助。

（四）新冠疫情期贫困治理

新冠疫情给世界带来了影响，同样也影响了整个巴西社会。博尔索纳罗执政期间发布了两大扶贫计划，分别为"紧急援助计划"（Auxílio Emergencial）和"巴西补助金计划"（Auxílio Brasil）。第一个计划是为新冠疫情制定的紧急计划，以支持有需要的贫困家庭。第二个计划是将卢拉总统执政期间创建的"家庭补助金计划"（Bolsa Família）改名为"巴西补助金"，以满足民众对援助的迫切需求。

"紧急援助计划"（Auxílio Emergencial）是根据 2020 年第 13982 号法律在新冠疫情发生几个月后创建的。目的是支持因新冠疫情而遭受社会经

---

[1]　Shultz, T. W., "O Valor Econômico da Educação", *Zahar*, *Rio de Janeiro*, 1973：131.

[2]　Rocha, S., "Renda e Pobreza no Brasil", *Revista Brasileira de Estudos de População*, 10（1/2），2014：22.

[3]　Marinho, E., Linhares, F., and Campelo, G., "Os Programas de Transferências de Renda do Governo Impactam a Pobreza no Brasil?", RBE, Rio de Janeiro, 2011.

济影响的贫困家庭，包括符合该法律规定而常被社会遗漏的所谓非正规劳动者。① 关于目标受众，法律规定受益人有两种：一种是社会计划独家登记系统中规定的受益人；另一种是通过自我声明满足有关收入的第四小节要求的受益人。因此，在申请紧急救助的各类贫困家庭中，可以确定的主要目标人群为：个体微小企业家（MEI）；个人社会保障缴款人；卡杜尼科注册群体；通过自我声明未包含在先前假设中的人。② 该计划于 2020 年 4 月开始实行，前 5 个月向超过 6800 万人每人每月提供了 600 雷亚尔的紧急补助金，后 3 个月紧急补助金为 300 雷亚尔。③ 2021 年，根据每个家庭的成员人数，有 7 个月的补助金金额为 150 雷亚尔。该计划于 2021 年 10 月结束，但至少有 2200 万人没有领取到任何援助福利。④

理论上，这些计划在付诸实践后与制定时并不完全相同。社会计划独家登记系统帮助了大量有需要的家庭。然而，数字重复是巴西面临的一项严峻挑战，紧急援助及其远程工具的实施也遇到了比先前计划更多的障碍。连接互联网和注册过程本身存在各种问题和困难。⑤ 大部分巴西人还没有使用互联网和网上银行服务，这些人仍然使用现金来满足日常需求。由于他们中的许多人不得不取款，巨大的等候队伍导致人群聚集，这违反了巴西国家卫生

---

① Cardoso，B. B.，"The Implementation of Emergency Aid as an Exceptional Measure of Social Protection"，*Brazilian Journal of Public Administration*，54（4），2020：1053.

② Cardoso，B. B.，"The Implementation of Emergency Aid as an Exceptional Measure of Social Protection"，*Brazilian Journal of Public Administration*，54（4），2020：1053.

③ Cassiano，J. B. M. Trovão，"A Pandemia da Covid-19 e a Desigualdade de Renda no Brasil"，（The COVID-19 pandemic and the inequality of income in Brazil），Discussion Paper 004，Federal University of Rio Grande do Norte，2020.

④ Augusto，J.，"Auxílio Brasil X Bolsa Família X Auxílio Emergencial"，（Brazil Aid x Family Grant x Emergency Aid），Nubank Blog，December 4，2021，https：//blog. nubank. com. br/auxilio-brasil-bolsa-familia-e-auxilio-emergencial/.

⑤ Cardoso，B. B.，"The Implementation of Emergency Aid as an Exceptional Measure of Social Protection"，*Brazilian Journal of Public Administration*，54（4），2020：1058.

监管局为避免人们进一步感染新冠病毒而提出的健康建议。① 在这些困难中，另一个争议点是受助人群仍不准确。一些不需要紧急援助的恶意人员设法篡改数据以获得补助资格。考虑到巴西这一发展中国家的人口规模，且具有严重的社会经济问题，政府处理此类问题的困难是可以理解的，特别是在全球新冠疫情危机环境下。

"巴西补助金计划"（Auxílio Brasil），旨在替代"家庭补助金计划"。尽管这两个项目的本质都是有限支持贫困或极端贫困家庭，② 但它们之间存在一些差异。其相同点是付款期限和目标受众。付款期限根据社会公民身份证（Número de Identificação Social-Social Identification Number）的最后一个数字来确定；目标受众是处于贫困和极端贫困状况的家庭。与"家庭补助金计划"（Bolsa Família）不同的是，新计划"巴西补助金"（Auxílio Brasil）的条件是资助家里至少有一名家庭成员的年龄在 21 岁以下或家里有孕妇的贫困家庭。③ 巴西援助是由联邦政府发行、由公民部（Ministério da Cidadania）协调完成的一项社会计划，该组织负责管理该计划的补助金和发放补助金。巴西援助计划创建于 2021 年 8 月，因此其对巴西社会的影响仍需要一段时间检验。

---

① ANVISA（*Agência Nacional de Vigilância Sanitária*）is the Brazilian Heath Regulatory Agency, an agency linked to the Ministry of Health and part of the Brazilian National Health System（*SUS-Sistema Único de Saúde*）. ANVISA（Agência Nacional de Vigilância Sanitária）是巴西国家卫生监管局，隶属卫生部，是巴西国家卫生系统（SUS-Sistema Único de Saúde）的一部分。

② According to the current government allegations, families in poverty are the ones that receive a month wage per capta up to R $ 105.00, while families in extreme poverty a monthly wage per capta between R $ 105.01 to R $ 210.00（Ministério da Cidadania, Governo Federal-Ministry of Citinzenship, Federal Government, https://www.gov.br/cidadania/pt - br/auxilio - brasil/auxilio-brasil）.

③ Augusto, J., "Auxílio Brasil X Bolsa Família X Auxílio Emergencial"（Brazil Aid x Family Grant x Emergency Aid）, Nubank Blog, December 4, 2021, https://blog.nubank.com.br/auxilio - brasil-bolsa-familia-e-auxilio-emergencial/.

三 中国与巴西扶贫计划的相互分享

中国和巴西存在一些相似之处，例如两国同属于国际组织金砖国家，都被认为是在区域内具有重要地位的发展中国家，都存在贫困问题，但两国也有许多差异，下文将分析中国和巴西在扶贫减贫方面可以分享的经验。

与巴西一样，中国实施了多项社会扶贫计划。自20世纪90年代初以来，扶贫项目获得了更大进展，包括收入转移计划。可以与巴西的家庭援助计划相提并论的两个重要计划是："低保"和"五保"。低保有城、乡两个版本，即"城市低保""农村低保"，以确保低收入家庭的最低生活保障，无论其工作能力如何。该计划使中国生活在贫困线以下的所有家庭受益。低保是一项国家计划，但由于城乡和省份与省份之间的差异，地方政府有权根据当地的贫困线确定援助标准。在21世纪初，中国再次加大了社会计划补助力度，除了住房补贴，还为低保受益人提供教育援助。另一个农村项目"五保"，除提供食品、衣服和医疗保健外，还为住房甚至葬礼提供经济援助。① 改革开放以来，中国约有8亿人脱离了贫困线，提升了社会地位，约为巴西人口的4倍，占全球减贫规模的76%。② 对于这一伟大成就，西方媒体的报道并不积极正面，甚至带有明显的歪曲和抹黑。由于政治和经济原因，美国和其他欧洲强国不肯承认中国在国际社会的重要地位。

据中国驻巴西大使介绍，与巴西政府广泛采用的传统收入转移支付方式

---

① Fernandes, D., "Como funcionam programas nos moldes do 'Bolsa Família' nas 10 maiores economias do mundo" (How programs along the lines of 'Bolsa Família' work in the 10 largest economies in the world), BBC News Brazil, December 8, 2018, https://www.bbc.com/portuguese/internacional-45897725.

② Centeno, A., "Pesquisadora revela China ignorada pela mídia onde 850 milhões deixaram a pobreza" (Researcher reveals China ignored by the media where 850 million left poverty), Brasil de Fato, Porto Alegre, September 27, 2021, https://www.brasildefato.com.br/2021/09/27/pesquisadora-revela-china-ignorada-pela-midia-onde-850-milhoes-deixaram-a-pobreza.

不同，中国通过精准施策，助推贫困地区发展条件改善，提高困难群众受教育水平和就业水平。考虑到地区和人口差异，通常会采取针对性强的措施，如产业发展、人口迁离、环境补偿、教育刺激、职业培训和社会保障等。正如中国驻巴西大使所说："中方愿与巴西等国加强减贫交流合作，携手共建命运共同体、创造体面生活环境、取得共同进步。"①

卢拉总统在执政期间实施了"零饥饿计划"（Fome Zero），以解决巴西饥饿问题。"零饥饿计划"包含 60 多个子项目，其中最核心的项目是"家庭补助金计划"。然而，该计划在特梅尔执政期间被暂停，博索纳罗总统也没有采取任何措施来恢复该计划，这造成巴西自 2018 年以来饥饿人数上涨。而中国长期实行的两大消除饥饿计划却卓有成效，贫困人口数量逐渐减少。②

巴西和中国两国在扶贫举措方面可互鉴互学。2015 年 2 月，在罗塞夫总统任职期内，中国河南代表团到巴西参加了巴西社会发展部召开的"世界无贫困"学习计划。此次访问促进了两国之间的扶贫经验交流。中国代表对巴西为支持扶贫政策而开展的研究工作印象深刻，并对巴西"无贫困计划"和"家庭补助金计划"（Bolsa Família）运作的复杂性十分感兴趣。③ 2017 年 9 月，农发行组团赴巴西进行了"减贫计划与信贷政策研究"专题培训。培训团就巴西贫困现状和致贫原因、巴西政府在减贫中采取的主要政策和措施、巴西减贫取得的主要成效和面临的挑战进行了深入学习和交流。结合中国实际，该培训团总结了几点值得分享的经验。一是巴西贫富差距

---

① Yang, W., "Erradicação da pobreza: como a China conseguiu?" (Poverty eradication: how did China do it?), Correio Braziliense, May 4, 2021, https://www.correiobraziliense.com.br/opiniao/2021/05/4921996-artigo-----erradicacao-da-pobreza-como-a-china-conseguiu.html.

② Nascimento, M. L., and Leite, A., "A China contra a fome e a extrema pobreza, na contramão do mundo occidental" (China against hunger and extreme poverty, on the way against the Western world), Brasil de Fato, June 29, 2021, https://www.brasildefatopb.com.br/2021/06/29/a-china-contra-a-fome-e-a-extrema-pobreza-na-contramao-do-mundo-ocidental.

③ "Delegação chinesa vem ao Brasil conhecer as políticas de combate à pobreza" (Chinese delegation comes to Brazil to meet poverty alleviation programs), World Without Poverty, February 15, 2015, https://wwp.org.br/delegacao-chinesa-vem-ao-brasil-conhecer-as-politicas-de-combate-a-pobreza/.

大，贫民窟问题突出，启示我国要及早研究规避城镇化进程中进城农民的失业返贫问题。在加快城乡一体化的进程中，应充分发挥我国社会主义制度的优越性，防止"拉美现象"在中国出现。二是巴西农业支持政策完善，有效推动了农业产业发展，有助于保障农民经济利益，减少农村贫困。借鉴巴西做法，我国也应尽快制定相应法律法规，增加农业贷款比重、扩大农业保险范围并实行政府贴息，切实解决目前"三农"领域"贷款难、贷款贵、保险不到位"的问题，以保护农民利益、减少生产风险、增加农民收入。三是巴西农业信贷合作社体系健全，社员农户参与度高，有助于应对市场波动和吸纳劳动力就业。我国合作组织发展还不充分，缺乏对农户生产、销售、技术、质量的引导、服务和控制，导致生产带有很大的盲目性，小农户难以应对大市场。因此，借鉴巴西经验，我国应积极支持和培育各类合作社的发展，通过合作社把单个农户组织起来，以保证农产品的生产质量和市场竞争力，这也是我国广大农民实现共同富裕的治本之策。四是推进脱贫攻坚必须高度重视金融扶贫，加快创新，积极延伸完善政策性金融支农服务功能。巴西健全完善的金融服务体系为我们提供了可资借鉴学习的经验，我们可以在深化与小额支农贷款机构、保险证监、担保体系的功能互补合作上下功夫。[①]

　　巴西和中国在教育扶贫方面也有可相互借鉴的地方。巴西贫困人口的最大比例集中在城市地区，而不是农村地区。尽管这种现象多年来已发生了变化，但贫困仍然存在。这表明教育对每个公民都很重要，能对公民生活水平产生影响。就社会基础设施和经济增长政策而言，部分花销用在了基础设施和人力资本方面。自 20 世纪 80 年代以来，由于巴西国内生产总值增长率低，又经历通货膨胀、税收紧缩，对外账户方面面临困难，巴西人力资本支出有所减少。另外，巴西人力资本发展仍任重道远，如教育问题。从图 11-3 可以看出，25 岁人群平均受教育年限从 1981 年的 4 年左右上升到了 2014 年的近 8 年。这表明，在 20 世纪 80 年代和 90 年代初期，尽管大部分人群识

---

① 王富君、黄进强、荆立俊等：《巴西减贫与信贷政策的启示》，《农业发展与金融》2017 年
　　第 12 期。

字，但他们没有机会接受大学教育，因而进入劳动力市场的机会较少。这一情景一直在改善，到了21世纪，25岁人群在教育上花费的时间几乎翻了一番。然而，一旦私立学校和大学设置比公立学校更高的标准，收入不平等和财富集中等差距凸显，那么与教育质量标准相比，教育投资仍远远不够。因此，物质基础设施投资和人力资本投资均有助于创造各种经济增长渠道，消除贫困。

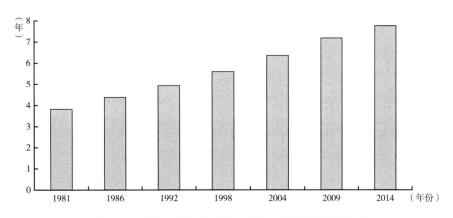

图 11-3　1981~2014 年巴西 25 岁人群平均受教育年限

资料来源：IpeaData，2022，http：//www.ipeadata.gov.br/。

中国的教育扶贫成果显著。中国政府提供的9年义务教育免费面向所有适龄儿童，教育质量合理，且鼓励所有家庭送孩子上学。[1] 但这种景象在巴西却看不到。尽管巴西联邦、地区和市政府提供免费教育，但并非所有家庭都鼓励他们的孩子上学。在各种拒绝原因中，最常见的是教育质量低，孩子从小就需要开始工作。完美的情况是，扶贫计划进行阶段性实施：①通过收入转移以支持贫困家庭过上体面的生活；②支持鼓励人们接受教育；③培养公民进入劳动力市场的能力。基于收入转移支付的扶贫计划对降低巴西各州贫困率本质上是必要的，但不是最终的解决方案。扶贫计划管理不善，缺乏

----

[1]　Marco and Tings，"O alívio da pobreza na China"（Poverty Alleviation in China），Brasil de Fato in YouTube，March 17，2022，https：//www.youtube.com/watch？v=3u1rjOnufRQ。

教育援助和对人们进入劳动力市场的支持，这表明巴西政府在应对贫困这一反复出现的问题方面能力不足。例如，为了改变巴西的扶贫工作状况，必须将教育投资和旨在缓解收入集中的政策视为重点，而不仅仅是刺激国内生产总值的增长。尽管多年来巴西扶贫取得了进展，但贫困问题仍尚未解决。社会财富与困扰大部分人口的贫困之间的矛盾，一个可能的原因是该国高度的分配不平等。尽管几十年来，巴西宏观经济有很大变化，贫困人口数量也有所减少，但贫困治理任重道远。事实上，巴西是属于世界前 10% 收入不平等国家之一。[①]

四　结语

巴西地理与统计研究所 2022 年 12 月公布了一项调查报告，2020~2021 年，巴西极端贫困人口增长 48.2%，约 580 万人。到 2021 年，巴西有 6250 万人生活在贫困线以下，其中 1790 万人处于极端贫困状态。巴西现总统谈到贫困危机更是潸然泪下道："我想告诉你们的是，如果在 2026 年任期结束时，每个巴西人都能享用上咖啡、午餐和晚餐，我就死而无憾了。"

巴西基于开发式扶贫，取得了较快的经济增长，却沦为发达国家的原料和资源基地；基于救济式减贫实施了"零饥饿""家庭补助金""我的房子我的生活"等计划，但庞大的社会保障体系令群众养成懒惰的习惯，反而成为社会负担。巴西贫困治理虽然取得了一些成就，但仍然面临消除绝对贫困的压力，特别是如何解决就业、教育等公共服务资源问题，这些对未来发展中国家贫困治理的研究提出了新的课题。

[①] Barros, R. P., and Carvalho, M., "Desafios para a Política Social Brasileira", Challenges for Brazilian Social Politics, IPEA, Rio de Janeiro, 2003: 985.

第十二章
印度贫困治理及其对中国
扶贫经验的借鉴

自 1991 年实施经济改革以来，印度进行了一系列积极的经济改革。这些改革使得印度经济得到了较快的增长。2021 年，印度以 3.17 万亿美元的 GDP 位居世界第六，成为世界上发展较快的新兴市场经济体之一。[①] 然而，值得关注的是，印度虽经济发展迅速，但仍是全球最大的贫困国家。印度有超 13 亿人口，其中 1/4 是贫困人口。按照每人每天 1.9 美元的标准所得出的数据表明（数据更新时间截至 2017 年），印度贫困人口发生率从 1991 年的 36% 下降至 2017 年的 9.3%。博鳌亚洲论坛的《亚洲减贫报告 2020：全球化变动与公共危机影响下的亚洲贫困》称，2020 年印度约有 3174 万人处于极端贫困中。[②] 而根据《全球多维度贫困指数 2020》报告，印度以 0.123 的 MPI 值和 27.9% 的多维度贫困人口比例在 107 个国家中排名第 62。[③] 印度

---

① 国际货币基金组织："世界经济展望数据库"，https：//www.imf.org/en/Publications/WEO/weo-database/2021/October/weo-report？c＝534，&s＝NGDP_R，NGDP_RPCH，NGDP，NGDPD，PPPGDP，NGDP_D，&sy＝2014&ey＝2022&ssm＝0&scsm＝1&scc＝0&ssd＝1&ssc＝0&sic＝0&sort＝country&ds＝.&br＝1。

② 2020 年 12 月 15 日，https：//www.boaoforum.org/newsdetial.html？itemId＝0&navID＝1&itemChildId＝undefined&detialId＝3868&pdfPid＝178。

③ UNDP，"2020 Multidimensional Poverty Index（MPI）"，July 16，2020，https：//www.undp.org/turkiye/publications/2020-multidimensional-poverty-index-mpi.

极端贫困率在 2011~2019 年整体下降了 12.3 个百分点，农村贫困率下降了 14.7 个百分点，城市贫困率下降了 7.9 个百分点。在多维度贫困中，根据统计，印度 2021 年有 25.01% 的贫困人口，在农村和城市中，分别有 32.75% 和 8.81% 的人口被定义为多维度贫困。① 由此可见，印度的贫困人口发生率虽然有所下降，但不及预期，贫困人口数量仍然庞大。以 MPI 来评价莫迪政府贫困治理的成效，不难发现，莫迪总理在执政期间，虽致力于贫困治理，实施了一系列减贫计划，但印度的贫困问题并没有因此而得到显而易见的解决，多维贫困仍在发生。低质量就业增长、城乡差距明显、性别不平等、基础教育薄弱、农村医疗卫生状况糟糕以及地区差异等都是当前印度面临的主要挑战。

一 印度贫困治理背景

贫困是一种复杂的社会现象，如何解决贫困问题是印度面临的重大挑战。但贫困也是一个有争议的问题，尤其是在如何识别、评估贫困上，而这是印度解决贫困问题的前提和基础。早期，印度对贫困的界定相对片面，仅将收入或最低物质生活成本作为贫困的主要评估标准。而随着经济社会的不断发展，印度关于贫困的评估维度也逐渐变得多样化。不同的评估体系表明，贫困不仅仅意味着低收入，还包括饥饿和营养不良、缺乏接受教育和其他基本服务的机会、社会歧视、卫生条件差以及无法公平地参与决策等各方面。

（一）印度对贫困的估算历史

印度对贫困的评估历史最早可追溯到印度独立前，主要是从生存或最低生活标准的角度来定义贫困。1876 年，印度政治家、国大党奠基人之一达达拜·瑙罗吉（Dadabhai Naoroji）在其著作《印度的贫困与不列颠统治》

---

① NITI Aayog, "India: National Multidimensional Poverty Index", November 24, 2021, https://www.niti.gov.in/sites/default/files/2021-11/National_ MPI_ India-11242021.pdf.

（*Poverty and Unbritish Rule in India*）中，最早对印度的贫困线（Poverty Line）进行了估算。[①] 瑙罗吉对贫困线的估算是基于维持生计的最低基本饮食（大米或面粉、扁豆糊、羊肉、蔬菜、酥油、植物油和盐）的成本。[②] 按照当时印度的物价，瑙罗吉将贫困线定在人均每年 16~35 卢比。[③]

印度历史上第二次对贫困线进行估算是在 1938 年。在时任印度国会主席苏巴斯·钱德拉·鲍斯（Subhash Chandra Bose）的号召下，印度成立了国家计划委员会（National Planning Committee，NPC）[④]，并由贾瓦哈拉尔·尼赫鲁（Jawaharlal Nehru）担任主席。计划委员会旨在制定经济计划，其根本目的是确保民众享有基本的生活标准。该计划委员会的报告明确指出，"印度不同地区的经济学家估计，根据卢比的现值（Present Value）计算，人均每月 15~20 卢比是不可降低的最低生活标准"[⑤]。不过，印度也并未将此正式标记为国家的贫困标准。

印度独立后，计划委员会于 1962 年下设了一个计划委员会专家组（Planning Commission Expert Group），以估测民众的最低生活标准。计划委员会专家组制定了农村和城市地区单独的贫困线。专家组认为，按 1960~1961 年的物价计算，农村的一个 5 口之家（4 个成人消费单位）的最低生活费用应不低于每月 100 卢比或人均 20 卢比，城市家庭的标准则为每月 125 卢比或人均 25 卢比。而且，此最低生活标准不包括由国家提供的健康和教育支出。这一最低生活标准在 20 世纪六七十年代被广泛地应用于估算印度国家和州一级的贫困率。[⑥]

[①] 不过，瑙罗吉并未使用"贫困线"这一术语。

[②] Bapat，M.，"Poverty Lines and Lives of the Poor Underestimation of Urban Poverty-the Case of India，" International Institute for Environment and Development Working Paper，2009.

[③] Srinivasan，T. N.，"Poverty Lines in India：Reflections after the Patna Conference"，*Economic and Political Weekly*，42（41），2007：4155-4165.

[④] 2014 年被政府解散，取而代之的是一个名为"印度国家转型研究所"（NITI Aayog）的智库。

[⑤] Indian Institute of Applied Political Research，*Report of the National Planning Committee* 1938，（Delhi：Famous Offset Press，1988），53.

[⑥] More，S.，and Singh，N.，"Poverty in India：Concepts, Measurement and Status"，MPRA Paper，No. 62400，2014.

1979年，计划委员会设立了一个新的工作组，由印度经济学家约金德·艾拉格（Yoginder K Alagh）担任主席，并提出了新的贫困评估方法。工作组运用了印度第28轮（1973～1974年）国家抽样调查（National Sample Survey，NSS）中与私人消费有关的数据，参考相应的营养需求和消费支出，为农村和城市地区制定了贫困线。根据工作组的估算结果，在城市地区每月摄入少于2100卡路里（56.64卢比）的人或在农村地区每月摄入少于2400卡路里（49.09卢比）的人是贫困的。之后年份的贫困线则将通过更新通货膨胀的价格水平来调整。[①] 这是第一条印度官方正式公布的贫困线。

1989年，计划委员会成立了贫困人口比例和人数估算专家组（Expert Group on Estimation of Proportion and Number of Poor），由印度经济学家拉克达瓦拉（D. T. Lakdawala）担任主席，致力于"研究贫困估算方法，并在必要时重新界定贫困线"[②]。专家组建议，消费支出仍按1979年工作组提出的以卡路里消耗量计算，但应建立特定的州一级贫困线，并使用城市地区的"消费者价格指数-产业工人"（Consumer Price Index for Industrial Workers，CPI-IW）和农村地区的"消费者价格指数-农业劳动者"（Consumer Price Index-Agricultural Laborers，CPI-AL）对其进行更新。[③] 专家组于1993年7月提交了5份报告，印度政府于1997年3月采纳了专家组的估算方法，作为印度官方计算贫困人口数量的基础。

2009年，由苏雷什·滕达尔克（Suresh Tendulkar）担任主席的审查贫困估算方法专家组向印度计划委员会提交了新的贫困衡量方法的报告。该报告具有开创性，因为它改变了估算方法。以前，估算是根据人们主要在食品上的支出进行的。但滕达尔克的估算方法考虑了教育、耐用品和娱乐以及食

[①] Perspective Planning Division Government of India Planning Commission, "Report of the Task Force on Projections of Minimum Needs and Effective Consumption Demand", 1979.

[②] Perspective Planning Division Government of India Planning Commission, "Report of The Expert Group on Estimation of Proportion and Number of Poor", 1993.

[③] Perspective Planning Division Government of India Planning Commission, "Report of The Expert Group on Estimation of Proportion and Number of Poor", 1993.

品支出。它将贫困线固定在农村地区每个人每月 816 卢比和城市地区每个人每月 1000 卢比。[①]

2012 年，考虑到国家经济发生的快速变化以及滕达尔克方法的缺点，政府于 2012 年成立了兰加拉詹（Rangarajan）委员会，该委员会于 2014 年提交了报告，进一步改变了贫困估计的方法。该委员会将城市和农村的人均日支出分别从 32 卢比和 26 卢比提升到 47 卢比和 32 卢比，[②] 低于这一标准，则被列为贫困人口。此外，印度也采取国际上的贫困衡量方法——多维度贫困指数（Multidimensional Poverty Index，MPI）来计算印度的贫困人口数量。MPI 是联合国开发计划署（The United Nations Development Programme，UNDP）和牛津贫困与人类发展倡议（Oxford Poverty and Human Development Initiative，OPHI）于 2010 年联合发布的用于衡量贫困的新标准。该指数共 10 个指标且每个指标均有固定权重（见图 12-1）。同时，该指数的核心是采用阿尔基尔·福斯特算法（Alkire Foster，AF，又称"AF 双临界值法"）[③]，将人们确定为穷人或非穷人。每个组成部分指标中的一阶截止值用于确定该指标中哪个人被"剥夺"。然后汇总所有指标的信息，得出每个人的剥夺分数。然后应用二阶截止值来确定多维贫困的个体。这一计算过程包括识别（Identification）和聚合（Aggregation）两个部分。在识别部分，每个人需要在每个指标中标记出该指标的剥夺状况（被剥夺用 1 表示，未被剥夺用 0 表示）；在聚合部分需要

① Satapathy, S. S., and Jaiswal, K. K., "A Study on Poverty Estimation and Current State of Poverty in India", *International Journal of Advanced Scientific Research and Management*, 3（6），2018：88.

② Gaur, S., and Rao, N. S., "Poverty Measurement in India：A Status Update", Ministry of Rural Development Working Paper, No. 1/2020, 2020.

③ 一种衡量多维度贫困的方法。由 OPHI 的 Sabina Alkire 和 James Foster 开发。它涉及计算个人同时经历被剥夺的不同类型，例如缺乏教育、就业、健康以及生活水平不佳。分析这些困境以确定谁是穷人，然后用于构建多维贫困指数（MPI）。穷人的识别取决于一套指标内的被剥夺临界值以及跨指标的被剥夺临界值（因此称为"双临界值法"）。指标内的临界值（也称"第一临界值"）用于确定被剥夺分数，而跨指标临界值（也称"第二临界值"）用于最终确定谁处在多维度贫困中。

计算两个数值"H"和"A",① 分别计算出"H"和"A"后相乘，便得到了多维度贫困指数（MPI＝H×A）。

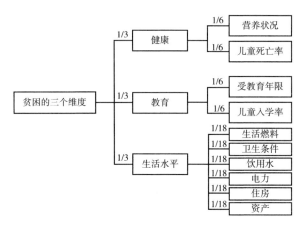

图 12-1　多维度贫困指数

资料来源：UNDP，"2020 Global Multidimensional Poverty Index（MPI）"，January 1, 2020，https：//hdr. undp. org/en/content/2020-global-multidimensional-poverty-index-mpi。

MPI 作为衡量贫困的新方式，它不仅能够反映多维贫困的发生率和发生强度，同时还能反映个人或家庭所遭遇的剥夺。其包含的 10 项指标能够比简单地以收入来衡量贫困更为全面，能够立体地展现出个人和家庭的真实贫困现状，形象地反映出个人和家庭所面临的贫困挑战。通过 MPI 来衡量印度贫困治理的成效与不足，能够有效且直观地显示印度在贫困治理的哪些方面得到改善，同时也能反映在哪些方面还需改进，从而帮助印度政府在未来展开有针对性的贫困治理。2021 年印度国家转型研究所（NITI Aayog）与12 个职能部委及各邦政府，协同 OPHI 和 UNDP 共同合作编写了《印度：2021 年多维度贫困报告》。该报告是全面把握印度多维贫困的一份重要文献。

---

① "H"为贫困人口率（Headcount Ratio），也就是"有多少穷人?" "A"为贫困的严重程度（Intensity of Poverty），也就是"穷人多穷?" "H" "A"都是所有多维贫困个体的平均剥夺分数。

（二）印度2004～2013年的贫困治理

在莫迪总理执政之前，印度生活在贫困线以下的人口比例（贫困人口率）有所下降。以滕达尔克贫困线衡量的贫困人口率在 2004～2011 年每年下降 2.18 个百分点。2011～2012 年，农村地区贫困人口率估计为 25.7%，城市地区为 13.7%，全国为 21.9%（见表 12-1）。2011～2012 年，印度有2.69 亿人生活在滕达尔克贫困线以下，而 2004～2005 年为 4.07 亿人，其间减少了 1.38 亿人。根据 2014 年发布的全球多维度贫困指数，印度有 3.44亿人口处于多维度贫困之中。[①] 这也意味着，印度贫困人口在数量上有所减少，但是健康和卫生条件差、教育水平低、失业和营养不良等问题仍然存在。首先，孕产妇和婴儿死亡率仍然居高不下。2013 年，印度孕产妇死亡人数为 5 万，占全球孕产妇死亡人数的 17%。印度每 10 万孕产妇中就有154 人因生产问题而死亡。2013 年，印度有近 75 万名新生儿死亡，是世界上新生儿死亡人数最多的国家，每 1000 名婴儿中就有 28 名死亡。[②] 其次，教育水平较低，主要体现在基础教育设施不完善、农村地区缺乏教师、女性在接受教育方面受到歧视等方面。最后，营养不良问题严重。印度妇女及儿童营养不良率非常高。尽管印度 2024～2013 年在名义上减少了营养不良，但营养不良问题仍是印度贫困治理中一大棘手问题。

二　印度2014年以来贫困治理情况与措施

在过去十年里，莫迪政府上台后，积极进行贫困治理，通过出台直接干预

---

① Alkire, S., Chatterjee, M., Conconi, A., et al., "Global Multidimensional Poverty Index 2014", Oxford Poverty & Human Development Initiative, 2014.

② World Bank, "Maternal Mortality Ratio (Modeled Estimate, per 100, 000 Live Births) - India", 2023, https://data.worldbank.org/indicator/SH.STA.MMRT? locations = IN. Mehta, N., "India Had the Highest Number of Maternal Deaths according to the Latest UN Report", Mint, 2014, https://www.livemint.com/Politics/FDVehh0GFSxPu1FHlKJ2uM/India - saw - 50000 - maternal-deaths-in-2013.html.

措施和间接干预措施，在一定程度上改善了印度的贫困状况，贫困率有所下降，但不及预期，仍有1/4的人生活在贫困中，是全球贫困人口最多的国家。

表 12-1　根据滕达尔克方法估算的贫困率和数量

单位：%，百万人

	贫困人口率			贫困人口数量		
	农村	城市	全国	农村	城市	全国
1993~1994 年	50.1	31.8	45.3	328.6	74.5	403.1
2004~2005 年	41.8	25.7	37.2	328.3	80.8	409.1
2011~2012 年	25.7	13.7	21.9	216.5	52.8	269.3
年平均下降率（1993~1994 年至 2004~2005 年）	0.75	0.55	0.74			
年平均下降率（2004~2005 年至 2011~2012 年）	2.32	1.69	2.18			

资料来源：Government of India Planning Commission，"Press Note Poverty Estimates，2011–12"，2013：3。

（一）2014年以来的贫困治理情况

印度极端贫困率有所下降，但印度仍有大量极端贫困人口和多维度贫困人口，减贫工作依然任重道远。其中印度贫困人口面临的困境主要体现在教育、医疗卫生、营养、社会保障、生活水平、社会公平等方面。

第一，印度贫困人口教育困境。突出体现为失学率高、识字率低等问题。印度有着世界闻名的高等教育系统，但是其基础教育却相对落后。印度虽在改善获得优质教育的机会、增加小学入学率和减少失学儿童人数方面取得了长足的进步，然而挑战依然存在。根据联合国教科文组织的数据，2020年印度失学儿童数量约650万人，与2012年的383万人相比，失学儿童数量增加了近1倍。[①] 印度15岁及以上不识字人口数量约2.5亿。[②] 生活在贫困中的人没有足够的资源来养活他们的孩子，他们认为教育是无足轻重的，

① UNESCO，"India：Participation in Education"，http：//uis.unesco.org/en/country/in.

② UNESCO，"India：Illiterate Population"，http：//uis.unesco.org/en/country/in.

更希望孩子开始为家庭的收入做出贡献，而不是耗尽他们的收入。另外，缺乏教育使个人无法获得报酬更高的工作，他们只能从事工资最低的工作。所以，如果儿童未能接受基础教育，不仅加深了印度的贫困程度，也在一定程度上阻碍着印度的减贫进程。

第二，印度贫困人口医疗卫生困境。健康和卫生是保障国家人民安全的重要因素之一，医疗体系在这一方面发挥着重要的作用。在印度，公共卫生系统无法满足国民的健康需求。政府在卫生方面的总体支出过低，仅占GDP的0.9%，其中75%由患者承担，而90%以上患者由于缺乏保险而自掏腰包。① 缺乏医疗健康保险是自付费用高的重要原因。这也意味着绝大多数人，尤其是贫困人口在患病时得不到保护。此外，农村医疗基础设施薄弱，缺乏医护人员。医护人员是印度农村卫生机构有效运行的先决条件之一。根据印度《农村健康统计》（Rural Health Statistics），截至2019年3月31日，印度分中心和初级卫生中心医护工作者/助产护士的总体缺口为3.9%。在初级卫生中心中，2019年有35.9%的女性卫生助理/女性卫生随访员职位，45.8%的男性卫生助理职位和23.5%的医生职位处于空缺之中。② 农村医疗中心缺乏充足的资金和医疗设施，包括使用的设备质量不佳、药品供应不足、缺乏合格和专门的医疗人员。同时，印度医疗昂贵，大多数农村人口不具备去正规合格的医疗中心享受服务的负担能力。

第三，印度贫困人口健康困境。营养不良是源于贫困的最突出的健康问题。营养不良问题在该国所有年龄组都很普遍，但儿童受此影响最大。由于贫困家庭的收入有限，他们的孩子无法获得足够的营养食物。随着时间的推移，这些儿童会遭受严重的健康问题，如体重轻、免疫力普遍低下等，使他们容易生病。来自贫困家庭的孩子患贫血、营养缺乏、视力受损甚至心脏问

① Madhok, R., "Global Health Challenges: The India Conundrum", *British Journal of Medical Practitioners*, 2(3), 2009: 5.

② Government of India Ministry of Health and Family Welfare Statistics Division, "Rural Health Statistics 2018 - 19", Decemer 24, 2019, https://www.thehinducentre.com/resources/article 31067514.ece/binary/Final%20RHS%202018-19_ 0-compressed.pdf.

题的概率是普通孩子的 2 倍。根据印度政府 2019~2020 年全国家庭健康调查，该国只有 11.3% 的 6~23 岁的人口有适当的饮食。5 岁及以下儿童中 35.5% 发育迟缓，32.1% 体重达不到正常标准。[1]

第四，印度贫困人口生活水平困境。近年来，随着印度国家的发展、GDP 的增加，越来越多的资金投入改善贫困人口生活水平，包括改善农村能源结构、提供清洁用水等，但在实际实施过程中，效果却不及预期。根据世界煤炭研究所的报告，印度是第六大发电国，也是第六大电力消费国。尽管如此，电气化率仅为 44%，约 5.826 亿人口用不上电。在 586000 个印度村庄中，约有 140000 个村庄仍有待实现电气化，在许多正式实现电气化的村庄中，服务质量与真正的电气化不符。此外，大约 6.25 亿人无法获得现代烹饪燃料，而传统燃料仍是 80%~90% 的农村的能源需求。[2] 在 2020 年，印度超过 50% 的农村人口通过管道供水系统在房屋内获得安全和充足的饮用水，只有 21% 的人获得卫生设施。[3]

第五，印度贫困人口社会保障不健全。印度的社保项目缺乏对收入低、工作不稳定、失业频繁、文化水平低等的临时工人和无组织工人的保障。政府虽一直在为此类群体实施社会保障措施，但覆盖面微乎其微，大多数无组织工人仍然没有任何社会保障。这也意味着当这类工人面临失业、工作不稳定或收入低等困难时，得不到任何资助，从而加深贫困的现状。

第六，印度贫困人口收入不平等困境。贫困与收入不平等之间存在复杂的关系。长期的收入不平等会阻碍减贫工作的进行。《世界不平等报告

---

[1] Ministry of Health and Family Welfare, "National Family Health Survey-5 2019-21", December 15, 2020, https://main.mohfw.gov.in/sites/defanlt/files/NFHS-SPhase-IIo.pdf.

[2] Monroy, A. B. C. R., "Energy Poverty: A Special Focus on Energy Poverty in India and Renewable Energy Technologies", *Renewable and Sustainable Energy Reviews*, 15 (2), 2011: 1058.

[3] Statista, "Share of Rural Population Having Access to Safe Drinking Water in India from Financial Year 2016 to 2020", 2022, https://www.statista.com/statistics/1130441/india-rural-population-with-access-to-safe-drinking-water/#:-: text = Share% 20of% 20rural% 20population% 20with% 20access% 20to% 20safe, the% 20premise% 20through% 20a% 20pipe% 20water% 20supply% 20system.

2022》指出，印度是一个贫困且十分不平等的国家。在印度，收入最高的10%和1%的人分别占国民总收入的57%和22%，而收入最低的50%的人所占的份额下降到了13%。当提及财富拥有时，不平等现象更为严重。底层50%的家庭几乎一无所有。中产阶级也相对贫穷，拥有总财富的29.5%，而最富有的10%和1%分别拥有总财富的65%和33%。[①] 印度的分配不平等损害了大多数贫困人口的利益，使他们失去了更多机会，同时影响了社会效率，破坏了减贫潜力。

（二）2014年以来的贫困治理措施

莫迪执政后，一直积极进行贫困治理，先后实施了各类型的减贫旗舰计划。根据各类计划的作用，将其分为救济式措施和开发式措施。救济式扶贫措施指政府通过向贫困人口进行现金转移、提供资产、粮食等方式，保护贫困人口避免收入贫困。开发式扶贫措施指政府通过改善贫困人口的健康医疗、教育、社会保障、生活环境、就业机会等方面，避免贫困人口陷入多维度贫困。

1. 救济式扶贫

首先是转移支付计划，主要包括 PM-KISAN 计划和圣雄甘地全国农村就业保障法案。PM-KISAN（Pradhan Mantri Kisan Samman Nidhi）计划是莫迪政府发起的旨在增加该国农民收入的一项中央部门计划，于 2018 年 12 月正式生效。在 PM-KISAN 计划下，印度政府将 6000 卢比分三次分期支付给具备资格的农民，直接存入他们的银行账户。该项目有助于补充小规模和边缘化农民在各项投入方面的金融需求，确保作物的生长和收获；同时有助于保护农民免受高利贷的盘剥，确保他们农耕活动的持续性。圣雄甘地全国农村就业保障法案（Mahatma Gandhi National Rural Employment Guarantee Act，MGNREGA）则为每个农村家庭提供 100 天的工作保障。同时，如果申请人在登记后 15 天内无法找到工作，则可以领取失业救济金。该计划将为每个工人

---

① World Inequality Lab，"World Inequality Report 2022"，December 7，2021：197-198，https：//wir2022. wid. world/www - site/uploads/2023/03/D _ FINAL _ WIL _ RIM _ RAPPORT _ 2303. pdf.

每年提供 2000 卢比的额外收入，这一计划预计使约 5 亿家庭受益。

其次是普惠金融计划。在印度，近一半的成年人口处于金融网络之外。在此背景下，莫迪政府实施了普惠金融计划（Pradhan Mantri Jan Dhan Yojana，PMJDY）。该计划不仅通过开设储蓄账户（没有最低余额要求）确保穷人（年龄在 10 周岁以下的未成年人也可以通过监护人开设账户）能够利用银行设施，而且将账户与信贷、保险、汇款和养恤金等其他设施联系起来。它之所以重要，是因为它为穷人提供了一条将他们的储蓄带入正规金融体系的途径。同时，该计划是迈向包容性增长的重要一步，可确保社会边缘化群体的整体经济发展。该计划还向低收入群体/贫困客户提供高达 10000 卢比的无忧信用额度，以满足他们的紧急需求，避免他们陷入高利贷困境。自 2014 年 8 月 28 日由莫迪政府正式推出以来，PMJDY 已经取得了不小的成功。主要反映在开设的银行账户超过 46 亿卢比，存款余额为 1.74 万亿卢比，其覆盖范围扩大到 67% 的农村和半城市地区。[1]

最后是粮食补贴计划。莫迪政府的粮食补贴计划（Pradhan Mantri Garib Kalyan Yojana，PMGKY）是一项旨在解决贫困人口的粮食和财政困难的计划。该计划于 2020 年新冠疫情期间提出。莫迪总理强调，向有需要的人提供食物是国家的首要任务。在该计划下，政府每月向 8 亿多人提供 5 公斤免费小麦或大米，以及 1 公斤免费全麦面粉。[2]

2. 开发式扶贫

一是支持国家基础教育事业的发展。获得良好的基础教育是解决贫困循环问题的方法之一，莫迪政府在促进国家基础教育发展方面用力颇多。为了提高农村和城市贫困家庭儿童的入学率，莫迪政府延续和推动"午餐计划"（Mid-day Meal Scheme）的实施。该计划主要向公立小学的学生提供一次性

① Ministry of Finance, "Pradhan Mantri Jan Dhan Yojana（PMJDY）-National Mission for Financial Inclusion, Completes Eight Years of Successful Implementation", August 28, 2022, https：//pib. gov. in/PressReleasePage. aspx？PRID = 1854909.

② Press Information Bureau, "PM Addresses Nation and Announces Extension of Pradhan Mantri Garib Kalyan Anna Yojana", June 30, 2020, https：//pib. gov. in/PressReleseDetail. aspx？PRID = 1635343.

免费午餐。该计划的实施不仅改善和提高了儿童营养摄入，同时还提高了儿童入学率、出勤率和保留率。此外，2020 年 9 月印度发布《2020 年国家教育政策》（National Education Policy 2020，NEP）。印度时任总统科温德（Shri Ram Nath Kovind）强调《2020 年国家教育政策》的核心内容包括：为"通过向所有人提供高质量的教育，培养充满民族自豪感和全球幸福感的全球公民"。具有以上特质的公民将使印度成为一个公平、充满活力的知识型社会，最终目的是将印度打造成全球知识超级大国。为实现该目标，印度总统强调应继续大力发展全纳教育（Inclusive Education），将在社会地位、经济上处于不利地位的群体纳入教育体系。科温德还强调，当前教育事业的最高优先事项是"到 2025 年为所有小学儿童培养基础识字和计算能力"。在职业教育领域，NEP 确定了一个宏伟的教育目标：截至 2025 年，至少有50%的学生接受职业教育。[①]

二是致力改善国家营养状况，提升国民尤其是儿童的健康水平。莫迪政府于 2017 年实施国家营养计划（National Nutrition Mission，NNM），其目标是减少发育不良、营养不良、贫血（幼儿、妇女和少女），并于 2017~2020 年每年分别减少 2%、2%、3%和 2%的低出生体重儿童。[②] 同时，莫迪政府延续了综合儿童发展服务（Integrated Child Development Scheme，ICDS）计划，该计划于 1975 年启动，旨在消除对儿童健康和发育的危害，目前莫迪政府仍在推动实施。其发展目标为提高印度 6 岁以下贫困儿童的健康和营养水平，为印度儿童的适当心理、身体和社会发展奠定基础，减少印度儿童的死亡率、营养不良，向有幼儿的母亲提供健康和营养信息，从而提高印度母亲的育儿能力等。[③]

---

① Ministry of Education Government of India, "Web Resources for NSS/NCC/NYKS/UBA Volunteers for Dissemination of Information on National Education Policy（NEP）2020", September 2020, https：//www.mhrd.gov.in/shikshakparv/docs/WEBINAR_ BOOK.pdf.

② Ministry of Women & Child Development, "National Nutrition Mission", http：//icds - wcd.nic.in/nnm/NNM - Web - Contents/UPPER - MENU/AboutNNM/PIB_ release_ National NutritionMission.pdf.

③ Ministry of Women & Child Development, "Integrated Child Development Scheme", http：//icds- wcd.nic.in/icds.aspx.

三是为贫困人口提供医疗健康和社会保障。健康保障计划（Ayushman Bharat-Pradhan Mantri Jan Arogya Yojana 或 PM-JAY）于 2018 年由莫迪政府推出，旨在为贫困和脆弱家庭提供每年 50 万卢比的健康保险。此外，莫迪政府还致力于为劳动工人提供社会保障。在印度，大量劳工属于无组织工人，他们不受劳动法规和社会保障的保护。这也意味着当这类工人面临失业，工作不稳定或收入低等困难时，得不到任何资助，从而加深贫困的现状。为此，莫迪政府于 2015 年推出养老金计划（Atal Pension Yojana）。它是印度政府针对无组织部门人员的养老金计划，旨在为无组织部门的工人提供老年收入保障。

四是改善印度国民的生活水平。莫迪政府于 2014 年开始实施"清洁印度"（Clean India）计划。该计划通过建造社区拥有和家庭拥有的厕所来根除露天排便，使印度成为一个清洁的印度，为每个人提供基本的卫生设施。此外，莫迪政府于 2015 年推出人人享有住房计划（Pradhan Mantri Awaas Yojana, PMAY），其目标是为贫困人口提供坚固的永久性住房，包括厕所、液化石油气、电力和饮用水等所有基本设施。2016 年 5 月 1 日，莫迪在北方邦的巴利亚提出了清洁烹饪燃料计划（Pradhan Mantri Ujjwala Yojana, PMUY）[1]。该计划是莫迪政府发起的旗舰能源政策，旨在为处于贫困线（Below Poverty Line, BPL）的妇女提供一种更清洁、更安全的烹饪燃料——液化石油气（Liquefied Petroleum Gas, LPG）。这一政策在为印度女性赋权的同时，也保护她们免受固体燃料（如木柴、煤炭和牛粪等）对身体造成的伤害。该计划始于北方邦，并在短期内成功实施，据称对印度人民党在 2017 年 3 月的邦议会选举中取得巨大胜利起到了重要作用。2021 年 8 月 10 日，莫迪在全印度范围内启动了 PMUY 2.0 计划。

五是加强劳动力技能培养与自身建设。莫迪上任后，2014 年提出"印度制造"（Make in India）战略，强调发展经济，加快经济结构转型，从而

---

① Swachh Indhan Behtar Jeevan，"Pradhan Mantri Ujjwala Yojana 2.0"，https：//www.pmuy. gov.in/about.html. Aggarwal, S., Kumar, S., and Tiwari, M. K., "Decision Support System for Pradhan Mantri Ujjwala Yojana"，*Energy Policy*，118，2018：455-461.

为贫困人口提供大量就业岗位，满足日益增长的就业需求。2016 年莫迪提出"创业印度"（Startup India）计划，旨在推动印度的创新创业，从而推动印度经济的可持续发展和创造大规模就业岗位。同时，莫迪政府还通过鼓励创业和自主创新，促进印度的创业和就业。

三　印度2014年以来贫困治理的成效与不足

2014 年，莫迪当选印度总理后，积极进行贫困治理，先后颁布了一系列贫困治理的措施，在其治理下，在一定程度上使印度的多维度贫困得到改善。但是，由于印度人口基数庞大，各个机构在贫困治理政策、计划实施过程中存在一系列问题，导致莫迪政府贫困治理的效果未达预期。

（一）2014年以来贫困治理的成效

印度多维度贫困人口在莫迪执政时期有所下降，多维度贫困现状有所改善。2016 年，大约 28% 的印度人口处于多维度贫困状态。[1] 2021 年，印度的国家 MPI 将 25.01% 的人口定义为多维贫困。[2]

首先，印度儿童和妇女健康状况得到改善。印度在减少青少年儿童营养不良方面取得了巨大进展。根据 India MPI 2021 报告，有 28.1% 的儿童存在营养不良的状况。[3] 相较于 2015 年的 37.6%，下降了 9.5 个百分点。[4] 营养不良状况的改善也提升了印度青少年儿童的健康状况。印度全国家庭健康调

---

① Statista, "Changes in Multidimensional Poverty Index（MPI）in India in 2006 and in 2016", Ocbober, 2022, https：//www. statista. com/statistics/1272613/india - multidimensional - poverty - index/.

② Aayog, N., "National Multidimensional Poverty Index", 2021, https：//www. niti. gov. in/sites/default/files/2021-11/National_ MPI_ India-11242021. pdf.

③ Aayog, N., "National Multidimensional Poverty Index", 2021, https：//www. niti. gov. in/sites/default/files/2021-11/National_ MPI_ India-11242021. pdf.

④ Alkire, S., Oldiges, C., and Kanagaratnam, U., "Multidimensional Poverty Reduction in India 2005/6-2015/16：Still a Long Way to Go but the Poorest are Catching Up", Oxford Poverty & Human Development Initiative（OPHI）, Oxford Department of International Development, 2020.

查-4（NFHS-4）的报告显示，5 岁以下儿童发育迟缓和体重不足的比例分别从48%下降到 38.4%、从 42.5%下降到 35.7%。[①] 婴儿死亡率也从 2014年的 36.9%下降至 2020 年的 27%。[②] 印度人口出生时预期寿命从 2014 年的68 岁增长到 2020 年的 70 岁。[③] 这些数字证明了印度在儿童健康方面，尤其是儿童早期营养不良和儿童死亡率方面取得了进展。

与此同时，妇女健康状况也有所改善。妇女的健康状况直接关系到儿童的健康与发育。所以，改善与保障妇女的身体健康，在一定程度上也是保障儿童的健康成长。印度近年来在降低孕产妇死亡率（Mother Mortality Ratio，MMR）方面取得了突破性进展，从 1990 年的每 10 万例生产死亡 556 例降至 2017~2019 年的每 10 万例生产死亡 103 例。[④] 莫迪政府在这一议程方面做了许多努力，包括提高女性的教育水平、促进性别平等、改善怀孕和哺乳期间女性的营养状况、提供优质的孕妇保健服务等。

其次，国内民众受教育程度有所提高。2021 年，在教育的两项指标上，分别有 13.9%和 6.4%的人口在受教育和入学方面受到剥夺。从统计的 36个邦和地区来看，印度 2/3 的邦和地区在受教育和入学的剥夺上都低于上述两个数值。[⑤] 在莫迪政府大力发展教育的政策推动下，印度国民的识字率也得到提高。2018 年，印度 15~24 岁人口的识字率为 92%，识字人口比例也

---

① Ladusingh, L., "Child Health in India", Healthy India Chronicle, 2018, https://healthyindiachron icle. in/child-health-india/.

② World Bank, "Health Nutrition and Population Statistics", 2014 - 2020, https://databank. worldbank. org/source/health-nutrition-and-population-statistics.

③ World Bank, "India - Life Expectancy at Birth, Total（years）", 2014 - 2020, https://data. worldbank. org/country/india.

④ WHO, "Inida has Achieved Groundbreaking Success in Reducing Materanal Mortality", June 10, 2018, https://www. who. int/southeastasia/news/detail/10 - 06 - 2018 - india - has - achieved - groundbreaking - success - in - reducing - maternal - mortality; Perappadan, B. S., "Maternal Mortality Ratio of India Declines by 10 Points", The Hindu, March 14, 2022, https://www. thehindu. com/news/national/maternal-mortality - ratio - of - india - declines - by - 10 - points/article65224041. ece.

⑤ Aayog, N., "National Multidimensional Poverty Index", 2021, https://www. niti. gov. in/sites/default/files/2021-11/National_ MPI_ India-11242021. pdf.

从 2011 年的 69%升至 2018 年的约 74%。[①] 同时，莫迪政府也在不断改善人民获得优质教育的机会，促进教育公平。女性儿童学前教育入学率 2017～2020 年均在 60%，93.8%的女性儿童能够有效地从小学过渡到初中，15～24 岁识字率从 2011 年的 81.8%提升至 2018 年的 90.2%。[②]

最后，人民的生活水平得到提高。2015～2016 年至 2019～2020 年，生活水平的各项指标中，生活燃料指标被剥夺的人口比例从 58.5%降至 41.4%，环境卫生指标被剥夺的人口比例从 52%降至 29.8%，电力指标被剥夺的人口比例从 12.2%降至 3.2%，资产指标被剥夺的人口比例从 14%降至 8.78%。其中饮用水和住房指标被剥夺的人口比例分别为 14.6%和 45.6%，并未下降。[③] 在莫迪政府的治理下，不论是农村还是城市，基础设施都在不断趋于完善，印度民众的居住条件、环境也得到了提高。在"人人享有住房"计划的帮助下，莫迪政府已交付 2500 万套住房给申请者，其中农村地区为 2000 万套。[④] 这也为印度贫困人口提供了可靠的住房。同时，印度近 60%的家庭正在使用清洁的烹饪燃料（电力、液化石油气/石油气、沼气）。在农村地区，近 45%的家庭使用清洁的烹饪燃料。[⑤] 另外，莫迪政府全国农村饮用水方案（Jal Jeevan Mission）实施，为 1 亿多户农村家庭安装了水龙头，从而为他们提供了充足且安全的饮用水，大大提高了农村社区的生活水平。到 2024 年 12 月，印度所有村庄预计都将获得自来水连接。在农村电气化方面，印度也取得了长足的进步，根据

① Statista："Youth literacy rate from 1981 to 2018"，July 10, 2023, https：//www.statista.com/statistics/1370648/india-youth-literacy-rate/；Statista："India：Literacy rate from 1981 to 2018, by gender"，July 21, 2023, https：//www.statista.com/statistics/271335/literacy-rate-in-india/.

② Statista："Youth literacy rate from 1981 to 2018"，July 10, 2023, https：//www.statista.com/statistics/1370648/india-youth-literacy-rate/.

③ Niti Aayog, "National Multidimensional Poverty Index"，2021, https：//www.niti.gov.in/sites/default/files/2021-11/National_ MPI_ India-11242021.pdf.

④ Ministry of Information and Broadcasting Government of India, "Pradhan Mantri Awaas Yojana-Gramin"，March 29, 2022, https：//static.pib.gov.in/WriteReadData/specificdocs/documents/2022/mar/doc202232932601.pdf.

⑤ Radhakrishnan, V., and Nihalani, J., "LPG Prices Skyrocket to ₹ 999.5, Cylinder Usage in Rural Areas under 45%"，*The Hindu*, https：//www.thehindu.com/data/data-lpg-prices-skyrocket-to-9995-cylinder-usage-in-rural-areas-under-45/article65398337.ece.

Statista 数据，印度通电村庄的比例也从 2011 年的 55% 提升到 2017 年的 90%。[①] 这不仅使农村家庭实现了普遍电气化，同时也为他们带去了光明，改善了生活条件。在印度，卫生条件差的主要表现是家庭住宅没有厕所。在莫迪政府"清洁印度"使命下，这一状况大大改善。2019 年，印度总理宣布，印度政府建造了超过 1.1 亿个厕所后，已经实现了无露天排便的目标。[②] 虽然，印度仍有 1/5 的家庭在露天排便，有 19.4% 的家庭没有厕所，其中农村地区为 25.9%，城市地区为 6.1%。但与第四次全国家庭与健康调查的 54.1% 和 10.5% 相比，改善明显。[③] 此外，任何一个家庭缺乏一种或同时缺乏多种以下资产，即收音机、电视、电话、电脑、动物推车、自行车、摩托车或冰箱也被视作多维度贫困。2020 年，仅有 8.78% 的人口受到资产剥夺。

（二）2014年以来贫困治理的不足

莫迪执政以来，一直致力于国家贫困治理任务，在这一过程中也取得了一定的成绩，如上文所述国家全民受教育程度提高、社会环境卫生得到改善、贫困人口劳动力素质得到提高和保障、国家基础设施不断完善和提高。但是，在这一过程中，莫迪政府贫困治理的效果却未达预期，印度贫困人口仍居高不下。根据世界贫困时钟（World Poverty Clock）数据，2016 年，按照世界银行每人日均 1.9 美元贫困线计算，印度约有 1.4 亿人生活在赤贫之中，到 2021 年仍有 1 亿左右人口生活在赤贫之中。[④] 从多维度贫困来看，莫迪政府贫困治理仍有很大的挑战，包括公共医疗体系仍不完善、农村教育设施落后、印度贫困人口生活水平较低等。

---

① Statista, "Share of Villages with Electricity in Rural Areas across India from 2001 to 2017 with an Estimate for 2019", https：//www. statista. com/statistics/857692/india－electrification－rate－in－rural－areas/.

② Langa, M., "Prime Minister Modi Declares Country Open Defecation-free", The Hindu, 2019, https：//www. thehindu. com/news/national/india－open－defecation－free－says－narendra－modi/article29576776. ece.

③ Ahmed, Y. M., "Solving India's Sanitation Scourge", East Asia Forum, July 2, 2022, https：//www. eastasiaforum. org/2022/07/02/solving－indias－sanitation－scourge/.

④ World Poverty Clock, "India", https：//worldpoverty. io/map.

首先，在健康医疗维度，莫迪政府取得了巨大进步，婴儿和5岁以下儿童的死亡率正在下降，疾病发病率也在下降。然而饥饿以及由此造成的营养不良仍然是困扰印度的一大顽疾。在包含116个国家的2021年全球饥饿指数排名（GHI）中，印度从2020年的第94（包含107个国家）滑落到第101，落后于其邻国巴基斯坦、孟加拉国和尼泊尔，比朝鲜、苏丹、马里等国家排名还靠后，属"重度饥饿"，是世界上饥饿水平较高的国家之一。约2亿印度人处于粮食不安全状态，人数居全球之首。其中营养不良是这一指数的一个重要指标。据《印度快报》报道称，印度高水平的营养不良会带来巨大的负面影响。在印度，成年人口和儿童都处于危险之中。例如，1/4的（青少年和中年）女性身体质量指数（BMI）低于全球标准，一半以上的妇女患有贫血症。1/4的（青少年和中年）男性也有缺铁和缺钙的迹象。[①]

与健康紧密相关的公共医疗体系方面，印度的挑战仍然存在。在印度，政府在公共卫生领域支出较低。在2009~2019年，印度在公共卫生方面的投资不到其GDP的2%。这一比例继续下降，在2019年只有1.1%的GDP用于公共卫生。[②] 同时，贫困人口医疗健康保险匮乏且覆盖率较低，2017年7月至2018年6月进行的印度最大的全国社会消费调查显示，在农村（10.2%）和城市（9.8%）最贫困的1/5印度人中，只有约10%的人拥有任何形式的私人或政府健康保险。[③] 这意味着绝大多数穷人患病时需要自费。此外，训练有素、专业性强的医护人力资源的可用性一直都是印度公共卫生领域较具挑战性的问题之一。印度公共医疗中心医护人员比例远低于世界水平。2020年，印度医生/人口比例为1∶1404，而世卫组织规定标准为

---

① 《印度全球饥饿指数排名滑落，疫情后儿童营养不良问题严重》，《环球时报》2021年10月20日。

② Gowda, V., and Jena, G., "By Neglecting Public Health, Govts in India Have Abandoned Their Responsibility", The Wire, Aug 18, 2020, https：//m. thewire. in/article/health/public-health-neglect-india-coronavirus-government-responsibility/amp.

③ Yadavar, S., "90% Of India's Poorest Have No Health Insurance", IndiaSpend, December 6, 2019, https：//www. indiaspend. com/90-of-indias-poorest-have-no-health-insurance/.

1∶1000，护士/人口比例为 1.7∶1000，而世卫组织标准为2.5∶1000。①

其次，在教育方面，印度的学校密度和师生比例都有所改善，入学率也出现了大幅上升的趋势，加上教育支出占国内生产总值的比例持续增长，为学校教育描绘了一幅积极的画面。然而，印度农村教育的质量还有很多不足之处。《2020 年国家教育政策》强调数字学习，但在印度农村地区实施数字学习仍面临一些挑战。在印度农村大多数学校中，只有 53% 的公立学校有电力连接。只有 28% 的学校（18% 的公立学校）拥有计算机，9% 的学校（4% 的公立学校）拥有互联网连接。随着数字革命开始在城市学校（包括城市公立学校）中出现，由于基础设施不足，农村学校很可能会错过数字浪潮。② 此外，印度农村学校教育教学质量低下，导致学生学习成果不佳。根据今日印度（India Today）的报道，73% 的八年级学生只能阅读二年级的文本，只有 44% 的八年级学生能回答基本的算术问题。③

最后，在生活水平维度，莫迪政府治理的不足主要体现在生活燃料、环境卫生、饮用水和住房四个方面。在生活燃料方面，莫迪政府虽大力提高印度农村贫困家庭获得清洁烹饪燃料的机会并加强液化石油气建设，但在农村地区，一半以上的人口仍然依靠木柴、木片、农作物残茬或粪饼进行日常烹饪。由于负担能力和可及性问题，液化石油气（LPG）等清洁炊事燃料在农村家庭中的使用率仍然偏低。大多数农村家庭长期使用固体燃料等来满足他们的日常烹饪需求，不仅造成严重的健康问题，也会危害环境。其中梅加拉亚邦（69.2%）、贾坎德邦（68.1%）、恰蒂斯加尔邦（67%）、奥里萨邦（65.3%）等都是生活燃料剥夺较为严重的邦。在环境卫生方面，缺乏厕所

① Anand, I., and Thampi, A., "The Crisis of Extreme Inequality in India", *The Indian Journal of Labour Economics*, 2021: 677.

② Singh, J., "Why Rural India still Has Poor Access to Quality Education?", Financial Express, November 26, 2018, https://www.financialexpress.com/education-2/why-rural-india-still-has-poor-access-to-quality-education/1393555/.

③ Phad, S., "Challenges of Rural India Students", India Today, July 22, 2020, https://www.indiatoday.in/education-today/featurephilia/story/challenges-of-rural-students-in-india-1703143-2020-07-22.

的情况仍然严峻。在印度，约21%的人口（29%的农村人口和4%的城市人口）或2.87亿人没有使用任何厕所。其中拉达克（57.7%）、比哈尔邦（50.6%）、贾坎德邦（43.3%）等都是环境卫生剥夺较为严重的邦和地区。在获取饮用水方面，印度大量人口仍然无法获得充足的水资源。2018年，总人口中约有67%（9.05亿人）无法获得自来水。只有约22%的农村人口和59%的城市人口使用自来水作为饮用水的主要来源。超过一半的农村人口和14%的城市人口依靠手动泵、水井、池塘、水罐车和泉水来满足他们的饮用水需求。即使这些来源也可能全年都无法获得，特别是在夏季。[①] 在住房方面，莫迪政府实施计划为贫困人口提供住房，但大量贫困人口仍无法拥有良好的住房条件。其中曼尼普尔邦（76.8%）、阿萨姆邦（69.3%）、特里普拉邦（67%）、那加兰邦（66.4%）、比哈尔邦（65.3%）等邦住房剥夺较为严重。[②]

四　中国扶贫经验对印度贫困治理的启示

自中华人民共和国成立以来，我国一直致力于贫困治理，并在70多年的努力与探索中取得了巨大的成功。2020年我国脱贫攻坚取得了决定性胜利，标志着我国贫困斗争走向成功。中国的贫困治理体现了中国特色社会主义的本质要求，人民至上贯穿始终；在扶贫过程中始终坚持党的领导、精准扶贫、因地制宜、全社会参与等。当前，印度在与贫困做斗争和改善其贫困人口的生活水平方面远远落后于中国。虽然印度的贫困治理政策越来越完善，实际效果却不尽如人意。中国无疑在脱贫减贫方面处于世界领先地位。因此，印度可以借鉴中国扶贫项目的中长期政策，从中国坚定不移的脱贫攻

---

① Anand, I., and Thampi, A., "The Crisis of Extreme Inequality in India", *The Indian Journal of Labour Economics*, 2021: 672-675.

② 各邦和地区的多维度贫困指数均来自 Niti Aayog, "National Multidimensional Poverty Index", 2021, https://www.niti.gov.in/sites/default/files/2021 - 11/National _ MPI _ India - 11242021.pdf。

坚战中汲取经验。

经济发展是扶贫减贫最直接有效的方法。经济发展能够推动工业化、城市化的发展，不仅能为庞大数量的低技能劳动者提供数以百万计的就业机会，同时也能推动贫困地区的发展。同时，中国还积极开发与贫困地区资源相适应的经济活动，改造传统业，发展新产业。用先进的技术和物质手段改善传统的种养业，支持多种经营的发展，积极发展乡镇企业和各种家庭工副业等。目前，全国建成各类特色产业基地超过 30 万个，每个脱贫县都形成了 2~3 个特色鲜明、带贫面广的主导产业。[①]

全覆盖的社会保障体系也是摆脱贫困的有效途径。社会保障体系在减少贫困人口方面发挥了非常重要的兜底作用。中国通过引入养老金、医疗保险、提供社会福利等方式，为人民群众提供更充分的保障，有效保护贫困人口陷入"贫困陷阱"。此外，贫困人口及贫困边缘群体的返贫现象时有发生，往往是由自然环境灾害等因素造成。因此，要想贫困治理有所成效，返贫现象得到有效遏制，还需建立多维度、多层次的社会保障体系，建设防止返贫和应对相对贫困长效机制。

精准扶贫是中国在贫困治理中探索出来的有效手段。精准扶贫、精准脱贫是打好脱贫攻坚战的科学方法。中国脱贫攻坚之所以能够夺取全面胜利，根本方法就是坚持了以"六个精准"为核心内容的基本方略。坚持精准方略，打好政策"组合拳"，建立精准脱贫攻坚工作体系，解决了"扶持谁""谁来扶""怎么扶""如何退"等实实在在的问题。[②]"精准识别贫困人口是精准施策的前提，只有扶贫对象清楚了，才能因户施策、因人施策。"[③]对印度而言，不论是解决多维度贫困问题还是其他贫困问题，精准扶贫是解决贫困问题的有效措施。它能够精准定位贫困人口、贫困家庭和贫困人群，有利于政府实施点对点的精准贫困帮扶工作，有效解决贫困问题。

[①] 《产业扶贫取得显著成效 建成各类特色产业基地超 30 万个》，中国政府网，2021 年 4 月 9 日。

[②] 郑宝华、梅长青：《中国精准扶贫积累的宝贵经验》，《云南社会科学》2022 年第 2 期。

[③] 中共中央党史和文献研究院编《习近平扶贫论述摘编》，中央文献出版社，2018，第 61 页。

在未来，印度和中国可以在脱贫减贫方面开展合作。目前，虽然中印双方之间存在巨大分歧，尤其是在边界问题、贸易问题等领域。但两国在非敏感领域内仍有较大的合作机会。如果世界上人口最多的两个国家能够在贫困治理方面展开积极的交流与沟通，必将为印度乃至全球的贫困治理做出巨大的贡献。

五　结语

无论是根据收入还是多维贫困指数来衡量，印度都是世界上贫困问题较严重的国家之一。从收入来看，贫困线以下人口比例过高。而从多维度贫困指数的各项指标来看，莫迪执政以来，印度的贫困治理取得了一定的成效，健康状况、教育体系、医疗体系、卫生状况、基础设施、社会福利保障等都在不断提高和完善。但是，由于贫困人口基数大、社会总体的治理水平偏低、腐败横行、女性地位低下等一系列根本性问题的存在，印度贫困治理的进展仍滞后于经济的发展。

贫困是一个世界难题，消除贫困问题也绝不是一天就能完成的。因此，莫迪政府应注重贫困治理中的经验总结，积极借鉴其他贫困治理取得较好成效国家的成功经验。同时，让更多的国际组织和社会机构参与印度的贫困治理过程，争取早日实现印度政府制定的反贫困目标，让印度民众早日摆脱贫困和被剥夺的生活。

第十三章
"返贫"阿根廷的减贫之路：
历史、现实与启示

在 20 世纪 80 年代之前，"贫困"一词很少能与阿根廷联系在一起。尽管拉丁美洲大部分区域在历史上的绝大部分时段都属于发展中国家的范畴，且一直与贫困和不平等特征相伴。然而，阿根廷作为这片大陆上的优等生，在相当长的时期内都与上述负面特征绝缘。坐拥南美最大的潘帕斯大草原，阿根廷地形平坦宽广，土地肥沃，雨水充沛且河道众多。这一系列优越的自然条件为该国的经济发展提供了必备的基础。[①] 之后，1853 年宪法的通过与1862 年联邦制的确立结束了拉普拉塔河流域政治动荡的局面。19 世纪末，随着欧洲资本和移民的涌入，阿根廷的经济发展进入了新的黄金期。以农牧业产品为主，阿根廷的出口对象国主要为当时急需初级原材料的英国。借着出口农业的东风，"1900~1930 年，阿根廷的国内生产总值年均增长率达到了 4.4%"[②]。据统计数据，1896 年，阿根廷的人均收入与当时的美国不相上下；1913 年，这一数值与当时西欧地区的数据持平，超越了南欧的意大利、西班牙与葡萄牙，稳居世界前 10。除去单纯的经济数据，这一时期阿

---

① 〔美〕乔纳森·C. 布朗：《阿根廷史》，左晓园译，东方出版中心，2010，第 17~19 页。

② Becarria, L., *Mercado de Trabajo y Desigualdad en Argentina. Un balance de las últimas tres décadas*（Buenos Aires：Universidad de Buenos Aires, 2017），12-13.

根廷国民的受教育程度、识字率与国民预期寿命也位居全世界前列，属于当时名副其实的发达国家。[①]

然而，在一个世纪之后，曾经发达的阿根廷却成为发展中国家的一员。据世界银行的统计，2020 年阿根廷人均国内生产总值仅为 8441.92 美元，与土耳其和俄罗斯的水平接近。[②] 不仅如此，随着 2020 年新冠疫情在全球蔓延，阿根廷陷入了不得不面对大规模"贫困"的境地。阿根廷国家统计局（Instituto Nacional de Estadisticasy Censos，INDEC）数据显示，阿根廷 2019 年与 2020 年的贫困率高达 40.9% 与 40.6%，其中极端贫困率更是超过了 10%。这一数据意味着阿根廷国内有将近一半的人处于贫困的境地，同时约有 480 万人难以满足最为基本的温饱需求，通俗来说便是挨饿。[③] 对于长期以来一直位居拉丁美洲前列，且人类发展指数在全球排名第 45 前后的阿根廷来说，不啻为严重的打击。[④] 这一较为极端的情形引起了国际媒体的注意，北美洲和欧洲的多家媒体都对其进行了报道。[⑤] 虽然直到近两年阿根廷社会的极端贫困现象才引起世界范围内的关注，然而贫困这一社会问题在当地却早已有之。

如果按照今天的标准来看，实际上从 1880 年大规模的欧洲移民进入阿根廷开始，贫困现象在移民群体之中就已存在了。在 19 世纪末开始的欧洲移民潮中，绝大部分劳动力来自意大利或者西班牙南部欠发达的省份，他们

① Spruk，R.，"The Rise and Fall of Argentina"，*Latin American Economic Review*，16，2019：134–137.

② The World Bank，"Data Bank"，https：//databank. worldbank. org/databases/page/1/orderby/popularity/direction/desc？qterm=argentina.

③ "Argentina，la historia de una nación que sucumbe ante la pobreza"，France 24，6 de Octubre，2021. "La pobreza desde 1974 a 2020：historia de una infamia argentina"，El Popular，4 de Octubre，2020.

④ Jefatura de Gabinete de Ministros，Consultado en mayo de 2019，https：//www. argentina. gob. ar/noticias/el-gobierno-nacional-ya-relevo-mas-de-500000-familias-y-entrego-60000-certificados-de.

⑤ https：//www. reuters. com/world/americas/we-live-day-day-almost-half-argentines-shadow-poverty-2021-09-30/；https：//www. bloomberg. com/news/articles/2021-03-31/poverty-in-argentina-climbs-to-42-after-historic-recession；https：//www. nbcnews. com/news/latino/argentina-nearly-half-poverty-coronavirus-deepens-economic-crisis-n1241704.

凭着阿根廷政府免费提供的越洋船票来到布宜诺斯艾利斯，但到达之后却面临经济方面的困难，缺衣少食，难以获得最为基本的健康医疗保障。这批人在阿根廷学者 Becarria 眼中，构成了阿根廷建国历史上第一批有迹可循的"贫困人口"。① 之后，1929 年全球范围内的经济危机则使得大部分工业国采取了保护主义的工业发展政策，同时下调了对原材料进口的需求。1929～1933 年，全球市场上的出口总额下降了 25%，大宗商品的出口价格则下降了 30%。② 这一变化使阿根廷长期以来所依赖的外国资本大大缩水，所出口的农产品数量也大幅度下降。据统计，1929 年阿根廷的总出口额为 15.37 亿美元，而到了 1933 年，该数额则一下子下降到了 5.61 亿美元。在初级产品出口价格低迷的同时，工业制成品的进口价格却维持了大致的稳定，这一来一去的"剪刀差"使阿根廷必须支出更多的外汇才能进口与之前同样数量的商品，给阿根廷的外汇储备带去了很大的压力。③ 在上述因素的影响下，阿根廷的失业率也出现了大幅度的增长，GDP 总量和人均 GDP 都出现了一定程度的降低，贫困率则大幅上升。面对这种情况，阿根廷政府采取了以下措施想要缓解这一状况：控制对外币的兑换；提高关税以增加财政收入；设立一系列委员会来规范国家对公共设施以及基础设施的投资等。④ 由经济发展疲弱所带来的贫困问题超出了经济学领域的界限，国家面对这种情况，开始进行介入和干预。这段历史可以看作阿根廷政府为解决贫困问题所做出的尝试，类似"国家主义"的干预方式在未来的岁月中也会循环往复地出现在阿根廷的历史进程中。

---

① Becarria, L., "Sobre la pobreza en Argentina: Un análisis de la situación en el Gran Buenos Aires", IPA-INDEC, Buenos Aires, 1989.

② Ferrer, A., "La Economia Argentina, desde Sus Origenes hasta Principios del Siglo XXI", Fondo de Cultura Economica, 2012.

③ Ferrer, A., "La Economia Argentina, desde Sus Origenes hasta Principios del Siglo XXI", Fondo de Cultura Economica, 2012.

④ Amarante, V., and Jiménez, J. P., "Desigualdad, concentración y rentas altas en América Latina", En Jiménez, J. P., Ed., *Desigualdad, concentración del ingreso y tributación sobre las altas rentas en América Latina* [Santiago de Chile: Comisión Económica para América Latina y el Caribe (CEPAL)], 2005, 5.

1933 年后，世界性的经济危机已然结束，但阿根廷的国家干预主义的经济发展模式却没有随着经济危机的结束而停下自己的脚步。这一时期，阿根廷政府开始集中国家力量进行工业化。这一时期工业化发展较快，然而大部分城市居民的收入只维持了缓慢的增长。到了 1945 年，阿根廷工业化的进程进一步加快了步伐，以"五年规划"（Plan Quienquenal）的形式继续发展着。1949~1952 年，再分配政策也成了他们关注的重点。政府在前期积累的高额贸易顺差的基础上，开始提高普通劳动人民的工资，增加其各种社会福利保障。在国家的强力干预下，上述措施使阿根廷国内的贫困人口显著减少，人民（特别是工人阶级）的日常生活水平有了比较大的提升。[1] 然而这种粗放式的"减贫"方式却比较依赖国际大宗商品的价格，存在一定的风险。比如 1952~1953 年，"这种有利于工业发展和工人以及城市居民收入的经济模式就步入了危机，阿根廷人民的真实工资收入下降了 26%，与社会保障相关的立法也均告中止，人民的生活水平下降了"[2]。但从总体来说，1946~1955 年，阿根廷人民的真实工资上涨了约 64%，贫困率一直保持在一个比较低的水准。[3] 据贝卡利亚统计，阿根廷的贫困率为 6%~8%，而另一名经济学家 Altimir 则认为该时期"贫困现象在阿根廷社会处于相当边缘的地位"[4]。1955~1974 年，阿根廷政府放弃了之前"进口替代工业化"的经济发展战略，经济发展在一定程度上陷入了停滞。与此同时，这一时期也是大量阿根廷人涌入布宜诺斯艾利斯大都市圈的时代，城市人口的急剧上涨对就业提出了新的挑战。由于工业扩展的速度放缓，政府只能通过放宽城

[1]　Gambini, H., "Historia del Peronismo", Centro Editor de América Latina, 2001.

[2]　Enríquez, R. C., and Marzonetto, C., "Organización social del cuidado y desigualdad: el déficit de políticas públicas de cuidado en Argentina", *Revista Perspectivas de Políticas Públicas*, 4 (8), 2015: 405.

[3]　Rodríguez Enríquez, C., and Marzonetto, C., "Organización social del cuidado y desigualdad: el déficit de políticas públicas de cuidado en Argentina", *Revista Perspectivas de Políticas Públicas*, 4 (8), 2015: 406.

[4]　Altimir, O., *Indicadores de desigualdad de mediano plazo en América Latina* (Santiago de Chile: Editorial CEPAL, 2013), 143-145.

市外围自建房的要求标准，增加更多政府雇佣职位来解决上述问题。[①] 这一时期的贫困率基本与 1946～1955 年持平，但据一些经济学家的估算，收入方面的差距则逐步增加。

1974 年后，阿根廷采取了完全拥抱新自由主义的经济发展策略，即开放国内经济金融市场，降低进出口关税，重新调整政府的再分配政策，减少政府对公共设施的投资，并降低对外资的管控。同时，政府开始了"去工业化"的进程，决定以自身的优势——初级产品出口——为发展建国的主要方略。上述措施的实施将阿根廷完全推向了国际资本主义和金融主义市场，给阿根廷的民族企业和民众的实际收入带来了负面影响。在 1975～1977 年，阿根廷民众平均实际工资下降了 50% 之多。[②] 政府为了应对这一问题，采取了冻结商品价格的行政命令，结果造成了之后的通货紧缩。从总体来看，这段时期的工资下降幅度较大，有专家称 1982 年的工资水平与 1976 年的工资水平区别其实不大。整个 80 年代，随着墨西哥无力偿还所借的债务，整个拉丁美洲都被卷入一场长达数十年的"债务危机"。1982 年，阿根廷的贫困率达到了 21.55%。[③]

1983 年，阿根廷开始了重返民主化的进程，实施了"南方计划"（Plan Austral），想要解决 80 年代以来的"债务危机"问题。具体措施包括调整各类税费，使比索贬值并冻结相应的汇率兑换交易。上述措施在短期内起到了一定的效果，但由于阿根廷自身产业结构的特质（去工业化）以及国际大宗商品价格的持续低迷，在后续的 10 多年中，阿根廷的贫困问题没有得到很好的解决。到了 1989 年，阿根廷的真实平均工资下降到了 80 年代的最低点。同时，综合各类测算数据，贫困率在这一时期一直稳定保持在 27% 左右。[④] 在拉

---

① Neffa, J. C., Brown and Battistuzzi, A, "Políticas Públicas de Empleo Ⅲ（2002/2010）", Buenos Aires: Centro de Estudios e Investigaciones Laborales, CONICET, 2011.

② Neffa, J. C., "Políticas de Empleo: Dimensiones Conceptuales y Diversos Componentes", N°8, Cuarto Trimestre, 2011. Buenos Aires: CEIL-CONICET.

③ Neffa, J. C., "Políticas de Empleo: Dimensiones Conceptuales y Diversos Componentes", N°8, Cuarto Trimestre, 2011. Buenos Aires: CEIL-CONICET.

④ Paolera, C. D., Biondi, A., and Petrone, L., "Un Camino para reducir la Pobreza en Argentina, Politicas y Recomendaciones", CEDLAS, 2021.

丁美洲地区已经大大落后于更为发达的智利、乌拉圭、巴拿马与哥斯达黎加等相对发达的国家。虽然在 1995～1998 年，综合贫困率大概下降到了 24.7%，但从 1998 年开始全球多地爆发金融危机，国际市场大宗商品的价格也不断下滑，全球资本在一定程度上陷入了停滞。这一情况比较严重地影响到了阿根廷，使得其发行的新货币比索与美元锚定的 1∶1 汇率难以为继。两者的汇率在 2001 年很快就变为了 1 美元兑 4 比索，并引起了阿根廷民众的挤兑。为了控制这一局面，阿根廷当局立马采取了限制换汇与取款的策略，但这一政策反而引起了阿根廷社会更大层面的恐慌，众多企业破产，贫困率在这一时期也开始急剧攀升，于 2002 年达到了 43.5%。① 2001 年的经济危机以及随之而来的一系列后续事件，被众多学者解释为新自由主义策略所必然带来的不良后果。②

2001 年经济危机后，阿根廷在 21 世纪头 10 年靠着国际大宗商品价格的上涨等有利因素，开始加强国内的基础设施建设，保障人民的基本生活需求，在这十年中取得了不错的成绩。据统计，2002～2012 年，阿根廷的贫困率从 43.5%下降到了不足 20%。③ 从以上大致的历史发展脉络我们可以看到，阿根廷今日的贫困虽然有着特定时期特殊事件的影响，但从根本上来说，其 20 世纪 70 年代以来所采取的"大市场、小政府"的经济发展理念和国内的产业结构是相当长时期内经济不断下滑的结构性原因。

一 阿根廷贫困标准的制定与治理方式

到了今天，学者们对于"贫困"这一概念的认识越来越深入，意识到

① Basualdo, E., "La reestructuración de la economía argentina durante las últimas décadas de la sustitución de importaciones a la valorización financiera", en Basualdo, E. y Arceo, E. comp., *Neoliberalismo y Sectores Dominantes Tendencias Globales y Experiencias Nacionales* (Buenos Aires: CLACSO), 2010.
② Novara, M., *Historia de la Argentina (1955~2010)* (Editorial Siglo XXI), 2013: 225-253.
③ "Censo Nacional de Población, Hogares y Viviendas 2010", Resultados definitivos, Serie B N°2, Ciudad Autónoma de Buenos Aires: Instituto Nacional de Estadística y Censos, 2012.

单纯地以收入来衡量"是否贫困"，并不能全面地反映实际生活中此类群体的生活状态。实际上，长期以来有关何为贫困，学者们有着众多不同的意见。有学者认为"贫困意味着缺乏相应的资源和通道以满足个体最为基本的生存"，也有学者认为"贫困意味着社会上升通道的缺乏，同时也带有污名化的成分在其中"。① 但总体而言，学者们都认为可以按照"绝对性贫困"与"相对性贫困"的标准来进行区分。持有绝对性贫困观念的学者认为，可以通过众多方面的数据，比如收入、住房、健康或者每天摄入的能量来划定一条不变的界限，低于此界限的可被称为贫困；而持第二种观念的学者认为，"贫困"是一个相对的概念，表明社会中一部分人相对于其他人所缺乏的各类福利。按照第一种观念，只要个体在上述标准中超过了相应的贫困线，那么这个人就不再贫困，换而言之，贫困作为一种现象，是可以被彻底清除的。而按照"相对贫困"的观念，社会中总有一部分人处于各方面评判标准的最底层，这部分人就构成了"相对贫困"的具体人群。因此，虽然这一群体中的具体个人会有变动，然而这一群体持续存在。②

然而在阿根廷，大部分政府统计数据还是按照"绝对贫困"的标准进行相关的测算，只是着眼的角度和测算的方式会有不同。最为常用的测算标准便是货币。据 2018 年阿根廷的规定，家庭月收入 19221 比索（相当于450 美元）以下的，就会被划入"贫困"的行列。③ 但很显然，这种划分标准在具体的场景下会出现问题。如果在收入 500 美元的家庭中有一个成年人患有长期的慢性疾病，则按照单纯的货币标准尽管没被划入贫困的行列，但因为医疗方面的固定支出，其实际的生活水平则很可能低于一些贫困家庭。

---

① 沈安：《贫困化成为阿根廷经济可持续发展的主要制约因素——阿根廷金融危机探源之四》，《拉丁美洲研究》2003 年第 5 期。

② Gasparini, L., Cicowiez, M., and Escudero, W. S., "Pobreza Y Desigualdad en América Latina, Conceptos, Herramientos Y Aplicaciones", Temas Grupo Editorial, 2012.

③ Arakaki, G. A., "La Pobreza en Argentina 1974 - 2006: Construcción y Análisis de la Información", Documentos de Trabajo, No.15, CEPED. Facultad de Ciencias Económicas. Universida: d de Buenos Aires, 2011.

除去这种特殊情况的考量，贫困不仅仅是货币意义上的欠缺，更重要的是缺乏能够培养一些基本能力的通道，比如基本的教育机会与培训机会。这些基本的技能能够帮助个人提高对自身的认知，有利于其履行在社会中的各类职责。[①] 从 2010 年开始，联合国开发计划署便制定了一项从多个层面界定研究"贫困"这一现象的计划。这一考察计划分为健康、教育和生活水平三个大类，共含有数十项指标。[②] 阿根廷国家统计局以联合国开发署制定的考察计划为蓝本，从 2018 年开始考察收入之外的各项指标，比如住房、医疗水平等，力图展现一个更完整的评价体系。[③] 在此之外，阿根廷的社会学家雷奥纳多·加斯帕尼尼（Leonardo Gasparini）还结合阿根廷社会的实际情况，提出了"长期性贫困"（Pobreza Cronica）这一概念，指出这一群体并不随着国内就业率的升高或者经济发展的良好态势而有所减少，而是持续地存在。[④] 他的研究表明，长期性贫困与群体的"抗风险能力"相关，而这一能力则包含了自身和家庭在医疗、教育等各方面所能提供的资源。按其计算，阿根廷有 10% 的人群属于"抗风险能力弱"的群体，正是这部分群体构成了该国"长期性贫困"的主要组成部分。同时，阿根廷也只有 10% 的人群属于"抗风险能力强"的群体，余下的 80% 则都属于中间群体。[⑤] 在经历了上述对"贫困"这一概念复杂内涵的考察后，我们可以从阿根廷国家统计局发布的官方报告中看到该国官方对"贫困"这一概念的认知和态度。

---

① 〔印度〕阿马蒂亚·森：《贫困与饥荒——论权利与剥夺》，王宇、王文玉译，商务印书馆，2001，第 34~36 页。

② Fanjul, G., "Children of the Recession: The Impact of the Economic Crisis on Child Wellbeing in Rich Countries", Innocenti Report Card, United Nations International Children's Emergency Fund (UNICEF) Working Paper, 2014.

③ 根据阿根廷国家统计局网站，我们可以看到在贫困作为和教育、文化、医疗、生活水平等相同阶层的指标，是一个庞大社会体系中的一个因素。https://www.indec.gob.ar/indec/web/Nivel3-Tema-4-46。

④ INDEC, "El Desafio de la Pobreza en Argentina: Diagnostico y Perspectivas", Documento de Trabajo, 2019.

⑤ INDEC, "El Desafio de la Pobreza en Argentina: Diagnostico y Perspectivas", Documento de Trabajo, 2019.

在阿根廷国家统计局发布的总体性报告中，我们可以看到今日阿根廷政府已经认识到"贫困的划定"与"贫困"一样，都属于一个不断变化的动态过程，与该国内部的通货膨胀情况和家庭支出情况息息相关。在上述前提下，这份月报在一开始公布的是不同类型家庭一个月所支出的基本食品费用具体数据。这一基本食品费用建立在"一个 30~60 岁的男性，一天不从事大重量的体力劳动，所需要的热量和蛋白质"的基础上，然后从阿根廷普通市民日常所消耗的最多的几类食品中选取——通常是牛肉、鸡蛋、面包、大米、面条、糖类、土豆、水果、鸡蛋和奶酪，并标明了各类食品每 100g 所能提供的热量。[①] 在上述标准的基础上，阿根廷国家统计局得出了一个成年男性一天所需要的卡路里约为 2750 卡，并按照性别和年龄的不同计算出了成年女性以及未成年男女一天所需要的基础热量。考虑到阿根廷社会中的单亲母亲与多孩现象较为普遍，家庭构成较为复杂，将家庭分为阿根廷社会中最为常见的三类：家庭一是奶奶、母亲与孩子（16 岁）构成的三人家庭，家庭二是父母与两个孩子（6 岁与 8 岁）构成的四人家庭，家庭三是父母与三个孩子（1 岁、6 岁与 8 岁）构成的五人家庭。[②] 除去三类不同家庭的食品基本开销，阿根廷国家统计局在报告中还增加了各类公共服务、医疗以及交通所需要的费用，由此得出了不同家庭每月的基本开支，并指出这是维系一个家庭正常运转的基本条件。按照 2022 年 3 月的报告，上述三类不同家庭的月基本食品开销与月基本开销分别为：31735 比索和 71404 比索，39862 比索 89690 比索，41926 比索和 94335 比索。[③] 这一数据会根据阿根

---

① INDEC，"Valorización Mensual de la Canasta Básica Alimentaria y de la Canasta Básica Total"，Marzo de，2022.

② 按照相应的计算：家庭一中的 16 岁少年的开销对应 1.02 个成年男性，母亲对应于 0.77 个成年男性，而奶奶对应 0.67 个成年男性，总计 2.46 个成年男性消费单位；家庭二中父亲对应 1 个成年男性，母亲对应于 0.77 个成年男性，一对子女分别对应 0.64 个与 0.68 个成年男性，共计 3.09 个成年男性消费单位；以此类推，家庭三共计 3.25 个成年男性消费单位。INDEC，"Valorización Mensual de la Canasta Básica Alimentaria y de la Canasta Básica Total"，Marzo de，2022.

③ INDEC，"Valorización Mensual de la Canasta Básica Alimentaria y de la Canasta Básica Total"，Marzo de，2022.

廷每个月的物价水平和其他经济数据进行动态调整。除去家庭的上述开销，为了方便对比，这份报告之后还列出了一张表（见表13-1），详细列出了对单个成年男性每月的这两类开销以及相应的恩格尔系数。

表 13-1　基本食品费用与基本费用列表（以单个成年男性为例）

单位：阿根廷比索，%

时间	基本食品费用 （贫困线）	恩格尔系数	基本费用 （贫困线）
2021 年 3 月	8312.33	23.7	19700.22
2021 年 4 月	8633.31	23.6	20374.61
2021 年 5 月	8874.89	23.5	20855.99
2021 年 6 月	9195.41	23.4	21517.26
2021 年 7 月	9386.04	23.3	21869.47
2021 年 8 月	9454.13	23.4	22122.66
2021 年 9 月	9713.21	23.5	22826.04
2021 年 10 月	10008.20	23.4	23419.19
2021 年 11 月	10266.79	23.3	23921.62
2021 年 12 月	10667.86	23.1	24642.76
2022 年 1 月	11111.27	22.9	25444.81
2022 年 2 月	12108.08	22.4	27122.10
2022 年 3 月	12900.45	22.5	29026.01

资料来源：INDEC，"Valorización Mensual de la Canasta Básica Alimentaria y de la Canasta Básica Total"，Marzo de，2022。

　　在上述报告提供的信息上，我们能够看到阿根廷近年来面对国内越来越严重的贫困现象所做出的符合本国情况的探索与制定的动态标准。正是在上述基础上，阿根廷政府才有可能就上述情况制定出切实可行的减贫策略，并一一落实到实际操作层面。当然，在上述标准制定的探索过程中，阿根廷国家统计局研究访谈的对象主要集中在城市居民层面。这主要是由阿根廷高度的城市化水平所决定的。据统计，2021 年阿根廷城市化的水平已经达到了92%，甚至超过了很多欧美发达国家。① 然而，虽然上述统计主要的关注点

---

① Razavi, S., "The Political and Social Economy of Care in a Development Context. Conceptual Issues, Research Questions and Policy Options", Gender and Development Programme Paper, Number 3. 2007：213-229.

集中在城市，但是有学者认为忽视 8% 的农村人口，只会让那些原本就处于边缘群体的农村贫困人口变得更加边缘，违背了"减贫"的初衷。但由于阿根廷农村地广人稀，且阿根廷国家统计局的人力物力资源有限，该方面的统计一直无法很好地实施。

在确定了阿根廷国内大致的贫困状况后，阿根廷政府开始通过特定的政府机构来进行上述的"减贫"工作。由于"贫困"的概念涉及食品、健康、教育与就业等多重因素，因此涉及的政府部门也并非独一的。阿根廷国内与减贫最为相关的三个部门包括"生产与劳工部"（Ministerio de Produccion y Trabajo）、"卫生与社会发展部"（Ministerio de Salud y Desarrollo Social）和"国家社会安全管理中心"（Administracion Nacional de Seguridad Social）。[①] 顾名思义，这三个部门分别负责就业、医疗、发展与社会保险等方面的事宜，试图从上述多个方面尽可能地保障人民的生活水平，并以此降低民众的贫困率。通过这三个部门，阿根廷政府之后颁布了一系列的"减贫"政策，这些政策可以大致分为就业、转移支付与税收这三个方面。

在劳工就业方面，阿根廷颁布的政策可以大致分为三类：①规范和保护劳工市场；②制定专属劳动市场的相关政策；③制定为了大众经济的相关政策。[②] 第一类政策主要是为了规范雇佣者与被雇佣者之间的联系，保护被雇佣者在工作时有薪资支付方面的权利，同时也规定了相应的最低工资标准。第二类政策的着眼点则集中于如何更加健康地促进就业市场，降低失业风险，同时也包括如何在失业的情况下保障失业基金的顺利发放。第三类政策则是考虑如何更好地通过免税的具体政策促进这一类经济的发展。

从历史上来看，阿根廷政府在 2000 年的经济危机之后就开始采用第一类政策来保护普通民众的合法收入，并取得了不错的成效。2003~2014 年，

---

① 2018 年阿根廷经过大部制改革后，原有的生产部兼并了劳工部，成为今天的生产与劳工部，而卫生部也兼并了社会发展部，成为今天的卫生与社会发展部。

② 大众经济（economia popular）是指那些没有在正规的企业或者政府机构中就职的人员，所从事的是流动性的、主要依仗于自己或家庭的个体经济。其中最为典型的就是街边沿途售卖的小贩，或者开设小商铺但并没有雇佣他人的小老板。

阿根廷国内的最低工资增长了 2 倍。然而专家也指出，这一类政策通常只能
在经济情况发展形势良好的前提下施行，而当经济态势不佳的情况下，与企
业主进行的相关谈判则通常无法达到很好的效果。除去最低工资的增长，这
类政策也在努力促使更多的"非正规"经济通过注册等方式变得"正规"
起来，并希望以此保护劳动者们的权益，促进就业市场的规范。为了达到这
一点，阿根廷政府颁布了《规范劳工国家计划》，通过调查并设置相关的计
划来帮助企业"规范化"，并完成该企业内劳工在国家相关部门的注册。
2005~2014 年，阿根廷政府走访了多家各类企业，将劳工规范率从 32% 提
高到了 43%。[1] 不仅如此，生产与社会发展部在 2003 年就开始推动"产业
复兴计划"，希望通过促进各个企业的发展，从而为提高员工工资奠定坚实
的经济基础。第二类有关劳动市场的相关政策则主要是为了保障劳动员工在
失业期间的收入水平，避免因失业而滑入贫困人群的范畴。这一方面的政策
包括能力和养成的再培训，就业劳工方面的公共服务以及通过直接和非直接
方式创造各类职位。其中最为核心的就是社会发展部门发放的失业金。其数
额在 2020 年维持在 2326~3721 比索。具体的金额则会根据失业者最近三年
的平均收入来计算。除去上述最为基本的失业金，阿根廷政府还通过各类项
目为失业人员的培训和就业提供资助。这一类政策首先主要集中在 1993~
1999 年。阿根廷政府持续推出了 34 项政策，用来培训并增加人员就业的可
能性。但是这一时期的种种政策存活期通常都比较短，政府就上述政策投入
的资金也比较少。在 2001 年的经济危机后，基什内尔政府又重启了该项计
划，将资助的资金集中在了较少的项目中，比如"失业家庭主人计划"
（Jefes y Jefas de Hogar Desocupados），为家中有小孩的失业人员提供每月最
少 150 比索的现金转移支付，前后一共惠及了约 200 万人。[2] 除去对失业人
员的上述救助，阿根廷政府还着眼于企业，通过免除税款与发放补贴的形
式，鼓励阿根廷相关企业招收更多的员工。据 2018 年的统计数据，约有

① Spruk，R.，"The Rise and Fall of Argentina"，*Latin American Economic Review*，28，2019.

② Beccaria，L.，and Maurizio，R.，"Hacia la Protección Social Universal en América Latina. Una Contribución，Al Debate Actual"，*Problemas del Desarrollo*，45（177），2014：37-58.

12000 家阿根廷企业通过这一渠道申请到了相关的资助。除去上述政策，阿根廷政府还给失业人员提供小微企业的启动资金，鼓励其在家中建立手工业作坊，用来资助解决就业问题。

转移支付则是阿根廷政府所采取的第二项具体减贫措施。这一模式主要是作为第一类模式的补充而存在的。正如上文所述，因为阿根廷的非正规经济或者说大众经济比较发达，因此有相当一部分人员并不能享受正规的失业金与培训金。为了解决这一部分人的问题，阿根廷政府在正规的失业救助之外，还对贫困家庭进行直接的转移支付。除此之外，在阿根廷，儿童的贫困率高达 41.6%，而 18 岁及以上的成年人贫困率只有 18%。在此情况下，很多儿童缺乏父母应有的抚养关怀，为了降低儿童的贫困率，直接的转移支付方式便显得尤为重要了。这些转移支付方式覆盖了从儿童出生到 18 岁之间的主要阶段，比如阿根廷"家庭新生儿计划"（La Asignación Familiar por Pre Natal，AFPN），根据出生婴儿家庭收入的高低，给予每月 376~1812 比索的资助（家庭收入越高，所获得的资助就越低）。对于失业家庭，阿根廷政府还有专门针对儿童贫困的现金转移支付措施，按照儿童年龄的大小，给予 3 个月到 1 年每月 1000 比索左右的现金转移支付。同时，对于已经身处贫困线以下的家庭中的儿童，还给予每月一定金额的生活费，以资助其顺利地读书上学，其覆盖了从小学到大学所有的范围。除去专门对于儿童的现金转移支付，阿根廷还有专门针对老年人的现金转移支付政策。从总体来看，阿根廷老年人的贫困率相较其他人群的贫困率要低得多。根据阿根廷国家统计局 2018 年的数据，65 岁及以上的本国老人的贫困率只有 6.9%。[①] 这一现象并非因为阿根廷国内的养老系统比较完备，而是因为 1970 年之前阿根廷国内良好的经济发展水平。正是因为在工作时期有着相对优越的经济收入，阿根廷的老年人才能比较早地购置房产与相关的养老保险，使得自己的晚年生活比较宽裕。同时，虽然阿根廷是拉丁美洲地区最早建立起完备养老金系

---

① INDEC，"El Desafio de la Pobreza en Argentina：Diagnostico y Perspectivas"，Documento del Trabajo，2019.

统的国家，但经过了 90 年代以来的经济危机之后，国库中之前缴存的养老金经历了大幅度的贬值，为了应对这一情况，阿根廷对之前的养老金模式进行了改革，改为个人账户与统筹账户相互结合的模式，并提出了不再根据老年人的岁数，而根据其工作的实际年限或者缴纳的养老金总额之一来自行决定退休的年龄，同时还实行了男女区别化对待的政策（通常女性需要承担更多的家务劳动，因此相较于男性，可以提前退休）。[1] 在确保养老金改革的基础上，国家政府对一部分养老金不足，或者是身体有残疾与严重疾病的老年人实行了现金转移支付的政策，给予其每月一定数额的补贴，以便其可以达到能够生活的退休金的最低标准。[2]

最后一项则是通过税收手段来调节减少贫困现象。总体来看，政府通常将税收用于不同种类的公共支出，从而达到解决相应贫困问题的目的。阿根廷实行中央财税制，国家政府占据了国内财税收入的 80%。主要的消费税种包括以下两类：增值税（IVA，通常税率为 21%，一些基本的食品和生活保障用品的增值税在 10.5%，而一些公共服务的增值税则在 27%）；特殊消费税（比如对人群和社会产生负面影响的事项，如酒精饮品、香烟与汽油等）。此外，还包括渐进系统的个人所得税、公司所得税与营业税等。[3] 经济学家通常会以不同税种的渐进率来评估这一税种在进行财富再分配方面所起到的作用。总体来看，阿根廷国内的税收收入在 2018 年的大致构成比为：盈利税 21.7%，商品与服务税 45.2%，国际贸易税（进出口税）6.6%，社会保险税 26.5%。根据阿根廷经济学家们的分析，阿根廷间接消费税和个人所得税的低迷，是导致阿根廷财税系统再分配能力较低的主要原因。[4] 洛

---

[1]　Beccaria, L., and Maurizio, R., "Hacia la Protección Social Universal en América Latina. Una Contribución, Al Debate Actual", *Problemas del Desarrollo*, 45 (177), 2014：37-58.

[2]　Beccaria, L. A., "Algunas Reflexiones sobre las Investigaciones Empíricas de la Distribución del ingreso", *Desarrollo Económico*, 24 (96), 1985：617-625.

[3]　Beccaria, L., and Groisman, F., "Informalidad y pobreza en Argentina", *Investigación Económica*, 67 (266), 2008：135-169.

[4]　Arceo-Gómez, E., and Campos-Vazquez, R., "Teenage Pregnancy in Mexico：Evolution and Consequences", *Latin American Journal of Economics*, 51 (1), 2004：109-146.

西格罗在此基础上分析了直接税和间接税与阿根廷贫困现象之间的联系。[①]总体来看，阿根廷的直接税大体上起到了减少贫困的作用，而间接税对贫困则起到了比较负面的影响。阿根廷政府自 2016 年之后采取了一些税制改革，比如增加遗产税和奢侈品税来调节税收，并试图在此基础上减少贫困的数量。然而，政府出于经济考量，在一些间接税的改革方面却止步不前，比如增值税就被认为妨碍了缩减贫富差距的任务。但因为这一间接税占阿根廷财政收入的比重较大，因此政府很难在财政收入没有得到其他方面的补偿前提下进行彻底的改革。

综上所述，阿根廷政府面对国内的贫困率不断居高的情况，采用救济式减贫，从劳工就业、转移支付以及税收制度的改革这三个方面进行尝试，试图降低阿根廷国内的贫困率，缩小国内的贫富差距。总体来看，这三种手段出发的角度都是尽可能地提高个体与家庭的收入，最终达到降低贫困的目的。然而随着阿根廷政府对"贫困"这一概念认知的扩展，除去单纯地从提高收入入手，他们还采用开发式减贫，尝试从人类发展的角度来施行相应的政策，主要包括健康与饮食、看护陪伴及教育三方面。

健康与饮食方面，阿根廷政府主要关注非自然死亡率和婴幼儿死亡率这两项指标，总体来看，这两项指标都与地区的经济发展水平密切相关。比如在阿根廷，西北部地区的自然死亡率和婴幼儿死亡率要远远高于沿海地区。除此之外，阿根廷政府还关心青少年儿童的饮食质量，认为青少年肥胖和贫困之间存在比较显性的联系。为了解决上述问题，阿根廷教育部和卫生部联合，特地印制了很多宣传册，宣传高热量饮食给青少年带来的危害。除此之外，阿根廷公立中小学校还给学生提供营养健康的早餐和午餐计划，至少确保贫困学生能吃得上鸡蛋、牛奶与面包等高蛋白食物。2002 年，阿根廷政府颁布了 25.724 号法案，专门下拨预算保障脆弱群体的饮食健康。

---

① Rossignolo Bertranou, F., Casanova, L., and Sarabia, "Dónde, cómo y por qué se redujo la informalidad laboral en Argentina durante el periodo 2003–2012", *Documento de Trabajo*, N° 1. Buenos Aires: Oficina de la OIT en Argentina, 2013.

看护陪伴方面，主要的针对对象实际上也是老人与小孩，相比成年人来说，上述两个群体在大部分情况下更加需要这样的服务。根据阿根廷社会学家研究，大约有40%的阿根廷青少年从小就缺乏亲人们的陪伴，这主要由阿根廷比较复杂的家庭构成和比较开放的男女关系导致。这些从小缺乏陪伴的年轻人相比其他正常的年轻人，长大后更加容易放弃自己的学业，沦为"不学习也不工作，甚至也不寻求工作"的群体，并最终沦为贫困人群。对于老年人来说，尽管只有6.9%的老年人从收入上来说属于贫困人群，然而缺乏陪伴却在实际上使得他们的晚年生活质量大打折扣。经济方面的充裕在很多场景下并不能帮助其在晚年获得良好的生活质量和足够的心灵慰藉。社会学家们分析，在布宜诺斯艾利斯市区，就有30%70岁以上的老年人因为缺乏亲人的陪伴，晚年生活并不能得到很好的保障，这也是一种缺乏，而缺乏在一定程度上就意味着"贫困"。[①]

教育方面，阿根廷的大学公立教育一直是免费的，其质量和科研水平在拉丁美洲地区也位居前列，因此经常有来自其他拉丁美洲国家的学生前往阿根廷的公立大学就读。然而在公立的基础教育方面，阿根廷与其他拉丁美洲国家一样，做得比较糟糕。不论是经费投入、设施维护还是学生培养质量，阿根廷在世界范围内都只能排在末流。根据报道，在2019年举行的PISA测试中，阿根廷在全球79个参赛国家中位居末流，其中文字排名第62，数学排名第72，而科学则排名第65。[②] 公立基础教育的缺陷导致大部分平民家庭的孩子无法在基础教育阶段接受比较好的教育，从而限制其在高中毕业后进入大学学习。这一负面影响主要集中在以下两个方面：第一，因为基础教育在数学和自然科学方面的缺失，阿根廷大学中较为热门的专业都是文理类，特别是社会学、国际关系，而理工科类等实践性的人才的数量远

① Belló, M., and Becerril-Montekio, V. M., "Sistema de salud en Argentina", *Revista Salud Pública de México* 53（2），2011：96-109.

② "Prueba PISA：Argentina cayó en ranking educativo mundial y matemática sigue dando la nota", Ambito, 03 Diciember 2019, https：//www. ambito. com/informacion-general/aprender/prueba-pisa-argentina-cayo-ranking-educativo-mundial-y-matematica-sigue-dando-la-nota-n5068994.

远跟不上阿根廷国内的需求；第二，由于公立基础教育的不足，阿根廷的本科毕业生基本都需要用更长的时间才能完成本科的学习，时限一般在 6 年以上，这就进一步影响了阿根廷国内所需理工科人才的培养速率。阿根廷糟糕的公立基础教育阻碍了阿根廷的阶层流动性，拖累了国家的发展并间接地催生了更多的贫困人群。[①] 为了解决上述问题，阿根廷政府首先拿出了更多的财政预算投入公立教育，通过间接提高教师的收入，给予其更多的培训机会，提高公立基础教育的质量。除此之外，2016~2021 年阿根廷政府还实施了"阿根廷教学与理解"计划（Argentina Ensena y Aprende），用以确保阿根廷大学的入学需要通过的几项基本测试，用以提高入学学生的质量，缩短其就读年限。除此之外，阿根廷教育部还投入了资金，用以保障贫困家庭儿童的入学。除去常规的资助，阿根廷教育部还特别考虑到未成年怀孕、单亲妈妈接受教育的问题，成立了专门的工作组普及避孕、生育知识，并帮助她们半工半读以便顺利地完成基础教育。

二　中国扶贫经验对阿根廷贫困治理的启示

21 世纪，秉承公平正义原则的阿根廷正义党上台执政以来，阿根廷政府采取了一系列的扶贫政策，比如上文中所提及的收入就业、转移支付和税收调节这三类。从横向来比较，阿根廷在公共服务和社会方面的开支一直居于拉丁美洲国家中的前列，人均财政投入仅仅低于智利和乌拉圭。其贫困率在该地区也仅仅高于这两国。[②] 然而从纵向来看，阿根廷的贫困率情况相较之前并没有得到太为明显的改善。特别是在新冠疫情发生之后，阿根廷整体的贫困率一下子从 26% 暴涨到了 47%，甚至超过了 2000 年经济危机以来的

---

① Oppenheimer, A., *Basta de historias! La Obsesion Latinoamericana con el Pasado y las Doce Claves del Futuro* (Editorial Vintage Espanol, 2010), 65-98.

② Gasparini, T., "Recent Trends In Income Inequality In Latin America", *Economía Journal*, 11 (2), 2011: 147-201.

贫困率。不少学者专家试图从各个方面找出阿根廷减贫政策面临的挑战与不足。总体来看可以分为以下几个方面。

第一，从根本上来看，阿根廷的减贫措施根基不牢，导致没有足够的资源可持续性地、成规模化地推进相应的政策。阿根廷在近30年来经济增长都比较乏力，其经济结构基本没有变化，依旧是以出口初级农产品为支柱。再加上国际大宗商品价格低迷，因此政府税收收入和外汇储备实际上都处于较低的水平。这种经济基本面乏力的状况无法持续性地负担起阿根廷政府在"减贫"方面所需的支出。根据联合国拉美经委会（CEPAL）的调查，虽然2000~2017年阿根廷在社会服务和相应项目方面的投资在增加，但2013~2017年这项数据是逐年下降的。① 在投入不可持续的前提下，上述提及的很多构想与扶贫项目，都不得不草草收场或是大打折扣。此外，阿根廷国内动荡的经济局势以及逐年上升的通货膨胀率，在一定程度上也极大地影响了政府的投入。实际上，阿根廷的经济增长和贫困率的降低之间存在比较强的负相关联系。通过梳理2000~2017年的数据，我们可以发现，凡是经济增长的年份，阿根廷的贫困率都有显著的下降，而在经济情况不佳的年费，贫困率则都会上升。

第二，经济增长虽然对阿根廷减贫有着直接的功效，但要完全地消除阿根廷的贫困现象，仅仅依靠经济增长还远远不够。那些处于"长期贫困"状态的国民，即便在经济增长的大背景下，也较难摆脱自身贫困的身份。想要解决这一问题，则需要政府进行更多方面的支出，确保每个国民在医疗、基础教育等方面的平等性。这也是阿根廷政府今后需要努力的方向。

第三，除去经济基本面的困扰，由于阿根廷政府所推行的很多减贫措施需要多部门的共同参与，因此如何更高效地协调上述参与部门则是一项挑战。特别是有关扶贫的相应法案很多时候需要众议院和参议院通过，这在国

---

① El gobierno central se compone de los ministerios, secretar? as e instituciones p? blicas que ejercen su autoridad sobre todo el territorio nacional mientras el gobierno general se compone del gobierno central y de los gobiernos subnacionales（CEPAL, 2018）.

内政治斗争较为严峻的时期通常也面临一定的困难，或者说起码也需要更多的时间。这种缺乏一个强力政府自上而下进行规划并进行全局统筹的情形，在短期内也难以扭转。

第四，值得一提的是，近几年来我国成为全球 GDP 总量第二大国，同时也达成了全民脱贫的目标。这些现实情况使得我国的减贫成效和措施越来越多地引起了世界的关注。这些关注的国家中就包括了阿根廷。2022年2月阿根廷总统费尔南德斯访华，与习近平主席就如何增强中阿两国之间的扶贫合作展开了深入的交流。① 回国之后，据悉阿根廷政府将学习中国的"精准扶贫"并加大对理工科人才培养的投入，试图从经济基本面和国家发展的基本面入手，彻底消除阿根廷贫困的根源。② 对于阿根廷来说，如何建立一个更加协调高效的政府，如何将经济发展和减贫相互平衡，如何培养更多国家需要的人才，则是他们在今后一个时期需要重点考虑的。

三　结语

20 世纪初，全世界大多数国家被卷入两次世界大战和严重的经济衰退，而阿根廷正好相反，靠着自由市场经济，民众生活水平从 1880 年到 1950 年持续上升，成为发达国家，1910 年经济一度超过了德国和法国。1945 年后，受国内外局势等多重因素影响，阿根廷经济出现衰退。阿根廷的经验教训给我国的减贫工作带来一定启示：在人均收入层面达到了彻底消除贫困的目标后，我们应该对"贫困"这一现象有着更为深入的研究和认识，了解它并

---

① "Alberto Fernández y Xi Jinping se encontraron por primera vez en China en un banquete junto a jefes de Estado", Infobae, February 5, 2022, https：//www. infobae. com/politica/2022/02/05/alberto－fernandez－y－xi－jinping－se－encontraron－por－primera－vez－en－china－en－un－banquete－junto－a－jefes－de－estado/.

② Zou, X. L., "Hacia un nuevo capítulo en la lucha contra la pobreza", August 23, 2021, https：//www. telam. com. ar/notas/202108/566060－hacia－un－nuevo－capitulo－en－la－lucha－contra－la－pobreza. html.

不是单纯的经济现象，而是经济、政治与社会相互关联作用下所达成的现象。因此，除去单纯的收入脱贫，如何从更为广阔的层面，比如人类发展指数、终身教育、医疗保障与陪伴养护等方面进一步提高，则是我国接下来要考虑的事项。

第十四章
中国与巴基斯坦减贫合作
背景、成效及展望

"四海无闲田，农夫犹饿死""已分忍饥度残岁，更堪岁里闰添长"……饥饿与贫穷自古以来就是中华民族要面对的顽疾，也是全世界人民的共同挑战。消除贫困是全人类孜孜以求的美好愿望，也是联合国千年发展的首要目标之一。改革开放40多年来，中国从物资"短缺"走向"充裕"、从"贫困"走向"小康"，到2020年底已彻底完成了消除绝对贫困的艰巨任务，提前10年实现了联合国《2030年可持续发展议程》的减贫目标，帮助了8亿多人口摆脱贫困，创造了世界范围内"最成功的扶贫故事"。因此，贫困治理是新时代中国卓有成效和较有发言权的全球治理领域之一。

一花独放不是春，百花齐放春满园。中国在贫困治理领域取得了举世瞩目的成就，却仍秉承开放包容的传统，不断与发展中国家沟通分享扶贫经验，开展国际减贫合作。其中，巴基斯坦是中国开展国际减贫合作的重点对象之一。中国与巴基斯坦建交70余年，现已发展成为全天候战略合作伙伴关系。作为最早响应"一带一路"倡议的重要国家，巴基斯坦依靠"中巴经济走廊"项目，改善了国内能源、交通等基础设施情况，创造了大量的就业机会，有效地发展了国内经济。巴基斯坦《今日巴基斯坦报》

（Pakistan Today and Diplomag）记者 Sabri 撰文写道，目前中巴经济走廊项目已经为巴基斯坦国内创造了 7.5 万个直接就业岗位。巴基斯坦规划、发展和改革部（The Ministry of Planning，Development and Reforms of Pakistan）估计，如果目前商定的项目能够顺利完成，中巴经济走廊甚至可以创造 120 万个就业岗位。[①]

近年来，中巴两国在减贫领域展开了密切的合作。2018 年 11 月，中巴两国签署了《减贫合作谅解备忘录》，并表示愿意加强在减贫领域的政策对话、经验分享和能力建设。此外，两国政府还在中巴经济走廊联合合作委员会下增设社会民生工作组，以便更好地利用援助合作支持巴方改善民生。因此，开展中巴减贫合作，对促成"比山高、比海深、比蜜甜"的中巴友谊及构建更加紧密的中巴命运共同体有着非凡的意义。

一 巴基斯坦贫困治理背景

巴基斯坦位于南亚次大陆西北部，其地理位置对中国的"一带一路"倡议有独特的意义。世界银行数据显示，截至 2021 年底，巴基斯坦是世界第 41 大经济体，约有 2.25 亿人口，人均 GDP 仅为 1537.9 美元，世界排名第 174。[②]

巴基斯坦 1947 年脱离英国殖民统治，是一个贫穷国家。巴基斯坦主要依赖农业发展经济，但区域发展程度高度不平衡，致使一半以上的人口生活在贫困中，无论教育、医疗还是就业机会都无法得到保障。自那时起，贫困就一直是巴基斯坦的代名词。再加上经济增速缓慢、政府管理不善、抵御外部风险能力太差等因素，使巴基斯坦成为亚洲乃至世界上人类发展指数较低的国家之一。巴基斯坦一直深陷贫困泥潭，政府在贫困治理工作上屡屡受

---

① Sabri, B., "Pakistan Looks to Chinese Model to Eradicate Poverty", *China Investment*, 15, 2019: 69.

② https：//databank. worldbank. org/views/reports/reportwidget. aspx？Report_ Name = CountryProfile &Id = b450fd57&tbar = y&dd = y&inf = n&zm = n&country = PAK&gl = 1 ∗ alx2g7 ∗ gclau ∗ MTI5MTIxMzI5NC4xNzI1NTA4NTky.

挫。尽管巴基斯坦的贫困治理由来已久，颁布并实施了一系列扶贫方案，但往往收效甚微，其根本原因在于精心策划的扶贫政策没有得到严格执行，缺乏协调、整合和有序推进。哪怕到现在，这些方案的覆盖面仍然相对较窄、财政支出也非常有限。

巴基斯坦早在建国初期 1956~1960 年第一个五年计划中就出台了一个农村援助方案（Village Aid Programme），该方案侧重聚焦农村发展来减贫，包括增设医疗卫生中心、学校以及供水和净水基础设施等。

然而，1960 年代，阿尤布·汗总统执政时期支持工业发展，对制造业的发展颇为关注，没有大力推进上述侧重农业发展的减贫方案。虽然这一时期也开展了一些有限的土地改革和农村信贷工作来支持农业发展，但几乎没有实施任何专门的减贫项目。尽管如此，这些支持农村农业发展的举措加上绿色革命带来的利好，还是大大促进了农业经济的发展。在此期间，巴基斯坦是世界上经济发展较快的国家之一，贫困发生率稳步下降。

1970 年代，巴基斯坦的政治局势动荡不安，经济发展不稳定，贫困发生率再次上升。由于 1973 年石油危机，巴基斯坦不得不在原油进口上花费更多。整个 70 年代，巴基斯坦国内还发生了一系列相当严重的农作物歉收和多次特大洪水侵袭等自然灾害现象。在这种水深火热形势下，政府提出"食物，衣服和住所"，反映了其对扶贫减贫工作有着较高的重视。在此期间，政府施行的贫困治理政策主要包括进一步推进有限土地改革、工业国有化方案，以及帮助改善最贫困人口居住地基础设施的人民工程计划（The People's Works Programme）等。这一时期还启动了几个专门的社会保障计划，包括 1971 年的工人福利基金计划（The Workers Welfare Fund Scheme）和 1976 年的雇员老年福利机构政策（The Employees Old Age Benefits Institution）。尽管这些都是非常重要的社会福利政策，但它们主要是为正式部门的雇员服务的，而这些雇员只占巴基斯坦全部劳动力市场很小的一部分。

1980 年代，巴基斯坦经济恢复增长，宏观经济状况得到极大改善，贫困人口逐渐减少，工业国有化的形势逆转，外汇收入和国外援助不断增加。在此期间，除了侧重扶贫的天课制度（Zakat），反贫困方案的发展很有限。

1990年代，国内经济形势严重恶化，失业率居高不下，巨额外债也在进一步拖垮经济，巴基斯坦迎来了"贫困人口大爆炸"时期，贫困发生率迅速上升。这一时期新的反贫困方案所取得的成效也非常有限。在这些新项目中，PBM（Pakistan Bait-ul-Mal）项目旨在以慈善方式援助不在天课制度资助范围的贫困人口。还有社会行动计划（The Social Action Programme），旨在加强早期的基本社会服务、改善其服务效果。然而，两者所起到的减贫效果都很有限。

随着2008年贝娜齐尔收入支持计划（Benazir Income Support Programme，BISP）的启动，反贫困政策框架发生了重要变化，该计划扩大了减贫工作的覆盖范围。BISP是一个无条件的现金转移方案，成为巴基斯坦最大的社会福利保障政策，有近570万户家庭受益。随着时间的推移，该方案还将有条件的现金转移纳入保障儿童入学接受教育的 Waseela-e-Taleem 倡议。BISP中其他侧重改善民生的项目一直备受争议，最后被迫取消。尽管之后巴基斯坦政权更迭，但BISP的现金转移方案仍在继续。这是由于多边机构和货币基金组织把该方案的量化产出当作进行援助付款的指标。

随后，2019年Ehsaas减贫方案启动时，BISP的相关部门成为Ehsaas减贫方案的执行机构之一。在Ehsaas减贫方案的善治政策（Governance and Integrity Policy）以及机构创建和重建倡议（The Building and Rebuilding Institutions Initiative）的指导下，BISP进行了深层次的治理改革。在这以前，巴基斯坦政权更迭频繁，各届政府进行贫困治理时几乎没有连续性，也没有努力整合以前的减贫方案或从失败中汲取经验教训。但Ehsaas减贫方案不同，它是巴基斯坦政府在2019年启动的示范性减贫方案，致力于将134个零散和执行不力的社会保障方案合并为一个新方案。该方案积极整合梳理实施社保举措可能要面对的重重挑战，精简程序，形成了一个逐渐一体化的全方位反贫困服务体系。概括而言，Ehsaas减贫方案主要为16类弱势群体提供包含292项具体措施的16种减贫方案，以达成6个量化减贫目标。目前已有多个机构正在实施 Ehsaas 减贫方案的举措。Ehsaas 减贫方案大大超越了 BISP 的单一现金转移模式，这种现金转移模式在全世界范围内已司空见惯。而 Ehsaas 减贫方案不仅越来越注重帮助贫困人口发展能力和人力资本，而且也越来越强调发展巴基斯坦政府在有限资源下实行创新式全方位减贫的能力。

总之，Ehsaas 减贫方案是巴基斯坦历史上里程碑式的反贫困方案。它是第一个将联邦和省各部委的努力联合起来，采取包括社会福利保障、教育、人力资本发展、民生、医疗卫生在内的综合性办法来减贫的方案。政府承诺将对此方案负责到底，全力帮助贫困人口脱贫。BISP 的实施为 Ehsaas 减贫方案奠定了良好的减贫基础。新冠疫情发生初期，Ehsaas 减贫方案为颁布紧急现金援助计划在短时间内做了大量的减贫知识储备和学习。在此基础上，Ehsaas 减贫方案将继续吸取过去减贫政策的经验和教训，乘着 Ehsaas 减贫方案紧急现金援助计划大获成功的东风，将其他项目严格贯彻实施下去。

二 巴基斯坦贫困治理现状

过去几年中，巴基斯坦政府颁布了一系列减贫的政策方案，在改善生活水平和减少贫困方面取得了一定成效。然而，巴基斯坦的贫困问题仍然相当严重，并呈现贫困人口居高不下、区域分布不均、返贫率高以及多维贫困相当严重的特点。

巴基斯坦计划委员会曾经预估了巴基斯坦 2015~2016 年全国和区域贫困人口的贫困等级，如表 14-1 所示，可以看出当时预估的巴基斯坦贫困人口将达到 4752 万，占当年总人口的 24.3%，近乎 1/4，这说明巴基斯坦在减贫领域的境遇仍然令人担忧。此外，巴基斯坦贫困人口地域分布严重不均衡，上述 4752 万全国贫困人口中 2390 万是农村贫困人口，1471 万是城市贫困人口，农村贫困人口远远大于城市贫困人口。

表 14-1　巴基斯坦全国和区域贫困等级

贫困等级	人口比例(%)			预估人数(百万人)		
	全国	城市	农村	全国	城市	农村
极端贫困(小于贫困线的50%)	0.42	0.21	0.54	0.83	0.24	0.42
极度贫困(大于贫困线的50%且小于75%)	6	2.39	7.95	11.73	2.81	6.19
贫困(大于贫困线的75%且小于100%)	17.89	9.93	22.18	34.96	11.66	17.29
易贫(大于贫困线的100%且小于125%)	19.87	14.46	22.78	38.83	16.99	17.75
准非穷(大于贫困线的125%且小于200%)	34.77	37.68	33.21	67.95	44.27	25.88
非穷(大于贫困线的200%)	21.04	35.33	13.34	41.10	41.50	10.40

资料来源：巴基斯坦计划委员会《国家贫困报告 2015~2016》，转引自 Asif, J., Vaqar, A., and Khair, A. B., "The Social Safety Nets and Poverty Alleviation in Pakistan: An Evaluation of Livelihood Enhancement and Protection Programme", *Britain International of Humanities and Social Sciences* (*BIoHS*) *Journal* 3 (1), 2021: 23-24。

　　将贫困人口划分成不同的等级，有助于针对特定贫困等级的人口进行相应减贫政策的实施。从表 14-1 可以看出，在极端贫困和极度贫困的等级上，巴基斯坦将有 6.42% 的人口（1256 万人）需要社会保障体系进行"兜底"。还有 17.89% 的人口（3496 万人）在贫困线上徘徊；19.87% 的贫困人口（3883 万人）容易返贫。要想帮助这些人摆脱贫困、防止返贫，需要社会安全网合理分配资源，从多方位多角度给予相应保障。

　　在多维贫困视角下，巴基斯坦的贫困问题更加严重。《2021 年全球多维贫困指数》报告显示，2018 年巴基斯坦的多维贫困指数仍处于高位，达到 38.3%，贫困人口高达 8300 万，其中教育贫困最为突出。[①] 2020 年 66% 的全国人口没有干净水源，2021 年近 40% 的农村人口无法用电。具体到各个省份的多维贫困情况如表 14-2 所示，俾路支省的多维贫困发生率最高，且

――――――――――

① "Global Multidimensional Poverty Index", the United Nations Development Programme and Oxford Poverty and Human Development Initiative, 2021.

发生强度也是最高的；而拥有最多人口的旁遮普省贫困发生率和发生强度却在省份中最低。

表 14-2　巴基斯坦各省多维贫困发生情况

省份	多维贫困指数	发生率(%)	发生强度(%)
旁遮普省	0.152	31.40	48.40
信德省	0.231	43.10	53.50
开伯尔-普什图省	0.25	49.20	50.70
俾路支省	0.394	71.20	55.30

资料来源：巴基斯坦规划部，转引自 Asif, J., Vaqar, A., and Khair, A. B., "The Social Safety Nets and Poverty Alleviation in Pakistan: An Evaluation of Livelihood Enhancement and Protection Programme", *Britain International of Humanities and Social Sciences（BIoHS）Journal*, 3（1），2021：23-24。

鉴于巴基斯坦的贫困问题依然不容乐观，要想实现联合国设定的到2030 年"在全世界消除一切形式贫困"可持续发展目标，需要不断学习国际上的优秀扶贫经验，开展减贫合作，综合提升自身减贫能力。中巴两国在贫困问题的成因和特点上有很多相似之处，如主要是农村贫困等，中国的很多减贫制度和经验值得巴基斯坦借鉴，应密切加强减贫交流与合作。

三　中国与巴基斯坦减贫合作措施及成效

减贫是中国开展对外援助、同受援国开展经济合作的重要目标。中巴减贫合作，主要体现在以下三个方面。

（一）吸引外资减贫

外商直接投资（Foreign Direct Investment，FDI）有助于帮助东道国减贫，这一论断得到了大多数国内外研究的证实。[1] FDI 促进了投资资本增加，

---

[1]　张元钊、庄鞲：《中国对外投资对发展中国家的减贫效应：作用机理与实证检验》，《福建论坛（人文社会科学版）》2022 年第 4 期。

客观上与国内资本形成一定互补关系，并且 FDI 对国内投资的补充越多，其对减贫的贡献就越大。[①] FDI 促进减贫的核心在于能够增加就业机会，提高贫困人口收入水平。[②] 一方面，FDI 注入可以促进东道国相关产业生产，直接刺激劳动力需求增长。另一方面，FDI 极有可能产生溢出效应，在技术、管理、服务、基础设施等方面帮助东道国进行产业发展，提高其国内劳动者的人力资本和工资水平。

中国在消除贫困的过程中，深刻认识到 FDI 对减贫的正向作用，并不断扩大实际利用 FDI 的规模。1990 年代初，中国就开始利用外资进行减贫，先后与世界银行、联合国开发计划署、亚洲开发银行等国际组织，与英国、德国、日本等国家以及国外民间组织在扶贫领域开展了诸多的减贫项目合作，取得了显著成效。2001 年底加入 WTO 后，我国每年实际利用 FDI 超500 亿美元；2010 年实际利用 FDI 突破 1000 亿美元。[③] 近年来，在全球国际直接投资大幅波动条件下，我国实际使用外资稳步增长，从 2012 年的1210.8 亿美元增加到 2021 年的 1734.8 亿美元，增幅达 43.2%，吸引外商投资额稳居世界第二，连续 30 年居于发展中国家首位，占全球的比重由2012 年的 8.1% 上升到 2020 年的 15%，2021 年回落至 11%，但总体呈现增长态势。

这些外资的注入为中国带来了外国的先进技术、资金和管理经验，对中国的减贫事业有着巨大的助力。2020 年中国完成了消除绝对贫困的艰巨任务，为全球减贫事业做出了巨大贡献。国内学者的相关研究表明，无论是以多维贫困为标准还是以国际贫困线为标准，FDI 均能显著缓解我国贫困，而且外资进入程度提升 1%，流动人口贫困率则可下降 0.3% ~ 0.5%;[④] 外资引入不仅

[①] Sumner, A., "Is Foreign Direct Investment Good for the Poor? A Review and Stocktake", *Development in Practice* 15 (3-4), 2005: 269-285.

[②] Besley, T., and Burgess, R., "Halving Global Poverty," *The Journal of Economic Perspectives*, 17 (3), 2003: 22.

[③] 何曼青、朱福林、孙宇:《利用外资这十年：成就、趋势与困难》,《中国外资》2022 年第 17 期。

[④] 葛顺奇、刘晨、罗伟:《外商直接投资的减贫效应：基于流动人口的微观分析》,《国际贸易问题》2016 年第 1 期。

可以提高收入，而且可以通过教育水平与生活水平促进个人能力提升。[①]

巴基斯坦积极借鉴中国这一经验，不断创造条件，积极主动吸引外商投资，助力国民经济发展。自 2013 年与中国开展"中巴经济走廊"合作以来，据联合国贸发会议《2020 年世界投资报告》，2015～2019 年巴基斯坦吸引外国投资（FDI）流量分别为 16.73 亿美元、25.76 亿美元、24.96 亿美元、17.37 亿美元和 22.18 亿美元。截至 2019 年底，巴基斯坦吸收外国直接投资（FDI）存量 347.98 亿美元。中国为第一大投资来源国，其他 FDI 主要来源国为英国、阿联酋和日本等。[②]

如今，中国已连续 8 年成为巴基斯坦第一大投资来源国，为巴基斯坦带来了 254 万亿美元的直接投资，目前中巴经济走廊的 20 多个项目已基本完成，预计到 2030 年将有另外 63 个项目竣工。中巴经济走廊显著地促进了巴基斯坦经济增长并帮助其改善了其国内民生。经济方面，根据巴基斯坦国家统计局的报告，2013～2018 年巴基斯坦 GDP 增速从 4.05% 逐年递增至 6.10%，呈现强劲的发展势头，这与中巴经济走廊建设第一阶段对巴国能源、交通基建领域的巨额投资密切相关。特别是一系列发电、输电项目和喀喇昆仑公路升级改造二期项目、白沙瓦至卡拉奇高速公路项目，从能源和交通两大板块改变了其对巴经济增长的制约。民生领域，中巴经济走廊建设已为巴基斯坦创造了超过 7 万个工作岗位，未来 5～7 年还将直接或间接地创造 50 万个岗位。中巴博爱医疗急救中心、瓜达尔海水淡化厂、法曲尔中学、瓜达尔职业技术学校等一系列民生项目落地，在用水、医疗、教育和就业技能培训等方面切实为巴基斯坦当地民众谋福祉。[③]

（二）加强基础设施建设减贫

基础设施是经济社会发展的基础。"农村奔小康，交通要先行""要致

① 陈怡、裴卓尔：《外商直接投资有助于我国减贫吗？——基于微观家户数据的分析》，《武汉金融》2020 年第 6 期。
② 商务部国际贸易经济合作研究院、中国驻巴基斯坦大使馆经济商务处、商务部对外投资和经济合作司：《对外投资合作国别（地区）指南：巴基斯坦（2021 年版）》，2022。
③ 《中巴经济走廊展现"一带一路"活力（专家解读）》，光明网，2022 年 9 月 27 日。

富，先修路"是中国在扶贫开发过程中总结出的宝贵经验。贫困地区之所以贫困的一个重要因素是其在基础设施方面与外部发达区域的差距较大，巴基斯坦也不例外。一方面，基础设施项目投资可以补齐发展中国家的短板，缩短其与其他国家和地区的差距；而且基础设施投资还会改善当地的交通、信息获取状况，促进劳动力的自由流动和就业水平提升，提升低收入家庭的收入。另一方面，基础设施互联互通能使发展中国家更加便利地融入全球产业链和价值链，为其进一步释放发展潜力创造机会。

近年来，依托"中巴经济走廊"一阶段和二阶段项目，巴基斯坦与中国在能源和交通基础设施建设方面取得了重大的成效，极大地促进了巴基斯坦经济增长和当地人民收入水平的提升。"中巴经济走廊为巴基斯坦的能源、基础设施、贸易等领域带来了重大的变革。"[①] "中巴经济走廊项目帮助巴基斯坦打破了能源和交通基础设施建设的瓶颈，为巴基斯坦的经济发展注入了源源不断的活力。"[②] 其中较具代表性的项目有瓜达尔港港口及自由区项目、PKM高速公路（苏库尔至木尔坦段）项目、卡西姆港燃煤电站项目等。

1.瓜达尔港港口及自由区

瓜达尔港原是阿拉伯海边的一个渔村，位于巴基斯坦最贫困的俾路支省，而该省与阿富汗接壤，西邻伊朗——瓜达尔距离伊朗边境只有72公里，这里人口不足10万，时常缺水断电，基础设施较为欠缺，交通不便，土地贫瘠，当地渔民一直过着十分贫困的生活。然而，瓜达尔紧挨着波斯湾，紧扼从非洲、欧洲经红海、霍尔木兹海峡、波斯湾通往东亚、太平洋地区数条海上重要航线的咽喉，距离全球石油供应的主要通道霍尔木兹海峡大约400

---

① "CPEC revolutionized Pakistan's energy, infrastructure and trade sectors, Dr Moeed Yusuf", China-Pakistan Economic Corridor Website, September23, 2021, https：//cpecinfo.com/cpec-revolutionized-pakistans-energy-infrastructure-and-trade-sectors-dr-moeed-yusuf/, Retrieved on 2022-10-10.

② "CPEC helps Pakistan to break the energy and transport infrastructure bottlenecks：Muhammad Zamir Assadi", China-Pakistan Economic Corridor Website, January 26, 2022, https：//cpecinfo.com/cpec-helps-pakistan-to-break-the-energy-and-transport-infrastructure-bottlenecksmuhammad-zamir-assadi/.

公里，被誉为亚洲的"十字路口"，是地理位置优越的深水良港，享有较高的战略地位。

巴基斯坦政府和人民想要开发瓜达尔港的愿望由来已久，奈何自己国家一直深陷贫困和动荡交织的泥潭，没有财力支撑建设。过去几十年，美国、新加坡都曾对瓜达尔港有过各种规划，但最终该港的开发运营一直未能成行。直到 2001 年中国应巴基斯坦政府邀请，决定援建瓜达尔港，该港的开发才得以真正实施。2015 年，习近平主席访问巴基斯坦，中巴双方同意，以中巴经济走廊为引领，以瓜达尔港能源、交通基础设施和产业合作为重点，形成"1+4"经济合作布局，瓜达尔港的建设才进入了"快车道"。① 如今，瓜达尔港已脱胎换骨，成为中巴经济走廊建设中最重要的组成部分，并将成为地区转运枢纽和区域经济中心，是民众口中"巴基斯坦的深圳"。

目前，瓜达尔港已经实现港口及自由区联动发展。其中瓜达尔港已建成一个拥有 3 个 2 万吨级泊位的多用途码头，后方堆场面积达 14 万平方米，港口已具备全作业能力，可处理散货、集装箱、滚装货物、石油液化气等各类业务。瓜达尔港自由区第一阶段也已经建设完成，已有 46 家企业入驻，涵盖海外仓、化肥、渔业加工、金属材料制造、农业开发、旅游、保险、银行等领域，投资额超过 30 亿元，为当地居民提供了近 5000 个就业机会。自由区第二阶段已于 2021 年 7 月启动，面积是第一阶段的 36 倍。

经过多年的努力，瓜达尔港终于实现了和世界主要港口连接的目标，并提高了瓜达尔港在整个南亚地区的航运地位。除此之外，瓜达尔港也是阿富汗、中亚等内陆国家和地区的理想出海口，大批输往阿富汗及中亚地区的转运货物可以通过瓜达尔港出入，这些都有益于巴基斯坦乃至整个南亚、中亚地区的经济繁荣。瓜达尔港的建设不仅为中国商品的进出口节约了时间，更使得巴基斯坦和周边国家因贸易繁荣而受益。

瓜达尔港的建设发展红利不仅滋润着当地的经济进步，更切实惠及巴基

---

① 《巴基斯坦瓜达尔港》，央视网，2021 年 10 月 28 日。

斯坦的普通百姓。除了基础设施建设，中国公司在当地积极履行社会责任，以民生发展促民心相通，通过援建瓜达尔海水淡化厂、捐赠家用太阳能电池板设备、建造法曲尔中学和中巴博爱医疗急救中心等扶贫济困的举措，让当地人拥有了清洁的饮用水、稳定的供电、良好的教育以及必需的医疗服务，收获了肯定，收获了赞誉，更收获了民心。

在瓜达尔港正式开航揭幕典礼上，巴基斯坦总理谢里夫做出了"今日迎来了新世纪的曙光"致辞，其激动喜悦的心情溢于言表，这也充分体现了其对瓜达尔港建设的肯定与认可。巴基斯坦国立现代语言大学教授利兹万表示："巴基斯坦政府和人民愿继续同中国携手，共同促进瓜达尔港未来的发展。中巴经济走廊是一个功在当代、利在千秋的双边经济项目。"[1] 瓜达尔新闻网记者亚西尔·哈比卜说："瓜达尔地区不缺少机遇，缺的是善于发现机遇的人。中国企业深耕港口和自由区建设运营，用坚韧和智慧为瓜达尔港探索出了一条可持续发展之路。"[2]

2. PKM 高速公路

巴基斯坦白沙瓦至卡拉奇高速公路，简称 PKM 高速公路，是"一带一路"重点工程，也是中巴经济走廊上最大的交通基础设施工程，贯穿巴基斯坦的南部和北部地区，建成后不仅可以改善巴基斯坦交通状况，促进巴基斯坦经济社会发展，也将成为连接中国和中亚国家通往卡拉奇和瓜达尔港的交通干线。

目前，PKM 高速公路（苏库尔至木尔坦段）已经落成。该项目南起信德省苏库尔，北至旁遮普省经济中心城市木尔坦，沿线覆盖巴基斯坦全国70%的人口区和90%的 GDP 产值区，全长 392 公里，设计时速 120 公里，为巴基斯坦首条具有智能交通功能的双向 6 车道高速公路，项目合同金额约合 28.89 亿美元。PKM 高速公路（苏库尔至木尔坦段）是巴基斯坦设计等级最高、唯一全线绿化、百年一遇抗洪等级的高标准智能高速公路。巴基斯

---

① 《巴基斯坦瓜达尔港》，央视网，2021 年 10 月 28 日。

② 程是颉：《为瓜达尔港探索出一条可持续发展之路》，《人民日报》2022 年 6 月 12 日。

坦国家公路局对项目竖起大拇指：苏木段为整条白沙瓦至卡拉奇高速公路建设树立了典范。[①] 项目的某巴基斯坦籍员工说："我全程参与了项目建设，对工程质量充满信心，我们建造的高速公路是巴基斯坦的'百年工程'。业主对项目全线验收检查时，一致评价 PKM 项目是巴基斯坦进度最快、质量最好的高速公路工程。"[②]

项目连接的木尔坦和苏库尔是巴基斯坦重要城市。木尔坦是杧果、椰枣等经济作物主产区，苏库尔则是重要交通枢纽。项目建成将两地通车时间从 11 个小时压缩至 4 小时以内，大大降低了巴基斯坦农产品运输成本，为当地民众增加创收，同时也加速推动了"中巴经济走廊"建设和中巴两国交流。当地某货车司机说：从前经过这段路只能走国道，车多路窄，经常发生交通事故，货物总是不能按时送达。自从 PKM 高速公路开通后，送货的时间从 11 个小时缩短至 4 个小时，燃料成本和车辆磨损大幅降低，沿途的服务区、休息区功能一应俱全，收费站、称重站方便好用，电子指示牌上实时提示天气、道路和交通状况，在这条路上开车既舒适又安全，我的收入也比从前提高了不少。[③]

除了进行道路基础设施建设，PKM 项目也积极履行社会责任，在扶贫济困、改善民生方面尽最大努力造福巴基斯坦当地民众。一方面，项目建设高峰时期，直接聘用当地劳工、设备操作手、管理人员达 28900 余人，此外还专门邀请卡拉奇职业培训机构为当地员工提供规范化技术培训，把当地农民培训成业务过硬的技术工人。项目的巴方商务顾问阿玛说："PKM 项目为我们提供了宝贵的就业机会，这里是我们的第二个家。超过 6800 多名当地农民如今已是熟练的设备操作人员和工程管理人员，成为巴基斯坦现代化的工程技术人员。"另一方面，在提供大量就业机会的同时，项目秉持"同一条路、同一个家"的理

---

① 《友谊之路修好了！中建巴基斯坦 PKM 高速公路项目正式移交通车》，极目新闻，2020 年 12 月 16 日。
② 《巴基斯坦 PKM 高速公路落成》，人民网，2019 年 12 月 2 日。
③ 《友谊之路修好了！中建巴基斯坦 PKM 高速公路项目正式移交通车》，极目新闻，2020 年 12 月 16 日。

念，积极履行企业社会责任，为沿线村落修筑便民道路 800 公里、桥梁 20 座、水井 62 眼、水渠 300 余条。为保护当地生态、保障动物迁徙，修建涵道管道 920 条，总长超 4 万米。同时，项目团队为沿线村落修建学校 12 所，发放书籍 3800 余本、书包 4100 多个；组织医疗队进村义诊 7200 余人次，发放药品 13200 多盒，紧急救援当地交通事故 20 余次，并组织医疗队为乡村 7200 多人次提供义诊服务，建立巴籍困难职工救济基金帮助困难职工，促进中巴民心相通。秉承着"共商共建共享"的理念，中巴两国企业通力合作，将巴基斯坦 PKM 公路项目建成了"友谊之路""梦想之路""希望之路""幸福之路"。

3. 卡西姆港燃煤电站

有着 2 亿人口的巴基斯坦基础设施相对落后，特别是电力能源供应严重短缺。根据《巴国家电力政策（2013）》有关数据，2012 年全国电力缺口 4500 兆瓦～5000 兆瓦，很多地区每天停电 12～16 个小时，伊斯兰堡、拉合尔等大城市每天也要多次拉闸限电。[①] 改善巴基斯坦的电力供应条件迫在眉睫。在这种背景下，中巴经济走廊首个能源项目——卡西姆燃煤发电站应运而生。

该电站项目由中国电建集团海外投资有限公司和卡塔尔王室基金 AMC 公司共同出资，总投资约为 20.85 亿美元，2015 年正式启动，2017 年 11 月开始正式投产发电，目前已实现商业化运营，年均发电量约 90 亿度，占巴基斯坦总上网电量的近 7%，列所有电站第 1 位，可满足巴基斯坦中北部地区 400 万户家庭的用电需求。与此同时，该电站的上网电价排在全巴所有电站前 8 位（从低到高），是巴基斯坦上网电价最低的大型火力发电厂。

这是一座运用中国标准、中国技术、中国设备建设的大型燃煤电站，技术等各方面都遥遥领先于巴基斯坦当地水平。该项目顺利投产，帮助调整了巴基斯坦国家电力及能源结构，缓解了供需矛盾，优化了当地投资环境，促

---

① 何时有：《中巴走廊上的卡西姆港电站》，《中国投资》2018 年第 3 期。

进了基础设施建设和人口就业，并帮助改善了民生，推动了中国、巴基斯坦、卡塔尔三国政府和人民友好关系的持续发展。该项目自开工以来，累计为巴基斯坦中央政府和信德省政府缴纳各类税款超过 1.17 亿美元，并增强了其他中资和外资企业在巴投资经营的信心，促进巴基斯坦 GDP 提速增长，为当地社会经济发展做出了积极贡献。同时，项目在建设期间为巴基斯坦当地直接创造超过 3000 个就业机会，在运营期每年提供了约 500 个就业和培训机会。同时，还间接带动材料供应、设备运输、法律咨询、财务审计等上万名服务人员的就业。

卡西姆燃煤电站的顺利落成得到了政府领导和当地民众的一致赞赏。"感谢中国电建卡西姆电站，在严峻的新冠疫情形势下，保障电力供应，为巴基斯坦国家和人民做出了巨大贡献！"[①] 2021 年初，这句来自巴基斯坦电建局感谢信里的话，也再次肯定了卡西姆电站为稳定巴基斯坦经济所做出的突出贡献。

（三）开展农业合作减贫

巴基斯坦是农业大国，农业资源丰富，可耕地面积广袤。巴基斯坦国土面积 79600 万公顷，可耕地面积 5768 万公顷，人均可耕地面积 0.31 公顷，约为中国的 3 倍，[②] 土地肥沃，日照时间充足，适合小麦、水稻、棉花等农作物的种植。2019～2020 财年，农业总产值约 2.42 万亿卢比，占全国 GDP 的 19.31%，吸纳就业人口占总就业人口的 35.8%，[③] 是巴基斯坦国民经济发展的重要支柱。巴基斯坦主要农作物有小麦、大米、玉米、棉花、甘蔗等，主要农作物产值占 GDP 的 4.2%，其他农作物产值占 GDP 的 2.72%。巴基斯坦畜牧业、林业和渔业产值占 GDP 的比重分别为 11.69%、

---

① 何时有：《中巴走廊上的卡西姆港电站》，《中国投资》2018 年第 3 期。
② 陈燕娟、邓岩、叶威：《中巴经济走廊建设背景下巴基斯坦种业合作价值、市场机遇与发展潜力》，《种子》2018 年第 6 期。
③ 商务部国际贸易经济合作研究院、中国驻巴基斯坦大使馆经济商务处、商务部对外投资和经济合作司：《对外投资合作国别（地区）指南：巴基斯坦（2021 年版）》，2022。

0.41%和0.40%。①

然而，由于农业基础设施落后，种植技术过于粗放原始以及农民囿于陈旧种植观念等，巴基斯坦农业生产力水平低下，农作物产量相对较低，民众一直生活在食不果腹、水深火热之中。因此，近年来巴基斯坦联邦政府在寻求国际援助的同时，也在积极和其他国家展开农业合作。作为连续8年巴基斯坦最大外资来源国的中国与巴基斯坦的农业合作早在21世纪之初就开始了。依托中巴经济走廊项目，巴基斯坦与中国的农业合作更加紧密快捷，在农产品育种种植、农业技术发展、农产品加工、农业园区建造等领域都取得了丰硕的成果，颇具代表性的合作领域有杂交水稻和棉花种植、农业园区建造等。限于篇幅，下面主要以杂交水稻为例进行详细说明。

水稻是巴基斯坦第二大粮食作物，稻米是仅次于棉花的第二大出口创汇农作物，在国民经济中占据非常重要的地位。2001年，巴基斯坦出口大米100万吨，其中50万吨巴斯马蒂出口中东市场，50万吨IR6和DR92出口南亚和东南亚。当时，巴基斯坦的巴斯马蒂香米单产仅有2~3吨/公顷；IR6常规稻米单产也仅有3.5吨/公顷左右。

为了提高稻米的产量，也由于巴基斯坦大米主要供出口，对米质要求比较高，为更新非巴斯马蒂水稻产区品种，巴基斯坦政府计划引进中国高产优质杂交水稻品种。② 1999年，巴基斯坦农业部牵头，巴方的Guard Agriculture Research and Services公司与中国隆平高科有限公司签订合作备忘录，将中国的杂交水稻引入巴基斯坦进行示范种植和培育。1999~2000年，将引进的5个中国杂交水稻品种进行品比试验和示范栽培后，发现GNY50和GNY53在产量、米质及抗性等方面均表现出较强的优势，示范产量平均达到近10吨/公顷，有的地方甚至超过13吨/公顷。经过巴基斯坦品种审定委员会的批准后，这两种杂交水稻率先在巴基斯坦开始推广种

---

① 商务部国际贸易经济合作研究院、中国驻巴基斯坦大使馆经济商务处、商务部对外投资和经济合作司：《对外投资合作国别（地区）指南：巴基斯坦（2021年版）》，2022。

② 方志辉、杨耀松、廖伏明、胡智辉、陈剑宝：《中国杂交水稻在孟加拉国、印度尼西亚及巴基斯坦的试验研究与应用》，《杂交水稻》2007年第4期。

植。2001~2006 年，巴基斯坦另外几家公司和中国云南一家公司开展杂交水稻项目合作，目标是在巴基斯坦，特别是信德、俾路支及旁遮普省南部推广杂交水稻，培训巴方科技人员，建立杂交水稻制种基地和营销网络。截至 2009 年，已有 7 个杂交水稻品种在巴基斯坦审定推广。这 7 个审定品种大部分来源于中国，在巴基斯坦进行品种比较、示范栽培后，经巴基斯坦品种审定委员会审定后开始推广种植。截至 2014 年，巴基斯坦已推荐 85 个杂交水稻品种用于全国推广。2017 年，巴基斯坦从世界第六大米出口国跃升到第三位。[①]

随着中巴企业合作的深入推进，杂交水稻种植栽培面积逐年扩大，从 2007 年的 6 万公顷、2008 年的 12 万公顷，[②] 发展到 2014 年的近 50 万公顷，约占当时巴基斯坦稻米种植面积的 20%。目前，巴基斯坦水稻种植面积扩大到 279.6 万公顷，杂交水稻种植面积已达 52 公顷。[③]

中国杂交水稻的引进为促进巴基斯坦经济增长、改善巴民众生活水平做出了很大的贡献。2010 年 12 月，时任巴基斯坦总统的扎尔达里在采访中说道："中国杂交水稻的引进已对巴基斯坦国民经济的发展产生了巨大的影响。巴基斯坦大米出口成倍增长，已从原先的 10 亿美元增加到目前的 20 亿美元，成为巴基斯坦出口的支柱产业之一。目前，中国杂交水稻面积与巴基斯坦水稻种植面积的比例不到 1/5，平均单产增产已超过了 30%，未来发展潜力巨大。"他还说道："凡是种植中国水稻的巴基斯坦农户，生活条件已经有了很大的改善，许多人购买了二手汽车和电风扇，而过去很多人都是很穷的农户。"[④] 同年，巴基斯坦救灾委员会一位官员也表达了对中国杂交水稻抗灾抗旱的赞誉："今年巴基斯坦水稻主产地信德省遭受了很严重的洪水灾害，但因有了中国的杂交水稻，为迅速恢复生产和农业产业重建打下了良

① 方志辉、吕慧英、韩晓磊：《小故事　大情怀——杂交水稻国际推广的故事分享》，《杂交水稻》2022 年第 S1 期。
② 杨耀松：《巴基斯坦杂交水稻研究开发现状与发展对策》，《杂交水稻》2010 年第 6 期。
③ 马晓春、范凌、钱波浪、姜成彬、郭阳、高前宝：《杂交水稻新品种在巴基斯坦的筛选试验》，《中国种业》2022 年第 5 期。
④ 周戎：《巴基斯坦高度评价中国三农政策》，《光明日报》2010 年 12 月 11 日。

好的基础。"①

经过双方的共同努力,在杂交水稻种植和贸易方面,巴基斯坦和中国已经逐渐形成了互补合作的模式:中国的杂交水稻种子出口到巴基斯坦种植,产出的稻米返销到中国。此外,除了杂交水稻,巴基斯坦与中国在杂交麦子、棉花育种、农机及农业信息技术等领域的合作逐步拓宽,双边农业合作不断纵深发展,前景十分广阔。

四 启示及展望——他者视角

在《存在与虚无》中,萨特认为,在主体建构自我的过程中,他者的"凝视"是一个重要因素。从某种意义上讲,他者的"凝视"促进了个人的自我形象塑造。② 中国的扶贫经验到底对包括巴基斯坦在内的广大发展中国家在哪些方面有启示?从"自我"视角给予建议,极有可能陷入"甲之蜜糖、乙之砒霜"的困境,亟须结合包括外国领导人、学者、媒体人等在内的他者的声音,立足包括巴基斯坦在内的发展中国家的基本国情,帮助他们复制总结出适合自己的减贫路径。鉴于此,本章整理了一些他者的声音,以供学界参考。

海里戈等区分了三种类型的贫困。①制度性贫困:国家经济体制与世界经济隔绝,经济发展效率低下,各方调节机能失衡。②生态性贫困:降水不足、气候过冷或过热、海拔高、坡度陡、土壤受化学或机械限制或严重水蚀或风蚀等地理和生态条件造成的贫困。③分配性贫困:经济社会发展不平衡、社会文化因素以及残障因素导致的分配不均性贫困。③ 根据 G. M. 阿里夫和 S. 法鲁克的报告,巴基斯坦一直深陷分配性贫困泥潭之中。这种贫困是"最困难且最难以忍受的一种贫困,它与贫困人口的自卑和绝望情绪息息

---

① 周戎:《巴基斯坦高度评价中国三农政策》,《光明日报》2010 年 12 月 11 日。
② 张剑:《西方文论关键词:他者》,《外国文学》2011 年第 1 期。
③ 中国国际扶贫中心、中国互联网新闻中心编《外国人眼中的中国扶贫》,外文出版社,2019。

相关"。为了帮助巴基斯坦民众成功从分配性贫困中摆脱出来，巴政府应当积极学习中国的减贫经验，从全方位多角度开展减贫扶贫工作。[①]

（一）重视小农发展，实现包容性增长

巴基斯坦的农业发展与减贫之间的联系不紧密。巴基斯坦农业发展的溢出效应不明显，在保障持续性减贫方面还比较孱弱。相对而言，经济学教授马丁·拉瓦雷（Martin Ravallion）认为，中国农业农村发展对实现益贫式增长相当关键，巴基斯坦和乌干达一样，要想复制中国在减贫方面的成功，眼下必须高度重视农业和农村发展。[②] 此外，2017 年 8 月，国际农发基金总裁吉尔贝·洪博（Gilbert Houngbo）来华访问期间表示："中国在农村发展和扶贫方面有许多成功的经验，可以同其他发展中国家分享。经验表明，要减少贫困，提升粮食安全，最有效的方式就是让小农户和其他农村贫困人口学习技能与知识，建立起脱贫的自信。"[③] 然而，巴基斯坦的许多农业农村利好政策大都将小农户排除在外。政策制定者应当对准小农户的发展需求帮助他们实现增收。另外，巴基斯坦政府应重视农村水利基础设施建设。作为仅有印度河流经境内的巴基斯坦，其大部分地区气候干燥。巴基斯坦需要继续加大贫困地区水利基础设施建设，以更好地抵御自然灾害的侵袭，保障农作物得以灌溉、稳步实现创收，帮助减贫。此外，巴基斯坦政府还应重视畜牧业的发展，以合理分配资源，为小农户和无地人口提供收入来源。这是因为，在巴基斯坦畜牧资源的分配要远比土地资源的分配更加公平、均衡。畜牧业领域创收更容易也更可能实现益贫式增长，帮助农村贫困人口脱贫。

---

① Arif, G. M., and Farooq, S., "Poverty Reduction in Pakistan: Learning from the Experience of China", Pakistan Institute of Development Economics, 2012.

② 中国国际扶贫中心、中国互联网新闻中心编《外国人眼中的中国扶贫》，外文出版社，2019。

③ 中国国际扶贫中心、中国互联网新闻中心编《外国人眼中的中国扶贫》，外文出版社，2019。

（二）积极调控，确保宏观经济环境稳定

格哈德·海里戈（Gerhard Heilig）还曾指出，深陷贫困泥沼的广大发展中国家需要首先稳定宏观经济环境。[①] 乌干达财政、计划和经济发展部经济学家维姬·露丝·玛龙欧（Vicky Rose Marongwe）等认为，中国的减贫成功得益于政府一直致力颁布相关政策稳定宏观经济环境。并且中国的经验表明，避免通货膨胀冲击有利于减贫，因为高通胀意味着贫困程度加剧。[②] 通货膨胀对中国的不利影响主要体现在平均收入、粮食相对收购价格和政府支出管控等。[③] 宏观经济体系健全、通货膨胀保持稳定是根除贫困和不平等现象的先决条件。为此，财政政策和货币政策发挥着重要作用。通过财政政策，可以减少财政赤字和债务负担，提高公共投资项目实施的水平和质量。

自 2008 年以来，巴基斯坦经济一直面临严峻的宏观经济挑战，通胀不断上升，经济增长（尤其是实体部门）疲弱，失业率不断上升，经常账户赤字严重，债务负担不断加重。目前，由于财政赤字不断增加，政府在维持持续扶贫发展支出方面面临严重障碍。没有宏观经济的稳定，将无法保证农业和制造业的增长，在这种情况下求职者要想获取足够多的就业机会如同白日做梦。长此以往不断恶性循环下去，巴基斯坦的减贫形势将更加严峻。

（三）扶贫先扶智，加大公共教育投入

"我们能从中国学到什么呢？"保加利亚前总统普列夫内利耶夫表示："如果我们想让人们摆脱贫困、拓宽视野、获得希望，唯一的办法就是通过教育，将他们带入 21 世纪，带入行业领域、提供工作机会，为他们带来新

---

① Arif, G. M., and Farooq, S., "Poverty Reduction in Pakistan: Learning from the Experience of China", Pakistan Institute of Development Economics, 2012.

② 中国国际扶贫中心、中国互联网新闻中心编《外国人眼中的中国扶贫》，外文出版社，2019，第 133 页。

③ Ravallion, M., "Are There Lessons for Africa from China's Success Against Poverty?", *World Development*, 37（2），2009：308.

的机遇和可能。"① 巴基斯坦的库拉特·乌尔·艾恩·梅蒙（Qurat UI Ain Memon）博士以实地问卷调查的方法对比分析中巴两国的减贫政策，发现教育对中巴两国减贫至关重要，教育水平与减贫成效呈正相关性，随着教育水平的提高，贫困发生率显著降低。② 显然，提高农村地区教育水平，尤其是技术教育水平对减贫至关重要。知识积累与技能提升是经济增长和社会发展的驱动力。中国在教育领域的投入大大促进了教育基础设施建设和人力资本发展。中国自改革开放到 1984 年，主要通过体制机制和政策改革来促进经济增长和减贫，1985～2000 年在教育、水利、研发和基础设施等方面的公共投入是促进经济增长和减贫的最大决定性因素。博茨瓦纳地方政府与农村发展部社区发展办公室官员马卡雷贝·恩托伊瓦（Makgarebe Nthoiwa）指出，中国政府为职业学校的发展提供了有利环境，并确保真正的贫困人口获得免试入学的机会。对学员来说，职业教育提高了工作能力，从而使他们在劳动力市场具有竞争力。从中国的减贫经验中可以看出，巴基斯坦应该在公共消费支出中列出优先级，优先在教育领域进行大力投入。③ 梅蒙博士认为，巴基斯坦学习并采纳中国的九年义务教育以及相关教育补贴的模式非常有必要。④

（四）均衡资源分配，缩小区域差距

巴基斯坦各种财政资源的分配高度依赖联邦中央政府，资源分配的标准主要以各省的人口数量为依据，这使得拥有全国最大人口数量的旁遮普省一直一省独大占据多数的财政资源，因而削弱了西部两省的财政资源，这使得

---

① 中国国际扶贫中心、中国互联网新闻中心编《外国人眼中的中国扶贫》，外文出版社，2019，第 58 页。
② Memon，Q. U. A.：《中国和巴基斯坦减贫效果影响因素及减贫政策比较研究》，安徽农业大学博士学位论文，2019，第 89 页。
③ 中国国际扶贫中心、中国互联网新闻中心编《外国人眼中的中国扶贫》，外文出版社，2019，第 68 页。
④ Memon，Q. U. A.：《中国和巴基斯坦减贫效果影响因素及减贫政策比较研究》，安徽农业大学博士学位论文，2019，第 157 页。

西部两省面临"拿不到"财政资源的困境，又因联邦中央政府高度集权，西部两省自身创收能力低下，遭遇了"产不出"的难题。在"拿不到"和"产不出"两种窘境合力摧残下，西部两省发展持续缓慢，加上联邦政府在教育、医疗、基础设施等社会公共服务上投入十分有限，影响了人力资本的生成和经济生产力的提升，进而导致了普遍的贫困。近年来巴基斯坦各地区的不平等现象更为严重，且还在不断加剧。有些极度贫困地区甚至连基本的社会基础设施及常用的工业设备都没有。[1] 尽管中国的资源分配地区差距很大，但是制定了专门针对贫困地区的"精准"投资战略，如产业扶贫等精准扶贫措施。

五 结语

追求生活富足是每个民族和国家共同的追求和目标，巴基斯坦也不例外。然而，贫穷却一直是阻挠巴基斯坦发展的绊脚石。深陷贫困泥淖的巴基斯坦民众要想摆脱贫困需要依靠自己的力量站起来，而不是习惯性地等待慈善援助。巴基斯坦各级政府也应该落实善治的职能作用，积极借鉴中国和其他国家的减贫经验，秉持着务实发展的精神，采取加强宏观调控、均衡资源分配，落实农业农村发展规划、加大教育支出等手段，把许诺帮助民众减贫的"空头支票"变现，让巴基斯坦民众对"好日子"的期待能够早日美梦成真。

---

[1] Arif, G. M., and Farooq, S., "Poverty Reduction in Pakistan: Learning from the Experience of China", Pakistan Institute of Development Economics, 2012.

第十五章
乌兹别克斯坦减贫行动
及其对中国经验的借鉴

在乌兹别克斯坦，贫困问题一直是一个非公开的话题。2020 年 1 月，乌兹别克斯坦总统米尔济约耶夫在最高会议发表讲话时，公开地阐述了乌兹别克斯坦存在的贫困问题。以此为节点，减贫问题成为乌兹别克斯坦经济社会政策的主要议程之一，职能部门、专家学者和媒体在贫困问题研究、减贫措施制定与推行、先进经验引进等方面开始了有针对性的工作。可以说，米尔济约耶夫关于贫困问题的公开讲话，标志着乌兹别克斯坦版"脱贫攻坚战"的开始，也可以说，其进入了多模态开发减贫模式。

一 乌兹别克斯坦减贫行动的背景

2020 年 2 月，在乌兹别克斯坦减贫措施视频会议上，米尔济约耶夫指出，乌兹别克斯坦有 12%～15% 的人口，也就是说有四五百万人生活在贫困之中，这意味着他们每天的收入在 10000～13000 苏姆。① 根据乌兹别克斯坦国家统

---

① 苏姆是乌兹别克斯坦官方货币的名称。根据 https：//www.goldenpages.uz/uz/kurs 的数据，2020 年 12 月底，汇率约为 1 美元兑 10477 苏姆。O'zbekistonda kambag'allik darajasi，"Kambag'allikni kamaytirish uchun nima qilish kerak？"，2020‐11‐5，https：//yuz.uz/uz/news/ozbekistonda-kambagallik-darajasi-kambagallikni-kamaytirish-uchun-nima-qilish-kerak.

计委员会发布的数据，乌兹别克斯坦贫困人口比例从 2011 年的 16.0%降至
2020 年的 11.5%（见表 15-1）。从数据上看，乌兹别克斯坦的贫困治理虽
然取得了一些成效，但仍然任重道远，其困难之大主要体现在以下两个
方面。

表 15-1　乌兹别克斯坦贫困人口比例

单位：%

	2011 年	2012 年	2013 年	2014 年	2015 年	2016 年	2017 年	2018 年	2019 年	2020 年
贫困人口比例	16.0	15.0	14.1	13.3	12.8	12.3	11.9	11.4	11.0	11.5

注：表中数据是基于住户进行抽样调查的结果，贫困人口标准线是日热量摄入量 2100 千卡。
资料来源：乌兹别克斯坦国家统计委员会，https：//stat.uz/uz/rasmiy-statistika/living-standards-2。

（一）居民收入低且收入分配不均成为贫困顽疾高发的"温床"

独立以来，乌兹别克斯坦在经济社会发展方面做出了极大的努力。在
经济领域，选择了渐进式的经济体制改革，逐步走向了市场经济，创造了
"乌兹别克斯坦模式"，经济发展速度一直处于世界前列，尤其是米尔济约
耶夫上台以来，"米氏改革"进一步释放了乌兹别克斯坦经济的活力，提
升了其开放性。在社会领域，构建以国家为主导的社会保障体系，出台社
会保障领域的一系列法规制度，并将 2007 年定为"社会保障年"。经过 30
年的发展，乌兹别克斯坦在经济社会发展各领域取得了巨大的成绩（见
表 15-2）。

但成绩掩盖不了问题。独立以来，乌兹别克斯坦的居民收入水平虽然不
断上升，但仍处于较低水平。以 2020 年为例，居民人均年收入为 12125.6
千苏姆，按照当时汇率，约为 1157 美元（见表 15-3）。此外，由于本币汇
率一直下跌，居民收入在数字上的大幅增长，但这并不意味着购买力在相同
幅度上的实际增长。

表 15-2　2011~2020 年乌兹别克斯坦国内生产总值增长速度

单位：%

	2011 年	2012 年	2013 年	2014 年	2015 年	2016 年	2017 年	2018 年	2019 年	2020 年
增速	7.5	7.1	7.3	6.9	7.2	5.9	4.4	5.4	5.7	1.9

资料来源：乌兹别克斯坦国家统计委员会，https：//stat.uz/uz/rasmiy-statistika/national-accounts-2。

表 15-3　乌兹别克斯坦居民收入情况

单位：千苏姆

	2011 年	2012 年	2013 年	2014 年	2015 年	2016 年	2017 年	2018 年	2019 年	2020 年
人均年收入	2928.9	3501.8	4175.1	4759.6	5410.6	6215.9	7314.1	9128.6	10891.3	12125.6
人均实际年收入	2729.9	3267.8	3902.7	4472.0	5127.5	5887.9	6681.4	7767.0	9509.6	10737.3

资料来源：乌兹别克斯坦国家统计委员会，https：//stat.uz/uz/rasmiy-statistika/living-standards-2。

另外，乌兹别克斯坦居民收入地域分配不均的现象，进一步锐化了上述问题。也就是说，2020 年在卡拉卡尔帕克斯坦共和国、安集延州、吉扎克州、卡什卡达利亚州、纳曼干州、撒马尔罕州、苏尔汉河州、锡尔河州、费尔干纳州等地区，居民人均年收入还达不到平均水平 1157 美元，尤其是在费尔干纳州、卡拉卡尔帕克斯坦共和国、纳曼干州和苏尔汉河州，居民收入水平更低，2020 年费尔干纳州居民人均年收入只有约 846 美元（见表 15-4）。这些地区也是贫困问题的高发区域。根据世界银行的数据，撒马尔罕州、苏尔汉河州、锡尔河州、安集延州和卡拉卡尔帕克斯坦共和国是乌兹别克斯坦国内贫困程度最高的地区。[①]

（二）新冠疫情蔓延加剧了贫困

2020 年发生的新冠疫情，给全球经济发展蒙上了阴影；作为世界经济的一部分，乌兹别克斯坦经济也不例外。2020 年，乌兹别克斯坦国内生产

---

① O'zbekistonda kambag'allik darajasi， "Kambag'allikni kamaytirish uchun nima qilish kerak？"，2020-11-5，https：//yuz.uz/uz/news/ozbekistonda-kambagallik-darajasi-kambagallikni-kamaytirish-uchun-nima-qilish-kerak.

表 15-4 乌兹别克斯坦各地区人均年收入情况

单位：千苏姆

地区	2011 年	2012 年	2013 年	2014 年	2015 年	2016 年	2017 年	2018 年	2019 年	2020 年
卡拉卡尔帕克斯坦共和国	1972.2	2414.4	2856.6	3317.1	3908.0	4372.0	5233.1	6808.7	8136.2	9437.4
安集延州	2523.9	2945.8	3754.5	4267.6	4835.0	5637.3	6777.7	8412.0	9941.5	10765.7
布哈拉州	3505.6	4145.2	4954.0	5698.9	6411.6	7354.2	8823.0	11270.6	13075.7	14680.8
吉扎克州	2441.0	2905.5	3385.5	4099.4	4809.6	5459.4	6498.4	8512.9	9723.3	10935.9
卡什卡达利亚州	2599.0	3096.7	3685.7	4179.4	4642.7	5498.4	6442.4	7827.9	9149.6	10203.9
纳沃伊州	5053.8	5527.7	6471.9	7377.7	8761.4	9745.0	11139.6	13921.4	16926.9	19938.7
纳曼干州	2170.0	2644.0	3168.1	3636.5	4113.2	4745.5	5733.2	6887.6	8293.1	9267.5
撒马尔罕州	2619.6	3029.9	3654.6	4207.3	4631.0	5603.4	6594.1	8087.7	9447.9	10529.1
苏尔汉河州	2511.5	3064.9	3530.9	4054.6	4560.8	5079.6	5946.1	7622.5	8906.0	9748.4
锡尔河州	3124.8	3600.3	4489.5	5010.9	5813.9	6772.1	6833.5	8353.5	9998.4	10935.4
塔什干州	3285.3	3955.1	4531.3	5226.0	6123.7	6749.9	7667.1	9401.6	11296.2	13130.0
费尔干纳州	2295.2	2918.0	3399.3	3857.2	4418.3	4994.1	5600.3	7096.8	8111.8	8858.9
花剌子模州	2815.8	3362.8	4066.0	4629.1	5052.2	5840.3	7218.0	9536.1	11213.4	12276.8
塔什干市	5640.9	6867.7	8306.8	9251.9	10614.4	12316.1	14921.1	18432.1	23674.3	25545.3

资料来源：乌兹别克斯坦国家统计委员会，https：//stat.uz/uz/rasmiy-statistika/living-standards-2。

总值增速仅为 1.9%，远低于 2019 年的 5.7%，为 2011~2020 年最低（见表 15-2）。新冠疫情给乌兹别克斯坦经济带来的冲击，造成了乌兹别克斯坦失业人口的增多。近年来，乌兹别克斯坦失业人口有两次较大规模的增长：第一次是 2018 年，比 2017 年增加了约 53 万人；第二次是新冠疫情发生后，2020 年比 2019 年增加了约 22.6 万人（见表 15-5）。

在经济下行及失业人口增多等因素的影响下，乌兹别克斯坦的贫困发生率有反弹趋势。2011~2019 年，乌兹别克斯坦贫困人口比例持续下降，而在 2020 年贫困人口比例不仅没有保持持续下降的趋势，反而超过了 2018 年、2019 年（见表 15-1）。

表 15-5　乌兹别克斯坦全国及各地区失业人口情况

单位：千人

地区	2011 年	2012 年	2013 年	2014 年	2015 年	2016 年	2017 年	2018 年	2019 年	2020 年
乌兹别克斯坦	622.4	626.3	639.7	687.0	709.4	724.0	837.0	1368.6	1335.3	1561.0
卡拉卡尔帕克斯坦共和国	41.7	41.3	40.3	35.7	35.4	36.5	41.6	74.3	70.9	82.6
安集延州	64.6	66.3	68.5	73.7	75.6	77.5	84.9	134.8	129.4	150.6
布哈拉州	40.3	40.1	40.9	45.3	48.2	47.1	48.1	77.6	78.3	93.9
吉扎克州	21.5	21.2	22.2	24.6	24.0	26.0	24.4	52.8	54.1	65.8
卡什卡达利亚州	56.2	58.3	58.3	64.0	66.1	66.1	78.6	131.3	125.3	146.9
纳沃伊州	20.5	21.5	22.8	23.1	22.4	22.4	23.3	38.6	38.2	41.5
纳曼干州	48.5	49.0	49.6	52.2	53.3	56.5	64.1	111.1	110.1	128.5
撒马尔罕州	74.2	74.6	76.2	82.6	86.7	90.6	106.7	157.3	148.4	174.6
苏尔汉河州	46.3	46.6	47.6	52.0	53.7	56.8	71.0	105.3	104.6	122.8
锡尔河州	14.6	13.9	15.2	17.0	18.2	16.1	18.8	36.5	35.8	41.2
塔什干州	47.3	45.4	46.8	51.1	54.2	54.8	71.3	122.1	120.6	138.6
费尔干纳州	71.5	73.2	72.9	82.9	85.6	88.3	104.8	155.6	152.2	177.1
花剌子模州	34.6	35.7	37.1	39.2	39.5	41.4	44.0	74.2	73.5	88.1
塔什干市	40.6	39.2	41.3	43.6	46.5	43.9	55.4	97.1	93.9	108.8

资料来源：乌兹别克斯坦国家统计委员会，https：//stat.uz/uz/rasmiy-statistika/labor-market-2。

独立 30 多年来，乌兹别克斯坦在国家建设和民生保障方面获得了一定程度的成功，但贫困问题如顽疾一般始终寄生在乌兹别克斯坦的"肌体"之上。较低的居民收入及收入的分配不均，不仅使许多乌兹别克斯坦人没有感受到经济社会发展带来的红利，而且让他们时常徘徊在贫困线上；加之新冠疫情长期的消极影响，使得更多的乌兹别克斯坦人陷入了贫困的泥淖。

二　乌兹别克斯坦减贫行动的措施及成效

为了较为彻底地改善前述贫困状况，2020 年 1 月以来，乌兹别克斯坦开启了一场自上而下的"脱贫攻坚战"，进入了多模态开发减贫模式，在组织领导、法规制度建设、减贫方案制定以及国外先进经验的学习等方面，实行了一系列有效的政策措施并取得了一定的成果。总结起来，乌兹别克斯坦在减贫领域主要围绕以下三个方面实施了针对性举措。

（一）组建减贫机构体系并制定减贫法规

第一，组建减贫领域的机构体系。2020 年 3 月，根据乌兹别克斯坦总统决议，成立了乌兹别克斯坦共和国经济发展和减贫部，并在各地区建立了垂直机构体系。该机构在减贫领域的主要职能包括：与行政机构、非政府组织、社会组织、国际金融机构共同制定、实施减贫战略和计划；在参考国外经验的基础上，制定贫困水平的相关标准和评估方法，以及社会保障最低标准的规范性框架；与就业和劳动部、卫生部、体育部、文化部及各教育部门开展联合工作。经济发展和减贫部的成立，有效确保了减贫政策在乌兹别克斯坦全国范围内的统一实施。[1]

第二，制定减贫领域的法律法规和前瞻性计划。2021 年 3 月，关于批准《2021～2030 年减贫战略》的总统决议草案出台并进入了讨论环节。根据该草案，该战略分为中短期计划（2021～2025 年）和长期计划（2026～2030 年），计划到 2030 年，实现贫困水平减半的目标；在内容上，该战略提出了社会保障、提升就业、补贴创业、培训技能、金融扶持、儿童教育和健康等方面的具体举措。为了提升减贫措施的针对性，该战略得到了联合国开发计划署、世界银行、联合国儿童基金会、亚洲开发银行、欧洲复兴开发银行的专家以及乌兹别克斯坦国内研究机构、部委的专家的广泛讨论。[2]

第三，加强减贫领域研究分析。为确保减贫过程的透明度和针对性，乌兹别克斯坦创造性引入"贫困户帮扶花名册"机制，通过整合 17 个部委的

---

① Vazirlik haqida umumiy ma'lumotlar, 2020-4-11, https：//mineconomy. uz/uz/node/330.

② O'zbekistonda 2030 yilga borib kambag'allik darajasini ikki barobarga qisqartirish vazifasi qo'yilmoqda, 2021-3-4, https：//kun. uz/uz/news/2021/03/04/ozbekistonda-2030-yilga-borib-kambagallik-darajasini-ikki-barobarga-qisqartirish-vazifasi-qoyilmoqda.

数据库，建立了一个单一数据库，用于收集低收入家庭的所有信息，启动了"社会保障单一清单"自动化信息系统。①

（二）多渠道为困难人员和家庭创造收入来源

第一，创造就业机会，培训就业技能，提高就业率。2021 年，乌兹别克斯坦通过了创造 457127 个工作机会、帮助 513575 个公民就业的国家计划。同时，为了提升无业人员适应市场需求的能力，成立了 68 家培训中心，在近 30 个职业领域培训了 70000 名待业人员；11 家非政府教育机构平均每年在 21 个职业领域培训 800 名待业人员。此外，乌兹别克斯坦还不断扩大高等教育覆盖范围，提升教学质量。高等教育机构数量从 72 家增至 141 家，增加了近 1 倍。②

第二，完善自主创业体系，提供各类补贴和金融支持。除了创造就业岗位，乌兹别克斯坦支持公民通过自主创业扩大收入来源，但贫困人员虽然有创业意愿，却无力支付创业所需的初始资金。为了化解这一矛盾，乌兹别克斯坦为贫困创业者提供各类补贴和金融支持。例如，为难以支付加入农业、手工业等领域的合作社所需成员会费的贫困人员提供补贴；创业扶持基金为贫困家庭在创业中产生的银行贷款利息提供补偿和担保。③

第三，直接提供物质或非物质帮助。对需要帮助的孤寡老人、儿童、残疾人员以及长期失业人员，乌兹别克斯坦直接提供物质或非物质帮助。例如，免除儿童学前教育的费用，为儿童免费提供季节性衣物；2020 年疫情期间，为 119.5 万个家庭提供了一次性经济援助；从 2020 年 9 月起，养老

---

① "Ijtimoiy himoya yagona reyestri" axborot tizimi haqida, 2020 - 8 - 5, https：//zamin. uz/uz/jamiyat/77140-ijtimoiy-himoya-yagona-reyestri-axborot-tizimi-haqida. html.

② Aholini kambag 'allikdan chiqarishda ularni qisqa muddatda mehnat bozoridagi talab yuqori bo 'lgan hunarga o 'rgatish va moliyaviy qo ' llab quvvatlash orqali bandligini ta' minlash bo ' yicha ma' lumot, 2021-11-11, https：//mineconomy. uz/uz/info/4066.

③ O 'zbekiston kambag 'allikni qisqartirish yo 'nalishida amalga oshirilgan ishlar, 2021 - 3 - 4, https：//mineconomy. uz/uz/news/view/3518.

金以及发给自幼残疾人员、无工作能力老年人、丧失工作能力人员的救助金增长了10%；2020年12月领取社会救助金的家庭数量比年初增加了1倍，达到120万个家庭。①

同时，在新冠疫情条件下，乌兹别克斯坦实施了"特米尔清单"，该清单旨在帮助在疫情中失去工作和收入、需要帮助的人员和家庭，主要包括七类：低收入人员；残疾人员；需要社会保障的家庭；孤寡老人；长期失业人员；因疫情失业人员；从重疫区返回人员。② 61.39万个困难家庭被列入了"特米尔清单"，包括近260万人；其中的68.76万人获得了就业机会，从而使得58.29万个困难家庭跳出了该清单。③

（三）加强国际合作，学习国际经验

为了更快速地消除国内贫困问题，除了采取上述行动，乌兹别克斯坦还注重加强与相关国家和国际组织在减贫领域的双多边合作。例如，2022年1月，在上海合作组织成员国减贫部门负责人会晤上，乌方提议：第一，推动上合组织成员国在减贫领域的持续合作，包括建立减贫领域定期交流机制和实施有效减贫举措；第二，考虑在上合组织框架内制定和通过一份符合所有成员国利益的减贫文件；第三，为上合组织各成员国减贫领域的专家学者举办研讨会和培训班。④

同时，乌兹别克斯坦重视国际先进减贫经验的学习和借鉴。例如，在中国和联合国经社部、联合国开发计划署共同举办的减贫与南南合作高级别视频会议上，乌兹别克斯坦代表提出了学习中国减贫经验的建议：第

---

① O'zbekiston kambag'allikni qisqartirish yo'nalishida amalga oshirilgan ishlar, 2021-3-4, https：//mineconomy. uz/uz/news/view/3518.

② «Темир дафтар» нима ва уқ андай шакллантирилади, 2020-8-3, https：//www. gazeta. uz/uz/2020/08/03/temirdaftar/.

③ "Temir daftar" ga kiritilgan ehtiyojmand oilalarni qo'llab-quvvatlash borasida amalga oshirilgan ishlar, 2022-1-19, https：//mineconomy. uz/uz/info/4219.

④ O'zbekiston SHHT doirasida kambag'allikni qisqartirish bo'yicha hujjat ishlab chiqishni taklif qildi, 2022-1-28, https：//xabardor. uz/uz/post/ozbekiston-shht-doirasida-kambagallikni-qisqartirish-boyicha-hujjat-ishlab-chiqishni-taklif-qildi.

一，建立中乌减贫合作的法律框架；第二，组织本国政府工作人员到中国
学习减贫经验；第三，邀请中国专家到乌兹别克斯坦经济发展和减贫部参
与减贫工作。①

2020 年 1 月以来，乌兹别克斯坦将减贫视为国家经济社会发展的主要
事务并采取了上述科学有效、针对性强的措施办法；这些措施办法的系统
性、科学性和计划性，体现了乌兹别克斯坦政府在此次大规模减贫行动中的
组织力和决心。前述数据表明，减贫行动开展以来，乌兹别克斯坦在减贫领
域取得了不小的成绩。但也要看到，无论是减贫行动的顶层设计，还是具
体措施办法的落地，都需要大量的人力、物力和财力。就乌兹别克斯坦目
前的发展阶段而言，尤其是在新冠疫情的不利影响下，保证在减贫领域的
持续投入，确保目标顺利实现，对乌兹别克斯坦政府而言，仍是一个不小
的挑战。

三　中国经验对乌兹别克斯坦的示范作用

2020 年，中国脱贫攻坚战取得全面胜利。这场"战役"规模之大、惠
及民众之广、影响之深远，是人类减贫史上绝无仅有的；同时，打赢这场
"战役"的宝贵经验也将为世界各国，尤其是乌兹别克斯坦等发展中国家的
减贫行动提供重要的参考。总的来说，乌兹别克斯坦对中国脱贫攻坚战主要
存在两个层面的认知：乌兹别克斯坦高度评价中国的脱贫攻坚行动及其取得
的巨大成就，充分肯定中国在脱贫攻坚战中积累的丰富经验；乌兹别克斯坦
认为，中国经验对乌兹别克斯坦减贫行动具有示范作用，乌兹别克斯坦应加
强在此方面与中国的合作。基于上述认知，在官方层面，2021 年 10 月，乌
兹别克斯坦经济发展和减贫部与中国国际扶贫中心签署《减贫合作谅解备
忘录》，双方将通过培训和专业人员培养等多种方式在减贫政策制定等领域

---

① O 'zbekiston kambag 'allikni qisqartirishda Xitoy tajribasini o 'rganmoqda, 2020 - 9 - 28, https：//
qalampir. uz/uz/news/uzbekiston-kambagallikni-k-isk-artirishda-khitoy-tazhribasini-urganmok-
da-26369.

开展合作;① 在学、媒层面,多位乌兹别克斯坦专家撰写专题文章,剖析中国经验及其对乌兹别克斯坦减贫行动的借鉴意义,同时主要媒体对该类文章进行了转引、报道。在乌方看来,中国脱贫攻坚战取得成功的经验主要体现在以下三个方面。

(一)"三农"政策的成功

农村是贫困治理的重点区域。长期以来,中国政府十分重视"三农"工作,特别是脱贫攻坚战打响以来,中国政府多措并举,到 2020 年,832个国家级贫困县全部摘帽,12.8 万个贫困村全部出列,农村居民人均可支配收入达到 17131 元,现行标准下 9899 万农村贫困人口全部脱贫。② 乌兹别克斯坦专家认为,中国脱贫行动取得胜利的重要原因是"三农"政策的成功。他们指出,中国是发展农业与消除农村贫困齐头并进的典型案例,中国的"三农"政策不仅提升了本国农民的生活水平,甚至还在一定程度上保障了世界范围对农产品的需求。③

乌兹别克斯坦是一个农业国,大部分贫困人口生活在农村地区;乌兹别克斯坦的减贫行动离不开农业的改革和发展。因此,乌兹别克斯坦专家认为,中国减少农村地区贫困的经验对乌兹别克斯坦是非常有益和必要的。事实上,在借鉴中国经验的基础上,乌兹别克斯坦已经在吉扎克地区开始了试验行动。④ 2019 年,乌兹别克斯坦制定了《2019–2030 年农业发展国家战略》,之后不久就开始了系统性的全国减贫行动,这种时间上的关联说明,乌兹别克斯坦已经意识到"三农"在减贫中的关键意义并开始付诸实际行动。

---

① 《中国国际扶贫中心与乌兹别克斯坦经济发展与减贫部正式签署减贫合作谅解备忘录》,中国国际扶贫中心外事处,2021 年 10 月 21 日,https://www.iprcc.org.cn/article/45GFSHeu9aD。

② 《(受权发布)习近平:在全国脱贫攻坚总结表彰大会上的讲话》,新华网,2021 年 2 月 25 日。

③ Узбекистан на пути сокращения бедности: опыт Китая, 2020 – 6 – 12, https://review.uz/post/uzbekistan-na-puti-sokrasheniya-bednosti-opt-kitaya.

④ Узбекистан на пути сокращения бедности: опыт Китая, 2020 – 6 – 12, https://review.uz/post/uzbekistan-na-puti-sokrasheniya-bednosti-opt-kitaya.

（二）脱贫行动的组织性、全民性、协调性和精准性

第一，组织的有效性是乌兹别克斯坦专家对中国脱贫行动的积极评价之一。他们认为，在中国的脱贫行动中，国家机构的纵向组织是十分清晰的；[①] 在全国建立了一个完整的反贫困机构体系，涵盖保险、投资、社会救助、数据收集、分析和报告等各领域。[②]

第二，乌兹别克斯坦专家认同中国脱贫行动的全民性。他们指出，脱贫行动的全民性是中国在脱贫方面取得成功的重要因素之一，国家机构、公共组织、企业和一般公民都参与了脱贫行动，万企帮万村就是其中具有代表性的案例。[③]

第三，中国坚持精准扶贫政策，扶真贫，真扶贫；同时，中国重视脱贫攻坚的统筹性和协调性。乌兹别克斯坦专家认为，中国脱贫攻坚的成功，在很大程度上得益于为贫困人口提供社会支持和就业机会。在具体措施方面，既坚持协调性，统筹推进农业发展、基础设施建设，支持私营企业，增加教育和医疗服务的可及性；又突出精准性，强调农村发展这一重中之重。[④]

（三）先进人才和管理人员的有力支撑

乌兹别克斯坦专家认为，在中国和乌兹别克斯坦的农村地区，特别是偏远地区的贫困村，较紧迫的问题之一是专业人才和管理人员的短缺。现代社会具有高度的组织性和技术性，贫困地区的减贫行动需要专业人才和管理人员的技术支撑。但贫困地区因其自身条件的劣势，对高技术人才缺乏吸引

---

① Узбекистан на пути сокращения бедности：опыт Китая ，2020－6－12，https：//review.uz/post/uzbekistan-na-puti-sokrasheniya-bednosti-opt-kitaya.

② Глобальная борьба с бедностью：опыт зарубежных стран，2020－11－10，https：//review.uz/post/globalnaya-borba-s-bednostyu.

③ Узбекистан на пути сокращения бедности：опыт Китая，2020－6－12，https：//review.uz/post/uzbekistan-na-puti-sokrasheniya-bednosti-opt-kitaya.

④ Узбекская модель сокращения бедности：опыт Китая，2021－3－11，https：//review.uz/post/uzbekskaya-model-sokrasheniya-bednosti-opt-kitaya.

力。这一矛盾可能导致贫者越贫的困境。

为摆脱上述困境，中国发挥制度优势，"集中精锐力量投向脱贫攻坚主战场，全国累计选派 25.5 万个驻村工作队、300 多万名第一书记和驻村干部，同近 200 万名乡镇干部和数百万村干部一道奋战在扶贫一线"①，为脱贫攻坚的全面胜利提供了坚强的人才保证。乌兹别克斯坦专家高度认可中国的做法，他们指出，中国推动专业人才到农村去、组织农村人口培训、向贫困村派遣党员干部和机关工作人员等一系列做法，取得了很好的效果。② 虽然乌兹别克斯坦在减贫领域已经实施了一系列政策方案，但任何措施、方案和战略的实际效果取决于那些将其付诸实践的人。如果不吸引具有现代思维、必要知识和技能的人才和管理人员到贫困地区去，就不可能解决其存在的贫困问题。③

在中国经验的基础上，乌兹别克斯坦进一步剖析了其在减贫领域学习中国经验的必要性。他们认为，目前乌兹别克斯坦正处于形成和完善综合性脱贫方法的初级阶段，学习国际脱贫经验，实施最佳方法和解决方案是极为重要的。而迄今为止，人类与贫困的斗争中最显著、最有说服力的经验是中国经验。④

四 结语

独立 30 年来，乌兹别克斯坦在经济社会发展领域取得了长足的进步，成绩斐然。但贫困问题却一直存在，截至 2020 年，贫困人口仍占 11.5% 之多；特别是新冠疫情的发生与持续，进一步加剧了乌兹别克斯坦国内的贫困状况。

---

① 《（受权发布）习近平：在全国脱贫攻坚总结表彰大会上的讲话》，新华网，2021 年 2 月 25 日。

② Глобальная борьба с бедностью：опыт зарубежных стран，2020-11-10，https：//review.uz/post/globalnaya-borba-s-bednostyu.

③ Узбекистан на пути сокращения бедности：опыт Китая，2020-6-12，https：//review.uz/post/uzbekistan-na-puti-sokrasheniya-bednosti-opt-kitaya.

④ Узбекская модель сокращения бедности：опыт Китая，2021-3-11，https：//review.uz/post/uzbekskaya-model-sokrasheniya-bednosti-opt-kitaya.

2020 年 1 月，乌兹别克斯坦总统米尔济约耶夫在最高会议的讲话是乌兹别克斯坦减贫领域的标志性事件；在此之后，减贫成为经济社会发展领域的公开议题和主要议程，政府主导的、大规模的减贫行动也随之开始。为了实现减贫行动的目标，乌兹别克斯坦在顶层设计（机构设置、规划制定、研究分析）、举措实施（提高就业、支持创业、直接补助）、国际合作（项目合作、经验学习）三个层次做了大量工作，并已经取得了一定的效果。虽然乌兹别克斯坦的减贫行动开局良好，但未来面临的挑战仍然很多。

在减贫行动中，乌兹别克斯坦注重对国际经验的学习和借鉴；中国的脱贫攻坚战作为人类减贫史上见所未见的成功案例，其经验成为乌兹别克斯坦官、学、媒热议的话题。乌方认为，中国在脱贫攻坚行动中取得了巨大的成就，并积累了丰富的经验；中国经验集中表现在三个方面，即"三农"政策的成功，脱贫行动的组织性、全民性、协调性和精准性，先进人才和管理人员的有力支撑。乌兹别克斯坦高度认可中国经验，并开始着手学习中国经验：一是在上海合作组织框架下开展减贫领域的多边合作；二是与中国减贫机构签署合作文件，密切与中国减贫专家的交流，推动与中国在减贫领域的双边合作。

第十六章
哈萨克斯坦的贫困治理及若干思考

世界银行使用平价购买力、居民消费预算、家庭人口数量等多个系数综合划定贫困标准线。其测算方式为，首先，根据居民消费及购买的所有商品及服务计算出居民消费支出，再根据家庭人口数量进行适当调整，据此计算出家庭消费总预算；其次，使用国家居民消费者价格指数计算通货膨胀率，结合该国货币购买力平价，制定该国"生活成本"。根据世界银行标准，吉尔吉斯斯坦被列为"中低等收入国家"，其贫困线标准为每人每天 3.2 美元；[①] 而哈萨克斯坦则属于"中高等收入国家"，其为哈萨克斯坦制定的贫困线标准为每人每天 5.5 美元。根据世界银行在中亚地区开展的相关调研报告，2013 年后，哈萨克斯坦的贫困率一直保持在 6%以上。

依据苏联传统，独联体国家大多根据年龄、性别、地区差异，在每个季度核算划定"最低生活保障标准"，并将收入低于最低生活保障标准的人口定义为"贫困人口"。据独联体国家统计委员会发布数据，2020 年独联体国家中，贫困人口占比最低的国家为哈萨克斯坦，收入低于最低生活保障标准的人数约为 85.85 万人，占比 4.6%。2021 年第一季度，哈萨克斯坦全国约

---

① 世界银行 WDI 数据库。

14.7 万户家庭的 85.3 万人收入低于最低生活保障标准，贫困人口占比为 4.5%。[1] 哈萨克斯坦国家统计局劳动统计与生活水平司司长娜塔莉亚·贝洛诺索娃表示，2021 年哈萨克斯坦人均最低生活保障标准为 37266 坚戈（约 90 美元），而部分地区的统计标准与全国平均标准存在一定的差异。[2] 综上，哈萨克斯坦本国划定的贫困标准高出世界银行制定的"国际贫困线"标准，而较世界银行为哈萨克斯坦划定的国别贫困线标准较低。

一 学界对哈萨克斯坦贫困问题的研究

（一）哈萨克斯坦学者对本国贫困问题的研究

首先，针对贫困的界定和量化问题，哈萨克斯坦众多学者[3]就如何改进贫困测量方式和贫困人口界定问题开展了一系列研究，并探讨如何在此基础上进行减贫治理。其次，以哈萨克斯坦 Kimep 大学的 Kudebayeva 教授为代

---

① 《哈萨克斯坦居民贫困率低于其他独联体国家》，哈萨克国际通讯社，2021 年 8 月 26 日，https：//www. inform. kz/cn/article_ a3828468。

② 《哈萨克斯坦贫困人口总数同比下降 0.1%》，哈萨克国际通讯社，2022 年 5 月 4 日，https：//www. inform. kz/cn/0－1_ a3929678。

③ Колмаков И. Б. , Прогнозирование показателей дифференциации денежных доходов населения // Вопросы прогнозирования. － 2010. － No3. － С. 136 － 163. Притворова Т. , Кайдарова Ж. , Доходы домохозяйств с детьми: позитивные тенденции ипарадоксы социальных трансфертов // Экономика и статистика. － 2010. － No3. － С. 63 － 68. Куница С. М. , Анализ влияния источников дохода и социальных программ на снижение бедности в Казахстане / Центр исследований «Сандж». － Алматы, 2011. － 77 с. Авров А. , Индикаторы потенциального социально － экономического эффекта, связанного снеравенством в доходах населения // Экономика и статистика. － 2011. － No3. － С. 58 － 62. Кошанов А. , Индустриально-инновационные вызовы глобализации и новые императивы. социализации общественного производства в Казахстане // Экономика: стратегия и практика. － 2012. － No2. － С. 6 － 11. Кудашева Т. В. , Моделирование и оценка влияния экономических факторов на стратификацию населения Республики Казахстан: Дис… PhD. － Алматы, 2012. － 185 с.

表的学者对长期贫困问题进行了深入研究，包括农村贫困问题[①]与如何在经济转型期中解决长期贫困问题。她提出目前针对贫困问题的研究多为静态研究，而纵向时间维度的动态研究更能反映贫困问题的深层原因，例如哈萨克斯坦独立后的高出生率导致家庭抚养婴幼儿的负担加重，进而造成众多家庭无法摆脱长期贫困。她呼吁国家重视对贫困问题开展纵向维度的观察，并着力构建国家儿童福利保障体系。[②] 此外，Alzhanova 在 2016 年开展了针对部分目标人群脱贫情况的研究，她认为青年群体和中小企业经营者应当成为减贫工作的关注对象，并提出了相关政策建议。[③]

（二）西方学界对哈萨克斯坦贫困问题的研究

近年来，西方学界许多研究成果中涉及哈萨克斯坦贫困问题的相关论述有较高的参考价值。如联合国环境规划署关注到中亚生态环境问题与贫困问题间的关联，[④] 美国加利福尼亚大学团队从小额信贷角度分析了 1991 年后中亚各国的返贫现象。[⑤] 此前还有联合国儿童基金会团队开展了对东欧中亚地区儿童贫困问题的研究、[⑥] 牛津大学团队研究了社会公正与贫困问题[⑦]等。

[①] Kudebayeva, A., "Kazakhstan: Poverty and Social Exclusion in Rural Development", *The Hong Kong Journal of Social Work*, 44（2），2010：151-170.

[②] Kudebayeva, A., "Do the Chronically Poor Have More Interrupted Spells of Poverty in Transition Economies? Evidence from Kazakhstan", *Хабаршысы. Экономика сериясы*, 129（3），2019：206-219.

[③] Alzhanova, N., "Improvement of Poverty Reduction Methods within Target Population Groups in Kazakhstan", *Actual Problems of Economics*, 177（3），2016：260-264.

[④] Challe, S., Christopoulos, S., Kull, M., and Meuleman, L., "Steering the Poverty - Environment Nexus in Central Asia: A Metagovernance Analysis of the Poverty - Environment Initiative（PEI）", *Development Policy Review*, 36（4），2018：409-431.

[⑤] Sheremenko, G., Escalante, C. L., and Florkowski, W. J., "Financial Sustainability and Poverty Outreach: The Case of Microfinance Institutions in Eastern Europe and Central Asia," *European Journal of Development Research*, 29（1），2017：230-245.

[⑥] Menchini, L., and Redmond, G., "Poverty and Deprivation among Children in Eastern Europe and Central Asia", *International Journal of Social Welfare*, 18（3），2009：225-236.

[⑦] Clare, O., "Poverty and Social Justice in Central Asia Introduction", *Journal of Poverty and Social Justice*, 23（2），2015：83-88.

总之，西方学界的研究成果涉及生态、经济、人文等多个角度，但多将中亚、东欧等的独联体国家整体化，试图寻找导致中亚、东欧国家贫困问题的"苏联因素"，而针对哈萨克斯坦贫困问题的研究成果数量不多。

（三）中国对哈萨克斯坦贫困问题的研究

哈萨克斯坦是我国西北边陲邻国，其经济社会发展问题一直受到学界关注，但此前我国学界针对哈萨克斯坦的研究仍作为中亚、欧亚区域研究的一部分，并未将哈萨克斯坦独立列出进行国别研究。孙壮志对独立之初的中亚五国贫困问题进行了刻画。① 王海霞和王海燕分析了世纪之交普遍处于社会转型期的中亚五国各自在贫困问题上有何特殊性。②

"一带一路"倡议提出以来，随着中哈两国多领域合作的推进，针对哈萨克斯坦的国别区域研究也逐步深入，对哈萨克斯坦贫困问题的研究也取得了诸多成果。杨进在其 2010 年的博士学位论文中全面描述了中亚五国各自的贫困问题，并进行了对比研究，③ 此后又出版了对中亚地区贫困与国家转型问题研究的专著④，其研究成果中对哈萨克斯坦各个时期的贫困问题及其成因进行了深入全面的研究。

此后，随着我国脱贫攻坚的推进和与中亚五国各个地方合作的开展，许多学者就地方合作与减贫、减贫成果互鉴进行了探讨。其中，李梦竹和王志章对"一带一路"倡议背景下中国与中亚五国开展减贫合作的具体路径进行了探讨。⑤ 王志章和杨珂凡对中亚五国区域性贫困陷阱进行了刻画，并研究中国在相对贫困治理阶段如何借鉴中亚五国经验。⑥ 此外，李荟研究了中

---

① 孙壮志：《中亚五国贫困化问题初探》，《东欧中亚研究》1995 年第 1 期。
② 王海霞、王海燕：《中亚地区的贫困问题》，《新疆社会科学》2006 年第 1 期。
③ 杨进：《中亚五国贫困问题研究》，中国社会科学院研究生院博士学位论文，2010，第 35~60 页。
④ 杨进：《贫困与国家转型：基于中亚五国的实证研究》，社会科学文献出版社，2012，第 54~61 页。
⑤ 李梦竹、王志章：《"一带一路"背景下中国与中亚五国合作开展反贫困的路径研究》，《人文杂志》2018 年第 9 期。
⑥ 王志章、杨珂凡：《中亚五国贫困陷阱形态刻画及跨越策略研究》，《世界农业》2021 年第 5 期。

亚五国减贫策略[①]，陈云霞研究了中国与中亚如何通过肉羊产业助力减贫的互鉴[②]。上述研究成果中涉及哈萨克斯坦的部分，都对哈萨克斯坦的减贫措施与成效做出了细致描述，并展望如何开展中哈两国间的减贫合作。这是我国在"一带一路"倡议背景下促进中哈两国共同发展并践行"构建人类命运共同体"理念的生动体现，也说明中哈两国在减贫经验互鉴与共同开展减贫探索上具有合作前景。

二 哈萨克斯坦贫困治理现状

（一）哈萨克斯坦贫困问题的普遍性特征

哈萨克斯坦作为发展中国家之一，其贫困问题具有发展中国家贫困问题中的地区差异、城乡差异、贫富差异等普遍性特征。

1. 发展不平衡

哈萨克斯坦面临的发展不平衡问题主要体现在地区和城乡发展差异大。地区差异表现为直辖市、能源产业密集地区发达，而农业区、非石油产业地区较为落后。城乡差别更多表现在生活设施、交通、教育、医疗等方面的巨大差距。

直辖市阿斯塔纳、阿拉木图和奇姆肯特市，因其在苏联时期就是较为发达的大城市，积累了很好的社会经济基础；而阿特劳州、曼吉斯套州等的石油工业区由于近年来吸引外资、产业聚集等因素，经济发展速度较快。而哈南部和中南部的图尔克斯坦等农业州，仍以传统的种植业和畜牧业为主，自然地理条件不佳，且机械化程度较低。此外，哈萨克斯坦农村人口较少，目前只占全国人口的42%，且农村年轻人和有技能的人才向城市流动，影响农业人口结构，进而影响农村和农业的发展，形成恶性循环。

---

① 李荟：《中亚五国消除贫困策略研究》，华东师范大学硕士学位论文，2013，第50~55页。
② 陈云霞：《中国-中亚地区肉羊产业减贫互鉴性研究》，兰州大学硕士学位论文，2020，第24~35页。

哈萨克斯坦战略规划和改革署国家统计局（以下简称"哈萨克斯坦国家统计局"）的数据显示，2019 年第二季度，哈萨克斯坦收入最高的地区为阿拉木图市，月收入平均为 23.49 万坚戈，最低为图尔克斯坦州，为 10.04 万坚戈；全国有 8 个州低于全国平均水平。2021 年，哈萨克斯坦低收入群体数量最多的地区为图尔克斯坦州（9.8%）和曼吉斯套州（8.6%），而首都阿斯塔纳市低收入群体在常住人口中占比最少，仅为 2.2%。

2020 年新冠疫情的发生导致哈萨克斯坦地区经济差距进一步拉大。2020 年贫困人口占比最高的地区为图尔克斯坦州（12.8%），占比最低的地区为阿斯塔纳市（1.4%）。

哈萨克斯坦国家统计局数据显示，城乡居民之间的收入仍存在较大的差异。而新冠疫情发生后，农村居民进城务工、小商贸经营受到较大影响，导致城乡收入差距进一步拉大。2021 年，哈萨克斯坦城市人口中，收入低于最低生活保障线的家庭占比为 3.8%；而农村地区的比重则达到了 7.2%，为城市的近 1 倍。城乡之间最高收入与最低收入之间差异最大的地区是阿特劳州（差异达 9.1 倍）和曼吉斯套州（4.3 倍）。

2. 贫富差距大

哈萨克斯坦官方媒体 egemen qazaqstan 在 2021 年 4 月发文称"我国贫富差距进一步加大"[1]，总统托卡耶夫也在 2022 年国情咨文与讲话中提及国家贫富差距问题。[2] egemen qazaqstan 报道称，KPMG 会计公司数据显示，哈萨克斯坦最富有的 162 人占据了国家 55% 的财富，他们主要来自矿业和银行。哈萨克斯坦富豪排名前五的财富增长率超过福布斯评级的财富平均增长率，这与其控制的行业部门和垄断地位有关。此外，Finprom. kz 网站的研究数据显示，哈萨克斯坦已成为全球富豪人数增长较快的 10 个国家之一，而与此同时，哈萨克斯坦的低收入人群数量也在持续增长，因此哈萨克斯坦也成为全球贫富差距较大的 10 个国家之一。2020 年，哈萨克斯坦超高净值人士

---

① https：//egemen. kz/article/271630-bay-men-kedeydinh-arasy-alshaqtap-barady.

② https：//egemen. kz/article/300843 - qasym - zhomart - toqaevtynh - parlament - madgilisininh - otyrysynda-soylegen-sozi.

（总资产超过 3000 万美元）数量增长 2.4%，总数超 52 万人。预计到 2025 年，哈萨克斯坦该群体总人数将增长 27%，而超高净值人数占总人口比例将增长至 33%。而根据 2021 年统计数据，哈萨克斯坦收入低于最低生活水平的居民占比已超过 20%。此外，该研究数据还显示，哈萨克斯坦居民家庭消费支出结构呈现明显的差异性特征。哈萨克斯坦全国收入最高的 10% 居民和收入最低的 10% 居民在食品消费支出上的差异达到 4.7 倍，非食品消费支出差异高达 7.9 倍，服务支出差异为 6.1 倍。

综上，哈萨克斯坦面临的贫困问题具有发展中国家的普遍性特征，其中贫富差距与城乡发展不平衡问题最为突出，且呈现恶化趋势。

（二）哈萨克斯坦贫困问题的特殊性

独立初期、2015 年前后、新冠疫情发生后出现的三次贫困化浪潮。与其他独联体国家一样，独立之初的哈萨克斯坦亦在休克疗法、通货膨胀、生产力组织不力等多重危机下陷入返贫浪潮。据统计，1992 年中亚五国的工业产值、消费产量分别同比下降 18% 和 19%，此后的 1993 年又分别减少 13% 和 9% 左右。1992 年，哈萨克斯坦的消费品价格分别上涨了 18.3 倍，部分日用消费品竟上涨了 100 倍，通货膨胀率高达 2000%。1993 年情况依然没有改观，前 9 个月，哈萨克斯坦商品零售价格比 1992 年同期上涨 10 倍；随后，食品价格持续攀升，11 月份面包价格上涨了 3 倍，肉和土豆上涨了 2~5 倍。1994 年第一季度，哈萨克斯坦经济以平均每月 15% 的速度下滑，大量工业部门停工停产，导致失业人数激增、日用品价格飞涨、人民生活水平下降等一系列社会问题。到 1994 年上半年，哈萨克斯坦的月通货膨胀率仍接近 30%。在此情况下，政府被迫采取以"休克疗法"为主的特别措施，包括初期的限制购买、凭票供应和后期的加速推进市场化、价格自由化等，但由于缺乏经验和准备，政府在制定政策时脱离实际、急于求成，其结果却是欲速则不达，让大批民众的生活水平每况愈下、陷入贫困。很多家庭几乎在一夜之间从享受丰厚社会福利的"小康之家"沦为度日艰难的"贫困户"。

　　此后，得益于丰富的自然资源，在能源经济的大力发展中，哈萨克斯坦已经基本摆脱独立之初经济崩溃的噩梦，走上国民经济正常化发展的道路，成为中亚地区最大的经济体和贫困率最低的国家。世界银行数据显示，2000~2008 年哈萨克斯坦的 GDP 增长率维持在 10% 左右的高位，2006 年GDP 增速一度达到 10.7%。2008 年，即使在全球面临经济危机的情况下，哈萨克斯坦人均 GDP 依然达到 8719 美元，迈入中等收入国家行列。① 此后，受益于全球能源品市场价格高位，哈萨克斯坦经济持续攀升，至 2013 年人均 GDP 达到 2366 亿美元。

　　而此后 2014 年全球原油市场崩盘和 2015 年国际金融危机，以俄罗斯为首的独联体国家遭遇经济衰退、货币贬值、通货膨胀等一系列冲击，陷入"能源魔咒"的哈萨克斯坦从此经济一路下滑。2015 年，哈萨克斯坦货币贬值三成以上，通货膨胀超两位数，再次陷入返贫浪潮。2020 年，世界银行驻中亚地区办事处经济学家威廉·塞茨（William Seitz）在接受媒体采访时称，哈萨克斯坦是中亚贫困率最低的国家，但也难以将贫困率降低到 2013 年之前的水平"。

　　2020 年新冠疫情发生伊始，哈萨克斯坦经济即遭受巨大冲击，贫困人口数量随之急剧攀升。2020 年，哈萨克斯坦 GDP 增长率为 -2.6%，为该国20 年来首次出现 GDP 负增长。世界银行认为，"对哈萨克斯坦而言，2020年遭遇了近 20 年来最复杂的经济形势""新冠疫情对经济的打击甚于 2008年和 2015 年的经济危机"。根据世界银行和亚洲发展银行的数据，由于疫情导致失业和经济衰退，2020 年哈萨克斯坦的贫困率由 2019 年的 4.3% 上涨至 2020 年的 14%。

　　据《哈萨克斯坦实业报》报道，2020 年第二季度，哈萨克斯坦居民最低生活标准为 3.26 万坚戈每月（约合人民币 524 元），收入低于最低生活保障标准的人口比例从上年同期的 4.3% 升至 5.8%，较上年同期增长 1/3，较第一季度环比增长 41.8%，总数达到 110 万人，为 2011 年以来的最高值。统计数据还显示，哈萨克斯坦各地区收入低于最低生活保障标准的人口占比

---

① 欧洲复兴开发银行。

均有所上升。其中，农村地区占比为 7.8%，城市为 4.2%。从地区来看，收入低于最低生活保障标准的人口占比最高的地区依次为图尔克斯坦（12.8%）、北哈萨克斯坦州（7.4%）、江布尔州（6.9%）和克孜勒奥尔达州（6.9%）。此外，2020 年内，哈萨克斯坦收入低于食品菜篮子成本的人口有所增长，达到 2.54 万人，较第一季度环比增长 18.2%。[①]

2021 年，哈疫情防控取得阶段性成果，但经济发展受阻和贫困化加剧的情况并未得到明显改善。2021 年度哈萨克斯坦的通货膨胀率持续攀升，截至 2021 年 8 月已上升至 8.7% 的高位。哈萨克斯坦国家统计局 2021 年 12 月发布的年度报告中指出，疫情导致的经济衰退使哈萨克斯坦国内多个行业遭受冲击，而受疫情影响最严重的是零售和批发业、宾馆业、交通业，这些行业集中了哈萨克斯坦大约 30% 的城市就业人口，其中包含大量进城务工人员。据报告数据，2021 年第三季度，哈萨克斯坦居民收入水平低于全国最低生活保障标准的人口占比为 5.3%，较上年同期下降 0.4 个百分点。按地区统计，贫困人口比例最高的地区为图尔克斯坦州（9.5%）、曼吉斯套州（8.1%）和奇姆肯特市（5.8%），比例最低的地区为卡拉干达州（3.4%）和科斯塔奈州（3.4%）。

1. 经济指标与社会指标反差较大

对贫困的测量与研究不仅局限在经济领域，与教育、医疗相关的各项社会指标也是贫困标准的重要组成部分。联合国开发计划署于 1990 年提出人类发展指数概念，其中包含的人均预期寿命、成人识字率、人均 GDP 等指标即属于社会指标的范畴。受益于苏联时期建立的社会运行体系，哈萨克斯坦在贫困相关的各项社会指标上表现出很高水平，与独立后三次返贫潮表现出的低迷态势形成鲜明对比。以反映基础教育水平的成人识字率为例，经验表明，贫困程度与成人识字率多呈负相关，即贫困程度越深受教育水平越低，因而识字率相应也就十分低下。而哈萨克斯坦 15~24 岁人口的识字率高达 99.9%，

---

① 中国驻哈萨克斯坦使馆经商处，http://www.mofcom.gov.cn/article/i/jyjl/e/202009/20200903001784.shtml。

这是一个极高的数据，远超世界平均水平，甚至超过部分西方发达国家。2009年，联合国发展计划署公布了关于全球 183 个国家的"2009 人类发展报告——人类发展指数排名"，该排名是依据"人类发展指数"各项指标，将人类发展程度分为"非常高人类发展""高人类发展""中等人类发展""低人类发展"，而哈萨克斯坦被列入"高人类发展"。①

2. 多子女家庭贫困问题

哈萨克斯坦独立后，人口增长速度快，多子女家庭数量增幅较大。目前，哈萨克斯坦大多数贫困家庭的人数在 5 人及以上。哈萨克斯坦国家统计局 2020 年第四季度的统计数据显示，收入低于最低生活保障标准的家庭数量在一年内增加了 12%，总数为 14.06 万户家庭（85.85 万人），且预测这一指标近年来将会持续增长。并且，在最贫穷的家庭中，有 4600 户家庭（约 2.8 万人）处于极端贫困状态，甚至连温饱问题都难以解决。家庭贫困程度与家庭人口数量呈正相关，在 76.89 万户贫困家庭中有 5 人及更多的人口，四口之家为 5.33 万户，三口之家为 3.08 万户。

贫困家庭的地区分布特征也十分显著。贫困家庭最多的地区是图尔克斯坦州，占比 19.9%，即 2.79 万户家庭。尽管该州贫困家庭的数量在以每年12.2%的速度下降，但贫困人口在人口总量中的占比仍高达 10.3%，高出全国平均水平 1 倍以上（2019~2021 年，哈萨克斯坦的平均贫困率分别为 3.8%、4.6%、5.2%）。另两个贫困家庭最多的地区是阿拉木图市和东哈萨克斯坦州，其中阿拉木图市的贫困家庭为 1.55 万户、东哈萨克斯坦州有 1.16 万户。

三　哈萨克斯坦贫困治理措施

（一）通过国家战略计划制定减贫行动方案

独立以来，哈萨克斯坦始终将发展经济与消除贫困作为一项重要任务，

---

① United Nations Development Programme. , Human Development Report 2009, Overcoming Barriers-Human Mobility and Development, 2009: 152, 168.

制定了一系列国家级战略规划，意在为反贫困行动制定目标和纲领，从国家层面积极有序推进减贫工作。从《哈萨克斯坦-2030》战略到《哈萨克斯坦-2050》战略，再到"光明大道"新经济计划，哈萨克斯坦的国家发展战略表现出了战略性、继承性和务实性的特征，并提出大量涉及基础设施建设、健全社会保障等减贫相关的具体实施方案。

面对独立之初经济衰退引发的大规模返贫现象，哈萨克斯坦在1998年颁布了《哈萨克斯坦-2030：繁荣、安全和改善哈萨克斯坦人民福利》的长期发展规划。其中"哈萨克斯坦公民的健康、教育和社会福利"一章中提到"使哈萨克斯坦全体国民的生活水平得到长期、持续的改善"，并制定了配套的社会改革举措和具体扶贫措施。21世纪之初，随着联合国《千年发展目标》的颁布，哈萨克斯坦政府迅即制定了反贫短期目标的纲领性文件《2000~2002年反贫困反失业国家计划》，阐释了在此发展阶段哈萨克斯坦政府关于贫困问题的立场、解决方案、优先事项等。

此后10年，哈萨克斯坦经济稳步发展，纳扎尔巴耶夫在2010年国情咨文中称实现21世纪第一个10年的所有既定发展目标，并提前两年完成了国内生产总值比2000年翻两番；并提出了未来10年的发展目标和任务，即在保证有利于自身经济发展需要的条件下，推动加入世界贸易组织的进程，力争于2020年前跻身全世界商业环境较好的50个国家之一；在2020年前将失业率降到5%以下，收入低于国家最低生活保障标准的人口数不能超过总人口的8%等。

2012年，纳扎尔巴耶夫又在国情咨文中颁布《哈萨克斯坦-2050》这一国家中长期发展战略，其中明确指出"阻止贫困扩大化"，要将对贫困人口的国家帮扶和就业技能培训作为一项长期战略。此后颁布的"光明大道"新经济计划以基础设施建设为主导，涉及经济转型、促进就业、带动长期深度贫困地区发展等内容。总之，哈萨克斯坦通过独立后颁布的一系列国家发展战略，为减贫事业制定了阶段性行动纲领。

（二）采用开发减贫模式，解决贫困问题中的结构性矛盾

首先，重视非能源产业的发展，减轻经济发展对能源的重度依赖。在经

历 2015 年"能源魔咒"返贫潮后，哈萨克斯坦注意到了本国经济发展对能源的依赖，采取一系列措施努力转变经济发展模式，以期通过经济转型带动减贫事业发展。2016 年，哈萨克斯坦政府颁布了"未来五年国家投资战略"，其中明确提出将未来五年内的经济投资重心转移到非能源领域，努力吸引更多外国投资，形成以出口为导向的非能源产业。2020 年 9 月，总统托卡耶夫在国情咨文中要求对国家各地区的发展规划方向进行调整，并对调整目标做出了明确指示。他表示，哈萨克斯坦南部、东南部地区集中了全国近半的劳动力资源，要进一步挖掘这一地区的发展潜力，创造更高质量的就业岗位对该地区发展至关重要；而对东哈萨克斯坦州、卡拉干达州和巴甫洛达尔州等传统冶金业聚集地，应当逐步发展为技术密集型生产和技术服务的中心；西部阿特劳等石油产业州应成为招商引资中心，并重点建设石油化工综合体，发展高端产业链。①

其次，加强国家间交流合作，加大力度吸引外来投资，借助国际资金项目发展本国的减贫事业。其中国际组织包括世界银行、国际货币基金组织、瑞士发展局等，其主要作用是向中小企业和农业发放帮扶金和小额信贷。积极推进与各国的国家间大型项目合作：美国能源公司向哈萨克斯坦油气资源开发大量投资；中国采取了全面、多样的帮扶方式，包括技术支持、股权收购、合资经营等多种手段；韩国、日本、土耳其的投资则集中在教育、医疗、城市基础设施建设、电子信息产业等。1993~2013 年，哈萨克斯坦吸收来自 122 个国家和地区的直接投资累计达 1712.23 亿美元，占中亚地区吸收外国直接投资总额的 80% 以上。②

最后，哈萨克斯坦还积极学习其他国家和地区的先进经验。哈萨克斯坦曾聘请新加坡前总理李光耀作为特别顾问，积极学习新加坡、日本、韩国等

---

① 驻哈萨克斯坦共和国大使馆经济商务处：《托卡耶夫谈哈萨克斯坦区域发展》，中华人民共和国商务部网站，2020 年 9 月 2 日，http://www.mofcom.gov.cn/article/i/jyjl/e/202009/20200902997886.shtml。

② 马斌、陈瑛：《新形势下中国与中亚的能源合作——以中国对哈萨克斯坦的投资为例》，《国际经济合作》2014 年第 8 期。

发展外贸出口业发展经验；大力推进经济特区建设，目前已建成 13 个经济特区和 23 个工业特区。① 国外资金支持和项目合作对哈萨克斯坦的经济恢复、产业发展和就业发挥了积极作用，有力地支持和促进了哈萨克斯坦的减贫事业。

以上举措说明，哈萨克斯坦希望改善产业发展不平衡、地区发展不平衡的问题，并希望通过化解这些结构性矛盾来促进减贫。

（三）实施传统救济模式，健全减贫相关机制建设与法律保障

哈萨克斯坦设立劳动和社会保障部，该部部长及执行秘书由总统任命，并直接对总统负责，该部下设 2 个委员会、9 个局，另外在各州市设 16 个分支机构。该部门的主要职能是负责社会保障政策的制定和执行，包括救助金、养老金、生育金等各项社会补贴的发放，以及识别社会保障与社会救助的目标群体，对需要社会帮扶的贫困人群提供相应的保障支持。② 在国家机构的统一组织协调下，国家对贫困群体、弱势群体的帮扶工作得以有序实施，对减贫和维护社会稳定有着重要作用。

此外，哈萨克斯坦还逐步颁发扶弱济困的相关法律法规，为减贫事业的推进提供法律保障。1997 年 6 月 20 日通过的《养老金法》共分五部分十二章，分别就养老金的基础、中央养老金、积累养老金和保险组织获得的养老金、军人和内务、司法部门等机构的特殊养老金等做出了十分详细的规定。2019 年 12 月，马日利斯（议会下院）议员古丽莎拉·阿布德哈勒科娃提出了关于将国家贫困线提升至最低生活保障标准水平的议案，③ 提请将新的贫困线划定标准纳入《社会法典》。目前，哈萨克斯坦的贫困线是最低生活保障标准的 70%（20789 坚戈），而根据国际普遍经验，贫困线的最佳标准是

---

① 《哈国经济特区简介》，https：//lenta. inform. kz/cn/2021-2_ a3528544。

② Қ азақстан Республикасы Үкіметінің 2017 жылғы 18 ақпандағы № 81 қаулысы：Қазақстан Республикасы Еңбек және халық ты әлеуметтік қ орғ ау министрлігінің кейбір мәселелері туралы，https：//www. gov. kz/memleket/entities/enbek？ lang=kk.

③ 《哈萨克斯坦将贫困线提升至最低生活保障标准水平》，哈萨克国际通讯社，2019 年 12 月 9 日，https：//www. inform. kz/cn/article_ a3592820。

最低生活保障标准。2021年初，哈萨克斯坦总理阿斯卡尔·马明在回答议员质询时表示，根据总统托卡耶夫指示，政府正在《社会法典》框架下制定一系列新的减贫措施，包括将贫困线标准逐步提高至最低生活保障标准（从24011坚戈提高至34302坚戈）。可见，在政府机构协调与各项法律法规的保障下，哈萨克斯坦减贫工作在持续推进。

（四）新冠疫情期间的扶贫济困措施

哈萨克斯坦在国家战略、法律法规和政府主导下，逐步建立了较为广泛和全面的社会保障体系，其宗旨是拉动就业，其基本原则是确保国家补贴额度公正透明；鼓励民众参与社会生产，保障贫困人口中适龄劳动人口的就业和收入，并按照法律规定签订社保合同；同时加大对丧失劳动能力的弱势群体和困难家庭的社会救助力度，包括基本物质经济补贴、社会生活帮扶、心理健康关怀、特殊职业技能培训等。

2020年起，针对新冠疫情引发的贫困问题，特别是多子女家庭（4个及以上子女家庭）数量攀升、贫困程度加剧等现象，哈萨克斯坦出台了新的多子女家庭补贴政策。多子女家庭不论家庭收入高低，均按照子女数量提供国家补助。此外，政府还为困难家庭，特别是困难家庭中的儿童提供专门的"社会保障政策包"：为婴幼儿、学龄前儿童提供食品包和个人卫生用品包；对学龄子女免费提供在校营养餐、校服、文具、公共交通学生票；为婴幼儿提供生活用品保障；此外，在继续提供"社会保障政策包"和就业机会前提下，缩短提供直接资金补助时限。根据哈劳动和社会保障部官网消息，哈萨克斯坦社保部门将广泛听取社会意见，并参照国际成功经验，每年对面向社会弱势群体的社会保障政策进行完善。[①]

---

① 中华人民共和国驻哈萨克斯坦共和国大使馆经济商务处：《哈总理谈最低工资水平和最低生活保障标准》，2021年3月28日，http://kz.mofcom.gov.cn/article/jmxw/202103/20210303047833.shtml。

四　哈萨克斯坦贫困治理成效以及若干思考

2010 年初，时任哈萨克斯坦总统纳扎尔巴耶夫在议会两院联合会议上发表了题为"哈萨克斯坦新 10 年、经济新增长和新机遇"的国情咨文，他表示哈萨克斯坦已顺利实现 21 世纪第一个 10 年的所有既定发展目标，并提前两年完成了国内生产总值比 2000 年翻两番的任务。独立后 10 年间，哈萨克斯坦平均工资上升 5 倍，退休金提高 3 倍，生活在贫困线以下的居民人数减少到 10 年前的 1/4，全国范围内新建了 652 所学校和 450 个医疗卫生机构。此后至 2015 年，随着经济高速发展，哈萨克斯坦贫困治理成果持续显现。根据世界银行标准，2011 年哈萨克斯坦仅有 5.3% 的人生活在贫困线以下，2015 年哈萨克斯坦的贫困率已经下降到 2.5%。[①]

根据独联体国家"收入低于最低生活保障标准"的贫困线划定，哈萨克斯坦 2020 年及 2021 年的贫困率维持在 4% 左右，[②] 因疫情影响发生的贫困化问题得到基本遏制。哈萨克斯坦政府仍在持续加大对贫困人口的帮扶力度，针对贫困人口的社会补助金从 2021 年 4 月 1 日开始上涨了 50%~70%（从 14849 坚戈提高至 20789 坚戈），向低收入家庭的每一个孩子发放的补助金为 20789 坚戈。[③] 根据哈社会和劳动保障部数据，2022 年 1~3 月，全国有 9.81 万个家庭共 50.35 万人领取了针对性社会援助。2022 年哈萨克斯坦为该项补助拨款预算达 871 亿坚戈。[④] 2015 年至今，哈萨克斯坦在遭遇"能源魔咒"和新冠疫情的连续打击下陷入返贫潮。但哈政府始终关注贫困治理，并不断调整政策措施，目前仍为独联体国家中贫困率最低的国家。参照来自

---

① Brück, T., and Kudebayeva, A., "Household Survey Data for Research on Well-Being and Behavior in Central Asia", The Institute for the Study of Labor, 2012.

② 哈萨克斯坦国家统计局。

③ 《劳动和社会保障部部长：我国 2100000 人获得社会补助金》，哈萨克国际通讯社，2019 年 12 月 9 日，https://www.inform.kz/cn/2100000_ a3592740。

④ 《一季度共有 50 万人领取针对性社会援助》，哈萨克国际通讯社，2022 年 4 月 22 日，https://www.inform.kz/cn/50_ a3925749。

中国的扶贫经验，根据哈萨克斯坦的实际情况，我们就哈萨克斯坦贫困治理做了如下思考。

（1）政治稳定以及一贯的发展战略是减贫的重要条件。面对独立之初经济衰退引发的大规模返贫现象，哈萨克斯坦制定了一系列国家级发展战略规划，成为反贫困行动目标和纲领，从国家层面积极有序推进减贫工作，改善了减贫绩效，提高了执政党的合法性，从而有助于实现长期实施发展举措所需的稳定政治体系。

（2）经济增长是开发式减贫的基础。中国扶贫经验表明，如果在有利于穷人的行业或区域实现增长，经济增长可以"涓滴"并减少贫困。作为一种模式，开发式减贫在经济和社会状况相对平等的状况下最为有效。随着不平等的加剧，政府需要采用救济式减贫，确保穷人从经济增长中受益，并保护落后者。

（3）救济式扶贫是减少或消除绝对贫困的有效保障。当绝对贫困增加时，救济减贫的社会保障计划更有效。在经济增长的初始阶段，财政和组织资源往往有限，因此很难实施社会保障计划。随着经济增长的持续，重新分配收入变得更加可行，更加有助于切断贫穷的代际传播。因此，基于减贫模式和社会保障方式的转变考察，可以为何时引入以及如何设计有利于穷人的社会保障体系提供一些启示。

五　结语

哈萨克斯坦独立以来，采取了一系列卓有成效的措施推进本国减贫事业。在能源危机、新冠疫情的打击下，依旧稳居独联体国家贫困率最低之位，无愧为中亚减贫"优等生"。目前，在新任总统托卡耶夫的一系列改革举措下，哈萨克斯坦国内政治、经济环境逐步改善，人民生活水平有所提高。但俄乌冲突、国内民众对新一届政府期待较高、政治转型尚未完成等复杂的国内外因素，为哈萨克斯坦贫困治理带来诸多挑战。托卡耶夫总统的一系列改革举措能否在复杂多变的国内外形势下为减贫营造更有利的国内外环境，仍有待观察。

第十七章
缅甸贫困现状与中缅减贫合作

缅甸全称为缅甸联邦共和国（Republic of the Union of Myanmar），位于亚洲东南部、中南半岛西部，国土总面积为 676578 平方公里，是中南半岛上面积最大、东南亚面积第二大的国家。缅甸拥有丰富的自然资源和人力资源。自然资源如锡、钨、锌、铝、锑、锰、金、银等，宝石和玉石也在世界上享有盛誉。石油和天然气在内陆及沿海均有较大蕴藏量，缅甸商务部数据显示，缅甸天然气储量位居世界第十，每年生产天然气80多亿立方米，出口天然气50多亿立方米，原油年产量也达4000多桶。然而，由于油气加工能力不足，缅甸每年需进口大量柴油和汽油。[1]缅甸水利资源占东盟国家水利资源总量的40%，伊洛瓦底江、钦敦江、萨尔温江、锡唐江四大水系纵贯南北，但由于缺少水利设施，尚未得到充分利用。

缅甸中央以下的地方政权分别为邦或省，下设县、镇区、村组（街道）三级，全国有7个省、7个邦，是一个有上千年历史的传统佛教国家，全国85%以上的人信仰佛教，大约5%的人信仰基督教，8%的人信仰伊斯兰教，约0.5%的人信仰印度教，1.21%的人信仰泛灵论。[2] 据缅甸官方媒体《环

---

[1]　田原：《中缅经济走廊造福两国民众》，《经济日报》2020年1月20日。

[2]　中华人民共和国外交部：《缅甸国家概况》，2020，https://www.fmprc.gov.cn/web/gjhdq_ 676201/gj_ 676203/yz_ 676205/1206_ 676788/1206x0_ 676790/。

球新光报》（မြန်မာ့အလင်း）报道，缅甸劳工、移民和人口部以 2014 年全国人口普查数据为基础，计算并公布了 2021 年人口统计数据。截至 2021 年 4 月 1 日，缅甸全国人口总数为 5500 万。缅甸人口具有以下特点。①人口性别差异大，分布不均匀。在缅甸全国 5500 万人口中，男女比例为 91.6∶100。统计数据显示，缅甸人口总数比 2020 年的 5458 万增长了 42 万人。其中仰光省人口最多，为 860 万人，其次是曼德勒省、掸邦和伊洛瓦底省，分别为 660 万人、650 万人和 620 万人。克耶邦人口最少，仅有 30 万人。②老年人口数量大且分布不均。缅甸劳工、移民和人口部的一项调查显示，城市地区老年人口数量高于农村地区，马圭省、勃固省、曼德勒省、实皆省、伊洛瓦底省、仰光省和孟邦的老年人口增幅最大，60 岁及以上的老年人口达 450 万。1973~2014 年，缅甸人口年增长率仅为 1.4%，但 60 岁及以上的人口每年则以 2.4% 的速度增长。如果城市老年人口超过农村人口并以目前的速度继续增长，到 2030 年，随着主要省邦总人口的减少，60 岁及以上的人口增长率将达到历史新高。据估计，到 2050 年，缅甸将有 1300 万老年人，60 岁及以上的人口将占总人口的 20%，而到 2050 年，老年人和 15 岁以下的人口数量将几乎对等。①

一　缅甸贫困治理背景

（一）缅甸贫困现状

缅甸是一个自给自足的农业国家，但 19 世纪以来就一直饱受战争煎熬，经济发展缓慢，人民生活贫困。截至 2019 年，缅甸仍然被列为全球 47 个较不发达的国家之一。在联合国 2020 年人类发展指数（HDI）的排名中，缅甸居 189 个国家/地区中的第 147 位。

---

① 《缅甸人口年龄数据出炉　老龄化将逐渐加剧》，缅甸《金凤凰中文报》，2021 年 5 月 24 日，http：//res. sinoing. net/mmgpmedia/static/content/ZH/2021－05－24/846400470535905280. html。

世界银行的数据显示，按照联合国开发计划署（UNDP）设定的缅甸贫困线（日收入 1590 缅甸元，折合 0.90 美元）和国际贫困线（每天 1.9 美元）的标准衡量，2005～2017 年缅甸贫困人口比例逐年降低。亚洲开发银行的数据同样显示，2017 年缅甸有 24.8% 的人口生活在缅甸贫困线下；2019 年收入每天低于 1.9 美元的就业人口占 1.1%；2019 年在缅甸出生的每 1000 名婴儿中，有 45 名在 5 岁前死亡；2020 年失业率为 1.8%。

如表 17-1 所示，以缅甸贫困线为标准，2005 年缅甸贫困率为 48.2%，2010 年为 42.2%，2015 年为 32.1%，2017 年下降到 24.8%，虽然 2005～2017 年贫困比例下降幅度为 23.4 个百分点，但缅甸在 2017 年仍有 1/4 的人口处于绝对贫困的状况。以国际贫困线为标准，2015 年缅甸的贫困率为 4.8%，2017 年为 1.4%，2019 年下降到 1.1%，2015～2019 年贫困比例下降幅度为 3.7 个百分点。

表 17-1　缅甸贫困人口比例变化

单位：%

	2005 年	2010 年	2015 年	2017 年	2019 年
贫困人口比例（缅甸贫困线）	48.2	42.2	32.1	24.8	—
贫困人口比例（国际贫困线）	—	—	4.8	1.4	1.1

资料来源：联合国开发计划署《人民基本需求（刚需）调查：缅甸人民倾向调查》，2021 年 12 月。

联合国开发计划署人类发展报告（缅甸）的相关数据显示，缅甸在 2016 年的多维贫困指数（MPI）为 0.176，多维贫困人口占总人口的 38.3%。根据国际农业发展基金（IFAD）的分析，缅甸的贫困主要集中于农村地区。缅甸的农村贫困者主要为无地农户、低于 2 公顷（约 5 英亩）的少地农户和贫地农户，而贫困者承受着食品、营养和其他生活必需品不足的问题。缅甸的农村贫困与资源拥有量直接相关，贫困户的平均土地拥有量低于户均 2 公顷，而非贫困户的土地拥有量平均为 3 公顷。缅甸大部分的农村贫困者分布在以沙壤为主、降雨量低、人口密度较高的中部干热地区以及地处偏远、耕地有限的少数民族山区。另外，仅有9%的贫困户拥有农业设备。然而，新冠疫情和政局动荡加剧了缅甸贫困状况。国际劳工组织在2021年6月发布的一份报告中表示，新冠疫情加剧了缅甸的贫困，导致童工数量有上升趋势，政治局势也使儿童处于高风险之中。根据国际劳工组织2016年的统计数据，缅甸的童工数量为110万人，占全国17岁以下儿童总数的9%。[①]

联合国开发计划署（UNDP）在2021年12月发布的《人民基本需求（刚需）调查：缅甸人民倾向调查》报告中称，缅甸在2022年初或将有近一半的人口陷入贫困。报告显示，缅甸由于新冠疫情和政局动荡而经济下滑，生活在缅甸贫困线以下的人数占比从2017年的24.8%上升至46.3%（见图17-1）。2022年初，城镇贫困人口数量将达到37.2%，比2017年的11.3%增长了3倍多。政局动荡和新冠疫情使非农企业的收入减少了约50%，工资和农业收入减少了25%，汇款和社会营业额减少了10%。[②]

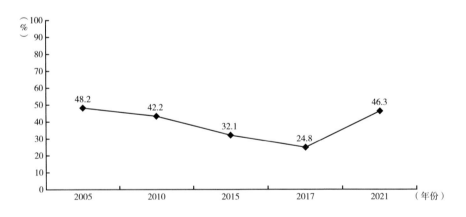

图17-1　缅甸贫困人口比例变化趋势（以缅甸贫困线为标准）

资料来源：联合国开发计划署《人民基本需求（刚需）调查：缅甸人民倾向调查》，2021年12月。

---

① 《国际劳工组织：缅甸贫困加剧　童工数量增多》，央视新闻客户端，2021年6月13日。
② 《联合国开发计划署评估缅甸半数人口可能陷入贫困》，腾讯网，2021年12月1日。

2021 年 5~6 月，联合国在缅甸进行的民生调查分析了自 2021 年 2 月以来缅甸国内普通家庭的社会经济状况。调查显示，缅甸的贫困率很可能会回到 2005 年以来的最高水平，疫情之前 15 年的经济增长将被消除。同时，约有 1/3 的城市家庭用储蓄来弥补收入下降，27% 的城市家庭通过出售他们的主要交通工具摩托车来增加收入，约一半的人口甚至已经没有任何储蓄。另外，由于现金稀缺，缅甸银行限制提款额度，有储蓄家庭面临无法提取足额现金而难以保障日常消费的窘境。报告警示说，不断上升的贫困率可能会对整个国家的发展产生严重影响。据估计，国家需要将年度 GDP 的 4% 用于社会保障措施，随着缅甸经济衰退，以及在收入急剧下降时缺乏提供紧急救济的社会投资，不少家庭可能会在未来数年陷入永久贫困。[1] 缅甸的经济衰退不仅会持续到 2022 年，还会延续到未来几年。2021 年 12 月敏昂莱大将在内比都举行的国家行政委员会主席会议上承认，缅甸经济有所萎缩。[2]

国际食物政策研究所（IFPRI）在 2022 年 2 月发布了关于缅甸生计、贫困和粮食不安全的报告，2020 年 6 月至 2021 年 12 月的调查证实，自 2020 年初以来，缅甸经历了四次不同的经济冲击。其中德尔塔变种病毒的传播对缅甸经济产生了毁灭性的打击，63% 的受访者称至少有一名家庭成员出现了类似新冠肺炎的症状。另外，截至 2021 年 12 月，仰光城市家庭的失业率高达 11%，干旱地区农村家庭失业率达 8%，农民工失业率为 21%。

（二）缅甸贫困特征

1. 贫困总量大且返贫率高

缅甸中央统计局与世界银行、联合国开发计划署共同编制的《缅甸生存现状报告（2017）》显示，缅甸贫困人口有 1180 万人，占缅甸总人口的

---

① 《2022 年缅甸城市贫困人口将增三倍》，缅甸《金凤凰中文报》，2022 年 1 月 1 日，http://www.mmgpmedia.com/static/content/YW/2022-01-01/926869388752465920.html。
② ရာဝတီစစ်အာဏာသိမ်းမှု,၂၄ လရှသန်ကို့ဆင်ရဲ့တွင်းထဲတွန်ချရဲ,သည်၂၀၂၁ နှစ်ဒီစာဘာလ။,https://burma.irrawaddy.com/opinion/editorial/2021/12/07/247937.html.

24.8%。2005~2017年缅甸贫困人口已大幅减少，2005年生活在缅甸贫困线以下的人口占48.2%，2017年下降至24.8%。尽管每年人口数量都在增长，但是2005年贫困人口有1870万人，2017年降至1180万人。贫困率下降表示缅甸经济在快速发展。据世界银行统计，2005~2017年，缅甸人均GDP增长率为7.8%，居东南亚国家首位。但1180万人、占据全缅总人口的24.8%的数据与比例仍然显示缅甸贫困人口较多。

新冠疫情和政局动荡严重打击了缅甸经济，生活在缅甸贫困线以下的人数占比从2017年的24.8%上升至2022年的46.3%。2005~2017年已脱贫的人口很难站稳脚跟，很多人口极易再度陷入贫困境地，即使不属于贫困群体的很多家庭生活水平也非常接近贫困线，所以脱贫人口面临较高返贫率。

2.各省邦贫困发生率不同

由于所处地理区域差异，各省邦贫困发生率也不同。缅甸经济大省仰光省的贫困指数为13.7%，居民年均收入为390多万缅甸元。2020年，钦邦的贫困指数最高，为58%，几乎每10人中有6人是贫困人口（见图17-2）。若开邦次之，为41.6%，克钦邦排名第三，为36.6%，德林达依、曼德勒省最低，均为13.2%。德林达依省居民年均收入为320多万缅甸元，仅次于仰光省。曼德勒省的居民年均收入为190多万缅甸元，实皆省则为260多万缅甸元。钦邦的人均年收入超过80万缅甸元，若开邦超过150万缅甸元，克钦邦则超过120万缅甸元。①

3.城乡贫困程度不同

缅甸约有2/3的人口生活在农村地区，贫困人口也主要集中于农村地区，农村地区贫困人口占贫困总人口的87%。缅甸大多数农村人口从事小农农业和临时就业，农村农业人口及临时就业人员受自然灾害、市场等因素影响大，且缅甸农村地区在社会和生产基础设施发展方面大大落后于城市地区，这导致农村地区贫困程度大大高于城市地区，其中农村地区的无地人口

---

① 《全国贫困率最低的是这两个省　仰光省完美避过》，缅甸《金凤凰中文报》，2020年11月30日，http：//res. sinoing. net/mmgpmedia/static/content/RD/2020-11-30/816962884973101057. html。

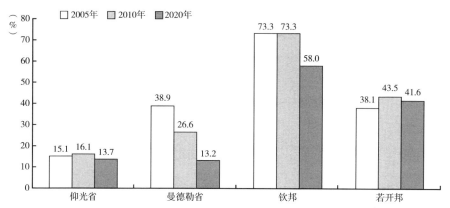

图 17-2　缅甸各省邦贫困指数（以仰光省、曼德勒省、钦邦、若开邦为例）

资料来源：根据缅甸《金凤凰中文报》报道制表。

和少数民族群体的贫困水平更高。

缅甸返贫人群面临的主要困难是食品价格上涨（12.5%的家庭会受此影响），此外是重大疾病、发生意外、农产品价格低廉、暴雨、水灾、冰雹等，通常这些灾难对农村人口影响更大。①

二　缅甸贫困治理现状、措施及其成效

由于缺少相关资料，缅甸减贫策略仅能从政府制定的国家发展和改革计划中窥见一斑。同时，由于缅甸政府数据更新慢，能收集到的相关数据也较为滞后。1988 年 9 月，缅甸先后采用变革式、开发式减贫，分为两个阶段：变革减贫期大致为 1988~2004 年，开发减贫期大致为 2005 年至今。

（一）第一阶段：变革减贫期（1988~2004年）

1988 年 9 月，缅甸恢复法律和秩序委员会后，迅速调整经济政策，积极推行改革开放路线，开始实行更为自由的市场经济体制。为了确实执行市

---

① 中国驻缅甸联邦共和国大使馆经济商务处：《缅甸贫困率降至 24.8%，但面临较高返贫率》，2020 年 7 月 15 日，http：//www. mofcom. gov. cn/article/i/jyjl/j/202007/20200702983284. shtml。

场经济，缅甸允许自由对内对外贸易；为了扩大私营经济成分、私人经济组织和价格体系，对国营经济组织的管理和劳务市场进行了有效的改革，如颁布《外国投资法》和成立外资委员会；为了加强生产领导，缅甸各个经济部门都制定了发展目标。这一时期，缅甸政府为营造良好的国内投资环境，进一步推动改革开放，制定了一系列的国家发展计划，这些计划主要包括三大内容：一体化农村发展计划、边区发展计划和24个开发特区计划。

1. 一体化农村发展计划

该计划于2001年启动，旨在提高占全国总人口70%的农村人口的地位和福祉。一体化农村发展计划包括下列行动：保证农村地区的运输畅通、让农村人口可以喝上安全的饮用水、提高农村人口的教育水平、改善农村医疗保障体系和保证农村地区的经济发展。①为改善农村运输条件，缅甸政府制定了1996~1997财年至2000~2001财年的5年计划以及2001~2002财年至2030~2031财年的30年长期计划。据估计，实现长期计划之后，全国农村公路都将铺上碎石，50%的农村公路还会铺上沥青。②为了实现到2015年将喝安全饮用水难、喝安全饮用水贵的人口减少一半的目标，缅甸地区和少数民族发展事务部发展事务署一直在实施相关项目，让水资源匮乏的农村地区喝上安全的饮用水。2001~2010年，共有23820个村通过10年供水计划喝上了安全饮用水。③教育普及计划也让初等教育净入学率（5岁以上儿童上一年级的人数）从1999~2000学年的91%稳步提升到了2009~2010学年的98.25%。在教育方面，政府的主要目标是到2015年让所有儿童，尤其是女童、处境艰难的儿童和少数民族儿童上得了学，并完成高质量义务初等教育。

其实，一体化农村发展计划与其他计划是融合进行的。缅甸农村自1989年起，不同层次的基础教育学校逐渐建立起来，办学计划也被纳入开发特区计划和一体化农村发展计划，该计划涵盖了提高偏远地区和农村地区人民生活质量的一体化发展。2009~2010年，有211717名儿童在1074所学校接受了基础教育。除了增加初等学校入学率的计划，国家还为15~24岁的青少年实施全国成人识字率计划。作为非正式教育（NFE）焦点中心的缅甸教育研究署（MERD），为识字率运动和继续教育（CE）计划的发展一直做着努力和贡献，非正式教育旨在为所有儿童、青少年和成人提供基础教育服务。在政府的坚决承诺下，在行政人员和社会的协同努力下，在基础教育计划拓展的情况下，2010 年 15~24 岁的青少年识字率高达 98%。

政府还实施了农村地区医疗保障系统的政策干预，2004 年制定了生殖健康 5 年计划，重视发展农村医疗体系，大大解决了缅甸农村地区的医疗健康问题。为了减贫，尤其是减少农村贫困人口，保证农业可持续发展，政府出台了对农村人口生活质量提高有直接影响的各类措施，如发展和拓展新农业、提供充足的灌溉水、提供和利用农机、采用合适的农业技术和发展替代现代农作物的品种。除此之外，还提供农业信贷、开展微型融资等。①

2. 边区发展计划

边区发展计划于 1989 年正式启动，旨在满足缅甸各民族，包括居住在偏远和边境地区各少数民族的基本需求。1990 年 7 月缅甸政府颁布了《缅甸农业和农村发展银行法》，设立了"边境地区开发基金"。1992 年，缅甸政府设立边境地区和民族进步及发展事务部，以进一步加强边境地区发展计划。该部门实施的全面发展项目，不仅致力缩小中心地区和偏远边境地区之间的发展差距，还鼓励当地人民种植水稻、玉米、香蕉、橡胶、甘蔗等经济作物。截至 2011 年底，缅北累计种植各类农林作物面积达 200 多万亩，受益人群超过 13 万人，当地人均年收入从过去的 500 元增加到 2000 元左右。

除此之外，政府还大力在边境地区修建基础设施，如公路、桥梁、水坝等。共计修建公路 1.3 万公里，桥梁 714 座，用于灌溉和发电的水坝 26 座，兴建养殖场 27 个，新建学校、医院、卫生所、邮电所和电视转播站等社会设施 704 项。

3. 24 个开发特区计划

缅甸政府在各省/邦指定 24 个开发特区，以便实现全国平等均衡发展，

---

① Ye Khaung、KyawThuKoKo、王二锋：《缅甸减贫概要》，载左常升主编《世界各国减贫概要（第一辑）》，社会科学文献出版社，2013，第 38~70 页。

弥合全国各地区的社会经济差距，这 24 个开发特区分别是：克钦邦的密支那和八莫；克耶邦的垒固；克伦邦的帕安；实皆省的望濑和卡莱；德林达依省的土瓦和丹老；勃固省的东吁和卑谬；马圭省的马圭镇和木各具镇；曼德勒省的曼德勒市和密铁拉；孟邦的毛淡棉镇；若开邦的实兑镇；仰光省的仰光市；掸邦的东枝、莱林、腊戌和景栋；伊洛瓦底省的勃生镇、兴实塔镇和马乌彬镇。特区重点强调教育、医疗和基础设施的发展，政府在每个特区建设 3 所大学/学院，配备 1 个拥有 200 张床位的医院和 1 个工业区。①

除此之外，1993 年缅甸政府还恢复了小学和中学阶段的寺院教育。1994 年 3 月 18 日和 19 日举行的国家僧伽玛哈·纳亚卡委员会 47 名成员全体会议制定了确保各级公益性教育寺庙学校统一的规则和条例，包括：使用基础小学和初中课程（具有专门为佛教学习和佛教课程预留的权利）；在乡镇工作的教师必须具备相应的任教资格；教学时间和学期在遇到特殊情况时可以灵活改变；及时向学生提供必要的书本和文具；期末考试时间必须与同一乡镇的其他学校统一规定；需退学或转校的学生必须持有确切的退学证书和转校手续，且避免伪造。虽然寺院教育有其弊端，还不足以满足国家、社会及儿童自身发展需要，但在教育资源相对匮乏的农村地区，传统的寺庙教育与现代教育相结合的方式也大为缓解了教育资源本就匮乏的农村地区的基础教育窘境。

（二）第二阶段：开发减贫期（2005年至今）

2005 年，缅甸开始为推动全面改革做准备，为建立市场经济制度进行了必要的基础设施建设和法律法规制定，同时也进行了包括组建私营企业在内的企业架构方面的改革，经济发展形势开始明显好转。2010 年，缅甸开启了全面改革和对外开放，曾经制约经济发展的一些因素被逐步理顺，生产力得到了极大释放，人民生活水平明显提高。从 2010 年开始，缅甸政府在

---

① Ye Khaung、KyawThuKoKo、王二锋：《缅甸减贫概要》，载左常升主编《世界各国减贫概要（第一辑）》，社会科学文献出版社，2013，第 38~70 页。

发展经济的同时，开始重点关注民生，把消除贫困和实现公平发展作为工作重点。自 2010 年 7 月 1 日起，缅甸开始实施新阶段减贫计划，其中包括提高民众个人收入、降低通货膨胀率、发展小额私人贷款、促进农村发展和保护环境等八项具体内容。

2013 年，缅甸政府颁布实施了《国家农村社区发展项目》（NCDDP），并且在农村地区减贫工作方面收到了积极的成效。《国家农村社区发展项目》支持社区制定发展计划和进行财政转移，以将社区级的基础设施建设项目直接划转给村委会，该计划的首批项目在缅甸的 27 个村镇滚动实施。缅甸政府还设立了国家农村发展与减贫（RDPA）委员会，中央委员会由总统任主席，工作委员会由副总统任主席，委员会下设两个工作委员会，即省邦农村发展与减贫工作委员会和内比都市农村发展与减贫工作委员会。其工作重点为支持并执行表 17-2 所示八项农村发展任务。

为逐步落实表 17-2 所示国家农村发展与减贫任务，缅甸畜牧业与渔业部于 2013 年 8 月 8 日更改为"缅甸畜牧渔业农村发展部"，并被列为国家重点部门。该部门的主要工作目标为：根据千年发展目标（MDG），促进农村地区发展、提高农村人口的社会经济生活水平、缩小城乡差距。主要负责的领域为：可持续的农村发展、食物保障和食品安全。为实现兼具包容性和可持续性的农村发展，新组建的畜牧渔业农村发展部研究制定了缅甸农村发展战略框架，动员了政府机关、发展伙伴、国际非政府组织、国内非政府组织、民间组织及专家的积极参与。同时，确定了优先开展的减贫行动，即供电、饮用水供应、农业用水、就业、旅游业、金融服务、贸易与投资。为实现减贫优先行动中第 1、2 项内容，畜牧渔业农村发展部实施了农村电气化与供水工程项目。截至 2015 年 5 月，在缅甸 64917 个农村中，已实施通电工程的村数为 24923 个，占缅甸农村总数的 38.4%；已实施农村供水工程的村数为 32562 个，占缅甸农村村落总数的 50.2%。在 2014~2015 财年，农村电气化项目实施 1491 个，农村供水项目实施 3210 个。另外，根据农村发展战略框架，设立了常青村发展项目（Ever Green Village Development Project），其旨在提升农村贫困人口的生计与收入水平。该项目形式为循环资金，资金规模为每个项目 3000 万缅甸元，项目区域为 47 个地区的 1150 个村寨，涉及 130 个乡镇、8 个次乡镇。

表 17-2 农村发展主要任务和主要负责部（委）

主要任务	国家主要负责部（委）
发展农业生产力	农业灌溉部
发展畜牧业、渔业与社会经济生活	畜牧渔业农村发展部
发展农村小规模生产	商务部
发展微型金融企业	财政部
发展农村合作	合作社部
发展农村能源	工业部
环境保护	环境保护与林业部
收集和分析农村发展与减贫数据	国家计划和经济发展部

资料来源：根据缅甸各政府部门官网信息编制。

2016~2021 年，缅甸实施了一项新的国家教育战略计划（National Educational Strategic Plan，NESP）。这个基于多年发展教育实践经验，全面、广泛推进的教育战略计划，旨在未来五年对整个缅甸的教育进行改革，其中就包括为乡村地区儿童提供优质、健康、以游戏为中心的学前教育和初等教育，确保乡村地区儿童顺利完成小学、初中和高中教育，获得必要的学习能力和专业技能等关乎乡村教育改革的内容。

2016 年 10 月，缅甸议会通过了新的《投资法》，2017 年 3 月，缅甸总统签署该法案，该法案于 2017 年 4 月 1 正式生效。法案整合了 2012 年的《外商投资法》和 2013 年的《公民投资法》的内容，同时参照国际投资准则以及缅甸与部分国家签订的双边投资条约对原法律进行了补充修订，进一步规范和简化了国内外投资的操作流程，有助于增加外商投资缅甸的积极性。新的《投资法》增加了多项内容，包括均衡区域发展、重视边远和贫困地区、对投资边远落后地区的企业给予更多的优惠和奖励措施（包括长期的土地使用权限及企业所得税优惠）。其中，将企业项目所在地从落后至先进分为三个层级，分别给予企业 7 年、5 年、3 年的免征所得税优惠，以支持国家重点扶持项目及边远落后地区的发展。并将工人的日最低工资增加到 4800 缅甸元，较原先的 3600 缅甸元增长了 33%，此举有利于扩大市场需求，为经济可持续发展打下坚实基础。

2016 年 12 月至 2017 年 12 月，缅甸计划财政部会同缅甸中央统计局、世界银行和联合国开发计划署，利用已有的统计数据，对缅甸的贫困状况开展了为期一年的调查统计，目的是更加准确地掌握缅甸的贫困发生率，以及更加科学地制定可持续发展规划。基于该调查统计数据，2018 年，缅甸计划与财政部制定了《缅甸可持续发展计划（2018~2030）》，这是缅甸今后十余年发展的总体框架。

据统计，该计划实施至 2017 年，缅甸贫困率已大幅降至 24.8%（以缅甸贫困线作为计算基准）。该计划表示，缅甸政府致力在全国范围内减轻贫困，不仅通过刺激经济增长来解决贫困问题，还制定了全面的政策。经过不懈努力，贫困人口占全国总人口的比例已经从 2005 年的近 1/3 下降到 2009 年的 1/4，到 2015 年则下降到了 1/5 以下。但是，城乡差距依旧明显，2017 年，农村居民的贫困率为 30.2%，而城市贫困率为 11.3%。虽然减贫和其他诸多领域一样，依然任重道远，但是随着贫困人口的稳步减少，缅甸应对经济冲击的能力已经有所提高。①

三 中国助力缅甸减贫

近年来，中国减贫工作成效显著。国务院新闻办公室于 2021 年 4 月 6 日发布了《人类减贫的中国实践》白皮书，到 2020 年底，中国如期完成新时代脱贫攻坚目标任务，现行标准下 9899 万农村贫困人口全部脱贫，832 个贫困县全部摘帽，12.8 万个贫困村全部出列。

缅甸同中国一样，都是发展中国家，都经历过相对漫长的贫困时期，在

---

① 赵瑾：《缅甸减贫：成就、挑战与未来选择》，中国日报网，2020 年 11 月 23 日，https://chuangxin. chinadaily. com. cn/a/202011/23/WS5fbb19c1a3101e7ce973100b. html。

贫困的成因和特点等方面也有一定的相似之处。在贫困成因方面，中国和缅甸的贫困因素与其历史发展路径有着密切的联系，两国都曾遭受过西方国家的侵略和掠夺，并经历了国家政治动荡，国家的内忧外患使当时人民生活在水深火热之中，贫困问题异常突出。在贫困特点上，一是两国的贫困人口数量众多，且分布于全国各个地区；二是贫困地区分布不均衡，两国的贫困主要集中于农村地区或少数民族聚集区；三是贫困的城乡分布差异明显，中国和缅甸农村贫困人口的基数都比较大，贫困问题都主要是农村贫困问题，解决农村贫困问题是中缅两国减贫工作的关键，而中国在减贫实践中积累了丰富的经验。

多年来，在"一带一路"和"澜湄合作"的大背景下，中缅两国全面战略合作伙伴关系不断深化，中国在缅甸减贫道路上也一直扮演着重要的角色。

（一）"一带一路"助力缅甸基础设施建设，带动经济增长

2022 年是"一带一路"倡议提出的第九年，从蓝图变为现实，短短 9 年间，"一带一路"已成为当今世界上范围最广、规模最大的国际合作平台，为世界各国带来巨大机遇和红利，也让参与共建国家的人民有了越来越多实实在在的获得感。这一伟大倡议，以"共商共建共享"为理念，将"一带一路"打造成"脱贫之路"，助力共建国家经济振兴。据统计，"一带一路"目前在建大型基础项目数以千计。世界银行估计，到 2030 年，共建"一带一路"有望帮助全球 760 万人摆脱极端贫困，3200 万人摆脱中度贫困，成为人类的"减贫之路""增长之路""共同进步与繁荣之路"。

作为我国重要邻国以及"一带一路"重要国家，缅甸积极响应"一带一路"倡议，2017 年我国提议建设"人"字形中缅经济走廊，2018 年中缅两国签署《中华人民共和国政府与缅甸联邦共和国政府关于共建中缅经济走廊的谅解备忘录》，双方确定以中国提出的"一带一路"倡议为框架，充分对接《缅甸可持续发展计划（2018~2030）》，共同规划和推进中缅经济走廊建设。中缅两国将在基础设施互联互通、跨境经济合作区、民生人文、

数字丝绸之路等主要领域开展合作，优先推进中缅铁路、皎漂建设等重点项目。[①]

积极响应"一带一路"倡议，可助力缅甸完善基础设施建设，进一步满足国家现代化所必需的"硬件"条件。中缅经济走廊建设以《关于共建中缅经济走廊的谅解备忘录》和中缅双方实际需求为蓝图，聚焦在发展规划、基础设施互联互通、产能与投资、边境经济合作区、金融等重点领域，其中基础设施互联互通是中缅经济走廊建设的基石。通过交通运输、通信、电力能源等基础设施建设，中缅各区域、各经济主体将连成一体。以中缅铁路为例，该铁路的建设将为缅甸北部构建安全、高效、迅捷的现代化交通运输通道，大大提高区域互联互通水平与国家整体交通运行效能，完善区域对外综合运输通道，推动缅甸国家经济和社会的可持续发展。除了基础设施"硬件"的完善，铁路建设还能刺激中缅之间旅游、商贸、物流等领域的发展，拉动双边贸易增长。铁路建设期间需要消耗大量的钢材、水泥、砂石等当地材料，可以有效促进缅甸煤、铁等资源的开发和利用，还将直接带动建筑、电力等产业发展，进一步拉动冶金、机械等相关产业发展，全面提升缅甸工业化水平。铁路的建设还将为缅甸创造超过 125 万个就业岗位，能让沿线人民通过稳定的工作获得经济收入，过上更好的生活。因此，基础设施的完善不仅能帮助缅甸补充实现国家经济发展所必需的"硬件"，还将有力地带动相关产业发展，增加就业机会，为缅甸脱贫助力。

（二）"澜湄合作"深化中缅两国各领域交往合作，促进缅甸社会经济发展

中国是"澜湄合作"的发起国之一，秉持发展为先、平等协商、务实高效、开放包容的澜湄精神，同柬埔寨、老挝、缅甸、泰国、越南加强沟通配合，积极推进机制平台建设，大力开展各领域务实合作，有序推进重大发

---

① 《中缅签署政府间共建中缅经济走廊谅解备忘录》，新浪财经，2018 年 9 月 10 日，http://finance. sina. com. cn/stock/usstock/c/2018-09-10/doc-ihiycyfw5556356. shtml.

展项目。近年来，在世纪疫情和百年变局交织叠加的复杂背景下，中国与湄公河国家一道，齐心抗疫情，合力谋发展，为促进各国经济复苏和区域繁荣振兴做出了积极的贡献。

自"澜湄合作"发起以来，中缅双方就致力于加强经贸合作、科技交流、农业合作、水资源合作、民生合作和人文交流，在澜湄基金的支持下中方为缅方基础设施互联互通项目建设、产能合作升级、区域农业农村现代化和经济社会发展注入新的动力。2021年，中缅合作缅甸《曼德勒-皎漂铁路项目可行性研究谅解备忘录》签署仪式举行和中国援缅甸列车车厢项目顺利交付，打通了缅甸交通运输瓶颈，进一步促进了区域融合发展；中国援缅甸国家体育馆维修改造项目和中国援缅甸曼德勒工业培训中心升级改造项目，旨在进一步加强中缅两国在民生领域的合作；缅甸中央银行在2021年12月宣布允许在中缅边境地区使用人民币和缅甸元直接进行边境贸易结算，有利于中缅两国不断深化经贸合作，携手促进经济增长；"2021年澜湄电视周"在云南昆明举办，电视周展播了澜湄六国优秀的广播电视作品，大力弘扬了"平等相待、真诚互助、亲如一家"的澜湄文化。

同时，中方还致力于促进区域水果投资和贸易往来，深化农业产业合作，2021年中国农业农村部牵头实施13个"丰收澜湄"农业合作项目，开展水稻、天然橡胶、香蕉、动植物疫病防控等多个领域农技交流合作，为湄公河国家培训农业官员、技术人员和学生农民逾千人次，设立"澜湄稻渔奖学金"，编制出版《澜湄农业合作发展报告》。中国农科院筛选的3个大豆品种在缅甸示范基地平均亩产超过200公斤，为缅甸贫困最严重的农村地区发展提供了新动力。

在"澜湄合作"的背景下，新冠疫情发生以来，中缅两国同舟共济、共同抗疫。中国专门开通中缅边境抗疫物资特殊通道，疫苗、呼吸机、制氧机、氧气瓶、口罩等物资源源不断地进入缅甸，持续帮助缅甸抗击疫情，挽救了无数生命。中国还向缅甸派遣了医疗专家组，专家们深入缅甸抗疫一线，向缅甸医护人员分享中国抗疫经验，帮助提高缅甸抵抗疫情的能力，大力支持缅甸抗击新冠疫情。澜湄合作专项基金还将支持缅方建设生物安全防护三级实验室。此外，中方还通过澜湄合作专项基金支持缅甸旅游业的复苏，2022 年 2 月 "创建旅游研究中心" 项目顺利启动，项目量化研究培训顺利开班，促进了缅甸旅游业发展和减贫工作开展，在一定程度上帮助缅甸降低了新冠疫情所带来的经济负面影响。

2022 年正值 "澜湄合作" 启动 6 周年。据统计，"澜湄合作" 启动以来，缅甸作为 "澜湄合作" 的积极参与者和受益方，已有 73 个项目获得专项基金支持，覆盖农业、科技、人力资源、文化、旅游等多个领域。[①] 可以说，"澜湄合作" 深化了中缅两国各领域交往合作，促进了缅甸社会经济发展。

（三）"授之以渔" ——共商减贫富民良方

中国重视以 "授之以渔" 的、可持续发展的方式与缅甸共商减贫富民良方。2021 年 1 月 15 日，在缅甸仰光召开的 "当代中国与世界——中缅智库对话会" 上，中缅两国专家学者聚焦减贫问题，同寻 "富民良方"，共谋繁荣发展。同时，中国在亲身实践中向缅甸传递中国减贫理念与方式，中国援缅项目共有 6 大类 30 个子项目，贯彻的是中国脱贫攻坚中精准扶贫的理念，参照的是开发式扶贫的社区综合发展模式。项目既有基础设施建设、公共服务改善等 "硬" 工程，也有拓宽增收渠道、增强自我发展能力等 "软" 工程。[②]

其中，中国援缅甸减贫示范合作项目是较具代表性的项目之一。2021 年 12 月 30 日，中国援缅甸减贫示范合作项目移交仪式在内比都举行。中国援缅甸减贫示范合作项目是 2014 年 11 月李克强总理在缅甸首都内比都举行的东盟与中日韩（10+3）会议上提出的减贫合作倡议的一部分，旨在帮助缅甸、老挝和柬埔寨三国建立减贫合作示范点，为推动国际减贫合作提供示

---

① 中国驻缅甸大使馆：《陈海大使出席澜湄合作 "创建旅游研究中心" 项目启动仪式》，2022 年 2 月 24 日，http://mm.china-embassy.org/sgxw/202202/t20220224_10645206.htm。

② 彭瑶：《中缅两国专家学者聚焦减贫寻 "良方"》，中国网，2020 年 1 月 15 日，https://www.chinareports.org.cn/rdgc/2020/0115/12738.html。

范。项目自 2018 年 2 月启动以来，为埃羌达和敏彬两个示范村建设了道路、饮水工程、社区发展中心和学校教学楼等民生工程"硬设施"，开展了种植养殖培训、社区环境治理等经验分享"软合作"，造福了当地民众，埃羌达村更是成为 2019 年第十一届东盟农村发展与减贫部长级会议的考察示范村。① 在项目实施过程中，中方重视经验分享及技术援助与咨询，同缅甸分享精准脱贫的发展理念和实践经验。通过在村级社区示范"整村推进"等减贫经验，强化村级组织能力建设，支持农民生产协作，帮助当地转变发展观念、创新脱贫思路，是中国精准扶贫经验落地缅甸的新成果。

除此之外，中缅两国还开展了一系列的研修班和交流会：中缅翻译研讨会鼓励中缅学者通过翻译开阔眼界，筑建沟通的桥梁；中缅边境防疫和贸易畅通协调会双方一致同意进一步发挥双边联防联控机制作用，加大抗疫合作力度，促进中缅边贸稳定发展；缅甸公务员培训研修班深化了中缅两国的人力资源合作；缅甸工业园区建设研修班为缅甸工业园区建设发展答疑解惑；边境疫情防控视频交流会为中缅联合抗疫、滇缅疫情联防联控、口岸货物通关等搭建沟通平台；缅甸热带作物良种培育培训班帮助缅甸在热带农业领域培养更多急需的专业人才，促进缅甸热带农业发展，拓展双边农业合作领域；缅甸 RCEP 建设研修班有助于双方共同探讨新形势下中缅经贸合作如何开辟新思路、展现新作为。这些都是中国与缅甸分享理论及实践经验的生动例子。

（四）中国民间力量助力缅甸减贫

中国民间力量一直是助力缅甸减贫的重要力量之一。2015 年 7 月，中国扶贫基金会在缅甸内政部正式取得了注册证书，成为第一家在缅甸注册的中国民间组织。近年来，中国扶贫基金会主要围绕消除贫困、零饥饿、优质教育、清洁饮水与卫生设施等联合国可持续发展目标，开展胞波助学金项

---

① 中国驻缅甸大使馆：《中国援缅甸减贫示范合作项目举行移交仪式》，2021 年 12 月 30 日，http://mm.china-embassy.org/sgxw/202112/t20211230_10477444.htm。

目、中缅友好奖学金项目、爱心包裹项目、净水项目、爱心单车项目、太阳能提灯项目、微笑儿童（粮食发放）项目等多个发展援助项目。2020年新冠疫情发生以来，在中国扶贫基金会缅甸办公室指导下，中缅胞波友谊团队与缅甸志愿组织"我们爱仰光"共同执行了"微笑儿童"粮食包捐赠活动，向许多学校和学生等捐赠粮食。2022年2月，中国扶贫基金会缅甸办公室启动2022年第一批爱心包裹项目执行的前期工作，完成463所学校的培训及39712份签收表的收集及初审工作。

另一中国基金会——中国和平发展基金会多次与缅甸光明基金会合作，向缅甸困难家庭捐赠大米等生活物资。中缅经济合作发展促进会、深圳狮子会红树湾服务队、广州市天亮服务队、深圳投资商会"一带一路"委员会、粤港澳科技联盟、缅甸推广中心和广州泰嘉投资有限公司等多家爱心组织联合发起"百万口罩助力缅甸，胞波携手抗击疫情"系列活动，直接面向仰光、曼德勒社区民众、寺庙、学校、救援机构等提供口罩。

除此之外，在缅甸投资的中国企业也纷纷行动起来，向缅甸有关部门开展对口支援。中国工商银行仰光分行向缅甸卫生与体育部捐赠15万只医用口罩，用于支持缅甸卫生部门抗击疫情；中国通用技术集团向缅甸铁路部门捐赠14000只医用口罩，用于保护列车乘务人员和车站服务人员；深圳工业园区集团向仰光省政府捐赠10000只医用口罩；万宝铜矿向缅甸卫生与体育部捐赠10500只医用口罩和500套防护服。

疫情和政局动荡导致缅甸民生与经济复苏困难，在这一艰难时期，除了中国官方对缅甸的持续援助，中国各种民间力量也在源源不断地关注、支援着缅甸民众，在一定程度上缓解了缅甸的贫困现状。

四　结语

缅甸是一个拥有丰富自然资源和人力资源的国家，尽管缅甸政府自1988年以来采取了一系列的减贫措施，如一体化农村发展计划、边区发展计划和 24 个开发特区计划，2005 年之后实施了全面改革和对外开放计划，同时还与联合国机构、东盟成员国、东盟 10+3 国家和国际非政府组织合作开展了一系列有利于缅甸经济形势好转的扶贫计划，但是新冠疫情的发生与政局的动荡导致缅甸贫困程度再度加剧，在一定程度上消弭了缅甸前期的减贫成果。缅甸的减贫道路任重而道远，在未来减贫道路的选择上，缅甸可以借鉴中国脱贫经验，创新脱贫模式，并进一步响应"一带一路"倡议，搭中国的"顺风车"，利用好"湄澜合作"平台，理顺制约缅甸经济发展的因素，改善电力、道路、供水、灌溉等基础设施问题，集中精力发展经济。毕竟，经济的发展才是解决贫困问题的良药。

第十八章
越南贫困治理及其对中国经验的
借鉴与两国减贫合作

越南在 1957 年实现南北统一，成为越南社会主义共和国。由于历史上极为贫困且经受了战争的冲击，越南统一后仍面临许多困难，经济发展举步维艰。1986 年，越共六大决定进行革新开放，首先着手解决民生问题，越南共产党和政府深刻地认识到，经济发展的最大障碍是贫困，逐步消除贫困，解决人民基本的民生问题是刻不容缓的事情。因此，自 20 世纪 90 年代初，越南开始发展经济，消除贫困。从革新开放至今，经过 30 多年的变革发展，越南经济异军突起，犹如一颗明星闪烁在东南亚国家之中，经济增速一直领跑东南亚。越南政府在贫困治理实践中也取得了举世瞩目的成就，成为发展中国家扶贫发展的典范之一，赢得了世界各国的一致赞许。

中越两国和两国人民之间有着悠久的传统友谊与历史渊源。1986 年革新开放以来，越南在理论和实践两方面都积极学习和借鉴中国改革开放的举措与经验，并注重创新发展，使得其开展的革新开放成为其国力腾飞的转折点。本章首先介绍越南的贫困特点，梳理越南不同历史时期的贫困状况，然后回顾越南的扶贫工作进度，并探讨中越两国扶贫及改革道路的相似之处，分析越共是如何学习借鉴中国经验进行脱贫工作的，并总结越共反贫困实践的成就与不足之处。

一　越南贫困状况

越南的自然资源丰富，但是由于长期受殖民统治与战争破坏，越南经济发展水平低下，民众贫困潦倒。1976 年在相继战胜法、日、美等国之后，越南获得独立并实现南北统一，当时的越南是世界上较贫穷的国家之一。1976 年越共四大报告指出，"战争几乎全部破坏了我国人民花费了不知多少精力建成的一切，把走向大生产的过程推迟了好几个五年计划，打乱了整个经济管理秩序"[①]。1978 年越南人均国民收入仅为 100 美元，1979 年越南全国人均粮食占有量仅有 200 公斤，城乡饥饿现象严重。[②] 80 年代末越南发生了天灾，致使 1988 年全国 21 个省发生粮荒，越南饥荒人数达到 930 万。[③]

1986 年，越南开始进行革新开放，于 1989 年初见成效，粮食产量达 2140 万吨，完全实现了自给，且一跃成为世界第三大大米出口国。据统计，1986~1990 年越南国民收入增长 21.0%，年均增长率为 3.9%。[④] 1990 年越南人均 GDP 仅 180 美元，1993 年也只有 230 美元，[⑤] 当年世界银行将越南列为全球前 10 个贫穷国家之一。1993~1998 年，越南的贫困率下降明显，从 1993 年的 58.1%降到 1998 年的 37.4%。但是，越南国内地区发展失衡，少数民族贫困问题仍然严峻，1998 年越南人均收入仅为 86 美元。越南 1999 年共有 2400 万人生活在山区，其中 200 万人为少数民族，他们仍非常贫穷和落后，基础设施尚未建立健全，交通不便，当地人民文化素质较低，文盲和失学率达 60%以上。[⑥] 按照 2006~2010 年贫困标准，2005 年全国贫困户

① 《越南共产党第四次全国代表大会文件》，越南外文出版社，1977，第 31 页。
② 中国社会科学院外事局：《世界发展考察与研究》，经济管理出版社，2001，第 153 页。
③ 赵和曼：《越南经济的发展》，中国华侨出版社，1995，第 138 页。
④ 梁宏、朱兴有、金玲、王翠芳、付光焰编著《变革中的越南朝鲜古巴》，深圳出版发行集团、海天出版社，2010，第 35 页。
⑤ 贺圣达、王文良、何平：《战后东南亚历史发展——1945—1994》，云南大学出版社，1995，第 428 页。
⑥ 黄德仪、陈英泰、蔡晓戈：《越南特困地区的扶贫工作》，《东南亚纵横》1999 年第 Z1 期。

约有 390 万，占全国家庭的 22%，实际贫困人口达到了 1680 万，是一个相当高的数字。[①]

过去 10 年，越南的贫困率急剧下降。越南非凡的减贫成就已得到全世界认可，特别是在减少极端贫困方面，1992 年占总人口的 49%，2016 年减少至 2%。越南多维贫困率显著降低，从 2012 年的 16% 降至 2019 年的 3.73%~4.23%。[②] 根据世界银行中低收入国家标准（2011 年购买力为每天 3.20 美元），越南贫困率从 2010 年的 16.8% 下降到 2020 年的 5%，即 2020 年 1000 万人成功脱贫，贫困人口减少至 500 万人。总之，在越南战争结束后不到半个世纪的时间里，以及革新开放 35 年来，越南已成为一个充满活力的经济体。世界银行发布的《2022 年越南贫困与平等状况评估报告》显示，2020 年越南人均 GDP 达到 2655 美元，人民的生活得到了极大改善。[③]

越南贫困主要有以下几个特点。①农村贫困人口比重大，生活状况差。越南是典型的城乡二元社会结构，贫困人口主要集中在农村地区，多为纯粹的农户及其他农业工人，职业技能较低，城市地区只占一小部分。②贫困人口呈区域性分布状态，主要分布在高原、山区、偏远地区以及湄公河平原地区和中部沿海滩涂区，这些地区也属于革命老区和少数民族聚居区。这些地区大多属于穷乡僻壤，气候恶劣，容易发生自然灾害，物质和社会基础设施也相对不发达。③少数民族占贫困人口中的大多数。越南是一个有着 54 个民族的多民族国家，各民族经济、社会发展极不平衡，处于各自不同的发展阶段。由于少数民族绝大部分是农村人口，主要居住在越南北部和西部地区，靠近越中、越老、越柬边境的高原山区和河谷盆地，其贫困问题十分严峻。④贫困人口受教育程度低，用于健康生活方式的社会经济资源有限，而且工作能力有限。[④]

---

① 蒋玉山：《越南贫困与反贫困研究》，广西民族大学硕士学位论文，2008，第 9 页。

② 汉林江、杨卓娟：《农业可持续发展与越南减贫》，《中国-东盟研究》2020 年第 4 期。

③ World Bank Group, "Vietnam Poverty and Equity Assessment," 2022.

④ Thanh, B. P. T., and Ha, V. V., "Poverty Reduction in Vietnam and the Role of Public Administration", *Journal of Contemporary Asia*, 49 (1), 2019: 151-163.

二 越南贫困治理措施与成效

1812~1910 年，越南人均 GDP 要么下降，要么停滞，跌入了"贫困陷阱"。1910 年代至 1980 年代，随着工业化起步，经济出现了增长，由 1910~1950 年经济增长率为-0.26% 增长到 1950~1980 年的 0.47%。[①] 1986 年，越南进行革新开放，其目的是建立一种以社会主义市场为导向的经济。作为一个社会主义国家，越南接受了自由市场政策，经济在内部和外部都实现了自由化，随之而来的是快速的经济增长，1980~2010 年，越南年均经济增长率在 3%~4%。越南经济持续高速发展，国民生活有了明显提高，但是地区和人群之间的贫富差距不断扩大，贫困问题愈加突出，越南政府认识到贫困为经济持续发展的大敌，开展了扶贫攻坚战，[②] 经历了灭饥减贫（1986~2015 年）和多维贫困治理（2016 年至今）阶段。

（一）灭饥减贫阶段

自革新开放以来，越南政府高度重视解决贫困问题，在"变革式"基础上采取开发式扶贫，即变革式与开发式的复合模式，出台了一系列扶贫政策和措施。1988 年进行土地改革，土地属于全民所有，但农民可以长期使用土地，并在单位面积产量上实行承包制。1991 年的越共七大提出了关于持久全面地消除贫困的战略，颁布了一系列消除贫困的具体措施，如为农民培训谋生技能、设立扶贫基金会、发放扶贫贷款、提高人民的社会福利使之与经济发展的水平相符合等。1996 年，越共八大提出："将经济增长同保证社会公平结合起来，实行灭饥减贫，将贫困户比例从当前的 20%~25% 减低

---

① 刘上琼：《逃离"贫困陷阱"："海丝之路"沿线国家长期经济社会发展的实证分析——以中国、菲律宾、印度尼西亚、越南和印度为中心》，《广西师范大学学报（哲学社会科学版）》2018 年第 2 期。

② 黄海敏：《越南向贫困开战》，《中国贫困地区》1996 年第 3 期。

到 2000 年的 10% 左右。"① 2001 年召开的越共九大提出："重视灭饥减贫,逐步实现社会公平,使全社会所有人、所有家庭都过上富裕生活。"② 2006 年召开的越共十大政治报告强调："鼓励每一位农民依法致富,同时为他们创造有利条件,有效地实现消除贫困的政策;尽力消除饥饿家庭,大力减少贫困户,使富裕户迅速增加,逐步建设富裕繁荣的社区和社会。实现社会进步和公平,解决就业问题,鼓励合法致富,扫除文盲,扶助贫困,发展生活保障体系,减少社会弊病。"③

消除饥饿和减贫计划(HEPR)是越南的主要扶贫政策之一。胡志明市于 1992 年首先研究提出了"消饥减贫"计划,该市决定增加公共开支,以改善最贫困人口和乡镇获得优惠信贷、住房和食品的机会,"消饥减贫"计划取得了很好的成绩。这一举措迅速成为全国各地的流行运动。1998 年越南共产党和政府启动了消除饥饿和减贫计划(HEPR),目的是消灭常年饥饿,将贫困发生率从 1997 年的 45% 降到 2000 年的 17.7%。为达到该目标,越南政府制定了多项帮扶措施,如基础设施建设和安置移民,对贫困人口提供信用贷款、教育扶持、医疗支持;鼓励发展农、林、渔业等。2001~2005 年,HEPR 的部分相关政策转向创造就业机会,扶贫计划更名为《2001~2005 年国家消饥减贫和就业问题目标规划》。该阶段有两个主要目标:一是将贫困率从 2001 年的 17% 降到 2005 年的 10% 以下;二是新创造 1.4%~1.5% 工作机会,将城市失业率减少 5~6 个百分点,2005 年将农村地区就业率增加到 80%。④ 主要政策包括对贫困人口、贫困户、贫困乡提供生产、经营信用贷款,在医疗卫生、教育、社会民生等方面给予政策支持和资金帮扶,在方法方式上引导贫困人口找到适合的经营门路,鼓励从事农、林、渔业。越南消除饥饿和减少贫困计划(HEPR)也十分重视儿童。儿童及其家庭可以享有免费的健康保险,得到用于贫困儿童的补贴和贷款。

---

① 《越南共产党第八次全国代表大会文件》,真理出版社,1991,第 115 页。
② 《越南共产党第九次全国代表大会文件》,国家政治出版社,2001,第 73 页。
③ 《越南共产党第十次全国代表大会文件》,国家政治出版社,2006,第 101、187 页。
④ 蒋玉山:《越南贫困与反贫困研究》,广西民族大学硕士学位论文,2008,第 19 页。

在 HEPR 的帮助下，早期教育的入学率增加到 9% 左右。这对减轻越南的贫困及其未来是有益的，因为缺乏教育是重要的贫困风险因素之一。2010年，近 75% 的家庭有成员只完成了小学教育。六年后这个数字下降到 57%，这得益于越南消除饥饿和贫困计划等项目的帮助。2006 年，越南宣布在消除极端贫困和饥饿方面实现了千年发展目标，比 2015 年提前 10 年实现了这一目标。

关于越南少数民族，自 1998 年越共八大提出《2000 年消饥减贫规划》和越南政府提出《在边远地区少数民族同胞中开展消饥减贫的规划》以来，越南党和政府确立实施了一系列针对或涉及越南北部少数民族贫困人口的具体扶贫目标、政策和举措。其目的在于改善少数民族人民以及山区和边界地区居民的生活条件和健康状况，扫除文盲，提高基本文化素质，尊重并推进少数民族的优秀文化传统。越南政府于 1998 年 7 月 30 日签发了 1998 第 135 号文件《关于批准〈山区和边远地区特困乡经济社会发展规划〉的决定》。这是越共对边远地区反贫困计划的延续，有力地推动少数民族同全国人民一道，共同走向消饥减贫战斗的最前线。① 该计划圈定了 1715 个特别困难乡作为重点扶持对象，出台了一系列优惠政策和帮扶措施，如各省人民委员会要指导实施土地、山林承包，发放土地使用权证，引导发展定耕定居新经济模式，对家庭承包土地、山林种植经济树种、果树、药材等；对处于特别困难乡的农户生产和生活必需商品提供运费补贴和价格补贴。②

（二）多维贫困治理阶段

2015 年 11 月 19 日，越南政府总理颁发了 2016~2020 年越南多维贫困标准，从收入水平以及享有基本社会服务情况等指标，明确规定了该阶段多维贫困测量指标以及贫困户、相对贫困户、中等收入户等标准。此后，开始

---

① 黄德仪、陈英泰、蔡晓戈：《越南特困地区的扶贫工作》，《东南亚纵横》1999 年第 Z1 期。
② 夏军城：《中国和越南两国边境地区的民族扶贫政策研究》，广西民族大学硕士学位论文，2009，第 22 页。

进入多维贫困治理阶段，在开发式扶贫基础上，采用多模态救济式扶贫，换句话说，就是开发式与救济式的复合模式，并且以"贫困县、贫困乡、贫困户和贫困人口"为减贫目标，贫困率每年逐步下降。关于享有基本社会服务情况的指标，该决定指出，基本社会服务包括医疗、教育、住房、供水和环境卫生、信息等五项服务。除饥扶贫政策划定也有了根本性的改善。为了提高政策的效果，政府已把有关除饥扶贫的所有政策合并成《2016~2020年阶段国家可持续减贫目标计划》，责成劳动荣军与社会部统管。该计划由五个项目组成，即30a号计划（贫困县快速和可持续减贫），135号计划（少数民族区域和山区特别困难乡经济社会发展计划），对除30a号计划和135号计划外各乡生产发展、多样化生机和扩大减贫模型协助计划，传媒和信息减贫，提高对计划监管和评价能力计划。2016~2020年，越南消饥减贫成效显著，尤其是贫困率从2015年的9.88%下降到2020年的2.75%。

越南政府还制定了国家目标减贫计划（NTPPR），主要针对生活在贫困农村地区的少数民族。通过这种定位，NTPPR在如何减轻越南的贫困户数量方面有了深入的了解。该项目旨在每年减少约4%的贫困户，是国家目标的2倍。健康保险是NTPPR优先事项之一，该计划为6岁及以下儿童提供免费保险。这对那些必须工作以维持家庭收入的妇女特别有利。由于母亲不再需要请假照顾容易生病的孩子，她们得到了很大的好处。NTTPR有利于贫困的农村地区，能帮助最需要的人群减轻贫困或其症状。可持续减贫是2011~2020年经济社会发展战略的核心任务之一，其目的在于改善与逐步提高贫穷人群尤其是山区及少数民族同胞的生活条件，改善贫困地区的面貌；缩短城市与农村、区域、各民族与居民群众之间的差距。除了对扶贫的坚持和努力，越南政府还积极同国际组织如世界银行合作，寻求帮助，通过鼓励低收入农户种植盈利作物，努力改善越南农村的农业。通过推动贫困地区经济增长，每年有近150万人进入越南中产阶级。此后越南贫困率降到近10%。截至2018年，生活在越南的70%的人都有了收入保障。世界银行通过提高农业生产力、加强农民的技能和为所有获得就业机会的人提供公平的竞争环境来帮助越南最弱势的人群。

尽管越南多年来面临许多经济挑战，但 HEPR、NTPPR 和世界银行这样的计划和举措减少了农村地区的贫困户数量，推动了越南经济增长。截至 2018 年末，全国贫困户比例降到 5.35%。在沿海、海岛、少数民族、山区的特困乡，贫困比例减少 3~4 个百分点。2019 年越南贫困户减少比例达 1%~1.5%。贫困县、贫困乡减少 4%。2016~2020 年少数民族的多维贫困户减少 3%~4%。与此同时，越南正在积极改善生计，提高贫困人口的生活质量。2020 年全国贫困户人均收入比 2015 年增加 1.5 倍，特困县、乡村贫困户的收入增加了 2 倍。①

2022 年 1 月 18 日，越南政府常务副总理范平明批准了可持续扶贫国家目标计划（2021~2025 年）。该计划在全国范围内实施，并以沿海沙洲地区、沿海地区和海岛地区的贫困县、乡为帮扶的重点，力争按照多维贫困标准实现将贫困人口年均稳步减少 1%~1.5%，少数民族贫困户率年均下降 3% 以上，沿海沙洲地区、沿海地区、海岛地区的 30% 贫困县和 30% 的贫困乡成功脱贫，贫困县的贫困户发生率每年下降 4~5 个百分点的目标。②

三　越南对中国扶贫经验的借鉴及减贫合作

1950 年 1 月 18 日，中越两国建交，70 多年来，中越双边关系沿着一条基轴前进，这条基轴包括三大过河石与两条主线；三大过河石是"同志加兄弟""关系正常化""合作共赢"；两条主线是中越友好是主流和互施援手、合作共赢为双边交往的主旋律。③ 中越两国关系以此为基础保持向好发展，两国在近现代类似的历史境遇中，通过反帝反封建革命斗争先后建立社会主义国家。习近平主席称："中国和越南山水相连，两国在意识形态、发

① 《越南在除饥扶贫领域取得的成就是不可否认的》，人民军队，2019 年 5 月 9 日，https://cn.qdnd.vn/cid-7267/7271/nid-559935.html。
② 《越南批准 2021~2025 年可持续减贫国家目标计划》，越南通讯社，2022 年 1 月 20 日，https://zh.vietnamplus.vn/越南批准 20212025 年可持续减贫国家目标计划/157054.vnp。
③ 黄兴球：《中越关系 70 年：基轴与方向》，《南洋问题研究》2020 年第 1 期。

展道路、社会制度、价值理念等方面高度一致，把双边关系发展好符合两国和两国人民根本利益。"[1] 这决定了中越两国在国家政策层面必然有趋同的可能。越共前领导人胡志明曾说："我不用写太多东西，因为毛主席都写过了。"[2] 1991 年，越南社会科学院亚洲太平洋研究所出版的《在改革道路上的中国》"序言"写道："近些年来，我国研究家们的一个头等重要的研究对象，就是当代中国及其政治、经济、文化、社会结构和对外政策的演变。"[3] 该书探讨中国与越南扶贫政策的相似之处，并分析中国成功脱贫故事对越南的影响，越南并没有机械照搬中国模式，而是从本国国情出发，力求走出自己的路。

第一，以农村为起点进行土地改革，在变革式扶贫基础上开发式扶贫，逐步解决了人民的温饱问题。当年，由于刚进入社会主义时期，中国和越南都选择向苏联学习，建立了高度集中统一的计划经济体制。但国情的不同使盲目地学习让两国的经济均失去了一定的活力。中国进行改革开放开始于1978 年，随后经济进入高速发展阶段。人们形容说，越南的改革是"摸着中国的石头过河"。在中国提出"改革开放"政策几年之后，1986 年 12 月，越南共产党第六次全国代表大会提出了"革新"路线，其从理论和实践两方面着手准备，学习中国改革开放道路。理论方面，坚定发展社会主义，学习中国对改革性质的阐释。[4] 实践方面，在学习中国改革开放实践的同时也注入了越南的特点，在农业改革、经济体制改革、对外开放等方面表现尤为突出。

1978 年，中国的改革开放从农村开始，实施了家庭联产承包责任制的农业经济经营体制，鼓励广大农民解放思想，实行包产到户等措施发展生产。越南的贫困问题主要集中在农村地区，所以农业是国家减贫战略的重点领域。越南以农村为起点进行革新开放政策，1988 年进行土地改革，土地

---

① 《习近平同越共中央总书记、国家主席阮富仲通电话》，新华社，2020 年 9 月 29 日。

② Masina, P., *Vietnam's Development Strategies* (London: Routledge, 2006), 18.

③ 陈畅、李健华：《摸着中国过河：越南改革开放简史》，远川研究所，2020 年 12 月 4 日，https://www.thepaper.cn/newsDetail_ forward_ 10263385。

④ 潘金娥：《越南革新与中越改革比较》，社会科学文献出版社，2015，第 3 页。

属于全民所有，但农民可以长期使用土地，并在单位面积产量上实行承包制。越南的这一土地制度与中国的家庭联产承包责任制有着较大的相似度。不久之后，越南又采取了进一步的措施，放弃了生产配额，变成了允许农业产出的私人市场。在短短的几年时间里，越南从一个高度控制的集体农庄变成了一个私营的农庄。耕地被分配给家庭，家庭对其使用的土地有权自己决定。这使越南很快实现了粮食的自给自足，解决了人民的温饱问题，1988年的粮食产量达到1958万吨。1991年越共七大后，越南进一步完善土地制度，土地的所有权属于国家，但农户有长期使用的权利。1993年修订的《土地法》是一个重要的里程碑，交给农民的土地使用期限可以长至15～50年。在土地改革的基础上，经济恢复立见成效。1986～2015年，越南农业生产总值平均每年增长4.06%。在这些改革之后，越南的农业发生了巨大的变化，激励农民在土地上的投资，农民生活水平得到明显提高。

在经济体制改革领域，越南学习借鉴中国社会主义市场经济，越共九大报告提出"社会主义定向的市场经济"，目的是建立一种社会主义市场导向的经济。通过这项改革，越南仍然是一个由共产党管理的一党制社会主义国家，但接受了自由市场政策。在产业发展上，越南也借鉴中国沿海地区的经验，通过劳动密集型的加工产业，在短时间内实现经济腾飞。尤其是近年来，得益于廉价的劳动力成本以及越南政府对海外投资的大力支持，越南逐渐成为海外制造业在亚洲的投资新地。一系列改革政策改变了越南长期以来对外封闭的状况，越南向世界开放大幅度提高了国内人民的生活水平，使越南进入了经济高速发展时期。

在对外开放方面，越南实行多元化对外政策，积极参与国际事务。在实行革新开放前，越南政治、经济、外交方面基本上处于闭关锁国状态，仅与苏联和东欧等相关国家有贸易往来。1986年越南正式提出"革新开放"，在经济上实行多元化对外政策，以扩大对外经济贸易关系，更好地融入国际市场，参与国际合作，并积极扩大开放的范围，走上了革新开放的道路。1987年颁布了《越南社会主义共和国外国投资法》，以优惠的政策吸引国外投资与经济合作，使对外贸易不断扩大。之后的10年中，共吸引到64个国家或地区的 180 家企业在越南投资，投资额约 321 亿美元，而越南的大米出口量则居世界第二。^① 与此同时，越南积极改善与世界各国的关系，尤其是几个大国和东盟国家的关系，如中国、美国、俄罗斯、日本、法国等。至今，有 168 个国家与越南正式建立或恢复了外交关系。越南也积极参与国际事务。1996 年正式参加《共同有效关税优惠协定》（CEPT）和东盟自由贸易区，这是越南参与的第一个自由贸易区，它加快了越南融入区域经济和世界经济的步伐。1995 年，越南加入东盟，成为其参与地区间经济合作的里程碑。2003 年，越南以东盟成员国的身份加入了中国-东盟自由贸易区（CAFTA）。此后越南相继加入亚洲太平洋经济合作组织（APEC）、世界贸易组织（WTO）。截至 2021 年底，越南参与并生效或即将生效的区域贸易协定达 15 项，这些协定对吸引外资、发展外贸起到了极大的促进作用。^②

第二，针对边远贫困地区，在开发式扶贫基础上，完善救济式扶贫，出台一系列扶持发展政策。中越两国都有边远地区贫困的状况，且极度贫困也多集中于这些区域。如在中越漫长的边境线上，多分布着两国的少数民族及山区人民，这些地区多以经济贫困、交通不发达、人口受教育程度低、管理水平落后、自然条件落后为特征。1984 年 9 月中国政府发出《关于帮助贫困地区尽快改变贫困面貌的通知》，对促进"老、少、边、穷"地区的社会经济发展、改善贫困人口的生产生活条件发挥了主导作用。越南也对偏远地区进行了一系列贫困治理措施，从 1998 年开始先后制定出台《特困偏远村社实施社会经济项目》等一系列消除饥饿、减轻贫困、定耕定居的各项扶贫政策措施。如解决山区边疆少数民族游耕游居问题，扩大种植面积、创造就业机会；进行文化扶贫，帮助北部山区少数民族提高文化程度，注重民族文化的保存和传承；进行教育帮扶，向山区少数民族学生提供助学金和社会救济金，增强教师队伍素质；给予医疗卫生支持，兴建定居点、安置移

---

① 孙小清：《改革开放与革新开放——论中越两国在社会主义建设中的异同》，《中国经贸导刊（中）》2021 年第 2 期。

② 覃丽芳：《"融入国际经济"战略：越南经济发展的回顾、现状与前景》，《东南亚纵横》2021 年第 6 期。

民等。

针对生活在贫困农村地区的少数民族，越南政府还制定了国家目标减贫计划（NTPPR）。借鉴中国扶贫的多个维度，在贫困县、贫困乡、贫困户和贫困人口四个层次进行脱贫。中越两国在边境民族地区扶贫实践中相互交流借鉴，从而使边境民族地区的扶贫政策措施出现了许多相同或相似的地方。如都重视基础设施建设、强化社会公共事业地位；以民生为本、积极推进定点安置；提供持久扶贫支持、发放小额信用贷款等。①

第三，中国与越南的减贫合作，从传统的救济式减贫转入开发式减贫，共建"两廊一圈"和"一带一路"。中国和越南作为友好邻国，是具有重要战略意义的命运共同体。中国作为率先发展的社会主义国家，过去曾多次及时对越南给予帮助。

2003年，越南以东盟成员国的身份加入了中国-东盟自由贸易区（CAFTA）。过去13年来，中国-东盟社会发展与减贫论坛持续举办，影响力不断扩大，成为中国-东盟合作与交流的重要渠道。2004年，越南对中国提出共建"两廊一圈"的建议，得到中方积极响应。同年，中越两国政府就此发表了联合公报，确定合作建设"两廊一圈"的意向。2008年，越南政府出台《批准到2020年谅山-河内-海防-广宁经济走廊发展规划的决定》，到2020年，"两廊一圈"发展规划为越南贡献了2000亿美元左右的GDP。该规划还提出贸易、旅游、工业、客货运输、农林业、文化、医疗、教育和科技、保护环境和灾害预警等领域的合作发展方向。两国试图将"一带一路"合作倡议与"两廊一圈"发展规划对接起来，充分利用中国在基础设施建设上的资源、设备、资金、运营经验，助力越南经济发展，共同促进两国海上、陆上及金融等各领域合作，推动互联互通，加强贸易往来。

自2013年中国政府提出"一带一路"倡议以来，中越两国高层领导互访频繁，双边经贸合作成效显著，越南在中国对外投资结构占比中的地位越

---

① 夏军城：《中国和越南两国边境地区的民族扶贫政策研究》，广西民族大学硕士学位论文，2009，第47~48页。

来越高，贸易地位不断提升。中方按照"企业为主、政府推动、市场化运作"的原则，充分运用优惠贷款、专项贷款等融资渠道积极参与越方铁路、公路、电站、港口、桥梁等基础设施建设，并取得诸多务实成果。[①] 目前较具代表性的项目主要有"三高两铁三桥"、河内轻轨二号线（吉灵-河东）项目和老街-河内-海防标准轨铁路项目，加强了越南的交通等基础设施建设。2018年，在中国和"一带一路"共建国家的合作中，越南排在第五位，已超越马来西亚成为中国在东南亚的最大贸易伙伴。2019年4月，越南总理阮春福来华出席第二届"一带一路"国际合作高峰论坛。中越在经济、文化、教育、旅游、医疗、出版等领域进一步加强了合作，中方充分运用优惠贷款、专项贷款等融资渠道积极参与越方铁路、公路、电站、港口、桥梁等基础设施建设，取得诸多务实成果。同时，人文交流也日益密切，旅游合作成效显著。2017年，两国政府签署《中国国家旅游局和越南文化体育旅游部2017~2019年旅游合作计划》，深入推进了双边旅游合作。越南国家旅游总局数据显示，中国已连续12年蝉联越南接待国际游客的第一大来源地，大大推动了当地旅游业的发展。2020年东盟10国与中国、日本、韩国、澳大利亚、新西兰等15个国家领导人共同签署了区域全面经济伙伴协定（RCEP），构建形成当今世界人口最多、经贸规模最大、最具发展潜力的自由贸易区，推动中越双边经贸合作发展再次迈入新阶段。

如今，中越两国时常在脱贫减贫方面进行交流合作。如2021年12月，越南外交部和地方政府、中国外交部、中国驻越南大使馆和中国云南省政府共同主办讨论越南和中国减贫经验的网络研讨会。越南外交部副部长阮明武在活动上对中国，特别是云南取得的脱贫成就表示祝贺，并建议两国地方在社会经济发展规划方面加强合作，促进贸易和投资关系，开展改善社会福利和当地生活的项目，共同抗击流行病，并进一步关注可持续和包容性增长。2022年7月，中国-越南双边合作指导委员会第十四次会议在广西南宁举

---

① 《"一带一路"与"两廊一圈"加速对接　中越贸易今年有望破千亿美元》，2017年5月19日，http://epaper.21jingji.com/html/2017-05/19/content_62626.htm。

行，国务委员兼外长王毅和越南常务副总理范平明共同主持，双方将进一步加强发展战略对接，加快推进互联互通，促进"两廊一圈"和"一带一路"建设。

四　结语

21 世纪是世界经济、科技飞速发展的时代，但困扰世界各国和地区的重要因素依然是贫困问题，这是长期困扰第三世界国家实现经济稳步增长、社会公平正义、人民安居乐业等发展目标的一大难题。越南作为众多发展中国家的一员，革新开放以来，其扶贫工作取得了重大成就，人民生活质量得到很大的提高，但是越共也应该意识到，其贫困治理仍存在一些不足，贫困依旧存在。越南在社会主义建设中存在的问题和矛盾主要有：经济基础过于薄弱，经济结构转变缓慢；主要依靠行政权威推动扶贫工作的开展，忽视贫困人民的参与度；注重输血式扶贫，忽视造血能力的提高；科技水平和劳动力水平较低；国家投资分散、流失严重，一些国家重大工程的建设有困难，有不少烂尾工程；部分地区污染严重、生态环境恶劣；贫富差距大，城乡及地区经济发展不平衡；人口增长过快等社会不稳定因素明显增加；等等。

总之，越南在正确认识国情的基础上，选择以社会主义道路为前提的革新开放，得到了中国等国家和国际组织的帮助，取得了显著成效。在中越两国相似历史和国情的基础上，越南在一定程度上学习中国的发展之路，在注入本国特点的基础上进行革新开放，保持开放与包容的心态，创造了"越南奇迹"，是谋求发展的成功范例。越南经济快速增长的同时，社会主义制度也得到平稳运行，进而使得政治、外交形势总体保持稳定。对东南亚国家而言，学习越南的发展经验，有利于摆脱落后局面，实现稳定发展，推动东盟共同体进程。

第三篇
全球贫困治理进程中的中国国际减贫合作及中国扶贫对外话语体系

除阿根廷 20 世纪 80 年代返贫外，全球贫困治理中无论是发达国家还是发展中国家，均在减贫领域做出了一定的贡献，国际组织、区域性组织和跨国公司也积极参与其中。其实，以西方国家主导的国际货币基金组织、世界银行等国际机构和跨国公司采用从单模态救济式，过渡到多模态救济式，再到集贸易金融自由化、经济私有化、援助减债计划等于一体的多模态开发模式，推进全球减贫进程，但收效甚微。① 这是因为西方国家的国际减贫战略带有强烈的利己主义和新自由主义色彩，其附带的政治条件使得被接受援助的发展中国家处于被动地位，再加上西方自由主义主导的个人"权利至上"多模态开发模式具有内在的缺陷，在欧美资本控制下的激进式市场化改革往往使发展中国家通货膨胀率暴增，从而陷入经济发展低迷和金融危机的困境，进而加剧贫困问题。

比较而言，中国在减贫方面为国际社会做出了举世瞩目且意义深远的贡献，尤其从扶贫视域来看，中国坚持集体主义和共同富裕思想，秉持"人民至上"理念，发出了构建"一带一路"以及人类命运共同体倡议，围绕贫困的四个维度（县、村、户、人口）实现了包括政府、社会、民众在内的全民参与扶贫的路径突破，走出了一条从单模态救济转向多模态开发（变革式、开发式、攻坚式）、再到多模态复合（开发式、精准式、振兴式等）的扶贫道路，打开了全球贫困治理的新格局。这为国际社会的贫困治理创造了中国样本和中国路径，并为全球减贫事业、联合国千年发展目标及可持续发展目标的实现做出了不可磨灭的贡献，为人类减贫史创造了绝无仅有、叹为观止的奇迹。② 但是，几乎垄断了当前国际话语权的西方话语体系，极力标榜资本主义发展过程中所谓的西式自由、民主等术语，而对中国赢得举世瞩目的扶贫成就予以曲解、质疑、抹黑和批评。中国近年来已经从制度性话语权的边缘参与者过渡到核心引领者，譬如，中国参与了《2030年可持续发展议程》从咨询、讨论到设定、启动的全过程；2016 年 11 月

① 王金良、姜奎秀：《中国为全球贫困治理提供新方案》，《中国社会科学报》2022 年 8 月 24 日。
② 俞正樑、秦亚青、郝叶力等：《全球治理体系变革和建设的研究重点与路径建议》，《国际观察》2021 年第 3 期。

"一带一路"倡议被写入联合国大会决议，"共商、共建、共享"的全球治理理念也被纳入了联合国大会通过的《关于"联合国与全球经济治理"的决议》；2018年第73届联合国大会通过关于消除农村贫困的决议，将中国提出的"精准扶贫"理念与实践写入其中；2019年联合国《2019年人类发展报告》咨询了来自中国国家智库的意见；等等。但是，相对西方话语来说，中国话语仍然处于弱势。中国在对外传播领域投入了大量的资源，但所面临的国际舆论态势仍然相当严峻，在国际上还时常处于有理说不出、说了传不开的境地。为了改变这一局面，我们必须广泛开展国际减贫交流合作，深入参与全球贫困治理，更多争取贫困治理领域的话语权，积极探索和践行贫困治理的符号媒介、结构形式、语义内容、实践语境和观念思想五大对外话语体系（参见第二十章）。在此，我们基于贫困治理对外话语语义内容体系，就话题框架而言，举例予以论述。

第一，"构建人类命运共同体"话语。在全球疫情肆虐背景下，中国秉持"构建人类命运共同体"理念，践行国际法承诺，高度关照发展中国家，尤其是那些最不发达国家，采取各种及时且强有力的举措，减缓其债务，为其提供发展援助合作，真诚帮助他们克服困难。① "构建人类命运共同体"理念如今已经得到广泛的国际认同，多次被写入联合国文件。这不仅是因为它包含着公平、正义、民主、自由、和平、发展等人类共同价值，以及人本、宽容、文明互鉴、合作共赢、可持续发展等世界共享基本理念，而且它是在继承中国传统文化，参考中国当代文化，借鉴吸收国外优秀文化的基础上形成的，是一种真正融通中外的文明观、历史观和世界观。"构建人类命运共同体"是中国为应对全球治理困境贡献的优中选优之方案，是一种新型南南合作发展的战略布局。

构建人类命运共同体可从相邻和周边国家开始。亚洲贫困主要集中在东南亚的澜湄地区。② 该地区包括中国以及位于中南半岛的泰国、柬埔寨、老

---

① 《习近平在第七十五届联合国大会一般性辩论上发表重要讲话》，《人民日报》2020年9月23日。

② 卢光盛、金珍：《超越拥堵：澜湄合作机制的发展路径探析》，《世界经济与政治》2020年第7期。

挝、缅甸、越南，六国均为山水相依的近邻。该地区一般为发展中国家，贫困人口多，城市化程度低，国内生产总值与人均国内生产总值均处于低水平。中国作为澜湄地区的主要大国，有责任推动该地区的经济发展，帮助区域内的国家减少贫困。在全球化进程中，东南亚国家积极参与其中，大力发展经济，不断积累财富，极大地降低了本国的贫困发生率，但因各国爬上发展阶梯的速度不一、层次不一，发展的差距越拉越大，尤其是湄澜次区域国家，因没赶上快速发展的步伐而逐渐成为贫困集中区。中国在该区域采取澜湄合作机制与中老缅泰黄金四角合作机制，以贸易投资为合作方式，在推动中国-东盟命运共同体建设中起到了重要支撑作用，使该区域成为构建人类命运共同体的试验田。

第二，"共同富裕"话语。作为马克思主义的一个基本目标以及中国共产党的重要使命和矢志不渝的奋斗目标，共同富裕既是社会主义的本质要求，也是全体人民从部分到整体、从低层次到高层次的逐步富裕。马克思在《1857~1858 年经济学手稿》中指出，未来社会的"生产将以所有的人富裕为目的"。毛泽东是"共同富裕"的最早倡导者和积极实践者，1955 年 10 月，他在资本主义工商业社会主义改造问题座谈会上明确提出："现在我们实行这么一种制度，这么一种计划，是可以一年一年走向更富更强的，一年一年可以看到更富更强些。而这个富，是共同的富，这个强，是共同的强，大家都有份"，"这种共同富裕，是有把握的"。显而易见，毛泽东把共同富裕与制度联系在了一起。1986 年 9 月，在答美国记者迈克·华莱士（Mike Wallace）问时，邓小平指出："社会主义原则，第一是发展生产，第二是共同致富。我们允许一部分人先好起来，一部分地区先好起来，目的是更快地实现共同富裕。"习近平在中央财经委员会第十次会议中指出："共同富裕是全体人民的富裕，不是少数人的富裕，也不是整齐划一的平均主义，要分阶段促进共同富裕。"

共同富裕是消除两极分化和贫穷基础上的普遍富裕，通过辛勤劳动和相互帮助全体人民最终达到丰衣足食的生活水平。从马克思主义生产论、毛泽东的"制度"说、邓小平的"目的"说，到今天习近平的"本质"

说，都表明共同富裕是信仰马克思主义的中国共产党人一贯的主张，是人心所向，也是势不可当的历史大趋势。共同富裕不是一时心血来潮的口号，而是中国特色社会主义发展的必由之路。①

第三，"精准扶贫"话语。精准扶贫是指针对不同贫困区域环境、不同贫困农户状况，运用科学有效的程序对扶贫对象实施精确识别、精确帮扶、精确管理的治贫方式。习近平总书记关于精准扶贫的思想可以划分为两个阶段。首先，习近平总书记 2013 年 11 月到湖南湘西考察时，首次提出了"精准扶贫"概念，确定了三个精准：精确识别、精确帮扶、精确管理。之后，2015 年 6 月在贵州考察期间提出了"六个精准"的要求，即扶持对象精准、项目安排精准、资金使用精准、措施到户精准、因村派人精准、脱贫成效精准。② 扶贫的精准性体现到扶贫全过程中的所有环节，必须建立起一整套的扶贫工作的完整流程与检测评价机制，经得起检验。①扶持对象精准，就是必须准确地找到要扶持的贫困家庭和人口，由基层通过民主评议和建档立卡来识别贫困人口；②项目安排精准，这就需要根据贫困户和贫困人口的致贫原因进行有针对性的项目帮扶，做到因户因人施策；③资金使用精准，就是根据贫困户的实际情况因户因人制宜安排项目和资金，除了创收项目，还需要培训和教育扶贫、医疗扶贫、社会保障等；④措施到户精准，即鉴于贫困人口致贫因素的多样性、复杂性和动态性，针对贫困人口的扶持政策和措施也应保持差别化、类型化和变动性；⑤因村派人精准，即必须确立村帮扶制度，可以从外部组织和动员更多的资源，增强贫困对象村的内生发展动力；⑥脱贫成效精准，要求对脱贫效果进行科学的考核和评估，防止成果造假和贫困人口被脱贫的现象，需要进一步制定明确和可量化的脱贫标准，组织和动员社会力量参与贫困的动态监测、分析和评价。③

---

① 邓伟志：《共同富裕不是一时心血来潮的口号而是中国发展的必由之路》，上观新闻，2021 年 10 月 11 日，https://export.shobserver.com/baijiahao/html/410034.html。
② 唐任伍：《习近平精准扶贫思想阐释》，《人民论坛》2015 年第 30 期。
③ 汪三贵、刘未：《"六个精准"是精准扶贫的本质要求——习近平精准扶贫系列论述探析》，《毛泽东邓小平理论研究》2016 年第 1 期。

精准扶贫思想的理论源流是"共同富裕",现实基础是"全面建成小康社会"的宏伟目标,核心要义是精准化理念。"六个精准"是精准扶贫的本质要求,是攻坚精准期做好精准扶贫工作的关键所在。

第四,"对外援助"话语。对外援助属于一种资源转移,即将一国拥有的部分资金、货物和服务向另一国无偿转移,帮助受援国舒缓或消解经济发展中遭遇的困境或难题,推动受援国有效消除贫困。西方国家对外援助的主要目的有两个:军事战略原料和经济政治控制。"哪里有军事基地、人力和战略物,它就给哪里援助。"[1] 所以西方国家援助观也有"帮助别人就是帮自己"的原则,如美国前总统尼克松所言:"记住,美国对外援助的主要目标不是帮助其他国家而是帮助我们自己。"[2] 新兴国家对外援助的主要目的则是发展与外交,对外援助不仅仅是发达国家的义务,凡力所能及者皆应提供援助。但是,因贫困的发生多源于发达国家早期的掠夺以及不公平的国际经济秩序,基于矫正正义义务和人道主义要求,在对外援助方面发达国家理应承担更多的义务。[3] 20 世纪以来,国际发展理念进入全球治理框架之中,并成为其重要组成部分;对外援助已不再局限于向受援国提供财物、技术等,其内涵已扩展到基于合作的国际发展援助。[4]

中国提供对外援助以及人道主义援助遵循"授人以鱼,不如授人以渔"的指导原则,但中国的对外援助经历了一个理念转变的过程,[5] 从只对与中国有政治外交关系的国家进行直接援助,演进到发展合作援助。改革开放以前,中国的对外援助主要受国家的政治目标主导,援助形式相对单一。中国的对外援助始于 20 世纪 50 年代,政治色彩颇浓,援助对象主要是朝鲜、越南等社会主义国家。1964 年,中国政府宣布了对外经济技术援助八项原则,

① 史一涛:《拆穿美国对外"援助"的西洋镜》,《世界知识》1955 年第 9 期。
② Hayter, T., *The Creation of World Poverty* (London: Pluto Press, 1990), 83-84.
③ Opeskin, B. R., "Foreign Aid in a Bounded World: An Appraisal of the Univer-salistic Moral Tradition", *Bulletin of Australian Society of Legal Philosophy*, 4, 1995: 4-48.
④ 韩永红:《论我国对外援助基本法的构建——基于国内法和国际法统筹思考的视角》,《武大国际法评论》2018 年第 4 期。
⑤ 丁韶彬:《欧美对中国对外援助的认知及其启示》,《东北亚论坛》2016 年第 3 期。

其核心包括平等互利、不附加任何政治条件等内容，由此确立了中国此后开展对外援助一贯坚持的基本方针。[①] 这种情形在 1978 年之后的改革开放时代发生了改变，中国的对外援助逐渐呈现多样化的特点。譬如，因为中国经济行政部门与为项目提供资金的政策性银行、负责落实项目的企业承包商利益一致，具有巨大经济潜力的国家（如埃塞俄比亚）通过整合援助、优惠贷款和商业贷款发展合作金融，获得了更多"经济实用"的援助；与中国一样具有悠久合作历史的国家（如赞比亚），仍然具有历史传统优势，可以得到更多条件优厚的援助支持。此后，随着软、硬实力日益提高，中国的全球贫困治理理念也发生变化，并推动援助规模逐渐扩大，援助方式更加多元，援助行为逐渐法治化，援助理念也由早期只注重物质资源的单一援助转变为以人民为中心、更注重一国未来发展的现阶段减贫理念，如中非减贫合作即见证了由单一援助减贫演进到经济增长减贫再到发展减贫的变化。[②] 而西方，尤其是美国，对非洲国家采取的直接援助附加了政治条件，是一种支配性援助，不仅没有推动受援国经济发展进程，没有改善其民生，反而使其过分依赖对外援助，掉入对外援助的陷阱，贫穷状态更加恶化。西方的对外援助，并没有考虑受援国自身的发展规律和需求，而是将西方的经验完全照搬到非洲等受援国，致使援助"水土不服"。西方援助国认为，经济现代化与政治自由化关联紧密，受援国要实现经济增长就要进行政治体制改革，建议其采用所谓的西式多元民主体系。政治体制发生改变，经济制度必然也要有所变化，即受援国的经济制度要采用西方的自由主义市场经济制度，而这一经济制度可能并不符合该国国情。纵观中国的对非合作援助，绝不存在要求受援国改变政治、经济体制的现象。中国对非的援助偏重减少贫困、发展经济，不以民主、善治及人权等为先决条件，旨在实现中非共赢，维护双方共同利益。中非发展模式具有互补性，在对外援助合作时，这一特性激发受援国去挖掘自身优势和潜力，推动其加快实现

[①] 国务院新闻办公室：《中国的对外援助》白皮书，2018 年 8 月 6 日，http://www.cidca.gov.cn/2018-08/06/c1299250642.htm。

[②] 安春英：《中国对非减贫合作：理念演变与实践特点》，《国际问题研究》2019 年第 3 期。

减贫目标。我国早期的对外援助确实带有一定程度的政治属性，不附加政治条件的原则也曾引发关注和争议，[①] 但后来采用的是合作性的援助模式，偏向于发展合作，强调受援国从自身发展出发，选择与之相适应的发展模式，不强求输出特定的发展模式，不附加任何条件，这从根本上改变了传统的国际援助格局。

在对外援助上，中国一贯主张尊重各国自主选择适合自身实际需求的社会制度和发展道路。中国与其他发展中国家一起致力于提升自身的发展水平和治理能力，增强全球话语权和国际规则制定权，为全球贫困治理体系的完善提供建议、支持和新的可能性。[②]

第五，"国际合作"话语。中国在全球贫困治理方面经历了身份的转变，由最初的单一受援者转换为受援者与援助者兼具，再到现在的单一的援助者。以共同的利益诉求构筑共享的价值，成为 21 世纪主流意识形态建构的方向。[③] 60 多年来，从对外关系上中国经历了从改革开放前的主权独立话语与国际斗争话语、到改革开放后国家发展话语与国际合作话语的变迁。[④] 2023 年 5 月 18 日国家国际发展合作署在北京发布了《国际发展合作的中国实践》报告。报告指出，2018~2022 年，中国提供了 822 项对外紧急人道主义援助，总金额约 152 亿元，其中 2021 年项目数量最多，为 317 个，而 2022 年项目金额最多，达 38 亿元。

国际合作话语的形成有其特定的现实语境，现行全球贫困治理机制主要由联合国和发达国家主导。联合国主导的贫困治理机制中，发达国家和发展中国家均被纳入其中，这在一定程度上缓解了全球贫困问题。该机制通过发达国家展开与发展中国家的经贸合作、对外援助来帮助后者减少、减除贫困，但因该机制并未着眼于发展中国家发展能力的提升，其结果是发展中国

---

① 韩永红：《论我国对外援助基本法的构建——基于国内法和国际法统筹思考的视角》，《武大国际法评论》2018 年第 4 期。

② 骆明婷：《联合国减贫道路与中国的贡献》，《毛泽东邓小平理论研究》2021 年第 2 期。

③ 吴学琴：《日常生活化的意识形态与新中国流行语的变迁》，《马克思主义研究》2010 年第 3 期。

④ 陈以定：《从外交话语看中国外交中和平观念的演进》，《江淮论坛》2012 年第 5 期。

家缺失发展动力，过分依赖对外援助，减贫成效过低，难以找到适合本国发展的减贫道路。发达国家主导的全球贫困治理体系考虑的多为发达国家的自身利益需求，对发展中国家的诉求常常视而不见，并不完全适合发展中国家。联合国提出的四个"消除贫困十年计划"以及《千年发展宣言》和《2030年可持续发展议程》，为全球贫困治理提供了坚实的国际法保障，使全球贫困治理有法可依。中国积极响应联合国的减贫倡议，率先完成目标，支持联合国在全球贫困治理体系中的核心作用，成为该体系的有力推动者和忠实执行者。中国积极参与全球贫困治理目标及方案的制定，逐渐由边缘角色向主要参与者转变，以实际行动促进《2030年可持续发展议程》的落实，将中国的贫困治理理念推广至国际社会，中国不断深化共建"一体""一带一路"同《2030年可持续发展议程》对接，以基础设施建设为重点促进经济增长，借助援助和投资双重途径、政府和市场双重力量积极分享和推广中国减贫经验，同时结合"能促型"项目提升发展中国家自我减贫能力，以构建"弘义融利、开放包容"的对外合作减贫体系。[①] 如第71届联合国大会在全球经济治理的决议中纳入了中国"共商共建共享"的发展理念，使该理念成为全球性的公共产品，为全球减贫提出中国方案、贡献中国智慧。

基于联合国减贫机制下可持续发展的中国方案，秉承国际法追求人本主义和全球分配正义，融入了"构建人类命运共同体"理念，中国通过减贫合作、对外援助、共建"一带一路"等方式助推全球贫困治理，注重在发展中与他国合作，即便是对外援助也强调平等的互商互量，以受援国的发展需求来定位发展路径，帮助受援国减贫，以实现"无附加条件"的发展合作，实现互利、合作、共赢。

---

① 郑雪平：《"一带一路"高质量建设驱动合作国家减贫研究》，《社会科学》2021年第9期。

第十九章
全球贫困治理理论、模式与中国
国际减贫合作实践研究

　　贫困是人类在历史发展进程中共同面临的问题，消除贫困是全人类孜孜以求的美好愿望，也是联合国千年发展的首要目标之一。改革开放 40 多年来，中国帮助了 8 亿多人口摆脱贫困，2020 年底已彻底完成了全面脱贫的艰巨任务，提前 10 年实现了联合国《2030 年可持续发展议程》的减贫目标，创造了世界范围内"最成功的扶贫故事"。目前，我国已历史性地消除了绝对贫困，进入了实现共同富裕进程中的常态化历史新阶段，救济式、变革式、开发式等阶段性扶贫模式将转向可持续的多模态复合贫困治理模式。① 中国扶贫的生动实践为全球减贫贡献"中国方案"，中国特色扶贫道路为许多深陷贫困的国家提供了新选择，中国减贫事业取得的巨大成就以及推进国际合作的各项举措引发持续反响，中国成为全球减贫领域第一大受关注国。改革开放特别是党的十八大以来，世界媒体对中国减贫的关注度持续升温，20 多年来的英文报道量始终保持全球第一位。自 2000 年 9 月联合国千年发展目标通过以来，有关中国减贫的全球媒体英文报道量已经突破 26 万篇。世界五大洲中，亚洲、美洲、非洲媒体对中国减贫的报道量排名前三，亚洲媒体英文报道量超过 9 万篇，占全球报道总量的 57.3%。这说明广大发展中国

---

① 莫光辉：《共同富裕实现进程中的常态化减贫机制》，《社会科学战线》2022 年第 10 期。

家对中国减贫关注度较高，期待学习借鉴中国的减贫经验。其中，"精准扶贫""生态保护""易地搬迁""教育""就业""消除饥饿""中国模式""可持续发展""基础设施建设"等，成为全球媒体报道中国减贫的高频词。①

近年来，国家出台的一系列战略、倡议和行动计划都把开展国际减贫交流合作作为重要内容。如 2015 年 12 月出台的《中共中央 国务院关于打赢脱贫攻坚战的决定》就明确提出："加强国际减贫领域交流合作。通过对外援助、项目合作、技术扩散、智库交流等多种形式，加强与发展中国家和国际机构在减贫领域的交流合作。积极借鉴国际先进减贫理念与经验。履行减贫国际责任，积极落实联合国《2030 年可持续发展议程》，对全球减贫事业作出更大贡献。"此外，从《落实中国－东盟面向和平与繁荣的战略伙伴关系联合宣言的行动计划（2021—2025）》的制定，到《中国与非洲联盟关于加强减贫合作的纲要》的发表，再到"一带一路"倡议的实施、"东亚减贫合作倡议"的提出以及中拉合作论坛的成立，减贫领域的国际合作都被纳入其中。"扶贫"已经成为中国总体外交战略的重要组成部分。无论是中国国内扶贫还是国际减贫合作取得的巨大成就，均离不开对国际社会有益经验的借鉴，中国与国际社会开展减贫合作，通过主办或共同举办以"扶贫"为主题的国际性论坛和会议，如全球性"减贫与发展高层论坛"和中国扶贫国际论坛，搭建国际减贫交流合作平台，丰富国际社会贫困治理方法、经验和理论，进一步推动全球减贫事业的发展。

一　国内外贫困治理理论及其对比分析

国内外贫困治理理论和实践既有一些共同点，也存在很大差异。基于各国国情以及从实际出发原则，在国际社会贫困治理进程中，可以相互学习借鉴，相互发展，逐步消除贫困，实现共同富裕。现就国内外贫困治理理论阐释如下，并进行对比分析。

---

① 《〈中国减贫的全球认知和经验启示〉报告发布》，中国网，2021 年 5 月 18 日。

（一）中国反贫困理论及扶贫思想的演进

在中国，先秦时期孔子、孟子、老子等一批思想家对仁爱、不患寡而患不均、天下大同理想的阐述与表达，无不包含着古代先贤的贫困与反贫困思想，奠定了中国救济贫困模式及慈善思想的来源。中国古代道教以及随后传入的佛教等济贫救助实践也在民间慈善中发挥了积极作用，奠定了中国民间慈善救助的思想基础。随着封建王朝的建立，封建国家和地方政府亦在社会发生急难时开展了救灾、济贫、恤孤、养老等临时性或长期性的济贫和救助实践，以弥补宗族和宗教等民间救助和慈善的不足。历代思想家和改革家也提出了相应的救助主张。近代以来，孙中山提出了民生和救助的社会思想，并在其倡导下建立了以政府为主导的社会救助制度。一批经济学家、社会学家在西方现代发展观和研究方法影响下，不仅进行了农村贫困问题的调查和研究，还开展了相应的乡村建设实践，对中国近代社会的贫困与反贫困认知也产生了重要影响。① 新中国成立以来，以马克思主义反贫困理论（变革论）为指导，结合中国贫困治理以及国际减贫合作实践，逐步形成了马克思主义中国化扶贫理论，自党的十八大以来构建了一整套行之有效的政策体系、工作体系、制度体系，走出了一条中国特色减贫道路，形成了中国特色反贫困理论，② 包括以下七个"坚持"。

第一，坚持党对扶贫工作的领导，提供坚强的政治和组织保证。强化中央统筹、省负总责、市县抓落实的工作机制，构建五级书记抓扶贫、全党动员促攻坚的局面。截至 2020 年底，全国累计选派 25.5 万个驻村工作队、300 多万名第一书记和驻村干部，同近 200 万名乡镇干部和数百万村干部一道奋战在扶贫一线。

第二，坚持以人民为中心的发展思想，坚定不移走共同富裕道路。始终

---

① 黄承伟、刘欣、周晶：《鉴往知来：十八世纪以来国际贫困与反贫困理论评述》，广西人民出版社，2017，第 9~10 页。

② 《党的十八大以来我国形成了中国特色反贫困理论》，新华社，2022 年 6 月 27 日，https：//www.gov.cn/xinwen/2022-06/27/content_ 5698037.htm。

坚定人民立场，消除贫困、改善民生、实现共同富裕是社会主义的本质要求，是我们党坚持全心全意为人民服务根本宗旨的重要体现，是党和政府的重大责任。

第三，坚持发挥我国社会主义制度能够集中力量办大事的政治优势，形成脱贫攻坚的共同意志和共同行动。广泛动员全党全国各族人民以及社会各方面力量共同向贫困宣战，举国同心，合力攻坚。强化东西部扶贫协作，推动省、市、县各层面结对帮扶，促进人才、资金、技术向贫困地区流动，构建专项扶贫、行业扶贫、社会扶贫互为补充的大扶贫格局，形成跨地区、跨部门、跨单位、全社会共同参与的社会扶贫体系。

第四，坚持精准扶贫方略，用发展的办法消除贫困根源。在开发式扶贫基础上，对扶贫对象实行精准化扶持，对扶贫资源实行精确化配置，改善发展条件，增强发展能力，让发展成为消除贫困最有效的办法。紧紧抓住教育这个脱贫致富的根本之策，尽力阻断贫困代际传递。

第五，坚持调动广大贫困群众的积极性、主动性和创造性，激发脱贫内生动力。实行扶贫和扶志、扶智相结合，引导贫困群众更新观念、树立信心、鼓足干劲、增强韧性，让他们心热起来、行动起来。

第六，坚持弘扬和衷共济、团结互助美德，营造全社会扶危济困的浓厚氛围。推动全社会践行社会主义核心价值观，传承中华民族守望相助、和衷共济、扶贫济困的传统美德，完善社会动员机制，搭建社会参与平台，创新社会帮扶方式，形成人人愿为、人人可为、人人能为的社会帮扶格局。

第七，坚持求真务实、较真碰硬，做到真扶贫、扶真贫、脱真贫。把全面从严治党要求贯穿贫困治理全过程和各环节，突出实的导向、严的规矩，把一切工作都落实到为贫困群众解决实际问题上。实行最严格的考核评估，开展扶贫领域腐败和作风问题专项治理，建立全方位监督体系，让人民群众真正享受到共同富裕的果实。

（二）国外反贫困理论及其历史变迁

当前对贫困的定义和分类主要有三种，即绝对贫困、相对贫困和主观贫困，它们是对贫困概念的相互补充，而不是彼此替代。人类对贫困认识的初始阶段是绝对贫困，这一概念最早由英国学者西伯姆·朗特里（Seebohm Rowntree）在其 1901 年出版的著作《贫困：城镇生活的研究》（*Poverty: A Study of Town Life*）中提出，指每个家庭都有维持其生理功能的最低需要。当一个家庭拥有的收入不足以维持其生理需要时，就处于绝对贫困状态。① 绝对贫困的核心是个人或家庭的收入维持不了其最低生理需求，包括食物、住房、衣服和其他必需品。随着社会的进步和经济的发展，20 世纪 70 年代以来经济学家们开始关注相对贫困。相对贫困是指人们的收入水平仅仅满足自己生存的最基本需要，却不足以达到社会生存的基本标准。② 绝对贫困和相对贫困都是从收入角度对贫困的定义，而主观贫困是根据人们对自身财产状况的估计来定义的，主观贫困通常是公民个体确定自己是否贫穷，穷人对自身状况的认识，即主观贫困。国外贫困治理理论纷繁复杂，主要如下。

1. 分类济贫管理理论

英国采取分类济贫管理原则，构建贫困帮扶体系。都铎王朝统治时期（1485~1603 年）的英国圈地运动，导致大量的小农经济破产，再加上城市工业发展的不稳定，造成了大批流浪者和失业者。为了维护都铎王朝的统治，都铎政府于 1495 年颁布《反对流浪和乞丐法令》，旨在制裁流民、乞丐和社会懒散人员，规定穷人不能四处流浪。1531 年亨利八世在位期间颁布《惩治乞丐与流民法》，对乞丐和流民施以惩治。1601 年，《伊丽莎白济贫法》对济贫法制度进行了比较系统的规定，也标志着英国进入"旧济贫法"时代，提出分类救济和区别对待原则，主张实物救济和劳动救济相结合，社会救济与个人自主相补充。③ 1495~1628 年，都铎和斯图亚特早期政

---

① Rowntree, S., *Poverty: A Study of Town Life* (London: Macmillan, 1901), 103.

② 雷明、姚昕言等：《贫困与贫困治理：来自中国的实践（1978~2018 年）》，中国财经出版传媒集团、经济科学出版社，2020，第 10 页。

③ 薛俊强、吴大娟：《恩格斯对英国"济贫法"的批判及其当代价值意蕴》，《理论与现代化》2021 年第 6 期。

府共颁布了53部反流民法，通过不断的政策调整，最终选择济贫立法与实践来解决贫困和流民问题，减轻了对流浪乞讨者的惩罚，而代之以通过分类济贫管理模式，从宗教基础上的教会救济过渡到民族国家责任理念基础上的政府救济。[①] 德意志、意大利、法国也先后相继颁布了类似法律，体现出政府济贫理念背后管理主义至上的特征。

2. 马克思主义反贫困理论（变革论）

马克思以早期资本主义国家的贫困为研究对象，从制度层面入手，鲜明地揭示出无产者的贫困是资本主义制度的产物。他认为，资本主义制度是造成无产阶级的经济地位的决定原因。资本主义制度下的雇佣劳动制度是造成无产阶级贫困的根本原因，消除贫困的根本途径在于建立社会主义公有制。[②]

3. 增长促进减贫理论

进入19世纪，贫困问题依然困扰着欧洲各国。社会达尔文主义的代表人物斯宾塞受达尔文优胜劣汰的竞争法则影响，公开反对政府对穷人的救济行为，认为1834年颁布的《新济贫法》是一种"滥情的仁慈"，政府的济贫会影响到社会发展的效率与公平。斯宾塞的态度代表了当时自由放任的古典经济学家的立场。从亚当·斯密开始，自由主义经济学家也明确反对政府干预经济。他们主张从人道主义角度出发，政府应该对穷人进行区别对待，进行最低限度的救济，但不能损害自由竞争的市场法则和经济效率。[③] 进入20世纪后，1943年，英国伦教大学教授保罗·罗森斯坦·罗丹（Paul Rosenstein Rodan）在《经济学杂志》上发表了《东欧和东南欧国家的工业化问题》，提出"大推进的平衡增长"促进减贫理论。1958年，针对平衡增长理论模型的缺陷及其运用在发展中国家经济发展中所面临的一系列难以克服的困难和障碍，美国经济学家A.O.赫希曼（Albert Otto Hirschman）在《经济发展战略》一书中提出"不平衡增长论"，他认为发展是一个非均衡

---

① 丁建定：《英国济贫法制度史》，人民出版社，2014，第332页。
② 孙咏梅：《马克思反贫困思想及其对中国减贫脱贫的启示》，《马克思主义研究》2020年第7期。
③ 范会芳：《西方贫困治理的理念变迁及对我国的启示》，《领导科学》2020年第18期。

连锁演变过程，发展中国家应遵循投资优先顺序，集中有限资源先发展一部分产业，以此带动其他产业的发展。

4. 贫困恶循环理论

1953 年，美国发展经济学家雷格那·纳克斯（Ragnar Narkse）出版了《不发达国家的资本形成》一书，系统地提出了贫困恶循环理论，认为资本不足是发展中国家陷入长期贫困的根源，归结为供给和需求方面的恶性循环。美国人类学家奥斯卡·刘易斯（Oscar Lewis）在《五个家庭：墨西哥贫穷文化案例研究》（1959 年）一书中提出文化贫困理论。他从社会文化的角度解释贫困的发生机理，通过一系列案例研究，提出贫困的环境衍生出一种贫困文化，这种文化会世代传递。瑞典经济学家冈纳·缪尔达尔（Karl Gunnar Myrdal）在其著作《亚洲的戏剧：南亚国家贫困问题研究》（1968 年）中阐述了"循环积累因果关系"理论，主张从权力分配、土地制度、科学教育等维度改革以缓解贫困状况。

5. 结构性贫困理论

由结构性因素如社会结构和社会制度造成的贫困称为结构性贫困。1949 年，劳尔·普雷维什（Raúl Prebisch）发表《拉丁美洲的经济发展及其主要问题》，详细阐述了"中心－外围"理论。1955 年，法国经济学家弗朗索瓦·佩鲁（Francois Perroux）在《略论"发展极"的概念》一文中首先提出了"发展极"的概念和理论。埃及经济学家萨米尔·阿明（Samir Amin）在《世界规模的积累》（1970 年）、《不平等的发展：论外围资本主义的社会形态》（1973 年）等书中提出"依附理论"。巴西经济学家特奥托尼奥·多斯·桑托斯（Theotônio Dos Santos）在其代表作《帝国主义与依附》（1978 年）中提出了"新的依附结构"理论（如商业——出口依附、金融——工业型依附、技术——工业型依附）。马尔萨斯[①]提出了限制人口增长减贫论，详细论述了如可采取节育、晚婚和战争、饥荒、疾病等主动与被动型抑制结合手段。这些理论认为，社会结构、人口结

---

① 〔英〕马尔萨斯：《人口论》，陈祖洲、欧阳萍、龙小彪等译，陕西人民出版社，2013。

构、经济结构和宏观经济对贫困起着核心作用，也是导致贫困的重要因素。

6. 相对贫困理论

本杰明·西伯姆·朗特里（Benjamin Seebohm Rowntree）将贫困定义为"维持生理需求的最低必需品"，并将贫困划分为初级贫困（primary poverty）和次级贫困（secondary poverty），"初级贫困"概念被视为绝对贫困研究的发端，本质是一个生理视角的概念，考察的是营养与生存的关系。[①] 彼得·汤森（Peter Townsend）1979 年提出了相对贫困概念，认为绝对贫困概念忽视了"人类需要"的社会和文化嵌入性，"需要"和"贫困"都是社会建构之物。[②] 阿马蒂亚·森（Amartya Kumar Sen）在承认贫困内核的基础上，将社会权利、社会参与机会等维度统一到"可行能力"的理论框架之下，形成对贫困问题的整体理解，[③] 进而提出多维贫困理论，认为贫困群体的贫困通常是多维度的，不是单一维度的，应该从改善穷人的福利状况入手，为其赋能。该理论成为联合国开发计划署《人类发展报告》能力指标形成的重要依据。

7. 人力资本理论

该理论强调人在经济中的作用以及人的经济价值，对人的投资与经济增长的关系。美国经济学家欧文·费雪（Irving Fisher）在其 1906 年出版的《资本的性质和收入》一书中首次提出"人力资本"概念。美国经济学家西奥多·舒尔茨（Theodore Schultz）阐述了人力资本概念、性质、人力资本投资内容与途径、人力资本在经济增长中的作用等思想。加里·贝克尔（Gary Becker）进一步阐述了人力资本与人力资本投资的理论。[④] 因此，个人层面的能力对促进经济增长和构建社会公正的普遍价值得

---

① Lister, R., *Poverty*: *Key Concepts* (Cambridge: Polity Press, 2004), 21.

② Townsend, P., *Poverty in the United Kingdom* (Harmondsworth: Penguin Books, 1979).

③ Sen, A. K., "Beyond the Crisis: Development Strategies in Asia", Institute of Southeast Asian Studies, 1999.

④ 王明杰、郑一山:《西方人力资本理论研究综述》,《中国行政管理》2006 年第 8 期。

以明确。

8. 增能赋权贫困治理理论

阿马蒂亚·森（Amartya Kumar Sen）从权利和能力视角考察贫困问题，认为维持最低生活水平，进入信贷、土地和劳动力市场等能力被剥夺是贫困人口贫困的根本原因，生产权利、交换权利、就业权利、以继承或转让为基础的权利对摆脱贫困非常重要。[①] 增能是缓解贫困脆弱性的长效措施，赋权是形成可持续生计的外生保障。前者是后者的物化体现，而后者则是前者的先决条件。这一理论植根于启蒙运动时期的天赋人权论和自然权利说。受其影响，北欧及西欧各国也纷纷建立起与其国情相适应的福利体制，贫困问题在对公民权利全方位进行保障的过程中得以大幅度缓解。[②]

9. 贫困文化理论

贫困研究的多元性或多维贫困指数的确定催生了心理贫困研究，即贫困的文化形态研究。心理贫困理论或主观贫困是一种贫困文化视角下的心理视角。"心理贫困"的定义来源于奥斯卡·刘易斯（Oscar Lewis）的"贫困文化"理论，[③] 认为穷人难以摆脱贫困是因为被脱离于主流文化的贫困亚文化所束缚，穷人自我设限，自我封闭，或产生贫困羞耻感，正如罗伯特·沃克（Robert Walker）所指出的，穷人之所以安于现状并不是他们没有进取之心，而是因为他们本身资源匮乏招致失败，失败又进一步增加了他们的羞耻感，久而久之只能陷入贫穷而无法自拔，[④] 贫困文化会导致文化贫困。贫困文化作为贫困人口的一种生活方式，是穷人谋生的手段和工具，是平衡理想和现实的调节器。[⑤] 从反贫困的长效性来看，有必要采取切实有效的措施破解贫

---

① 〔印度〕阿马蒂亚·森：《贫穷与饥荒——论权利与剥夺》，王宇、王文玉译，商务印书馆，2001，第37~39页。

② 范会芳：《西方贫困治理的理念变迁及对我国的启示》，《领导科学》2020年第18期。

③ Lewis, O., *Five Families: Mexican Case Studies in the Culture of Poverty* (New York: Basic Books, 1975), 17-19.

④ Walker, R., *The Shame of Poverty* (Oxford: Oxford University Press, 2014).

⑤ 王兆萍：《贫困文化的性质和功能》，《社会科学》2005年第4期。

困人口对贫困文化的适应性，消解贫困的代际传播，激发贫困户内生动力，直至消除贫困。

综观国外的贫困研究可以发现，对贫困的界定尚未统一，贫困基础理论涉及诸多概念论争和诸多主体间的话语分歧，并非简单的"缺钱"、"收入不足"或"绝对贫困与相对贫困"，其研究视野越来越广阔、学科层次越来越复杂。主流贫困研究大多采用相对贫困的界定方法，而绝对贫困与相对贫困的两大解释视角也在不断演进，并且认为贫困是多维的，受政治、经济、文化、社会以及地理环境等多方面的影响。①

（三）国内外贫困治理理论对比分析

目前，西方学界占据主导地位的贫困治理理论是结构性贫困理论和相对贫困理论。尤其是相对贫困理论在学界影响颇深，虽然某一（些）理论比较适合当时当地的贫困治理，或者在某一领域有重要作用，如在贫困治理方面提供了环境决定论的思路，肯定了教育的重要作用，但是西方学者总将贫困问题的根源论证为懒散、流浪、恶习等个体不当行为习惯或个体无法改变的特征，如种族、性别、出身等，往往忽略资本主义制度的缺陷、贫困治理理念和手段的缺位，对全球贫困治理的指导作用并不具有普遍意义。② 由西方主导的反贫困理论在现实问题面前显得软弱无力，世界性贫困没有得到缓解，根源在于全球贫困治理模式的"贫困"。③ 马克思批判古典政治经济学家将贫困产生的根源归因于国家缺乏政治智慧，旗帜鲜明地指出贫困的始源只能从政治国家的本质中去探究。④

中外贫困治理理论有其共同点，主要在发展趋势方面，二者也存在

---

① 吴高辉、岳经纶：《面向 2020 年后的中国贫困治理：一个基于国际贫困理论与中国扶贫实践的分析框架》，《中国公共政策评论》2020 年第 1 期。
② 燕连福、王怡文：《中国与西方贫困治理理论的比较》，《中国领导科学》2021 年第 3 期。
③ 孙咏梅：《破解反贫困"伊斯特利悲剧"难题：论脱贫攻坚的"中国智慧"》，《教学与研究》2021 年第 5 期。
④ 郑继承：《批判与建构：马克思贫困理论的逻辑理路与辩证图景》，《社会主义研究》2020 年第 6 期。

范式转换的过程：从微观理论范式到宏观理论范式的转变；从单模态治理范式到多模态治理范式的转变；从经济学等单学科范式到政治学、社会学、管理学等跨学科范式的转变。国内外贫困治理理论的差异主要表现在专用术语符号、贫困对象、治理模式、理论背景、理论内涵、理论实践等方面。

1. 专用术语符号的差异

中国官方大多使用"扶贫"这一专用术语，较少用"贫困治理"和"反贫困"。这体现了中国政府"以人民为中心"的亲民态度和服务意识，对于贫困对象，只是帮扶，不是反对，更不是治理，绝对不贴标签，去污名化，否则会导致社会歧视、社会偏见甚至社会隔离。

2. 贫困对象的差异

中国巨大的人口基数导致贫困人口数量巨大，覆盖面广，集中在农村四个维度，依次包含了贫困人口、贫困户、贫困村和贫困县；除印度外，其他国家人口基数则相对较少，发达国家的贫困阶层主要为城市失业人口和流浪者，且大多只针对贫困人口或贫困区域，如德国 1990 年才成立了"统一基金"专门用来援助原东德地区。因而，中国治贫理论从多个维度更侧重于解决农民的贫困问题，西方治贫理论则从一两个维度关注城市公民的贫困问题。

3. 治理模式的差异

中国扶贫理论从单模态变革式入手，逐步向多模态开发式贫困治理转变（变革式、救济式、开发式等），最后转变为多模态复合模式。国外贫困治理大多从单模态救济式入手，逐步向多模态开发式贫困治理转变，发达国家的福利分配从一开始就是托底的救济式贫困治理。[①] 国外治理理论关注管理、经济、社会等多个角度对贫困致因的分析，以求全面满足贫困人口的多方面诉求，提出治理的对策，从而形成理论体系。中国扶贫理论则更注重复合变革式、救济式、开发式等多种扶贫模式，彻底根除贫困，实现全民共同

---

① 谢岳：《中国贫困治理的政治逻辑——兼论对西方福利国家理论的超越》，《中国社会科学》2020 年第 10 期。

富裕。

4.理论背景的差异

中国特色扶贫理论与西方贫困治理理论起源不同，西方贫困治理理论多脱胎于古典政治经济学框架，从西方经济学理论中分离出贫困理论，发生过几次重大变迁，主要包括马克思主义变革论、管理主义的贫困治理理论、社会达尔文主义的贫困治理理论、自由主义的权利以及能力贫困治理理论。看似百家争鸣，实质上都是对资本主义真实目的的掩盖，是对资本主义社会中低收入人群的再度歧视和对政府责任的视而不见。而中国特色扶贫理论根植于中国现实社会，继承发展了马克思主义的反贫困理论，传承概括了中国共产党历任领导人关于扶贫工作的重要论述。社会主义视角的贫困源于对未满足需求的审视。没有需求，无所谓贫困；而不去审视，同样不知道贫困。消除贫困、实现共同富裕是社会主义的本质要求，贫困人口脱贫致富是全面建成小康社会的最艰巨任务，构建一个没有贫困的人类命运共同体体现了社会主义"以人为本"的出发点和归宿，体现了全社会对低收入群体的人文关怀和真切关注，体现了中国共产党人的初心和使命就是为人民谋幸福。

5.理论内涵的差异

中国特色扶贫理论是在马克思主义指导下开创完善起来的马克思主义中国化成果之一，同时吸收借鉴了西方贫困治理理论和实践经验，但基本点是站在批判资本主义所坚持维护的个人主义信条以及资本主义私有制视角建立起来的理论体系，其出发点本身就具有超越性。中国特色扶贫理论"以人民为中心"的七个方面是中国贫困治理实践经验的理论总结，体现了马克思主义唯物主义的思想和共产主义的远大理想，其前提是尊重每一个人，批判资本主义对人的异化。因此，在当代社会，共建人类命运共同体，消除绝对贫困，实现联合国千年发展目标，必须以承认马克思主义的科学性为前提，充分结合实际，借鉴和发扬中国特色反贫困理论，推动世界反贫困事业发展。

6.理论实践的差异

英国是全球首个贫困治理国家，早在中世纪，英国就已经产生了关于惩治流浪者的立法，最早实行救济式贫困治理模式，建起了世界上第一个"从摇篮到坟墓"的福利国家。但到了 20 世纪，"相对贫困"的概念提出后，英国政府采用了汤森的相对贫困理论，并借鉴了汤森的贫困测量方法，将贫困线定义为"家庭收入低于收入中位数的 60%"。这样，贫困就是一个永恒问题，根本无法消除。美国于 1964 年启动国家资源，开启了向人类贫困宣战，尽管打响"贫困战争"的宣告对美国内部贫困问题起到了一定的缓解，但为了对抗社会主义阵营，在短短三年之后，"国内战争"（贫困战争）就被美国政府转为"国外战争"（越南战争），以致贫困问题至今依然是美国主要社会问题之一，且大有愈演愈烈的趋势。由此可见，英美等西方国家反贫困斗争的无疾而终也标志着西方贫困治理理论在经受实践检验过程中的失败。在马克思主义指导下的中国共产党领导人对贫困的认识与西方国家有明显差别，在实践过程中，中国共产党领导人不断增进对贫困的理解，不断深入扶贫实践。2021 年，习近平总书记庄严宣布，中国脱贫攻坚战全面胜利，中华大地已经消灭绝对贫困，实现共同富裕。这说明中国特色扶贫理论在指导实践方面取得了巨大的成功，经历了实践的考验，具有充分的真理性。

改革开放以来，特别是进入新时代以来，中国立足本国国情，把握减贫规律，构建了一整套行之有效的政策体系、工作体系和制度体系，走出了一条中国特色减贫道路，形成了中国特色反贫困理论体系，强大的反贫困执行体系、"三支柱"减贫公共政策体系和以人民为中心的政治制度体系，系统地回答了脱贫攻坚的领导力量、战略路径和实施机制等反贫困核心问题，形成了新时代中国特色反贫困理论。① 中国特色反贫困理论与西方社会经典贫困理论的根本差别在于理论范式的不同。②

---

① 王小林、张晓颖：《中国消除绝对贫困的经验解释与 2020 年后相对贫困治理取向》，《中国农村经济》2021 年第 2 期。
② 黄进、王海蓉：《论中国特色反贫困理论范式对西方经典理论的超越》，《成都行政学院学报》2022 年第 1 期。

二 全球贫困治理体系与治理模式

所谓体系，是指若干事物相互联系构成的整体。在国际贫困治理体系中，"若干事物"是指国际治理的主体、客体和载体。主体即谁在治理，客体即贫困问题，载体即通过什么治理。由此，国际治理体系可初步理解为：不同行为主体通过多种方式（载体）为解决贫困对象（客体）问题而形成的一个相互联系的整体。

首先，从治理主体来看，全球贫困治理主体主要包括联合国系统机构（联合国开发计划署、世界粮食计划署、联合国儿童基金会等）、多边金融机构（世界银行、亚洲开发银行等）、其他国际组织（OECD、WTO等）、非政府组织（盖茨基金会、洛克菲勒基金会等）、主权国家等。就主权国家而言，发展援助委员会成员国统称为援助国（OECD），他们提供的官方发展援助（ODA）一直是国际发展援助资金的主要来源，虽然ODA贫困治理模式基于发展理念在不断更新，即从"增长即发展"（救济式援助），到"良治是发展前提"（双模态开发式援助），再到"可持续发展"（多模态开发援助），但是由于受自由主义和"利益至上"思想影响，再加上援助金额不足、形式不合理、制度碎片化等因素，并未有效促进受援国的经济增长。新兴的援助国（中国、印度和巴西等）则主要通过包括公私伙伴关系（PPP）在内的南南合作和三方合作形式开展国际减贫合作。南南合作是在救济式援助（提供物资、金钱援助）基础上，开展区域性的经济合作、贸易合作、技术合作、货币金融合作、知识合作等来减少贫困。三方合作是两个或多个发展中国家与第三方，主要是传统援助方、新兴市场经济体或者多边组织等开展的合作，第三方主要是发达国家/传统捐助方、新兴市场经济体或多边组织，这无疑进入多模态开发贫困治理阶段。这一新型减贫合作方式的兴起在一定程度上弥补了ODA模式的不足，同时也带来了不同模式之间的竞争与分歧。另外，慈善组织、智囊机构和社会组织等非政府行为体在其中的作用尤为显著。OECD统计数据显示，2019年ODA净额约为1494亿美元，而私人志愿机构和非政府组织的赠款达 449 亿美元，占比约为 30%。

其次，从治理客体来考察，"贫困"不能简单等同于"缺吃少穿"，其内涵相当丰富，至少包括收入贫困、心理贫困、能力贫困、权利贫困等。就贫困对象来说，实际上是分层次的。宏观贫困层面即从整体角度来看待贫困，例如，国家贫困、地区贫困、农村贫困、城市贫困等，这样，低收入国家都是贫困国家，低收入县（村）称为贫困县（村）。微观贫困层面即从个人和家庭角度看，有贫困人口和贫困户，如果以中位线或平均线为相对贫困线，所有国家都有贫困问题，这种意义上的贫困可以说是个永恒的问题，除非收入和财富分配绝对平均；如果基于绝对贫困线或多维贫困线，目前仅有中国等少数国家消除了绝对贫困。因此，基于绝对贫困线或多维贫困线的全球贫困治理依次包含了贫困人口、贫困地区、贫困国家和贫困区域等多个维度。基于这一点考虑，单纯地采用单模态救济和双模态开发模式无法消除贫困，只有多模态复合模式才能根除贫困。

最后，从治理贫困载体来观察，贫困治理的方式呈现需求导向和多样化的特点，不同的供给主体针对贫困户的不同特征和实际发展需求，实施多样的帮扶措施，并协调不同措施的实施时间以及实施力度，帮助贫困户建立稳固的生计系统，从而实现长效脱贫。[①] 在贫困治理进程中，包括中国在内的国际社会主要以现金物资、工作福利、社会救助、社会保障、经济增长等为载体，基于单模态、多模态依次采用了四大类（单模态救济式、多模态救济式、多模态开发式、多模态复合式）六小类（救济式、变革式、开发式、攻坚式、精准式、振兴式）贫困治理模式，下面予以详细讨论。

（一）单模态救济式

单独送钱或物救济贫困人口，解决了他们一时的生活困难，形象地比喻为一种简单"输血"。贫困治理初期，大多数国家均采用这一模式，

[①] 左停、金菁、赵梦媛：《扶贫措施供给的多样化与精准性——基于国家扶贫改革试验区精准扶贫措施创新的比较与分析》，《贵州社会科学》2017 年第 9 期。

有益于减少贫困。主要依靠贫困救助与社会保障体系，贫困救助包括减免个人所得税、医疗补助、公共住房和租房津贴等，主要救济对象为特贫人员。

（二）多模态救济式

通过送钱、送物以及福利、保险等社会保障体系救济贫困人口的方式，我们称之为多模态救济式。社会保障指退休金、失业补贴、医疗保险等，主要是防止富裕人口返贫。目前西方国家贫困治理大多采用这一模式，但资本主义的福利分配从一开始就是一种"托底式"的救济扶贫。假如从救济主体（自救和他救）角度来看，中国的变革式扶贫也是一种福利分配，但不同于资本主义的福利分配，这是因为中国的变革式扶贫就是通过改革农村经济体制，实行家庭联产承包责任制，农民人人有土地。农村土地产权为村集体所有，不能买卖交易，个人享有使用、收益等权利，是一种平等的"人民福利"。资本主义的福利分配则是"少数人福利"，是为了确保市场秩序和政治秩序而实施的功利性政策。这些国家不可能通过贫困治理进行制度变革、公共投资与产业发展，也不可能从根本上解决贫困人口的生活富裕问题。

（三）多模态开发式

多模态开发式贫困治理比喻为"造血"。即在通过"输血"使贫困群体摆脱"特困"束缚后，根据其自身发展能力，从机制和组织体系等方面积极培养其"造血"功能，从根本上解放贫困对象的生产力，实现长期脱贫和遏制返贫。20世纪60年代舒尔茨创立了人力资本理论，80年代以来该理论得到了长足的发展，在扶贫开发领域的应用非常广泛。譬如，印度政府1979年以来开展的农村综合发展项目（IRDP）；20世纪80年代以来法国政府实施的一系列教育精准扶贫政策；2020年1月以来乌兹别克斯坦开启的一场自上而下的"脱贫攻坚战"。其实，中国"以人为本"思想以实物形式早就见于3000年前的西周"三龙相拥一人"，以文字最早明确提出"以人为本"的是春秋时期齐国名相管仲,《管子》一书"霸言"篇中,记述了管仲对齐桓公陈述霸王之业的言论:"夫霸王之所始也,以人为本。本理则国固,本乱则国危。""民为贵,社稷次之,君为轻",就是儒家民本思想的集中表现。中国共产党人继承了人本思想和民本思想,并把二者结合起来。坚持以人民为中心的发展思想,也是习近平新时代中国特色社会主义思想的核心要义。自改革开放以来,基于"人民至上"理念的开发式扶贫和精准攻坚式扶贫都属于多模态开发贫困治理模式。因为开发式扶贫复合了救济式扶贫,而精准攻坚式扶贫复合了两种贫困治理模式,即精准式扶贫和攻坚式扶贫。当然,如果基于这一点来看,多模态开发式也可以包含多个双模态复合式。所谓多模态开发式,指的是通过开发自然资源和人文资源,发展商品生产,改善生产条件,增强自我积累和自我发展能力,其实质在于通过帮助搞经济开发,达到脱贫目的。相对于传统的救济式和变革式而言,多模态开发式就是从资金、物资和福利的单向救济向资金、物资、技术、项目、培训相结合的多向配套服务转变。

(四)多模态复合式

2020 年中国实现了全面脱贫,消除了绝对贫困,全面实施了乡村振兴战略规划。乡村振兴战略是习近平同志于 2017 年 10 月 18 日在党的十九大报告中提出的,2018 年 5 月中共中央政治局召开会议,审议《乡村振兴战略规划(2018—2022 年)》。2021 年 2 月,撤销了国务院扶贫办,成立了国家乡村振兴局。在此前后发布了《关于全面推进乡村振兴加快农业农村现代化的意见》《中华人民共和国乡村振兴促进法》《乡村建设行动实施方案》《乡村振兴责任制实施办法》等。至此,中国贫困治理已经进入扶贫与振兴治理时期,即在乡村振兴过程中解决相对贫困,达到全民富裕。该时期将同时采用救济式、变革式、开发式、攻坚式、精准式、振兴式等多种贫困治理模式,故称为多模态复合模式。

三　中国各个时期的国际减贫合作实践

消除贫困依然是当今世界面临的最大全球性挑战，实现联合国提出的2030 年前彻底消除极端贫困目标，需要各国同舟共济、共同努力。中国主张加快全球减贫进程，发达国家要加大对发展中国家的发展援助，发展中国家要增强内生发展动力。中国积极落实联合国《2030 年可持续发展议程》，进一步加强国际减贫发展合作，支持联合国、世界银行等继续在国际减贫事业中发挥重要作用，推动建立以合作共赢为核心的新型国际减贫合作关系。中国始终关注和帮助生活在饥饿和贫困中的有关国家的人民，通过对外援助、减免债务、增加进口、扩大投资等措施，努力帮助发展中国家特别是最不发达国家增强自身发展能力，在扶贫减贫、疫病防控、难民救助等全球议题上继续贡献中国智慧和中国力量，让共同发展的阳光冲破贫困落后的阴霾、照亮共享繁荣的未来。

为了减少和消除贫困，传统西方国际合作减贫模式先后经历了变革式、救济式和开发式。在人类社会发展历程中，西方的丛林法则就是适者生存、弱肉强食和落后就要挨打，消灭贫困的方法就是战争、颜色革命等社会变革手段。美国建国 200 多年以来，只有十几年没打过仗，先后经历大约 200 场战争。[1] 美国波士顿学院副教授奥罗克在《隐蔽的政权更迭：美国的秘密冷战》一书中写道，1947~1989 年，美实施了 64 次隐蔽的政权更迭行动和 6次公开行动。[2] 从这一角度说，西方主导采用的变革式减贫国际合作造成了长期、深刻和绝对的负面影响，如大量的人口伤亡、大量的难民产生、大量的人道主义灾难等。西方列强采用的变革模式不仅不会减少贫困，反而大大地增加了贫困。譬如，日本所谓的"东亚共荣"侵华战争，实行"杀光、抢光和烧光"三光政策，导致中国人民民不聊生，无数的城市和农村变成

---

[1] 黄安年：《美国经济的发展和历史上的战争》，《兰州学刊》1982 年第 3 期。

[2] 董文韬：《斑斑劣迹！美国是二战后国际和平环境的最大破坏者》，《中国军转民》2021 年第 20 期。

了废墟，无数的财富宝藏被洗劫一空，无数的生灵惨遭涂炭。"七七事变"后的八年时间里，中国军民伤亡人数高达 3500 万人，财产损失达 1000 亿美元以上。[①] 所谓救济变革复合模式，就是在对外救济援助中附加各种条件，即传统援助国（主要指以经济合作与发展组织发展援助委员会为代表的发达国家，即 OECD-DAC 国家）进行救济援助的直接目的是通过救济援助促使受援国以社会保障为主要手段进行政治、经济和社会的结构性改革，将本国的价值观和治理理念输出和强加于受援国。[②] 欧盟先后于 1995 年和 2000年在《洛美协定》中将受援国的民主、人权、法制和良治作为对外援助的预设条件。1975 年，美国将人权标准纳入对外援助法，荷兰和挪威随后也将人权条件纳入援助政策。长期以来，学界对传统援助国实施救济变革模式的原因、过程和效果的质疑以及讨论从未停止，特别是对其是否有助于受援国经济增长和发展的讨论尤为激烈，主要有西方列强侵略原罪论、救济援助发展结果忽视论、内生动力弱化论等。从整体来看，西方的救济变革减贫效果有限，并未从根本上推动受援国的经济社会发展，其救济援助的有效性受到质疑，其局限性日益凸显、广受诟病。[③]

随着中国、印度、巴西、南非等新兴国家在国际合作减贫中的贡献日益增大，他们在全球贫困治理进程中发挥的作用也越来越大，由这些新兴国家所推动的救济式、开发式及其复合模式在国际减贫合作领域逐渐占得一席之地，影响力也不断提升，对现有传统的国际合作减贫模式形成了有效补充。[④] 这是一种以发展为牵引，通过救济援助与开发合作的方式帮助和引导受援国实现自主发展的模式，而非通过战争、颜色革命、干涉内政等社会变革手段，与西方所倡导的救济变革模式有本质区别。但是，目前新兴国家整

---

① 刘土田、李志忠：《战后日本对华赔偿问题》，《抗日战争研究》1997 年第 3 期。

② Stokke，O.，"Western Middle Powers and Global Poverty"，The Scandinavian Institute of African Studies，Up-psala，1989.

③ 张伟玉、王志民：《人类命运共同体视域下国际发展援助与减贫合作的模式创新》，《中国高校社会科学》2020 年第 2 期。

④ 于浩淼、杨易：《新世纪国际发展援助格局的变迁对中国对外援助的启示》，《世界农业》2016 年第 9 期。

体实力仍然不够，尤其是绝大多数国家本身还具有受援国和援助国的双重身份，国内贫困治理面临巨大压力，再加上多数受援国基础设施建设所需资金多、所耗资源大、建设周期长、自主发展能力严重不足，这就导致了国际合作减贫见效缓慢或效果不佳，容易引发援助国民众不满，面临西方别有用心国家"暴政""腐败"等指责，影响援助国的国际形象、受援国的发展形势和国际局势。

毋庸置疑，在当前国际减贫合作实践中，无论是以发达国家为主导形成的救济变革模式，还是以新兴国家为主导形成的救济开发模式，都有其自身难以克服的不足与缺陷。同时，随着军事冲突、恐怖袭击、难民危机、饥荒病害等各种突发性人道危机的频繁发生，欠发达国家的援助缺口快速增大。在此背景下，迫切需要加强各治理模式、各利益相关方、各治理主体之间的融合与复合，促进不同援助国和不同援助主体之间的互助互鉴，构建一种既能够使传统援助国、新兴援助国和受援国共同接受，又能够共同受益且可持续发展的全球治理模式，即多模态复合治理模式。当前国际社会所出现的新特点、新趋势和新变化让各国携手更加紧密，使得在全球贫困治理进程中，借鉴中国特色扶贫理论与实践经验，建构"以人民为中心"多模态复合治理模式成为可能。下面以中国国际合作减贫为例，阐释中国各个时期国际合作减贫实践，研判全球合作减贫的走向与趋势。

同时作为受援国和援助国，中国是全球贫困治理的积极倡导者、参与者和贡献者，始终致力于同国际社会一道携手推进国际减贫进程，[①] 在接受贫困治理国际援助、努力消除自身绝对贫困的同时，援助其他发展中国家，并将中国扶贫理论、扶贫经验和智慧分享给更多国家或地区，不断深化减贫领域国际交流合作。新中国成立以来，经历了传统救济期、制度变革期、扶贫开发期、扶贫攻坚期、攻坚精准期和乡村振兴期六个阶段，在此，就六个阶段的国际减贫合作予以详尽讨论。

---

① 章文光：《中国贫困治理国际合作的观念变迁与实践历程》，《人民论坛》2021 年第 11 期。

（一）传统救济期（1949~1978年）的中国国际减贫合作：多模态开发式受援与单模态救济式援助的复合

1949年新中国成立开辟了中国历史新纪元，通过实施土地改革、合作社、人民公社等公有制举措，让大部分中国人民摆脱了赤贫，新中国还开展了扫盲运动，对孤寡者、残疾者、孤儿等推出了"五保供养制度"。从新中国成立一直到改革开放，这时期的减贫方式主要是采用传统的救济方式来达到援助扶贫的目的。中国作为受援国和援助国双重身份主要采用多模态复合模式进行国际减贫合作。一方面，多模态开发式地接受苏联的资金、物资、技术、教育等援助，建立了较为完整的军工体系和所有门类的理工学科体系；另一方面，单模态救济式地向其他发展中国家，特别是最不发达国家提供不附加任何政治条件的援助，支持和帮助他们消除贫困。新中国成立初期，百业待兴，面临"一穷二白"的状况。这一时期，中国接受外援并不连续，外援直至中国恢复联合国合法席位并先后参加联合国发展系统后才得以恢复。中国的对外援助始于1950年向朝鲜和越南两国提供物资援助。1964年，中国政府宣布以"平等互利、不附带任何政治条件"为核心的对外经济技术援助八项原则，确立了中国开展对外援助的基本方针。[①] 基于这一国际主义的对外援助基本方针，对于财政上特别困难的国家，中国提供无偿援助；同时，提供无息贷款，帮助受援国建设一些投资少、见效快的工农业生产性项目和人民生活必需的社会福利等相关项目。1971年新中国恢复在联合国的合法席位，对外关系迅速发展，中国对外援助也从亚洲、非洲扩展到拉丁美洲和南太平洋地区。据统计，截至1978年底，中国共向68个国家和地区提供援助，累计建成885个成套项目，[②] 外援累计约450亿元，按平均计算，占国家同期财政支出的1.73%，其中70年代前期占比5.88%，

---

① 国务院新闻办公室：《中国的对外援助》白皮书，2011年4月21日，http：//www.scio.gov.cn/zxbd/nd/2011/document/896471/896471_1.htm。

② 薛宏：《对外援助：几代领导人的战略决策》，《世界知识》2011年第13期。

1973 年高达 6.92%。① 譬如，中国援建的坦赞铁路、柬埔寨毛泽东大道、马里糖联等有效促进了受援国的经济社会发展，也为支援民族解放斗争发挥了积极作用。

（二）制度变革期（1979~1985年）的中国国际减贫合作：多模态开发式受援与多模态救济式援助的复合

1979~1985 年是中国减贫工作的一个新的节点，开始了以自我发展为主的变革扶贫模式，这种扶贫模式摆脱完全"输血式"的扶贫，转变为"造血式"的脱贫，主要是通过政府的制度变革如包产到户的生产责任制、社会主义市场经济、对外经援项目承包责任制等来达到扶贫目的。在中国国际减贫合作进程中，1978 年中国同联合国开发计划署进行合作，利用中国的捐款和其他资金在中国安排了多个项目，最大的是北京国际经济合作信息处理和培训中心，在此领域开启国际合作之先河。② 中国采用多模态开发模式接受外援与多模态救济式对外援助，通过多边援助多渠道获得大量的资金、项目以及高新技术，南南合作框架下的 TCDC（Technical Cooperation between Developing Countries）技术培训具有代表性，后来逐渐发展成为技术合作的 ECDC（Economic Cooperation among Developing Country）。中央财政 1980 年设立支援经济欠发达地区发展资金，并出台了《关于对外经援项目试行投资包干制的暂行办法》，对部分新项目试行投资包干制，由国务院有关部门或地方人民政府负责承包。1982 年成立对外经济贸易部、中国进出口银行等机构分别负责对外援助的管理、贷款等相关工作。对外经济贸易部 1983 年颁发了《对外经援项目承包责任制暂行办法》，改变了原有的投资包干制，试行承包责任制，由国际经济技术合作公司或者其他具有法人地位的国营企业、事业单位竞标承包；改革开放以后，中国国际外交环境日趋向好，借此契机，中国积极融入世界减贫事业。这一时期的国际减贫合

---

① 窦鸿蔚：《我国对外援助工作改革的思考》，《国际经贸探索》1993 年第 6 期。
② 《中国向联合国建设和平基金捐款 300 万美元》，新浪网，2006 年 9 月 24 日。

作以"学习国际经验，加强能力建设"为指导思想。中国与联合国开发计划署、世界银行等国际组织在扶贫领域开展广泛合作，同时接受部分发达国家提供的援助，实施减贫合作项目，在部分贫困县实施外资扶贫项目，引进各种优惠贷款和无偿援助。中国的对外援助方式也发生了转变，从基于意识形态的对外援助政策转向基于国情的对外援助规模、布局、结构、领域和效果，更加注重与受援国的互惠互利、合作共赢。从过去向受援国单模态援助模式转变为多模态援助式的互利合作。同部分受援国开展代管经营、租赁经营和合资经营等多种形式的技术和管理合作，走上了更加适合中国国情和受援国实际需求的发展道路。譬如，1983 年中国专家组参与坦赞铁路经营管理后扭亏为盈，1984 年前后中国专家组对我国援建的 6 家企业进行合作管理，租赁援助多哥建设的制糖联合企业 10 年，合资经营牙买加纺织厂等。①

（三）扶贫开发期（1986~1993年）的中国国际减贫合作：多模态开发式受援与援助

中国救济期和变革期的贫困治理，缓解了贫困人口的贫困程度，推动了中国减贫的制度创新和管理水平提升，为中国扶贫开发期实行多模态开发式受援与援助奠定了基础。1986 年，中国首个贫困治理专门机构"国务院贫困地区经济开发领导小组"成立，中国开始有组织、有计划、规模化地开展引入外资扶贫实践，坚持积极争取、有效利用、不断拓展外资扶贫项目的概念和领域。

中国政府 1986 年在全国农村范围内全面启动有组织、有计划、大规模的贫困治理，国际双边发展援助机构和世界银行等开始全面参与支持中国贫困地区农业和畜牧业开发项目。中国与世界银行、国际货币基金组织等机构开展合作，通过诸如西南扶贫、秦巴山区扶贫、西部扶贫等贫困治理项目，一方面引入资金支持国内贫困治理项目发展，另一方面引入智力强化贫困治

---

① 李承为：《我国对外援助的新形式》，《国际经济合作》1987 年第 12 期。

理机构建设，提高中国扶贫项目管理机构的项目设计、执行和监督能力，培养扶贫项目管理人才队伍。除双边援助外，中国自 1983 年起与联合国发展机构合作，积极参与发展中国家间的技术合作活动，实施了一批多边援助项目，如 1992 年，中国与亚洲开发银行合作的大湄公河次区域项目涉及流域内的 6 个国家（中国、缅甸、老挝、泰国、柬埔寨和越南），旨在通过加强各成员国间的经济联系，促进次区域的经济和社会发展。① 另外，这一时期，中国举办了 23 个短期实用技术培训班，为 46 个国家培训了 230 多名技术人员，培训的专业涉及水稻种植、乡村开发、妇幼保健、陶器制作、沙漠治理、沼气利用等。②

20 世纪 90 年代，中国在加快从计划经济体制向社会主义市场经济体制转变的过程中，开始对对外援助进行一系列改革，重点是推动援助资金来源和方式的多样化。当时，中国对全球 47 个最不发达国家中的 42 个国家有援助关系，中国的援外医疗队和打井队享誉非洲和第三世界。截至 1992 年底，中国先后在 94 个国家建成各类社会经济基础设施和工农业生产性项目 1378 个，累计派出各类援外专家和工程技术人员 47 万人次，向 16 个国家提供过一次性救灾或少量商品援助。③ 1993 年，中国政府利用发展中国家已偿还的部分无息贷款资金设立援外合资合作项目基金，该基金主要用于支持中国中小企业与受援国企业在生产和经营领域开展合资合作。截至 1992 年底，中国共向 105 个国家或地区提供了援助，1979~1992 年累计在发展中国家新建成 508 个成套项目，代表项目有突尼斯麦热尔德 - 崩角水渠、尼日尔打井工程、埃及开罗国际会议中心、肯尼亚内罗毕综合体育设施、孟加拉国三座公路桥等。④

---

① "China to Join the Inter-American Development Bank"，泛美开发银行网站，2008 年 10 月 23 日，http：//www.iadb.org/NEWS/detail.cfm？id=4828。

② 王成安：《中国对外援助工作在改革中前进》，《国际经济合作》1994 年第 2 期。

③ 薛宏：《中国对外援助的特色和改革方向》，《国际贸易》1993 年第 9 期。

④ 薛宏：《对外援助：几代领导人的战略决策》，《世界知识》2011 年第 13 期。

（四）扶贫攻坚期（1994～2012年）的中国国际减贫合作：多模态开发式受援与复合式援助

1994 年颁布实施的《国家八七扶贫攻坚计划》在强调坚持自身扶贫努力外，首次提出了"积极开展同扶贫有关的国际组织、区域组织、政府和非政府组织的交流""积极扩大和发展与国际社会在扶贫方面的合作"等理念，吸引了国际民间组织对中国贫困治理国际合作的参与。与此同时，联合国所属的国际农业发展基金会、开发计划署、儿童基金会、世界粮食计划署等国际组织相继参与中国的扶贫开发工作，为中国贫困治理工作提供国际支持。据统计，联合国开发计划署 1979～2019 年在华共开展 198 个减贫项目，其中产业项目 123 个，占比 62.12%，产业项目总金额 1.75 亿美元，占比 34.02%。[①] 这一时期，中国国际减贫合作进入了多模态开发式受援与复合式援助阶段。所谓多模态复合式，就是在多模态开发式的基础上依次复合了救济式、变革式、攻坚式、精准式等多种扶贫模式。譬如，在亚行框架下，中国参与了大湄公河次区域经济合作、中亚区域经济合作以及蒙古国的经济合作等区域合作项目，并通过东盟"10+3"机制，对推动本地区经济合作的发展做出了积极贡献。这些都是多边合作即多模态复合式援助的代表项目，因为中国既是亚行的大股东，也是借款大国，更是技术援赠款的第一大使用国。[②]

1995 年 5 月，中国援外方式进行了重大的改革，主要是大力推行政府贴息优惠贷款、援外项目实行合资合作经营方式、对最不发达国家适当增加无偿援助比重等。这样，在前期多模态复合式基础上，再次复合了变革模式。至此，对外援助主要有三种方式：无偿援助、援外合资合作和优惠贷款。无偿援助资金有限，援外合资合作规模一般比较小，而政府贴息优惠贷款取代了无息贷款，其援外资金和项目规模都相对比较

---

① 周雨：《国际组织与中国减贫：以联合国机构为例》，中国网，2020 年 8 月 6 日。
② 《中国与亚行的合作》，央视网，2002 年 5 月 9 日。

大，因此政府贴息优惠贷款成为此阶段中国对外援助的主要方式。譬如，1995 年中国石油天然气勘探开发公司承担的苏丹石油第六区块开采项目、吉林森工总公司租用赤道几内亚 5 万公顷林地项目等成为首批使用援外贷款项目。

进入 21 世纪以后，中国深度融入世界，随着中非合作论坛、中国-葡语国家经贸合作论坛以及中国-东盟战略伙伴关系建立，中国对外援助特别是对非援助空前活跃。截止到 2005 年底，中国在 53 个非洲国家建成了 769 个成套项目，大多数集中在与百姓生产和生活密切相关的领域，如铁路、公路、电站、水利设施、农场、学校、医院、体育场馆等。中国还派出了 1.5 万名医务人员，为发展中国家培训了 2 万多名各类人才，免除了 109 亿元债务。① 中国在 2005 年联合国发展筹资高级别会议上宣布了对外援助的"五大举措"，在 2006 年中非合作论坛北京峰会上宣布了对非援助的"八项政策措施"。② 2011 年发布第一部《中国的对外援助》白皮书，强调了对外援助的五项基本原则：一是坚持帮助受援国提高自主发展能力；二是坚持不附带任何政治条件；三是平等互利、共同发展；四是坚持量力而行、尽力而为；五是坚持与时俱进、改革创新。③

（五）攻坚精准期（2013~2020 年）的中国国际减贫合作：多模态复合式受援与援助

2013 年习近平总书记首次提出了"精准扶贫"，将中国减贫模式从"开发式"逐步转到"精准式"和"攻坚式"。基于意识形态考察，2013 年前后习近平主席提出构建"一带一路"及人类命运共同体（简称"一体"）

---

① 中华人民共和国商务部：《商务部对外援助司王世春司长谈中国对外援助》，2006，http://video.mofcom.gov.cn/class_ onile010671790.html。
② 周弘：《中国对外援助与改革开放 30 年》，《世界经济与政治》2008 年第 11 期。
③ 国务院新闻办公室：《中国的对外援助》白皮书，2011 年 4 月 21 日，http://www.scio.gov.cn/zxbd/nd/2011/document/896471/896471_ 1.htm。

倡议，中国开始进入基于"一体""一带一路"理念的对外援助新时代。①
2015 年建立"中国-拉共体论坛"，构建了中国与拉美和加勒比地区发展中
国家的"多位一体"合作减贫机制，覆盖了经济技术援助、基础设施、产
能合作、教育培训等领域。国家国际发展合作署 2018 年成立，力图进一步
整合资源，健全对外援助体系的决策管理体制和执行评估机制，积极探索与
亚、欧、非洲等地区各国间的合作开发路径和模式。2013~2018 年，中国共
向亚洲、非洲、拉丁美洲和加勒比、大洋洲和欧洲等地区 122 个国家和 20
个国际和区域性多边组织提供援助。其中亚洲地区 30 国，非洲地区 53 国，
大洋洲地区 9 国，拉丁美洲和加勒比地区 22 国，欧洲地区 8 国。中国对外
援助金额（包括无偿援助、无息贷款和优惠贷款）为 2702 亿元。其中，提
供无偿援助 1278 亿元，占对外援助总额的 47.30%，重点用于帮助其他发展
中国家建设中小型社会福利项目以及实施人力资源开发合作、技术合作、物
资援助、南南合作援助基金和紧急人道主义援助项目。提供援外优惠贷款
1311 亿元，占对外援助总额的 48.52%，用于帮助其他发展中国家建设有经
济社会效益的生产型项目和大中型基础设施，提供成套设备、机电产品、技
术服务以及其他物资等。② 据世界银行研究报告，共建"一带一路"将使相
关国家 760 万人摆脱极端贫困、3200 万人摆脱中度贫困。新中国成立 70 多
年来，中国向亚洲、非洲、拉丁美洲和加勒比地区、大洋洲和欧洲等地区
160 多个国家和国际组织提供多种形式的援助，减免有关国家债务，为广大
发展中国家落实千年发展目标提供帮助。

（六）乡村振兴期（2021年至今）的中国国际减贫合作：多模态复合式对外援助

随着《乡村振兴战略规划（2018—2022 年）》出台，2020 年中国消除

---

① 唐青叶、申奥：《"一带一路"及"人类命运共同体"话语体系构建的现状、问题与对策》，
《北京科技大学学报（社会科学版）》2018 年第 1 期。

② 国务院新闻办公室：《新时代的中国国际发展合作》，2021 年 1 月 10 日，http：//www.scio.
gov.cn/ztk/dtzt/44689/44717/index.htm。

绝对贫困以后，中国进入了乡村振兴阶段。这一阶段，中国将会更加积极地参与国际减贫，其角色愈加重要。西方发达国家由于金融危机、经济危机和新冠疫情的冲击推卸贫困治理责任，在全球贫困治理面临的挑战更加复杂的当下，实现全球 2030 年减贫目标依然任重道远。在此，我们根据现有贫困治理理论及其实践经验，对乡村振兴期消除全球贫困、走向共同富裕以及加强国际减贫合作进行简要展望。

第一，中国现有减贫成就史无前例，但需要巩固前期成果，防止返贫和新生贫困，解决相对贫困，追求共享繁荣和共同富裕。新的发展阶段，人口发展治理必将走向制度化、法治化和常规化，我们必须积极探索和践行"以人民为中心"的中国特色贫困治理理论，从多模态复合式受援与援助逐步转型为多模态复合式援助。随着中国减贫经验"走出去"，中国参与的国际减贫合作理念、模式、制度将会逐渐被国际社会所接受和认可。因此，中国将放弃受援国身份，必须担负大国责任，作为援助国推动国际减贫合作由无偿援助、优惠贷款向援外合资合作转型升级，主要表现为如下四种方式：一是引导或参与联合国系统等国际组织进行减贫合作；二是引导或参与经济合作与发展组织下属的发展委员会进行合作；三是直接与贫困的发展中国家进行合作；四是深化"三方合作"。①

第二，必须尊重各国自主选择社会制度和发展道路，国际减贫机制应该由发达国家、新兴市场国家和发展中国家共同参与建立。在全球贫困治理进程中，每个国家都应该平等地成为参与者、贡献者，并公平地分享发展权益。面对消除贫困的现实挑战，面对各国人民追求美好生活的强烈愿望，国际社会应团结一致，紧握发展这把总钥匙。中国不仅要促进世界各国人民共同发展，而且要在国际贫困治理领域发挥战略引领作用，把中国行之有效的基础设施建设、产业扶贫、金融扶贫、教育扶贫、健康扶贫、生态扶贫、易地搬迁、社会保障兜底等"中国式扶贫"做法推广到国际贫困治理实践中，力争推动更大范围、更高水平、更深层次的区域经济社会发展合作，支持帮

---

① 《中国落实 2030 年可持续发展议程国别方案》，外交部网站，2016 年 10 月 12 日。

助相关国家更好地实现减贫发展。将同各方一道共同推动落实好全球发展倡议，为携手共建远离贫困、共同发展的美好世界而不懈努力。

第三，中国特色扶贫理论是中国国际减贫思想的基础，也是中国国际减贫行动的实践指引和依据，我们必须坚持"尊重主权"是中国国际减贫原则，坚持"合作共赢"是中国国际减贫方针，坚持"授人以渔"是中国国际减贫方略。有别于西方国家的对外援助机制，必须强调国家间的通力合作，协同发展，绝不把提供援助作为干涉他国内政、谋求政治特权的手段；必须注重受援国自主发展能力提升，扶贫必扶智。中国特色扶贫理论与实践必将为国际减贫工作提供中国方案，注入中国力量，贡献中国智慧，必将对推进全球减贫事业发展产生重要影响。

第四，中国必须维护联合国的权威和核心地位，以"构建人类命运共同体"理念为引领，建设"一体""一带一路"国际减贫与发展合作道路，最终实现构建共同富裕的人类命运共同体的伟大目标。以联合国《2030可持续发展议程》为契机，在联合国框架下强化南南合作和南北对话，从"点、线、面、体"四个层次建设"一体""一带一路"国际减贫与发展合作道路。譬如，以中国为主导，成立"一体""一带一路"绿色发展国际联盟，打造"一体""一带一路"绿色供应链平台，架构"一体""一带一路"的生态环保合作与绿色发展的沟通桥梁和纽带。在"一体""一带一路"减贫与发展联盟框架下，探索建设"中国-南亚东南亚"跨境减贫与发展示范区、"中国-中亚西亚"国家减贫与发展联盟基地、中国-东盟减贫机制、中非命运共同体减贫机制等，积极推动中国与"一体""一带一路"国家乃至全球各国各地区的贫困治理理论、经验与模式共享，助力构建一个没有贫困、共同发展的人类命运共同体，最终实现全人类共同富裕的伟大目标。

四　结语

18世纪以来，大量的研究学者、国际机构等从管理学、经济学、社会学、人类学等学科视角，对贫困的界定、类型、成因以及反贫困理论与实践等进行了全面、深入的探索与论述，历代积淀关于反贫困的论著不计其数。在此，我们对全球反贫困模式、实践与理论研究进展与成果予以系统梳理、归纳与分析，厘清全球贫困与反贫困理论研究的历史演进，无疑将为国内外反贫困研究的发展以及全球反贫困理论的本土化探索提供有益的基础和借鉴。同时，本章总结梳理了中国古代、近代及当代的反贫困理论以及新中国成立以来各个时期的国际减贫合作实践，旨在对中西反贫困理论进行对比分析，为继续推进国内外贫困问题的比较研究提供些许启示与参考。

第二十章
中国贫困治理五大对外话语体系构建

减少和消除贫困是世界性难题，也是人类发展的共同目标。新中国成立以来，特别是改革开放以来，中国扶贫跨越了 40 多年艰难历程，取得了举世公认的巨大成就，数亿农民摆脱了贫困，过上了小康生活。但是，国际话语体系中西方话语霸权和敌视中国的"有色眼镜"依然存在，他们对中国贫困治理的成就视而不见，甚至误解、质疑、抹黑和批评，从而导致中国对外话语失声，影响式微，还处于有理说不出、说了传不开的境地。为了改变这一局面，党的十八大以来，国家层面多次强调对外话语体系建设。如《中共中央关于全面深化改革若干重大问题的决定》提出"要加强国际传播能力和对外话语体系建设，推动中华文化走向世界"。习近平总书记先后做出了"加强国际传播能力建设，精心构建对外话语体系，发挥好新兴媒体作用，增强对外话语的创造力、感召力、公信力"①"要采用贴近不同区域、不同国家、不同群体受众的精准传播方式，推进中国故事和中国声音的全球化表达、区域化表达、分众化表达，增强国际传播的亲和力和实效性"② 等一系列重要指示。因此，开展中国贫困治理对外话语体系建构研究具有重大战略意义和紧迫的现实意义。学界应当加强对外话语体系建构与传播研究，努

---

① 《习近平谈治国理政》，外文出版社，2014，第 162 页。
② 《习近平主持中共中央政治局第三十次集体学习并讲话》，新华网，2021 年 6 月 1 日。

力建构对外话语翻译与传播理论体系，为进一步提升国家话语权和国际形象提供建设性意见，这样，有利于对外阐释中国贫困治理思想的历史性、时代性与实践性，有助于中国广泛开展国际减贫合作，破解全球减贫难题。

所谓中国扶贫对外话语体系，指的是新时代中国面向国际社会的一套贫困治理言说体系，致力于消解西方偏见，彰显中国国家软实力，提升国家话语权。目前，关于中国扶贫对外话语的既有知识生产、流通、转化等环节尚缺乏全局性理论架构，且局部理论阐释还有所不足，假如基于实践语境考察，我们强调对外话语的"体系"。体系的字面含义是指若干事物相互联系构成的整体。在中国扶贫对外话语中，"若干事物"是指对外话语的主体、客体和载体。主体即谁在讲，客体即对谁讲，载体即讲中国扶贫。当然，作为载体的中国扶贫同样有若干子体系，存在主体、客体和载体，主体即谁在帮扶，客体即帮扶谁，载体即通过什么来帮扶。由此，中国扶贫对外话语存在多重体系。众所周知，对外话语承载着向国际社会展示个体、公众和国家形象的使命。为了让国际社会了解并认可中国贫困治理乃至我们的国家治理，我们不应仅仅满足于自身的话语体系建构，即内宣话语，还应将它翻译成不同语种并进行国际传播。国际传播不单单是由内向外传播，也包括由外向内传播，即把全球贫困治理现状和相关信息（包括贫困治理相关知识）传达给本国民众。从这个意义上讲，对外话语研究应当包括自身话语体系的解构、对外话语（目标语的话语体系及其贫困治理相关知识）的建构以及国际传播等研究领域。对外话语建构需要在系统梳理史料的基础上进行通用翻译和专业翻译，用目标语去建构贫困治理相关的专业知识。在此，我们突破传统意义上的形式、意义两个层面，从符号媒介、结构形式、语义内容、实践语境和观念思想五个方面开展中国扶贫五大对外话语体系的建构研究。[①]

---

① 唐青叶、申奥：《建构中国贫困治理全球传播对外话语体系》，《社会科学报》2020 年 10 月 21 日。

一　中国贫困治理对外话语符号媒介体系

虽然从报纸、广播、电视、互联网等大众媒介的拥有数量和规模上来说，中国已经是一个传媒大国，稳坐世界第二把交椅，但对外传播实力有限，离真正意义上的传媒强国还有较大差距。中国贫困治理的符号媒介体系"怎么建""通过什么建""谁在建"等问题需要高度重视并有效解决。在现实的国际关系中，"谁在建"是一个代表性问题，"怎么建"是一个思维和表达的问题。作为一种现代社会政治权利，话语符号仅仅有权力建构是远远不够的，还必须能够在公共政策的制定以及国家形象的建构中被接受，而这需要在权力博弈中得到切实体现。[1] 这主要是因为，符号的主体虽然是人，但人的表达经常受制于符号，不仅仅我建构符号，符号也在建构我。此外，在国际社会中，各个国家之间虽然传播、分享着关于中国扶贫话语的认知和解读，但是在话语符号互动交换中彼此却并未分享着共同的意义，话语符号传递的信息与意义也并不一定与真相一致。话语符号误传、误读情况时常发生。遗憾的是，在中国扶贫对外话语建构中，话语符号媒介误读现象尤为普遍，成为中国对外交流以及中国文化进一步走向世界的重要障碍。

人类所处的世界是一个符号化的世界，人类的话语、思维和传播都离不开具体的符号与媒介，因此整个人类社会是无法摆脱话语符号媒介系统的存在。所谓话语符号媒介系统，是指生成话语的符号系统，包括语言符号系统、非语言符号系统、媒介系统、组织机构系统、人力资源系统等。在中国贫困治理的对外话语符号体系中，无论是以多语种为表征的语音和文字符号，还是以图片、影像等为表征的非语言符号，都不同程度地遇到了符号对等翻译问题，为此，要选用更亲近话语传播对象国家的话语符号，实现跨域文化障碍、形成价值观的符号认同。运用具有中国特色的符号，体现独特的

---

[1]　丁磊：《国家形象及其对国家间行为的影响》，知识产权出版社，2010，第122页。

幽默和网络化话语，以富有趣味和人情味的与日常生活相关的符号和话语，拉近与受众的距离，结合自塑与他塑的双向话语建构。中国扶贫对外话语体系应结合不同平台的传播特点以及平台受众偏好进行针对性的符号表达，重视社交媒体的即时性和互动性，采用直播、图文报道、长短视频，从时间和空间结构层面深度传播。

在交际活动中，人们常常同时运用视觉、听觉、触觉等多种感官从语言、图像、动作、颜色和声音等多种符号资源来建构和解读话语意义。多模态地讲好中国扶贫故事，可依赖网络、电视、新媒体、影像、动漫、书籍、传统媒体等多模态传播手段，这些故事是多模态的，是综合使用文字、声音、图像、动漫、颜色等多种模态的符号资源。其理论基础是 Halliday[1] 以及 Kress 和 van Leeuwen[2] 发展起来的社会符号学理论和视觉语法理论。不同的媒介载体和符号资源，会有不同的受众，以受众为导向，因为接收信息媒介的差异，不同模态文本的受众不一样，可以分为听众、读者、观众。在媒介、组织机构、人力资源等系统中，来自不同文化背景的区域国家有着自己的特色和优势，人们在进行相互交流时，较难消除的理解障碍之一，是他们难以共享一种通用的话语符号媒介体系，再加上国际主流多模态传播平台仍掌握在西方少数国家手中，多模态传播的主体呈现多元化，个体已经逐步成为中国故事的重要讲述者。为此，要从不同语种的符号媒介选择上，发挥多语种媒体作用，构筑精准的系统符号准则体系。首先，持续加强中文媒体在国际空间的影响力，持续提升中文在国际上的舆论质量；其次，优先从英、法、俄三大语种建构融通汉、英、法、俄四大语种的全球传播对外话语体系，逐步扩展到其他语种（如西班牙语、阿拉伯语等）的全球传播对外话语体系。[3]

---

[1] Halliday, M. A. K., *Language as Social Semiotic：The Social Interpretation of Language and Meaning*（London：Edward Arnold, 1978）.

[2] Kress, G., and van Leeuwen, T., *Reading Images—The Grammar of Visual Design*（London：Routledge, 1996）.

[3] 唐青叶、申奥：《建构中国贫困治理全球传播对外话语体系》，《社会科学报》2020 年 10 月 21 日。

二 中国贫困治理对外话语结构形式体系

"形式"原是古希腊哲学中与质料相对应的一个概念，指的是"第一实体"。相对于符号媒介来说，形式包括两部分：一是可以直观的实体外在形状，如类型、组件、模态等；二是时空维度上内在的组合方式，如线性结构与非线性结构等。对于中国贫困治理对外话语结构形式体系，唐青叶等区分了六大子系统：线性结构系统与非线性结构系统、表层结构系统与深层结构系统、微观结构系统与宏观结构系统。① 唐青叶详尽探讨了"三级四层"的多模态话语结构体系。② 首先，确定语篇五种基本模式，在行文过程中每种模式有两种结构，即线性结构和非线性结构。③ 如果基于一维或二维空间考察，存在线性结构，即直线结构和曲线结构；如果基于多维空间考察有非线性结构，即层次结构和网状结构。其次，随着行文句子叠加，时空维度发生了变化，前景与背景的位移构成了微观与宏观结构。最后，如果从话语主题与话题考察，话题成分在主述位之间的衔接构成了话语表层结构，大小主题在主述位之间的连贯构成了话语深层结构。④ 这样，"三级四层"多模态话语结构体系展现出"五小类三大类"多模态话语模式（见图20-1）。

"模态"原是一个数学概念，是指结构系统的固有振动特性。在话语学中，所谓模态，即事物在一定条件下的空间呈现状态，涉及节点、结构、网络、通道等，模态贯穿于五个层次之中。譬如，在符号媒介层，表现为语言符号和非语言符号；在结构层次，表现为线性与非线性结构；在意识形态层次，中国贫困治理对外话语的多模态性表现为价值标准统一论、所有制决定论和治理历程论；等等。在中国贫困治理对外多模态话语中，英文大多外在

① 唐青叶、申奥：《建构中国贫困治理全球传播对外话语体系》，《社会科学报》2020 年 10 月 21 日。

② 唐青叶：《语篇模式类型与语篇分析》，《山东外语教学》2002 年第 4 期。

③ 唐青叶：《五种语篇主述结构模式》，《湘潭师范学院学报（社会科学版）》1998 年第 5 期。

④ 唐青叶：《语篇微观结构与宏观结构》，《淮北煤师院学报（哲学社会科学版）》2000 年第 2 期。

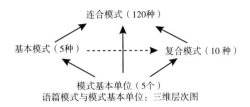

图 20-1　语篇结构模式

资料来源：唐青叶《语篇模式类型与语篇分析》，《山东外语教学》2002 年第 4 期。

地表现为正向延续，显现为线性结构；中文等则往往在正向延续的同时，进行反向衔接，显现为非线性的层次结构和网状结构。当前，中国扶贫报道不局限于文本话语，往往采用直播、图文报道、长短视频，从时间和空间结构层面深度传播，官方政策话语发挥着形塑作用，并始终占据主导地位，然而，随着社会的发展变化，也呈现人本话语的发展趋向，个性话语也逐渐显现。[1]

三　中国贫困治理对外话语语义内容体系

基于传统的"形式/内容"二元结构考察，话语体系涉及话语的内容（意义）体系和结构体系。意义体系是话语体系的灵魂，结构体系是话语体系的外在表现形式，前者是后者的基础和前提。美国哲学家和逻辑学家莫里斯将语言符号区分为三个方面：符号与其所指称或描写的实体与事件之间的关系；符号与符号之间的关系；符号与符号使用者之间的关系。与这三种关系相对应的自然就是语言符号的三类意义，即指称意义、言内意义和语用意义。[2] 韩礼德（Halliday）认为语言是一种意义潜势，可表达三种意义：概念意义、人际意义和语篇意义。其中，概念意义指是语言使用者运用语

---

① 李玲艳：《新华社扶贫报道的话语结构与变迁》，云南大学硕士学位论文，2018，第 42 页。

② 王斌、王晋瑞：《从信息论和符号学看翻译对等》，《上海科技翻译》2000 年第 2 期。

言建构主、客观世界的经验以及意义单位之间逻辑关系；人际意义是语言使用者对话语内容的态度以及用语言建立和保持人际关系；语篇意义指的是把语言信息成分组织为语篇，表明信息之间、信息与发话者之间的关联。[1] 以下我们将突破二元或三元结构，融合 Halliday 提出的话语三种意义，从五个层次去考察。中国贫困治理对外话语至少存在五个层面的意义：符号意义（概念意义或本义，即所指的客观事件语义）、构式意义（简单加合其构成成分无法得出其整体意义的部分）、主题意义（单个或多个动词表达的事件之间的关联含义）、实践语境意义（实践、文化、上下文等因素带来的附加义）、主观情态意义（说话人的感情色彩义、逻辑补足义等）。

（一）中国贫困治理对外话语符号意义

中国贫困治理对外话语基本取材全部源自农村，大致包括如下几大类话语符号：农村符号、农业符号、农民符号、旅游扶贫符号等。中国广阔的农村，热火朝天地干着轰轰烈烈的扶贫事业，农村这个主题成为讲好中国扶贫故事的符号，如牛场、种植地、乡镇中学、村小学、第一书记等；农业符号是中国扶贫话语语义内容真实性的保障，如养殖产业、小摊小贩、乡镇企业等；农民是中国扶贫的中心，是整个扶贫进程中的受益群体，如脱贫干部、贫困户、贫困人口等；消除乡村贫困过程中存在旅游扶贫符号的保留，叠加了象征意义与价值，如落后乡村老照片、农家乐、民宿、民俗博物馆等。

（二）中国贫困治理对外话语构式意义

在构式语法理论的框架下，构式除了其在组成结构中的符号意义，还有其独立的构式意义。构式意义针对的是构体（构式整体结构）和构件（构

---

[1] 〔澳〕韩礼德（Halliday, M. A. K.）：《功能语法导论》，彭宣维、赵秀凤、张征等译，外语教学与研究出版社，2000，第 40~182 页。

式组构部分），以及构件与构件之间的语义结构关系。① 中国扶贫对外话语构式意义源于人们对中国贫困治理的概念化认识，有着或隐或显的逻辑关系，"贫困"是人所处的一种状态（a state）、一种东西（a thing）、一个实体（an entity），蕴含着特定的因果关系，可以获得或丢掉，它有程度、强度、类型之区别，也是一个施事者，可以影响人的生活，让人绝望、家庭分裂甚至一事无成。② 例如：

（1）I am poor.

（2）Poverty fight extends to all corners.

（3）Poverty causes lowered self-respect and self-image.

（4）China has lifted 66 million people out of poverty under the Targeted-Poverty-Alleviation strategy.

同一或不同构式通过内部多种类型的联结而相互关联，即一个构式可以有多个构式意义。作为语言使用的交际单位，构式一旦形成，人们在使用过程中往往会派生出更多用例。如果现实交际场景与构式形成时的上下文场景有所不同，构式便会通过准入创新型构例的方式，带来语义类型的扩展。③ 扩展的结果便是形成原型范畴，呈现典型与非典型特征之别，而不同类型又形成意义上紧密相连的派生范畴，具有相似性。原型效应和派生相似性是任何构式类型乃至任何符号都可能出现的结果。如多模态一体化"123456"构式在中国扶贫话语中得到了充分的体现："一有"（贫困户有增加收入）、"两不愁三保障"（贫困人口不愁吃、不愁穿；保障其义务教育、基本医疗和住房安全）、"四个切实"（切实落实领导责任，才能确保扶贫规划落到实处；切实做到精准扶贫，才能确保扶贫工作事半功倍；切实强化社会合力，才能确保扶贫工作整体推进；切实加强基层组织，才能使扶贫工作稳步发展）、"五个一批"（发展生产脱贫一批，易地搬迁脱贫一批，生态补偿脱贫一批，发展教育脱贫一批，社会保障兜底一批）、"六个精准"（扶贫对象精

---

① 施春宏、蔡淑美：《构式语法研究的理论问题论析》，《外语教学与研究》2022 年第 5 期。

② 唐青叶：《"贫困"的多模态表征》，《北京科技大学学报（社会科学版）》2012 年第 4 期。

③ Bybee, J., *Language, Usage and Cognition* (Cambridge：CUP，2010).

准、项目安排精准、资金使用精准、措施到户精准、因村派人精准、脱贫成效精准）等。

Goldberg 将语素到句子乃至超句体等各级具有形义配对关系的语言交际单位都纳入构式范围，这使得构式及其观念泛化到话语的各个层次。[①] 构式意义在建构过程中受到范畴化以及凸显等认知能力的影响，其意义呈现主观意义的特点。构式意义和符号意义可以通过互动形成句子中心意义，其中构式意义既可能得到完全体现，也可能受符号意义压制得不到完全体现。构式意义除了来源于其指向的客观情景，还有诸多来源，如来源于语法意义、符号意义等，具体因构式不同而不同。构式意义来源的多样性说明了构式意义的复杂性。

（三）中国贫困治理对外话语主题意义

所谓主题意义，指的是蕴含于话语中所表达的一系列意义的一个中心意义，也就是概括了每一个语句所表达的意思。例如，从扶贫的主体与客体来看，对外讲述中国扶贫故事，离不开扶贫干部，而扶贫干部所有的故事也都离不开群众。截止到 2021 年 2 月 25 日宣告脱贫攻坚全面胜利时，1800 多名驻村干部为了脱贫事业献出了生命，伟大的故事总由无数个平凡书写，而在这些平凡的扶贫故事里，似乎能看见中国数百万名驻村和脱贫干部们的艰苦奋斗与无私奉献，看见中国扶贫故事中他们用汗水甚至生命书写的动人篇章。[②] 如果从全球贫困治理角度考察，中国扶贫对外话语的世界意义表现在如下几个方面：第一，中国扶贫进程是全球减贫事业的重要组成部分，2020 年中国全面摆脱绝对贫困，加速世界减贫进程，为全球减贫事业贡献了中国力量；第二，中国扶贫取得的辉煌成就回应贫困治理难题，为解决全球贫困治理难题提供中国经验，也为促进人类可持续发展

---

① Goldberg, A., "Constructionist Approaches", in Hoffmann, T., and Trousdale, G., eds., *The Oxford Handbook of Construction Grammar* (New York: Oxford University Press, 2013), 15–31.

② 汪三贵、冯紫曦：《脱贫攻坚与乡村振兴有机衔接：逻辑关系、内涵与重点内容》，《南京农业大学学报（社会科学版）》2019 年第 5 期。

提供中国样本；第三，分享中国扶贫道路的成功经验，提供世界发展新范式，有助于破解西方话语霸权，推动建设公正合理的全球贫困治理体系；第四，中国扶贫推动国际减贫合作，为构建没有贫困、共同发展的人类命运共同体提供中国方案。

（四）中国贫困治理对外话语实践语境意义

在语言学的研究中，对"语境"的理解也各不相同。比如说可以分为实践环境、文化语境、情景语境及上下文语境等。对外话语语境意义，不仅来自符号和构式本身，还依赖特定的语境，可以说，对外话语意义都是在实践语境的基础上实现的言外之意，中国贫困治理对外话语行为都离不开具体的语境，如言语行为发生的实际场合，涉及时间、地点、参与者等，否则受众无法准确理解其意义，尤其是其隐喻意义。例如：

"It is gladdening to see that the Chinese government is not only handing out food, or giving the poor people fish, but also giving them a hand up in life, that is teaching them how to fish," Rierson said. （UN official praises China's poverty reduction, *China Daily*, 2013-10-17）

中国的一句古语"授人以鱼，不如授人以渔"是中国脱贫攻坚实践经验的总结，成为解决贫困问题最根本的方法和长效机制。世界粮食计划署官员 Brett Rierson 用"鱼"和"渔"这个独特的中国隐喻来解读中国的扶贫政策，这一隐喻折射出了中国扶贫的真正含义。

（五）中国贫困治理对外话语主观情态意义

在很多情况下，话语的确切意义与语言使用者的意图直接相关，这种主观意图就属于主观语境。主观语境不仅仅包括语言使用者的主观意图，还包括语言使用者的信仰、感情状况、当时的心境等。信仰、主观目的，甚至当时的情感状况不同，同一个事物在语言使用者意识里会生成不同的意义。例如：

"China's poverty alleviation campaign is one of the most remarkable stories of modern times in the broadest sense, not just for poverty alleviation itself, but also in terms of the advancement of human civilization. The story really needs to be appreciated more, certainly in the West, but also in China," Kuhn said. (Poverty fight grounded in success. *China Daily*, 2020-7-20)

世界各国对中国脱贫攻坚的成功给予了正面积极的评价，该例引用了美国库恩基金会主席罗伯特·劳伦斯·库恩（Robert Lawrence Kuhn）表达自己对中国精准扶贫成就的主观认知。他长期关注中国扶贫减贫话题，称赞"中国消除绝对贫困是史诗般的成就"。

四 中国贫困治理对外话语实践语境体系

"贫困治理"是当代西方治理语境中的专有名词，治理超越了传统的统治、管制等单向主导的管理方式，指的是自由主义理论基础上的政府、市场、社会、公民等多种主体互动的整治调理，意味着"去政府化""去中心化"。但是，在中国贫困话语中，"贫困治理"比较少用，大多用"扶贫"，因为中国对外话语中，贫困治理赋予了中国本土化的独特意义。因此，在中国贫困治理对外话语实践语境上，融合了历史、文化、实践和接受语境，也存在情景语境体系、本土语境体系、国际语境体系（全球传播语境体系）等多个方面。

其一，在中国贫困治理的情景语境体系中，中国目前已经消除绝对贫困，进入了解决相对贫困阶段。英国人类学家马林诺夫斯基提出了情景语境[1]和文化语境[2]。情景语境指的是话语或者行为发生的即时环境，如时间和地点，根据双方的交际目的，就某个目的，利用某种手段或者渠道展开交流，[3] 可以归纳为语域的三个变量，即语场、语旨和语式，涉及言语事件参

---

[1] Malinowski, B., "Psycho-analysis and Anthropology", *Nature*, 112 (2818), 1923: 650-651.

[2] Malinowski, B., "Culture as a Determinant of Behavior", *The Scientific Monthly*, 43 (5), 1936: 440-449.

[3] 黄国文、赵蕊华：《功能话语研究新发展》，清华大学出版社，2021，第59页。

与者双方、场合、话语正式程度、交际媒介、话题等，可以帮助确定语言形式所表达的意义，发现其对话语配置的影响、作者的交际目的和话语的有效性。文化语境是指宏观或抽象的社会文化背景，包括言语社区的历史背景、发展阶段、文化规范、思维模式和价值观念等。[①] 文化语境的分析不仅可以解释话语的生成动因，帮助我们评估话语与国家的政治、经济、法律、生态等制度的一致性和匹配性，从而去判定话语的传播性、接受度与可行性，直接影响话语的效力。为此，话语体系所反映的中国扶贫实践历史嬗变，主要解决把握中国扶贫进程中的规律问题，使对外话语体系能够建构在中国贫困治理思想及其话语体系的基础上。因此，在对外话语体系建构中，我们可以区分不同的时间、地点和情景话题、结构和语体差异以及情感情景来达到情景语境的相关效果。譬如，对于"贫困标准"话题，绝对贫困和相对贫困并非简单的二分法，相对贫困也包括某种"绝对性"因素。中共十九届四中全会（2019 年 10 月）正式提出解决相对贫困议题，指出我们现阶段可以制定多元的相对贫困标准体系，如低保兜底型贫困标准、收入值相对贫困标准、比例值中位贫困标准、繁荣共享指标等。坚持经济增长、人力资本投资、社会保障"三支柱"战略，特别注重发展支持战略与政策导向，并结合不同时期的国情进行必要调适，对现有扶贫格局进行优化，实行制度化、法治化、常规化贫困治理。[②]

其二，在中国贫困治理对外话语本土语境体系中，中国贫困治理就是遵循马克思主义中国化扶贫理论指导，坚持和完善社会主义制度的贫困治理内容。改革开放以来，经过 40 多年的贫困治理，截至 2020 年底全国贫困人口 8 亿人全面脱贫。1949 年 7 月，新中国即将成立之际，美国国务卿艾奇逊写给总统杜鲁门一封信，信中说："中国人口在近两个世纪里增加了一倍，土地不堪重负，吃饱饭成为中国历届政府的首个问题，至今没有一个政府能够解决。"[③] 毛泽东则以革命实践为基础，针锋相对

---

① 黄国文、赵蕊华：《功能话语研究新发展》，清华大学出版社，2021，第 58 页。
② 檀学文：《走向共同富裕的解决相对贫困思路研究》，《中国农村经济》2020 年第 6 期。
③ 李长久：《谁来活养中国人》，《外向经济》1996 年第 11 期。

地驳斥了艾奇逊的言论。他指出，吃饭问题完全是帝国主义、封建主义、官僚资本主义和国民党反动政府残酷无情的压迫和剥削的结果，相信革命能改变一切，一个人口众多、物产丰盛、生活优裕、文化昌盛的新中国，不要很久就可以到来。新中国成立时，GDP只有123亿美元，是世界上较贫困的国家之一。改革开放40多年来，经过开发扶贫、攻坚扶贫、精准扶贫和全面脱贫的贫困治理，至2020年全国贫困人口已经全面摆脱绝对贫困。

毋庸置疑，中国贫困治理就是遵循马克思主义中国化扶贫理论指导，坚持和完善社会主义制度的贫困治理，包括救济扶贫、变革扶贫、开发扶贫、攻坚扶贫、精准扶贫、全面脱贫、全球贫困治理等全部内容。治理主体并不是西方贫困治理的政府、企业、社会、公民等多元平等主体，而是"党委领导、政府负责、民主协商、社会协同、公众参与、法治保障、科技支撑"的一元化领导多元治理结构。新中国成立以来我国贫困治理中的重大问题，核心是政府要"定位""到位"而不"失位""越位""错位"，跳出"国家/社会"二分的窠臼，有序推进了中央和地方两级的"三位一体"（专项扶贫、行业扶贫与社会扶贫）、"五个一批"（发展生产脱贫一批、易地搬迁脱贫一批、生态补偿脱贫一批、发展教育脱贫一批、社会保障兜底一批）、"九大体系"（目标体系、责任体系、工作体系、政策体系、投入体系、动员体系、动力体系、监督体系和评估体系）的协同治理机制。

其三，在中国贫困治理的国际语境体系中，消除贫困是包括国际组织和各个国家在内的国际社会的共同愿景和目标，在发展中国家主要是绝对贫困，在发达国家主要是相对贫困。[1] 针对不同区域国家，我们必须区分受众的接受语境，准确确定受众的意识形态、阅读习惯、审美特点等，建构融通中外的贫困治理对外话语体系。目前，国际社会均采用单一贫困和多维贫困标准，譬如，美国、瑞士及部分发展中国家、世界银行等采用绝对贫困标准；欧盟及其成员国、经济合作与发展组织（OECD）等采用相对贫困标

---

[1] 檀学文：《走向共同富裕的解决相对贫困思路研究》，《中国农村经济》2020年第6期。

准，中位线以下为贫困；中国以及部分发展中国家采用多维贫困标准。对于消除绝对贫困，重要国际组织和主要的不发达地区、国家都设定了有关联的且明确的目标和进程。联合国制定了《2030 年可持续发展议程》和可持续发展目标，其可持续发展目标之一是到 2030 年要在世界范围内消除一切形式的（极端）贫困。非洲联盟发布了《2063 议程：我们想要的非洲》，提出了在一代人时间里消除贫困的目标。2016 年菲律宾政府发布《菲律宾2040 愿景》，到 2040 年菲律宾人将免受贫困和饥饿等。中国提前了 10 年，于 2020 年实现了联合国制定的目标。

当前国际上只有很少的发达国家如卡塔尔等基本消除了相对贫困，它们的特点是小而发达，美国、英国、法国等这样的老牌资本主义发达国家都难以做到，意大利、西班牙等国家的相对贫困程度更深。因此，相对贫困是一个更持久的社会现象，它与绝对贫困同时存在，在绝对贫困消除后仍然会长期存在。对于解决相对贫困，发达国家和国际社会有共识，但是解决到何种程度或者要达到什么目标均是含糊的，甚至是缺失的。除中国外，包括美国在内的高贫困标准国家解决相对贫困似乎并没有明确的目标和进程。代表着全球最主要市场经济国家政府间的经济合作与发展组织（OECD）定期发布各国的相对贫困指数并进行分析，却没有制定和执行反贫困政策的职能。1964 年，时任美国总统约翰逊宣布"无条件向贫困宣战"，美国的统计学者莫利·欧桑斯基（Mollie Orshansky）从这时起开始编制贫困标准，即贫困阈值（poverty threshold）。1965 年以来，基于贫困阈值的美国官方贫困率从20% 左右缓慢下降，但是一直没有低于 10%，2019 年美国贫困人口比例为10.5%，受新冠疫情影响贫困率近年来持续上升。美国卫生与公共服务部将贫困阈值简化为"贫困指导线"（poverty guidelines）作为申领社会福利的依据，贫困家庭享受着较高的实际社会福利水平，因此美国似乎没有要"消除"贫困的趋向。欧盟以人均等值可支配收入中值的 60%（中位数）作为贫困标准，2010 年发布的《欧洲 2020》政策文件中提出了明确的减缓相对贫困目标，即到 2020 年使处于贫困风险的人口在 8000 万人基础上减少 2000万人。但是，至少在 2008~2016 年，欧盟的相对贫困规模几乎没有下降，

2020 年的欧盟减贫目标没有任何进展。[①] 国际上仅有中国提出实现共同富裕，设立了解决相对贫困的长远目标。2019 年 10 月中国共产党十九届四中全会审议通过的《中共中央关于坚持和完善中国特色社会主义制度、推进国家治理体系和治理能力现代化若干重大问题的决定》首次正式提出建立解决相对贫困的长效机制。党的十九大报告关于 2020～2050 年的两阶段民生目标，也同时蕴含了解决相对贫困的长期目标：到 2035 年，中国人民生活将更为宽裕，中等收入群体比例明显提高，城乡区域发展差距和居民生活水平差距显著缩小，基本公共服务均等化基本实现，全体人民共同富裕迈出坚实步伐；到 2050 年，全体人民共同富裕基本实现，全国人民将享有更加幸福安康的生活。

五 中国贫困治理对外话语观念思想体系

所谓观念思想体系，又称为意识形态体系，是一个抽象的概念，属于马克思历史唯物主义的范畴，是社会存在的反映。对外话语作为意识形态体系的主要载体，其主要作用在于传递意识形态的内容，使意识形态自我得以确证并回应其他意识形态的质疑。意识形态根源于人类社会的物质生产实践，根源于现实的经济基础。意识形态是话语的思想内核和价值基石，没有明显的物理特征，是一个不可视、不可触摸、不可度量的抽象概念。[②] 人们关注的只是经济增长、经济发展和贫困的资本（实物资本和货币资本）、劳动、自然资源、生态环境、教育文化、科学技术、制度体制、价格、对外贸易等原因，经济增长、经济发展和贫困者的思想观念和反贫困意识没有得到应有重视。意识形态话语是人们所持的对客观对象的总的评价、信仰和价值系统

---

① Jenkins, S. P., "Perspectives on Poverty in Europe", IZADiscussion Paper Series, 2018, https: //www. iza. org/ publications/ dp/12014/perspectives-on-poverty-in-europe.

② 张志丹：《人类命运共同体视阈中的中国意识形态国际话语权》，《河海大学学报（哲学社会科学版）》2018 年第 2 期。

为政治系统提供运行的总的规则和价值趋向，即目标和原则。[①] 对外话语体系是意识形态的主要载体和表现形式。把握和调理好话语的意识形态色彩是中国对外话语建构面临的难题之一。话语体系的建构必须遵循主流意识形态的价值主导原则。话语体系表面上是指"怎么说""如何说"的表达形式和技巧，但其本质是实践过程与意识形态交互的外化载体，内含着言说主体的思维方式、价值立场和民族观念等意识形态内容，会直接影响话语体系的说服力、吸引力。不同国家和民族话语体系交锋的背后是意识形态话语权的争夺与输出，如果话语体系内蕴的意识形态合乎话语受众的价值诉求，就容易具有说服力，无法满足受众价值要求的话语体系只会引起反感与抵制。[②]

全球减贫需要一个共同的价值观念基础。贫困治理作为国家层面的社会实践，通过话语进行表征，在不同语境中，这一话语实践常被各自特有的文化价值观和意识形态所影响，被构建成具有不同属性的实践类别。因此，在研究和实践不同文化和制度下的贫困治理时，需要深刻领悟其意识形态体系。贫困治理是国家治理的一部分，承载着一个国家的意识形态或价值观，对外话语则把这一承载通过话语主体、受体、客体、载体四个维度传播出去，提升其意识形态和价值观的国际认同，引发价值共识和情感共鸣。全球化时代，各国历史背景、经济水平、制度和文化差异引发的思想观念分歧和意识形态斗争日益突出。国际话语权的核心是国家意识形态，体现国家的价值理念。因此，需要正确认识由意识形态不同造成的话语分歧，追求共同价值，突破意识形态或价值观的壁垒障碍，平衡双边利益和价值观念，让不同文化背景的受众听得进、听得懂，从而在国际意识形态斗争中掌握国际话语权。

"以人民为中心"的中国特色扶贫减贫理论与实践要被外国受众理解，

---

① 戴长征：《意识形态话语结构：当代中国基层政治运作的符号空间》，《中国人民大学学报》2010年第4期。

② 艾四林、陈钿莹：《中国式现代化话语体系建构的三重维度》，《山东大学学报（哲学社会科学版）》2023年第2期。

并对相关国家发挥指导借鉴作用，中国需要主动发声，以凝聚国内和国际减贫思想共识为前提，打造并有效传播中国贫困治理对外话语体系。一方面，要求同。挖掘不同国家意识形态或价值观的共通性，总结中国贫困治理故事的普世意义，在中国优秀传统文化基础上发掘更多普适性的价值理念，寻找打动人心的中外价值契合点，以赢得国外受众对中国贫困治理理念、理论和实践经验的认同，做到民心相通。另一方面，要存异。改革开放以来，中国扶贫经历了不同的发展阶段，有其独特的历史演变规律，要从自身文化传统和扶贫理念出发，加强对中国脱贫攻坚所体现的核心价值观和话语表征方式的研究，构建自主的中国贫困治理知识体系，同时洞悉区分受众的接受语境和受众的意识形态倾向，从外国受众出发对中国贫困治理思想的国际传播策略、路径、模式及其效果和接受度进行实证调查和分析，探究不同国家意识形态或价值观对贫困治理的影响，揭示其差异性，倡导"各美其美，美美与共"的贫困治理观，讲好这种差异，尤其是这种差异的合乎历史性与逻辑性，是实现对外话语有效传播的重要前提，也是阐释中国特色贫困治理制度优越性以及理念先进性的前提，进而增强价值观自信。因此，求同与存异并举，响应习近平总书记"道义感召力"的外交理念，践行"扶贫外交"，以人类对贫困治理的共同关切来突破不同意识形态的交流阻碍，促进融通中外的共情话语表达。弘扬全人类共同价值，增强中国式现代化成果的普惠性。

六　结语

由各种话语体系组成的话语世界，既属于物质世界，又属于精神世界，既是连接物质与精神世界的纽带，也是世界文明的载体。"消除全球贫困，共建人类命运共同体"是人类现代文明包括话语文明自身进步的一个重要标志。为此，需要我们系统阐述中国扶贫对外话语体系的具体内涵，了解哪些扶贫概念或话题进入国外话语体系，哪些扶贫问题成为国际传播的障碍，哪些扶贫问题渗透影响了国外贫困治理实践行为，辨析并厘清国外对中国扶贫问题的正读与误读，尽可能还原和纠偏。因此，印证、还原和纠偏国外对中国贫困治理的正读与误读，甄别和印证中国扶贫思想及相关实践经验材料、哪些渗透影响国外的贫困治理，并发挥了方法论的作用，是对外话语体系建构的重点问题。

当前全球贫困治理依然面临诸多困境和挑战，中国参与并引导全球贫困治理有其必要性。全球贫困治理的主要困境有各国贫困成因和现状迥异、贫困衡量标准参差不齐、贫困治理主体责任不清、世界政治经济不确定性带来的挑战、全球贫困治理机制不完善等，这些困境和挑战都深深影响着全球贫困治理的进程和效果。中国负责任大国的身份以及中国反贫困的巨大成就为参与全球贫困治理提供了丰富的话语资源和有效的话语实践，其可提升中国在反贫困领域的国际地位和国际制度话语权。同时，中国深度参与全球贫困治理面临诸多风险和挑战，这要求中国加强自身国家治理能力和对外话语体系建设，利用好区域、全球等贫困治理平台和机制，包括自身创设的亚投行、金砖国家新开发银行、丝路基金等区域平台，并推进世界银行、联合国开发计划署等全球平台的变革和创新，凝聚减贫共识，落实减贫议程，传播和分享中国的发展理念和中国式现代化经验。因此，我们既要积极落实联合国减贫机制下的 2030 年可持续发展目标，主动践行中国脱贫攻坚与乡村振兴的有效衔接，防止返贫，又要主动发挥在澜湄减贫、中巴减贫等多边和双边机制中的作用，与发展中国家开展减贫合作项目，培训减贫专业人才，共同促进当地贫困人口摆脱贫困。

从学术研究和学理层面，中国学者应该充分调动中国经验，考察研判贫困治理相关问题的有效性，提出中国乃至全球贫困治理中面临的新问题和新挑战，并逆向影响国外政界、学界和舆论的参与和关注。国外对中国贫困治理的关注，恰恰构成了将中国贫困治理视为他山之石、用以解决西方自身问题的重要参考和理论资源。讲好中国故事，创新对外话语体系，其创新表现在符号、结构、意义、语境及意识形态的创新，而重大意义的符号创新来源于伟大的实践，因为中国扶贫经验需从理论性和思想性提升。从符号媒介、结构形式、语义内容、实践语境、观念思想五个方面建构中国贫困治理对外话语体系，是马克思主义中国化时代化的又一理论成果。这一成果的国际传播，为全球贫困治理提供了阐释中国方案和中国智慧的理论范式，必将加快中国化和全球化步伐，推动减贫事业以及贫困治理的理论与实践创新，话语赋能中国式现代化的国际传播，助力全球范围内消除贫困，共建人类命运共同体。

后 记

　　中国是全球最大的发展中国家，也是全球第二大经济体。新中国成立特别是改革开放以来，成功地让数亿人摆脱了绝对贫困，但是，在乡村振兴进程中，解决相对贫困以及多维贫困问题任重道远。从全球来看，因受经济社会发展水平、科技进步状况、思想道德观念演化的影响，在不同区域国家以及不同的发展阶段，人类对贫困的内涵及其成因形成了不同的认知，因而在贫困治理实践过程中创造出了一系列富有时代背景的治理理念和举措。因此，梳理、分析和探索全球贫困治理历程、模式和理论体系，特别是中国扶贫模式以及对外话语体系，无疑对我们更好地认识贫困问题，制定更有效的反贫困策略具有一定的参考价值，也为中国乃至全球贫困治理理论和实践研究提供有益的范本和借鉴。

　　鉴于此，国家社会科学基金重大项目"改革开放以来中国贫困治理对外话语体系的建构与传播研究"课题组着手本书的撰写工作，先后历时两年多，其间得到了众多从事中国扶贫领域研究的专家学者的大力支持，借鉴和引用了他们的相关研究成果。课题组还得到了清华大学马克思主义学院、上海（复旦大学）合作发展研究中心、国防科技大学、郑州大学外国语与国际关系学院、广西大学乡村振兴研究院、上海青浦区、湖南隆回县、广西隆安县等机构或部门领导、社会各界人士和广大基层群众的热心帮助。他们积极提供相关历史资料和研究成果，协助联系调查采访地点和安排接待采访人员，为本书的撰写提供了多种便利。唐青叶设计全书提纲及框架，修改审定书稿，独立完成第二十章，与上海大学的王睿、于桂章分别合作完成第一、十章；张姝雯（上海大学）、雷远旻（上海大学）、沈志红（上海大学）、吕游（上海大学）、王凤云（上海电子信息职业技术学院）、张赫芯（上海大学）、原伟（国防科技大学）、李青松（上海大学）、张琨（上海大学）、张稳（上海大学）、王小明（国防科技大学）、陈思宇（国防科技大学）、穆羽佳（郑州大学）分别完成第二、三、四、五、六、七、九、十二、十三、十四、十五、十六、十八章；陈宁（上海大学）与陈宏宇（上海外国语大学）、朱莉娅·J. 德佐蒂（Júlia J. Dezotti，上海大学）与贾学婷（译者，上海大学）、张蕊（云南民族大学）与刘星月（云南大学）、申奥（上海第二工业大学）与申建华（上海大学）分别合作完成第八、十一、十七、十九章。感谢各位作者的辛勤付出。

本书得到了上海大学外国语学院的出版资助与支持，如期出版发行。出版过程中尤其感谢社会科学文献出版社国际出版分社李延玲社长，她是本书撰写出版的主要倡导者和推动者，她兢兢业业的工作态度和锲而不舍的敬业精神令人敬佩。感谢史晓琳编辑对本书写作过程的始终关注，以及大量细致耐心的编辑工作。感谢彭媛、孙丽萍编辑在本书编辑过程中的辛勤付出。另外，还有很多人给予了我们方方面面的帮助，在此一一感谢。

本书编撰工程量大，涉及不同国别区域、语种专业和学科领域，如有疏漏和差错，请批评指正，我们会将其转化为不断前行的动力。

图书在版编目（CIP）数据

贫困治理：国别案例与中国话语／唐青叶等著. --
北京：社会科学文献出版社，2024.11
ISBN 978-7-5228-3178-7

Ⅰ.①贫…　Ⅱ.①唐…　Ⅲ.①扶贫-研究　Ⅳ.
①F126

中国国家版本馆 CIP 数据核字（2024）第 023694 号

贫困治理：国别案例与中国话语

著　　者／唐青叶 等

出 版 人／冀祥德
责任编辑／彭　媛　孙丽萍
责任印制／王京美

出　　版／社会科学文献出版社·经济与管理分社（010）59367226
　　　　　　地址：北京市北三环中路甲 29 号院华龙大厦　邮编：100029
　　　　　　网址：www.ssap.com.cn
发　　行／社会科学文献出版社（010）59367028
印　　装／三河市龙林印务有限公司

规　　格／开　本：787mm×1092mm　1/16
　　　　　　印　张：28.25　字　数：426 千字
版　　次／2024 年 11 月第 1 版　2024 年 11 月第 1 次印刷
书　　号／ISBN 978-7-5228-3178-7
定　　价／138.00 元

读者服务电话：4008918866